浙江省社科联省级社会科学学术著作出版资金（编号：2009CBB04）

浙江大学侨福建设基金

博士文丛·文化系列
Culture and Literature

On Procedural Natural Law

论程序自然法

◎ 麻美英 著

ZHEJIANG UNIVERSITY PRESS
浙江大学出版社

致　谢 ···

　　自从 2004 年首次阅读富勒《法律的道德性》的英文版到今天完成《论程序自然法》的写作已有整五个年头。在这五年中，我没有中断过对富勒著述的阅读（尽管仍有些未能读完），也没有停止过对富勒思想的思考。最早选择读富勒，是因为他研究法学问题所采用的哲学、社会学、人类学视角，与我现有专业背景相吻合。最初的阅读使我产生了要澄清人们对富勒法律道德性思想的误解的冲动，并因此促使我在导师的指导下写成两篇习作。随着因写作所需而不断扩大的对富勒著述的阅读，让我最终成为富勒思想的坚定拥护者，并因此决定将富勒的程序自然法作为博士论文的选题。但程序自然法的写作过程是艰难而痛苦的，因为富勒从没有系统阐述过程序自然法，他的程序自然法思想散见于各个时期写成的论著中。为了能对程序自然法思想有一个较为完整、准确的把握，我对富勒在各个时期写成的论著作了多次对比阅读。尽管富勒的法律思想被认为是对于那些没有经过技术法学训练的法律人进入法律哲学的便利入口，但他经常运用实例而不是标准的理论表述来阐明其极具创见的重要思想的方式常常使得要确切把握他通过实例想要传达的真意变得十分困难，因为这些实例的深意往往只有被放在特定的语言文化背景下才能获得较为准确的理解。

　　写作的过程是漫长而充满挑战的。挑战不仅来自智识上的，还有来自体力、毅力和心理调适上。如果没有老师、家人、朋友、同事的各方支持，我也许不能坚持到今天。我的老师孙笑侠教授对我阅读富勒后写成的每次习作，包括作业与正式发表的论文，都作了仔细的批注，引我一步步走向富勒思想的深处。更为重要的是，老师一直留予我们一个宽松、自由的学习环境。他既不预先给我们设定研究视角,也不给我们限定完成学业的期限(相反还鼓励我们延长学期以便写出高质量的论文),这让我拥有充分的时间以一种较放松的心境和较从容的态度沉入富勒的著述去领悟他独到的见解。我的工作单位,浙江大学社会学系也在学习时间上给予了充分的照顾;除了必须的教学任务外,几乎没有给我安排其他的工作任务。师兄陈林林对我的开题报告和论文的写作大纲都提出了实质性的修改建议,这使我得以避免许多存在于我思维盲区中的漏洞。同门师兄弟李学尧、熊静波、郭春镇、苏新建、刘国、李伟、韩兵、徐钢、褚国建、余军、冯健鹏、杜官磊向我提供了很多的学习信息和研究资料。对我的这个研究的完成特别有帮助的应该是小师弟林海。基于对富勒思想的共同兴趣,我们经常在一起交换学习资料、交流学习心得。每一次交流,林海都会毫无保留地奉献出对他富勒的最新理解。没有与林海的学习交流,我对富勒的理解不可能达到现有的程度。最后,要特别感谢的是我的母亲、丈夫和儿子。母亲的乐观开朗一直是我的精神支柱,每次与母亲通电话总能获得新的力量;丈夫为了让我安心写作几乎承包了家庭所有的对外联络事务,当然还承担了大部分家务;儿子一直默默忍受着我写作不顺利时的莫名脾气,也因我迟迟未能结束的论文写作失去了许多他应该享受的母亲关怀,还帮我校对了部分文稿。没有他们的支持,我的研究无法顺利完成。帮助过我的人还有很多很多,在这里,我一并献上诚挚的谢意。

2009 年

自 序 ·····································

　　自从 2009 年通过博士论文,到今天正式付梓,中间隔了整六年。尽管这期间没有停止对论文主旨的继续思考,也曾尝试将论文相关主题作进一步的深入论述,但是以书稿形式呈现给读者的博士论文仍然不能说是一个完整的研究。作为一种方法、立场的程序自然法,我以六章的篇幅对其作了理论上的论述,[①]但却只留了一章的空间讨论它的实践运用,而且,这一章的讨论也仍然只停留在理论层面,讨论的范围也没有扩展到"合法性原则"以外的、其他富勒也未曾深入讨论的程序自然法内容,如裁判和调解的内在要求等。曾经希望将博士论文作为课题申请进一步研究的立项资助,但经几次不成功的申请后,还是放弃了。在高校的生存压力下,不得不放弃的不只是课题申报,还有对程序自然法在实践领域的延伸研究。程序自然法所提出的法治方案并非只在理论层面就可以解决的,甚至在实践领域也不能只依赖通常所讲的法律方法,[②]还需利用法律实践中无法概念化的法律技艺,或法律智慧[③]。当亲自在司法实践中去体悟、把握程序自然法已变得几乎不现

　　[①] 其中《一种非传统意义上的自然法理论》的论文,发表在《南京大学法律评论》2012 年春季卷,另两篇论文——《裁判与调解的功能差异及其在制度设置上的启示——以程序自然法为视角》、《法治视野中的司法与民意》——作为博士论文的延续研究以"附录"形式编排在本书最后。另外,还有两篇未最终完成的论文——《实质法治是一种独立的法治类型吗?》《如何看待法庭调解的中国特色?》——以及一篇未正式发表的研讨会论文——《我国社会转型期的法治模式建构》。

　　[②] 本书第七章对作为程序自然法主要内容的"合法性原则",在法律解释中的运用作了尝试性的讨论。

　　[③] 相当于迈克尔·欧克肖特(1901—1990,一位与富勒一样在同时代理论家中显得有些另类,但却被誉为"从密尔——或甚至伯克以来——盎格鲁—撒克逊传统最伟大的政治哲学家")所讲的无法表述为公式和规则的、因而只能在实践过程中面授和习得的实践知识,区别于可以表述为公式和规则的、因而可以通过书本学习的方法习得的技术知识。参见[英]迈克尔·欧克肖特:《政治中的理性主义》,张汝伦译,上海译文出版社 2004 年版。

实时,把自己在理论上获得的一点认识与有更多实践机会的法律人士分享,把在实践中充实和丰富它的重任留给有志于将法治理想变成法治现实的中国法治实践者,应该是比较明智的选择。

通过法律来治理是人类较早也较普遍的实践活动。一旦人类获得了个体性,并希望通过各种联合(association)去追求自己的目标时,法律就成为人类社会的现实需要。法律,作为一种国家治理方式,它的优越性在于它并不限定人类行为的具体目的,而只是为行动者设定了大家同意的限定条件①——在这个限定范围内,行动者有行为选择的自由。法律通过以规则形式为人们的自由选择行为设定条件,使人类的各种进取活动在有序中进行——最大限度地避免了个体在追求自我目标时对他人带来的不便和损害的可能;同时,由于它留予个体相当的在目标和行为选择上的自由,而为人类创造性的自由发挥提供了可能条件。因此,法律,作为一种秩序安排,是对秩序和自由这两种对立的人类需求的最好协调,因而也是迄今为止可使人类需求得到最好满足的秩序形式。然而,法律对于人类的意义,并不在于它能直接为人类带来多少实质福利,而只是为人们自由追求幸福生活提供了可能空间,从而激发了整个社会的创造力。法律并不直接关注个人或群体的实质利益,而只是为人们以各种方式追求实质目标提供一个具有明确条件的社会环境,这使基于人类自然差异的个体性得到进一步发展,并使以个体性差异为前提的互惠互利获得更为广泛的实现,以此促进社会的富裕和繁荣。

人类社会对法律的需求是促使法治成为现实的驱动力,但要使法律这一为人们的自由选择行为提供限定条件的治理形式真正发挥其独特优势,包括立法和司法在内的法律实践活动也必须在特定的限定条件下进行。②法律实践所应遵循的限定条件,也就是使法律成为可能的条件,或者说是人

---

① 这里借用了欧克肖特对法律的表达,若用富勒的表达是"使人类的行为服从于一般性规则的指导和控制"。参见[英]迈克尔·欧克肖特:《法治》,载《政治中的理性主义》,张汝伦译,上海译文出版社 2004 年版;富勒:《法律的道德性》,郑戈译,商务印书馆 2005 年版。

② 对实现法治的限定条件的探讨形成了各种各样的法治观。譬如,我国学者郑永流教授用"形式法治论"与"实质法治论"这两个概念去概括西方不同思想家和法学家所持有的不同法治观念,王人博教授将西方学者对法治概念的解释路径概括为"原教旨主义"与"普世主义"两种模式,张文显教授将二战后西方法哲学所提出的法治模式和理想概括为"自然的法治理想"、"合法性的法治模式"、"形式正义的法治模式"、"全面正义的法治模式"四种类型,美国学者塞尔兹尼克教授用"消极意义上的法治"(即一种消极的、不太冒险的法治理解)与"积极意义上的法治"(即一种是积极的、较冒险的法治理解)来概括人们对法治内涵的不同理解,裴文睿教授将我国学界对法治内涵的不同理解归结为广义法治说和狭义法治说两大类,如此等等。

们愿意且能够遵循表现为法律规则的限定条件的种种条件。具体地说，使法律成为可能的条件包括两个方面：一是法律具有让大多数人愿意遵循的品德，即大多数人因确信立法者所制定的法律是有益于整个社会而愿意自觉遵循它，也即富勒所谓的法律的外在道德；①二是法律具有能够让所有处于它管辖范围的人们能够遵循的品德，即富勒所谓的法律的内在道德。法治的实现需要满足这两方面的条件，而这正是程序自然法所关注的内容，或者说，程序自然法所寻求或所表达的正是使法律成为可能的种种限定条件。

从第一方面的条件可以进一步引申出对立法者和司法者在职业操守方面的要求：为了使法律具备这个品质，立法者应该超脱于任何现实的利益关系——不代表任何个人和群体的利益，同时又不能脱离社会生活，从而使制定的法律规则能真正体现社会生活的内在要求；而司法者在处理法律纠纷时必须保持中立的态度，仔细地倾听当事人对法律和事实的意见，并通过裁判使法律更清晰、更符合社会生活需求。从第二方面的条件可以进一步引申出对立法者和司法者在职业技能方面的要求：立法者既要有丰富的社会阅历和超常的社会生活知识，还需有敏锐的洞察力、高度的抽象概括能力以及良好的语言表达能力，从而能够从社会生活中提炼出符合需要的法律规则；而司法者则需具备丰富的法律知识和逻辑分析能力，从而通过法律适用使各种不同的立法形成一个具有内在逻辑一致性的体系。第一方面的条件主要确保法律具有其自身的善，这些条件大多可以通过相应的制度和程序来实现；②第二方面的条件主要为了确保法律具有规范和指导人们行为的能力，至少它不能成为任何具有正常理智的成年人一不小心就会掉进去的陷阱，这些条件虽也可以通过制度和程序来保障（如，以最容易为受法律制约者获知相关内容的方式公布制定的法律），但更多的还需通过法律人所具备的良好的职业技能来保障（如，在确保法律符合社会需要的同时也尽可能地保持它与社会生活通行的行为习惯的一致性、在确保法律语言的精确和逻辑严密的同时也尽可能地使它符合常人的语言理解习惯等）。法律人所应

---

① 欧克肖特将法律的这一品质归结为"法律的规定不应该与一个通行的受过一定教育的人的道德感受相冲突"，他认为，法律的权力"归根结底在于在任何时候都有足够多的联合者愿意遵守它们"。参见迈克尔·欧克肖特：《法治》，载《政治中的理性主义》，张汝伦译，上海译文出版社2004年版。

② "三权分立"通常被认为是实现法治的在制度设置上的基本保障，但若立法与司法的合一并不影响立法和司法者所应具备的职业操守，那么，"三权分立"也并非绝对必要。孟德斯鸠提出的"三权分立"是以"君主、国家和法律的现代三位一体"为前提的：如果立法者是君主，那么，"司法权同立法权合而为一，则将对公民的生命和自由施行专断的权力"——君主的个人意志就成为法律。参见[法]孟德斯鸠：《论法的精神》（上册），商务印书馆1997年版，第156页。

具有的职业技能部分可以通过高等教育标准化的专业学习来培养,但更多的还需在实践中去养成。因此,程序自然法的要求,除了部分能够通过制度和程序设置的方式来满足,更多的还需在实践中以法律实践知识[1]的方式来体现。正因为如此,程序自然法能够在实践中给予有责任去发现让大多数人愿意且可能遵循的法律的立法和司法者指导的更多的只是一个基本的立场、一个大致的方向。

"法治没有单一的模式"[2],更没有可以照搬的模式。当建设法治已明确为一项国策时,法治的实现更多的需要依靠所有法律人集体的实践努力。[3]只有当这样的努力成为法律实践者的自觉,而且,它的范围能扩展到正式的立法和司法实践以外——包括任何规章和约定的形成和实施过程,法律才有可能成为既不同于道德训诫,也不同于行政管理的治理方式。未敢奢望这本小书的出版可以推动这种法治实践的努力,但确实希望有更多的法律实践者能够理解程序自然法这一超越实证主义和近代自然法的法律立场对于法治的独特意义、有更多兼具理论和实践素养的法律人能够关注富勒更多地以虚拟案例方式表达的法治实践知识。[4] 如能这样,便是写作此书的最大回报。

2015 年 6 月

---

① 这里的"实践知识"既不是指运用于实践中的知识,也不是指源于实践经验、经前人总结归纳而形成的、可以通过阅读和记忆这样的间接方式习得的知识,而是指那些必须在实践过程中领悟和把握的(通常无法转化为书本知识的)知识。

② [美]塞尔兹尼克:《美国社会与法治》,载《北大法律评论》(2003)第 5 卷·第 2 辑,第 570 页。

③ 这样的努力在古罗马以及英、美等国的法治实践中一直存在着,法治的精髓也正是从这样的实践中提炼出来。相关讨论详见本书第三章。

④ 虚拟案例应该是表达法律实践知识最适合的方式。

摘　要

Abstract

　　程序自然法是一种由各种法律秩序形式内在要求所构成的"制度自然法"，也是一种方法意义上的"技术自然法"。程序自然法的提出是一种自觉克服传统自然法与法律实证主义对法治实践所产生的消极影响的理论努力，也是一种回应现代法治所面临的现实困境的理论努力。本书尝试通过系统阐述程序自然法提出的背景、具体要求以及实践运用，对程序自然法有较为全面和准确的认识，并希望借此推动富勒法律思想在解决现代法治实践难题中应具有的作用。

　　本书主要由四部分构成：绪论、程序自然提出的理论背景和实践基础、程序自然法的证成——一种超越自然法与实证主义的努力、程序自然法的实践形态和司法运用。绪论阐明了选题的意义、研究的方法和本书的结构，并简要回顾了相关的理论研究。第二部分包括第二、三章。第二章分析了法治作为一种社会治理模式必然要存在的人类理性与权力意志、理想与现实、良法之治与恶法之治的两难，解决法治难题的传统自然法与实证主义两种理论视角及各自存在的问题。第三章梳理了法治历史上两大主要法律传统——罗马法与英国普通法——解决法治难题的实践努力以及所取得的成就，以及美国宪政作为现代法治典范其在形成和适用正当过程原理中体现出的程序自然法内涵。第三部分包括第四、五、六章。第四章主要阐释了传统自然法遭受批判和误解以及富勒回归自然法立场的理论上的考虑；第五章着重分析了富勒重新诉诸自然法立场在实践上的问题意识、其理论主张与实证主义立场之间的根本分歧以及由此引发的论战；第六章详尽论述了富勒如何以其秩序原理的思想成功地超越了传统自然法与实证主义的对立，并形成了具有方法论意义的程序自然法。第四部分解释了程序自然法如何能够作为一种隐含法在法律实践中具有实际的规范作用,并有效地指导和约束立法权和司法权的运行。

最后,本书指出,程序自然法与传统自然法理论一样,致力于确立一个理性、正义的法律秩序,但并不直接讨论法律的实质目标。程序自然法,作为一种在过程中确定法律目的的方法,不仅可以为疑难案件的解决提供了一条可操作的路径,也为完善和发展既有法律提供了一个可参照的理想目标和一套切实可行的法律方法。

关键词:程序自然法;实证主义;法律的道德性;隐含法;法治;义务德;愿望德

ABSTRACT ··

Procedural natural law is a kind of *institutional natural law* which consists of internal demands of forms of legal ordering. It is also a *technical natural law* in a sense of method (natural-law method). The advancing of *procedural natural law* is a self - conscious effort to overcome the negative effects caused by the *traditional natural law* and positivist theory on the practice of *rule of law*. It is also a response to the dilemma exiting in modern *rule of law*. The main purpose of this paper is to gain a full and correct understand of *procedural natural law* by clarifying the background of *Procedural natural law*, its specific demands and practical application , and by this help to push forward the practical application of Fuller's legal thought in solving the actual problems existing in the modern rule of law practice.

This paper consist of four main sections: introduction, the theoretical background and practical basis of advancing *procedural natural law*, the establishing of *procedural natural law* as an outcome of transcending *natural law* and positivist theory, the practical forms and juridical application of Procedural natural law. Introduction explains the significance of this research subject, the general approach and the basic framework of this paper, and briefly describes the relative studies of this subject. The second section includes chapter two and three. Chapter two discusses the dilemma of antithesis between will and reason, ideal and reality, rule of good law and rule of bad law faced by rule of law as a model of social regulation, the way of solving this problem proposed by *natural law* and positivist theory and their own defects. Chapter three reviews the practical efforts to solve the rule of law dilemma in the history of main two legal traditions of Roman law and English general law and their own achievements, the constitutional practice in the U. A. which have been embodying the *procedural natural law* clearly.

The third section includes chapter four, five and six. Chapter four explains criticism and misunderstanding suffered by *traditional natural law*, and the reasons Fuller has chosen the *natural law* position; Chapter five analyzes the problem- awareness Fuller bears to resort to *natural law* tradition, his theoretical position, his odds with positivists, and the famous debate. Chapter six discusses how Fuller has successfully transcended the opposition between *natural law* and positivist theory by virtue of his idea of principle of social order and formed his *procedural natural law* theory as natural-law method. The fourth section explains how *procedural natural law* acquires its actual power in legal practice and effectively norms and constrains the operation of legislative power and juridical power.

At last, this paper points out that *procedural natural law* theory try to help establishing a reasonable and just legal order as well as *traditional natural law* theory, but it does not treat the substantive purpose directly. *Procedural natural law*, as a method to identify the legal purpose during the legal processes, could not only provide a workable approach to solve the hard cases, but also provide an ideal goal to be referred to and a set of legal method for improving and developing the existing legal system.

Key Words: procedural natural law; positivism; the morality of law; implicit law; rule of law; the morality of duty; the morality of aspiration

C目录 Contens

06　富勒的追求:解决法治难题的第三条道路

01 绪 论

1.1 选题的意义

　　"富勒(Lon L. Fuller,1902—1978)是当代美国最伟大的法学家之一。"①康奈尔大学教授萨默斯(Robert S. Summers)将他与霍姆斯(Oliver Wendell Holmes Jr.)、庞德(Roscoe Pound)和卢埃林(Karl N. Llewellyn)并称为"近百年来美国最重要的四位法律理论家"②。富勒思想的重要并不仅仅因为他是"理解二十世纪法哲学演变的关键",因而学习和理解他的理论"是进入二十世纪美国法律哲学的绝好入口"③,而且还因为富勒研究法律的视角是"诊断性的、经验的"④。他对法治现实问题的思考,至今仍然具有十分重要的实践意义。富勒的同事 Albert M. Sacks 在一篇纪念富勒的文章中写道:"富勒对同事的影响并不在于他使他们确信他的答案是正确的,而是在于他使他们确信他的问题是正确的,这些问题是他们必须面对并值得认真思考的。"⑤《重新发现富勒:隐含法与制度

---

　　①　Willem J. Witteveen,"Rediscovering Fuller：An Introduction",in *Rediscovering Fuller ：Essays on Implicit Law and Institutional Design*,Edited by Willem J. Witteveen and Wibren van Burg,Amsterdam University Press,1999. p. 21.

　　②　See Robert S. Summers,*Lon L. Fuller*,Stanford University Press,1984,p. 1.

　　③　Jr. William Powers,"Book Review"(on *Lon L. Fuller* by Summers),Duke Law Journal,1985,pp. 221—222.

　　④　Philip Selznick," Preface to Rediscovering Fuller",in *Rediscovering Fuller ：Essays on Implicit Law and Institutional Design*,p. 10.

　　⑤　Albert M. Sacks,"In Memoriam：Lon L. Fuller",92 *Harvard Law Review* (1978—1979),p. 350.

设计》一书的主编之一 Willem J. Witteveen 这样表述他们重新关注富勒的理由："虽然希望更精确、更全面地理解富勒的理论是我们重新发现富勒工程的一个重要动机,然而却是促使富勒思考的那些重大问题(issues)在当代的意义使得重新发现富勒变得必要。"①

尽管富勒的研究领域非常广泛,除法哲学、法理学领域以外,在合同法、法学教育、非正式法律制度等领域都有重要研究。但他理论的核心应该是他的新自然法理论,即程序自然法。富勒讨论目的与手段的关系、讨论包括裁判在内的各种秩序安排形式就是为了阐明程序自然法思想;也正是在阐明程序自然法的过程中,富勒对法律与道德的关系问题提出了既不同于实证主义又不同于传统自然法理论的观点;而有关合同法、法学教育及非正式法律制度的研究在某种程度上都是程序自然法思想的进一步运用。

富勒所提出的程序自然法②,其不同于传统自然法的关键之处在于:"它不是一个自然法的体系,而是一种自然法的方法(natural-law method)"③。方法意义上的自然法是一种"技术自然法(technical natural law)"④,它是由各种法律秩序形式的内在要求(或内在道德)构成,是我们在选择特定秩序形式以实现既定目的时在程序、规则和制度方面所必须满足的基本要求。程序自然法价值中立地讨论如何确保各种秩序形式(作为实现社会目的手段)有效运作的技术问题,而不直接参与对各种秩序形式所应追求的社会目的的讨论;但这并不意味着它与社会目的的伦理讨论无关。程序自然法,作为实现社会目的有效手段,经手段对目的的投射作用最终成为社会目的的结构因素,成为伦理讨论的默认前提。因此,程序自然法是一种"影响和限制可以通过法律来实现的实质性目标"⑤的制度自然法(institutional natural law)。

程序自然法是试图克服传统自然法与法律实证主义对法治实践所产生的消极影响的一种理论努力。传统自然法因将人类实质理性绝对化,这使法律制度很容易蜕变为政治野心家强制推行个人价值偏好的工具;实证主义由于完全否认理性探讨社会目的的可能性,从而把法律的实体内容完全

---

① Willem J. Witteveen, "Rediscovering Fuller: An Introduction", in *Rediscovering Fuller: Essays on Implicit Law and Institutional Design*, p. 22.

② 程序自然法是一个宽泛的概念,涉及社会、政治、经济、法律各个领域秩序安排的形式要求,但富勒主要关注的是法律领域中各种秩序形式的内在要求。

③ See *Letter from Lon. L. Fuller to Thomas Reed Powell*, in *The Principle of Social Order* (Oxford-Portland Oregon 2001), p. 334.

④ Fuller, "Means and ends", in Kenneth I. Winston(ed.) *The Principles of Social Order*, p. 63.

⑤ Fuller, *Morality of law*, Yale University, 1969. p. 184.

交由权力意志来决定,这使法律极有可能沦落为权力恣意的产物。程序自然法试图为人类法治实践发现一条寻求良法的第三条道路:从法律这一秩序形式内含的互惠性中发现法律过程自身的内在道德(即使法律成为可能的内在要求),从而在为法律找回理性基础的同时,也为指导和约束立法权和司法权的运作找到了规范依据,并最终使得以法律制度的内在理性要素来抑制恶法的滋生成为可能。

程序自然法也是一种回应现代法治所面临的现实困境的理论努力。在现代法治实践中,立法不确定概念和概括条款的增加,以及社会急速发展而导致的法律滞后,都使得目的考量、政策判断和利益权衡成为司法裁判必须诉诸的方法;而司法裁量权的扩大又不可避免地使维持法治所必需的形式要素遭到破坏,进而使法治的权威面临危机。程序自然法,通过明确法律作为一种秩序形式所具有的内在的以及实现这一目的所必须达到的基本条件(也即法律秩序形式的内在要求),为法律目的解释提供了一套相对稳定的结构框架和一套用以衡量法官各种实质考虑是否合理的形式标准,从而限定了法官目的考量、政策判断和利益权衡的方向和范围,既为疑难案件的解决提供了某种客观的法律依据,也为司法权的行使提供了某种法律制度内的限制,最终为现代法治走出因不得不考虑更多的实质因素而陷入的形式危机明确了努力的方向,也使现代法治实践在致力于实现社会正义、不断追求法律的发展和完善过程中保持对法律的忠诚成为可能。①

程序自然法,作为人类追求理想社会秩序的实践过程中限定实质考虑的形式要求,是一套理解和确认通常处于成长和变化之中的人类实质目标的方法和原理。它不仅为解决法治实践中必然存在的法律发展与法律稳定、形式正义与实质正义之间矛盾提供了可能,也为解决社会制度设置中必然存在的公正与效率之间的矛盾提供了可能。那些作为实现社会目的手段的社会秩序形式本身包含有制度的必然性,任何社会公正的目标只有被纳入由这个制度必然性构成的框架里才有可能实现。同时,作为人类制度的理性内核,程序自然法还能确保各项社会制度设置不偏离其服务于人们共同需求的初衷。"人类制度的理性内核能够单独确保那些制度可行和健全,避免制度的衰败,也能使制度从暂时的偏离航向中重新回到正确的航道。"②对处于社会转型时期的中国,程序自然法更是我们确定制度改革方向、明确

---

① 现实主义对法律形式主义的猛烈攻击使得这种危机在 20 世纪中期的美国变得实在而紧迫,富勒的思考在很大程度上是对法律现实主义的回应。

② Fuller, "The Forms and Limits of Adjudication", p. 360.

改革实施步骤的重要依据。无论是特定领域的制度改革,如司法制度,还是我国整体的社会治理模式的转型,都可以从富勒的程序自然法思考中获得理论和实践上的启迪。

富勒作为 20 世纪"真正重要的法学理论家之一"①,他的研究"并没有得到其应有的认真对待"②,而且,"较早研究过富勒著作的一些人因各种原因极大地误解了富勒的著作"③。事实上,这种误解即使在今天仍在较大的范围内存在,它使得富勒的重要理论洞见未能在当今法治实践中发挥其应有的作用,这不能不说是人类整个法治事业的一大损失。本书以富勒的程序自然法为选题,旨在通过对富勒这一思想的认真解读为现代法治所面临的困境提供一种相当重要、但却被长久忽视的理论和实践视角,更为我国的法治建设事业提供一种可参照的路径。

1.2 以往研究的简短回顾

虽然富勒生前所出版的著作和发表的文章都曾在当时引起极大的反响,但在富勒的晚年及过世后的相当长一段时间里,他曾一度被人们淡忘。

国外对富勒法律思想的研究可以说曾出现三次较为明显的热潮:第一次热潮是以随富勒《法律的道德性》(1964)的出版而涌现出的大量书评及一次专门针对此书而召开的研讨会(1965 年 4 月 2 日)为标志的。④ 富勒的《法律的道德性》是一部经典著作。但此书的出版所引发的数量惊人的书评却主要是从两个相反的立场批评富勒"法律道德性"的思想。具有实证主义倾向的批评者指责富勒的法律道德性的表述混淆了"功效"与"道德"这两个概念。他们认为,被富勒称为"法律内在道德"的"合法性原则"只是一套获得有效法律体系的功效原则,而与道德没有关系。⑤ 而具有自然法倾向的批评者则批评富勒的法律内在道德并不能使法律获得其正当性基础,因而并不

---

① Summers, *Lon L. Fuller*, "preface", p. 7.

② Willem J. Witteveen, "Rediscovering Fuller: An Introduction", in *Rediscovering Fuller: Essays on Implicit Law and Institutional Design*, p. 21.

③ Summers, *Lon L. Fuller*, "preface", p. 7.

④ 相关情况的介绍可参阅富勒:《法律的道德性》,郑戈译. 商务印书馆 2005 年版,第 217—218,232—234 页。

⑤ 有关"法律道德性"的争议将在本书 7.3.3"合法性原则的法律性和道德性问题"中作更具体的讨论。

能确保富勒所希望的良好法律秩序的建立。

第二次研究热潮出现的标志是萨默斯《富勒传》的出版(1984)以及随后出现的对此书的书评。萨默斯曾在富勒生前对其所提出的法律道德性思想提出过批评,但他在20世纪70年代后期再次认真研读富勒的所有著作后,发现自己以前并没有真正理解富勒的思想。他花了几年的时间写就了《富勒传》,希望以此来纠正人们对富勒的误解。在书中,他给予富勒的法律思想以极高的评价,并试图对它作全面的解读。他从"有目的和承载价值的法律"、"法律的道德与不道德"、"法律与非法的区分"、"自然法与理性的角色"、"法律的手段与目的:一个过程的理论"、"法律的手段与目的:民事裁判"、"法律的手段与目的:一般评价"、"法律方法"、"合同法"、"法律人、法律教育和法律理论"十个方面对富勒的思想作了全面、系统的评析。为了能让富勒的思想更容易被人们所理解和接受,他还试图以自己的方式重新表述富勒的一些观点。萨默斯对富勒思想的同情性评述对于系统、全面、正确地理解富勒的法律思想无疑是有很大帮助的。但很多《富勒传》书评的作者并不认可萨默斯的学术努力。一些对富勒法律道德性思想持有异议的书评作者认为,萨默斯对富勒合法性原则的道德性所作的辩护是不成立的;另有一些对富勒法律道德性思想持同情立场的作者则认为,萨默斯对富勒法律道德性思想的重述还没有富勒自己的表述清楚,甚至认为萨默斯对富勒思想的重述偏离了富勒的原意。[①]

第三次研究热潮出现是以1995年与1997年在荷兰的蒂尔堡大学(Tilburg University)举办的两次专门研究富勒思想的国际学术讨论会为标志。这两次研讨会由来自欧美不同国家的富勒研究者参加,会后出版了题为《重新发现富勒:隐含法与制度设计》的会议论文集(其中也包括一些因各种原因未能出席讨论会的学者的研究文章)。[②] 这两次研讨会的召开以及该书的出版意味着对富勒的研究不再限于美国,而是开始在欧美各国广泛开展。该书的主编之一荷兰蒂尔堡大学的法理学教授 Willem J. Witteveen 在"导言"中从五个方面——法律人作为社会结构的建筑师、挑战实证主义、法理学对话、隐含法、良好的社会秩序与可运行的社会安排——对富勒的主要思想作了全面的介绍和评析。全书对富勒的研究分为五个主题:(1)超越富

[①] 有关萨默斯对富勒法律道德性思想的辩护、书评作者对萨默斯的批评以及他对批评的回应可参阅邹立君:《良好秩序观的建构:朗·富勒法律理论的研究》,法律出版社,2007年版,第76—82页。

[②] 此书的英文名为 *Rediscovering Fuller:Essays on Implicit Law and Institutional Design*,Amsterdam University Press,1999.

勒—哈特论战,主要对哈富论战作了进一步的研究;(2)在法律实践中是否存在其他的道德或伦理考量的可能性,即对富勒法律道德性思想的进一步研究;(3)对来自普通法传统的互动主义的研究,即对富勒在《法律解剖》一书中所提出的隐含法概念的研究;(4)进一步发展"良好秩序工程"的可能方式以及内含于这项工程的各种限制,即对富勒有关制度设计艺术思想的研究;(5)富勒以与其他思想家对话的方式发展自己思想的风格及其对法律作为修辞学和诠释学实践的意义,即对法律的对话性质的研究。

另外,还有一件对于富勒思想研究具有重要意义的事是哈佛大学肯尼迪政府学院温斯顿(Kenneth I. Winston)博士编辑的《社会秩序的原理》①(1981)的出版。温斯顿作为富勒生前的学生一直关注着对富勒思想的研究。为了较为全面、清晰地呈现富勒的程序自然法思想,他整理了富勒生前未发表的一些文章,并与富勒生前曾发表的一些重要文章一起编辑成论文集。温斯顿致力于纠正人们对富勒所提出的"世俗的自然法"的误解。他在此书的导言中阐述了富勒特有的法律观以及富勒研究法律的独特视角和方法,以引导人们正确理解富勒的思想。② 后来,他又专门为该书的修订版撰写"导言",深入剖析富勒关于法律与道德关系的理论论述。他认为,富勒所主张的法律和道德之间的交叉体现在三个方面:法律的道德基础、法律的道德结构与法律的道德目的。③

相比之下,国内对富勒思想的研究显得比较薄弱。正如邹立君博士所言,国内对富勒的研究大都"散见于诸种西方法理学、法哲学专著当中,并多为介绍性的内容且存在简化处理的倾向,缺乏相关专门的系统研究"④。沈宗灵先生在《现代西方法理学》(北京大学出版社 1992 年版)一书中对富勒的法律思想作了较为全面的介绍;夏勇博士在《法治是什么——渊源、规诫与价值》(载《中国社会科学》1999 年第 4 期)对富勒的法律道德性思想作了较为全面的分析和介绍;强世功博士在《法律的现代性剧场:哈特与富勒论战》(法律出版社 2006 年版)一书中也对富勒的新自然法思想提出了自己的理解;邹立君的《良好秩序理论的超越:朗·富勒法律秩序观的建构——兼评富勒〈社会秩序原理〉》(载《法律科学》2006 年第 1 期)一文对富勒的秩序理论思想作了较为全面的介绍和评析;而她的《法律的内在道德:一种通达目

---

① 此书的英文名为 *The Principle of Social Order*,由 Oxford-Portland Oregon,2001.

② See Kenneth I. Winston,"Introduction ", in *The Principle of Social Order*. pp. 25—58.

③ See Kenneth I. Winston,"Introduction to the Revised Edition", in *The Principle of Social Order*. pp. 1—23.

④ 邹立君:《良好秩序观的建构:朗·富勒法律理论的研究》,法律出版社,2007 年版,第 4—5 页。

的性事业的观念——兼评富勒〈法律的道德性〉》(载《社会科学论坛》2005年第12期)一文对富勒的法律道德性作了进一步的解读;王家国在《虚构:法律思维的必要之维——朗·富勒〈法律的虚构〉译后》(载《法律科学》2006年第2期)一文,对富勒法律思维与法律方法方面的思想进行介绍和评析。邹立君的《良好秩序观的建构:朗·富勒法律理论的研究》(法律出版社2007年版)一书的出版意味着国内对富勒法律思想开始有了综合的研究;几乎与此同时,浙江大学研究生林海的硕士论文《论富勒的"合法性原则"》(2007年)也对富勒的法律思想作了较全面的考察。

上述对富勒的研究(包括综合和分散的)均没有从程序自然法的视角去理解和阐述富勒的法律思想。萨默斯的《富勒传》与邹立君的《良好秩序观的建构》虽然都是对富勒思想的全面介绍,但他们都没有将程序自然法作为富勒的理论核心来整合富勒的全部法律思想。萨默斯虽然对富勒的各个分散观点都有较为准确的把握和重述,但由于缺少一个将它们统一起来的视角,各个观点之间很难形成一个有机的思想整体,也因此影响了对富勒某些思想作更深层理解。萨默斯对程序自然法视角的拒绝可能与他本人一直持实证主义立场有关,尽管他也表现出对富勒程序自然法立场的同情。

邹立君敏锐地意识到了以往对富勒的研究因统一视角的缺失而存在的局限,并把富勒的秩序理论作为理解和统合富勒思想的视角。[①] 在这一点上,邹立君的判断和选择无疑是正确的。但她因此将富勒理论的终极关怀归结为"使人们过上美好生活和促进人们之间交往渠道之畅通",或者"使人们过上良好生活所需的良好秩序条件的探索",[②]显然是偏离了富勒思想的理论旨趣。"富勒是一位对法哲学感兴趣的法律人,而不是对法律感兴趣的哲学家";他"关注的是法律的哲学,而不是与法律有关的问题的伦理哲学。……他的法理学几乎全部研究法律的性质与法律推理"。[③] 虽然邹立君自觉地将富勒的理论渊源追溯到哈富论战,甚至亚里斯多德,但她始终未能将富勒自觉自愿采取的、并为此"使自己卷入与法律实证主义者之间无端的争论而使自己的成就逊色(他们能够而且应该欢迎他对法治主要特征的归纳)"[④]

---

① 邹立君从多方论证了这一视角的合理性,详见邹立君:《良好秩序观的建构:朗·富勒法律理论的研究》,第6、11页。

② 邹立君:《良好秩序观的建构:朗·富勒法律理论的研究》,第7、18页。

③ Jr. William Powers, "Book Review" (on *Lon L. Fuller* by Summers), *Duke Law Journal*, 1985, p. 222.

④ Matthew H. Kramer, "Review" (on *Rediscovering Fuller: Essays on Implicit Law and Institutional Design*), *The Modern Law Review*, Vol. 64, No. 4 (Jul., 2001), p.650.

的自然法立场作为理解富勒思想的基点。她用"秩序观"这样一个缺乏明确限定因而显得相当宽泛的词来概括富勒的秩序理论,并希望以此来整合富勒的法律思想,显然无法达到系统阐述富勒思想的目的。书中对富勒思想的介绍仍然是分散的,有时甚至是相当令人费解的。

程序自然法视角的缺失不仅使得对富勒思想的系统把握变得不可能,而且还无法真正理解富勒法律思想对于解决法治实践所面临的现实困境,特别是司法审判中疑难案件的处理,在法律方法层面所具有的意义。① 虽然富勒未曾系统地阐述自己的思想,但他的理论关注是连续的,他在各种著述中所表达出的思想也是一贯的。他的每一个观点(如法律与道德的交叉、事实与价值的不可分、目的与手段的关系等)的提出几乎都是为了更明确地阐明程序自然法思想,同时也是为了更好地应对现代法治所面临的实际问题。

而那些只是专题性地介绍和分析富勒思想的研究者往往只将富勒的程序自然法狭义地理解为合法性原则。确实,富勒是在《法律的道德性》一书中首次明确提出程序自然法的概念。② 但富勒的程序自然法思想的提出实际上比这更早。他在 1953 年发表的《美国二十世纪中期的法律哲学》一文中已明确提出,存在一种不同于传统自然法的"社会秩序的自然法"(natural laws of social order),并把它称为"被忽视的法学分支"——优序学(eunomic)。③ 后来,他又在《手段与目的》④一文中再次提到优序学的概念,并用"技术自然法"一词来指称他所提出的新自然法。⑤ 再后来,富勒在《人类目的与自然法》一文中将自己建立新自然法的理论诉求归结为"社会秩序形式的事业"——即对包括"规则、程序和制度设置"在内的种种秩序安排的

---

① 富勒所提出的"是法律目的而不是法官自己的价值能够并应当用于解决模糊案件"主张已成为"像法律人一样思维"的主要方面[see Jr. William Powers, "Book Review"(on *Lon L. Fuller* by Summers), 1985 *Duke Law Journal*, p. 221],而程序自然法就是用以确定法律目的的一种方法。

② 富勒:《法律的道德性》,第 114 页。

③ Lon L. Fuller, "American Legal Philosophy at Mid-Century—A Review of Edwin W. Patterson's Jurisprudence, Men and Ideas of the Law", *Journal Legal Education*. Vol. 6 (1953—1954), p. 473.

④ 这篇文章是富勒计划中的、但始终未能完成的《法理学问题》的新的一卷的一个导言。他计划想写的这一卷是对原先附在《法理学问题》的最后一篇短文"秩序原理"的扩展,原本他只是打算将这个短文扩展成《法理学问题》的最后一章"社会秩序原理:试论优序学",但最后他希望将它写成单独的一卷[See Kenneth I. Winston, "Editor's Note", in *The Principles of Social Order*(ed.), Hart Publishing, 2001. p. 61]。

⑤ Fuller, "Means and ends", in Kenneth I. Winston(ed.) *The Principles of Social Order*, Hart Publishing, 2001, pp. 62—63.

方式的探求。① 从富勒陆续阐述的程序自然法思想的脉络中可以得出这样的判断:合法性原则只是程序自然法的一部分内容(尽管是很重要的一部分),而不是全部。

1.3 研究方法和本书结构

对法律思想的研究一般有两种方式:一种是专题性的研究;另一种是人物的研究。吕世伦教授将这两种方法的利弊归纳为:"前者的特点是明确、清晰和有条理,不足的是可能片面、附会、甚至误解;后者的特点是全面和准确,但同时又难为读者所把握,缺乏一定的引申和评析。"他认为,前一种方法更难一些,它要求作者对于原著有全面准确的把握和严密慎重的思考。②

本书对富勒思想的研究主要采用第一种研究方式,但又不完全是专题性的研究。因为,在法律思想史上,实际并没有形成一个由一些思想家自觉参与其中的程序自然法理论传统。尽管在富勒明确提出程序自然法这一概念之前,法律思想史上有不少法律理论家与实践家曾对此有所论述;在富勒提出程序自然法这一概念之后,美国学者 Rodney J. Blackman 还写了以《程序自然法》为书名的专著。③ 但严格说来,程序自然法并没有像实体自然法那样形成传统。在富勒之前,思想家们对有关程序自然法思想的探讨是不自觉的;而 Blackman 对程序自然法的讨论只是试图证明它的存在,而且他否认存在着某种意义的实体自体法,这不仅使他与富勒的思想相左,而且也使得程序自然法的存在没有太大的现实意义。事实上,Blackman 只是将程序自然法理解为人们在使用"法律"这一语言表述时所内含的某些固定要素,这些要素可以作为批评的武器限制政府权力的恣意和非理性,并因此赋予法律以道德的维度。他既没有承继富勒以程序自然法解决法治难题的问题意识,也没有从法律秩序形式的内在要求的角度去理解程序自然法。另外,有一些接受富勒程序自然法影响的学者,如萨默斯、麦考密克,也没有将自己归入程序自然法的行列,他们的理论取向更多地仍然是实证主义。因此,本研究既是一个关于程序自然法的专题性研究,同时又是一个关于富勒思想的人物研究。

① See Fuller, "Human Purpose and Natural Law", 3 *Natural Law Forum*, 1958, p. 75.
② 吕世伦"序",载李桂林、徐爱国:《分析实证主义法学》,武汉大学出版社 2000 年版,第 2 页。
③ Rodney J. Blackman, *Procedural Natural Law*, Carolina Academic Press, 1999.

本书将着重介绍富勒程序自然法思想,但对富勒思想的介绍并非只限于作单纯的描述,而是试图在富勒既有的思想框架内对某些他未能明确或清晰表达的程序自然法论点作进一步的阐发。这将是一种冒有歪曲富勒思想风险的研究方式。但为了能让迫切需要建立和完善法律治理的当代人们更多地理解富勒的程序自然法思想,并能在真正理解的基础上将它运用于法治现实问题的解决,这样的冒险应该是值得的。而且,以这种方式研究程序自然法与富勒一直所倡导的研究人类社会诸现象的方法(即结合应然与实然的方式研究社会现象)是一致的。在这个意义上,本研究并非单纯的事实描述,而是兼具描述性和规范性的研究。

本研究将分三部分来具体阐明程序自然法。第一部分主要论及程序自然法提出的理论背景和实践基础;第二部分是本书的核心,将着重讨论富勒试图超越自然法与实证主义对立的理论努力,并具体阐明程序自然法的内涵。第三部分将进一步阐明程序自然法的实践形态和司法运用。本书将综合采用法哲学、法社会学、法历史学及法律理论的视角来展开对程序自然法的分析和讨论:主要运用法哲学方法分析法治的难题以及传统自然法和分析实证主义用以解决法治难题的理论方法及局限;主要运用法社会学、法历史学、法律理论分析和讨论体现于罗马法、普通法传统以及美国宪政实践中的程序自然法要素;主要运用法哲学、法社会学与法律理论分析传统自然法遭受批判与误解的原因,富勒选择自然法立场在理论上的正当理由和在现实方面的问题意识以及富勒如何最终以秩序理论克服传统自然法与分析实证主义的理论局限、并提出程序自然法;主要在法社会学与法律理论的层面上分析和讨论程序自然法的实践形态和司法运用。

02 程序自然法提出的理论背景

2.1 法治的难题

2.1.1 人类社会为什么选择法治——理性社会生活的保障

法治作为一种社会治理模式在人类历史中的出现并非偶然，也非不得已而勉强接受之外在强加；它是人类自觉选择的结果，是人类积极探索满足自身需求的最佳方式的结果。

法治的理想和实践被公认为最早萌生于古希腊。在希腊城邦的早中期，政治家和思想家们普遍认识到：在最好的城邦里，公民应当服从法律的指令，而不应当听从演说家的鼓动。古希腊人的立法实践和守法观念体现了人类对共同善的追求。任何社会的存续都需面对一个如何消除社会成员对有限利益或"善"的无节制的争夺的问题，法律为贪婪人们的无度野心设置了限度，为人们获取利益的方式确立了规则，它使人们之间的无序争夺变成有序的竞争，法律为人们带来和平和安全的保障。当时的希腊城邦纷纷立法，并强调法律的崇高权威，正是为了避免"人类的邪恶、狂妄的思想和对财富的贪得无厌必然地造成的混乱"[①]。尽管当时的平民无法参与立法，但以文字形式固定下来的法律使贵族的恣意权力受到限制，从而在一定程度上保障了平民的利益。法治的出现意味着人类开始进入了"政治理性主义时代"。因此，无论是斯巴达人将守法视为美德去践行，还是雅典人因法律的公正而遵

---

① 汪太贤：《西方法治主义的源和流》，法律出版社 2001 年版，第 8 页。

守法律,归根到底都是因为他们认识到:遵守法律是对大家最为有利的事。在这个意义上,法治是一种符合人类共同需要的社会治理模式。

法治之所以是一种理想的社会治理模式,①因为法律是理性的——"法律即是摒绝了欲望的理智",受法律的统治意味着"受神和理智的统治"。②法治的理性在于:法律总是在依靠集体的智慧探求集体共同需求的基础上确定社会公共利益之所在,因而它总是"指向公共或普遍的利益",而不是只为某一阶级或个人的利益所左右。③法治的理性还在于:它是"依据普遍规则而不是依靠专断命令进行统治的"④。法治是"规则之治",规则通常是经过大家的深思熟虑,均衡了所有相关人的利益而形成的,而且既已形成的规则在被正式废弃之前始终具有约束力,这就确保了法治总是一种较为公正、较为稳定的社会治理方式。

一个国家选择法治要么是因为君王的英明——基于全民利益的考虑,即为增进全民的福利而自觉选择法治的这一治理方式,如梭伦;要么是君王基于自私的考虑——希望借助法律这一治理工具巩固自己统治——而选择法治。无论哪一种情况,法治要成为现实的治理形式,它必须既有利于统治者,也有利于被统治者,也就是说它要符合国家的整体利益。

法治带给一个国家最明显的整体利益是:通过法律的治理,有利于国家的永久治理。国家是否治理良好、政治权力能否平稳过渡,不取决于人,而是取决于规则。这既是统治者的利益所在,也是被统治者的利益所在。对于统治者而言,通过法律规定政权的交替、规定百姓的财产所有以及交易方式可以确保政权的稳定和社会的治理;同时,也能由此带来国力的强盛,从而免除外国强势对本国政权的威胁。对百姓而言,安定的政局、强盛的国家,可以使自己免受内外战乱之苦;同时,国家通过法律而实现的对暴力的垄断,使百姓避免了受私人暴力的威胁。这应是促使法治成为现实的最大驱力。

除此之外,法治还给普通民众间接带来可能比前述益处更为重要(至少是同样重要)的两个互相关联的实际利益:(1)统治者的权力受到了法律的限制。虽然法律被制定时,"是由人们按照他们的意志来决定的,然而一旦

---

① 在亚里士多德生活的时代(公元前 384—前 322),"法律是最优良的统治者"已成为当时人们普遍的共识([英]罗素:《西方哲学史》上卷,马元德译,商务印书馆 1982 年版,第 225 页)。
② [古希腊]亚里士多德:《政治学》,吴寿彭译,商务印书馆 1997 年版,第 1287 页。
③ [美]乔治·霍兰·萨拜因:《政治学说》(上册),第 127 页。
④ [美]乔治·霍兰·萨拜因:《政治学说》(上册),第 127 页。

制定出来并且公布于众之后，就只能遵循它们，而不允许按照别样来裁决了"①。（2）公民获得了一定的自由选择权利。法律作为一套规则复合体，排除了社会生活的"某些较为严重和明显的偶然和非理性因素"，将人们"从受偶然的盲目摆布中解救出来"，从而为实现"人类理性的生存状态创造出必要的条件"；②假如"一个人根本无从确定所要做的事情"，也就是他必须"受制于一切对他下达的命令"，这便是"绝对的奴役"。③

　　法治所带来的上述两方面的好处，虽不是促成法治的直接原因，④但却是民众愿意接受法律（包括那些不完全公平合理的法律）统治的主要原因所在。这一点在1610年英国下议院针对詹姆斯一世提出的《控诉请愿书》中有着最为清晰的表达："在处于您尊贵的祖先、国王们和女王们治下的您阁下的臣民所享有的诸多其他幸福和自由中，在他们看来，没有什么比受确定的法治的引导和统治，而不受任何不确定的或专断的统治形式奴役更为珍贵。"⑤而且，这实际上也成为法治持续发展的内在动力。由于法律使社会生活中的权力受到限制，公民获得了在既定规则下自由安排自己生活的可能，因而法律最终成为人类理性社会生活的重要保障。在法律的庇护下，人们"安全踏上从事有目的创造性活动的道路"⑥，个人的自主性和创造性由此被激发并获得了施展的余地，这大大推动了社会的发展，使国家更加富裕繁荣。这反过来，又能进一步坚定统治者施行法治的决心。随着法治的发展，"限制权力、保障自由"便成为法治的价值追求，成为法治的理想内涵。尽管法治的理想始终都不是统治者推行法治的根本动力（真正促使统治者施行法治的是更为现实的原因），然而，接受法治这一现实却必然导向法治的理想方面。也就是说，法治作为一种规则之治，客观上往往能产生人们所期望的限制政治权力、保障个人权利的实际结果。

　　"法治意味着治理心甘情愿的臣民……换句话说，法治得以落实的文

　　①　[古罗马]圣·奥古斯丁（St. Augustine，公元354—430）在他的著作《上帝之城》中对法律运行的内在必然性所做的论述（转引自[美]约翰·麦·赞恩：《法律的故事》，刘昕、胡凝译，江苏人民出版社1998年版，第181页）。
　　②　Lon. L. Fuller，*The Morality of Law*，Yale University，1969，p.9.
　　③　[英]哈耶克：《自由秩序原理》（上册），邓正来译，生活·读书·新知三联书店1997年版，第163页。
　　④　它们只是实施法治后的客观社会效果，是统治者为获得自己想要现实的利益而不得不勉强接受的"副产品"。
　　⑤　转引自 Geoffrey de Q. Walker，*The Rule of Law: Foundation of Constitutional Democracy*，Melbourne University Press，1988. p.2.
　　⑥　Lon. L. Fuller，*The Morality of Law*，p.9.

化——心理保障在于被治者对于法律的基本信念。"①这种信念便是"法律是正义的"。正义观念是人类最早形成的观念之一。人类,作为社会性动物,对正义的欲求是一种内在的基本的冲动。② 基本正义的存在是人类社会得以存续的条件,调整人类行为的各种规范也因而或多或少都体现了人类的正义要求。像礼仪、习俗和道德这样一些非正式的社会规范往往是对人们在日常交往中自然形成的朴素正义观的直接反映;带有强制色彩的正式社会规范——法律——在其形成和发展的过程中也同样不能不体现人类的正义需求。③ 国家无论是出于什么动机而选择了法治,它的真正实施,或者说它真正在社会生活中发挥调节作用,还有赖于广大民众能自愿接受法律的统治,而能被大众自愿接受的法律唯有被公认为体现了正义的法律。法律的理性特征之所以具有如此突出的重要性,正是因为只有理性的法律才能确保正义的实现——法律的理性一方面确保了法律能体现所有相关人的利益,另一方面排除了人们受恣意权力支配的不公正。这就是说,法治之所以必然或必须是理性的,是因为理性既是正义得以实现的前提,同时其本身又是正义的一种表现形式。

2.1.2 法律过程中的权力专横——人类法治面临的现实威胁

权力本身并不必然是恶的,但它却往往致使除上帝以外的权力拥有者趋向于恶——使明智者不再明智、使真诚者不再真诚、使正直者不再正直——并因此以专横的方式行使权力。④ 法律之所以值得推崇,正是因为它

---

① [美]乔治·霍兰·萨拜因:《政治学说》(上册),刘山等译,商务印书馆1986年版,第127页。

② 基督教哲学家奥古斯丁曾将正义表述为"心灵的一种倾向,它给予每个人应有的尊严……它源自本性……是某种内在力量给予的东西"(转引自[英]韦恩·莫里森:《法理学:从古希腊到后现代》,李桂林、李清伟等译,武汉大学出版社2003年版,第65页)。而吕世伦和文正邦教授主编的《法哲学论》一书将正义表述为人类"基于内在冲突而产生的最基本的价值理想"(见吕世伦、文正邦主编:《法哲学论》,中国人民大学出版社1999年版,第463页)。

③ 美国当代著名的哲学家、伦理学家约翰·罗尔斯不仅将正义视为社会制度的首要价值,而且还将人们的正义感看作是人类社会交往的条件(见[美]约翰·罗尔斯:《正义论》,何怀宏、何包钢译,中国社会科学出版社1988年版,第1、481页)。

④ 拉兹认为,当行使权力的行为无视它所服务的目的(仅这个目的本身就足以证明运用权力的正当性)或确信行使权力的行为将不服务于这些目的时,行使权力的行为就是专横。鉴于权力的性质取决于目的的性质,拉兹认为,"专横权力"主要是一个主观的概念,它完全取决于权力者的思想状态。但他又认为,这个概念在其主观内核的周围具有一层坚硬的客观边缘,这就是任何为私人目的而行使的权力肯定是专横的(Joseph Raz, *The Authority of Law*, Oxford University Press, 1980, pp. 219—220)。

能使权力的行使依照预先确定的、可预期的规则进行,从而避免因权力演变为专横的恶的力量。法律的优越性就在于它使权力受理性的支配。

法律应该是理性的、正义的,但这并不意味着现实中的法治也总是理性的、正义的。一个特定的社会要将人们对法治的共同需要变成一种现实的努力,首先必须得产生一个集中的权力(或称"主权者"),去负责法律的制定和实施。法律作为正式的社会规范,它的运行必须以国家权力为依托——法律通过国家权力得以制定,并通过国家权力加以实施。当人们表示愿接受法律的统治时,也就意味着同时接受了一个当权者或权威中心来调整社会生活中人们之间的相互关系。这样,法律能否以理性的方式实现人们所追求的正义目标又取决于当权者能否以符合人们正义要求的、理性的方式制定和实施法律,即取决于法律权力能否在理性的基础上运行。

然而,创造和实施法律的权力并不必然受理性的支配。在现实社会中,法律中的权力并不甘愿屈从于理性,它总是试图突破理性的控制,并意图操纵法律。

自从人类开始创建法律以来,权力专横的问题就一直与人类建立法治秩序的努力相伴随。无论是专制的君主,还是在民主的基础上产生的立法机构,拥有立法权,都无法避免立法过程中的权力专横。专制君主是国家至高无上的权力拥有者,没有什么可以阻止一位君主将他认为合适的东西变成法律,除非存在着可以与君主权力相抗衡的社会力量。[1] "凡是君主希望的便具有法律效力。"[2]近代欧洲主权的和独立的民族国家的兴起,为主权者行使专断的权力提供了更大的机会和可能,因为几乎没有可与强大的君主权力相抗衡的社会力量。"主权者的命令就是法律"便因此成为一种普遍的法律认识。

民主立法机构在行使立法权时也同样存在权力专横的可能,所不同的只是在具体表现形式和发生的概率上。正如法国政治思想家托克维尔(Charles Alexis Tocqueville,1805—1859)所指出的,如果我们承认一个人若拥有绝对的权力就会滥用这个权力,[3]不公正地对待他的对手,那么一个多数派也会以同样的方式滥用权力。把大多数人集合成一个整体,那也只不过是一个个体而已,这个体的利益会与代表少数的另一个个体的利益发生冲突,并会利用自己作为多数在政治上的优势压制少数方,这便是在民主

---

① 譬如,在 13 世纪初的英国,由贵族、骑士与市民组成的社会力量向国王的专制独裁发起挑战,并成功地迫使国王接受限制其行使专横权力的《大宪章》。

② 查士丁尼语录(转引自刘星:《法律是什么》,中国政法大学出版社 1998 年版,第 16 页)。

③ 对于这一点孟德斯鸠早就有了极为精辟的论述,他说:"一切有权力的人都容易滥用权力,这是万古不易的一条经验。有权力的人们使用权力一直到遇有界限的地方才休止。"([法]孟德斯鸠:《论法的精神》上册,张雁深译,商务印书馆 1961 年版,第 154 页。)

国家可能发生的、不同于专制国家的另一种暴政——"多数的暴政"或"民主的暴政",①尽管发生民主暴政的概率相对于专制暴政来说可能会小一些。

即使是经历了资产阶级革命、建立起了现代民主政治制度的西方国家,也不能避免在法律制定过程中出现权力专横的可能。国家权力的分立在一定程度上可以减少权力专断的机会,但并不能真正解决这个问题。譬如,在英国,"由于议会的权力是绝对的和不可控制的",因此,没有任何权力能够阻止议会颁布与自然法相违背的法律。② 即使在美国这样一个最为完整地实现了孟德斯鸠"三权分立"这一权力制衡设想的国家,也不能完全阻止立法部门制定出与社会普遍正义观相违背的法律。在行政立法日益普遍的今天这个问题将会更加严重。③

除了法律制定过程中的专横,法律实施过程中也同样存在着权力专横的危险。早在古希腊,苏格拉底以死殉法的悲壮事件就已让人们看到了民主权力在法律实施过程中被滥用的可怕和悲哀。他确信,"凡合乎法律的就是正义的"④,并且认为一个公民只有服从法律才是正义的,但他却被不公正适用的法律剥夺了生命的权利。⑤

事实上,在法律实施过程比在法律制定过程更容易产生权力的专横。因为,法律的制定因通常需要形成文字,并公开内容,这使人们有更多的机会知晓权力运行的真实结果——法律是否真正体现了全社会的利益? 抑或只是当权者个人、宗派或集团利益的体现? 从而也有更多机会接受社会舆论的批评和监督。相对而言,法律实施过程并不总是需要以成文形式来公布其最终的结果,这使公众不能较好地了解其权力运行的真实状况——法律是否得到公正的、毫无偏私的实施? 从而使法律的监督变得相对困难;另外,法律适用和法律解释的专业性和技术性特点,也使得从司法、执法机构的外部对法律实施过程进行批评和监督变得困难。

随着社会发展进入后自由主义时期,政府对于人民的福利开始承担更多的义务和责任;与此相适应,履行这些义务和责任所需的自由裁量权也随之扩大。一方面,立法无法制定出具体明确的法律规则控制日益扩张的行

---

① [法]托克维尔:《论美国的民主》,商务印书馆 1988 年版,第 288 页。

② 英国法学家布莱克斯通的话(转引自[美]博登海默:《法理学:法律哲学与法律方法》,邓正来译,中国政法大学出版社 1999 年版,第 48 页)。

③ 美国的司法审查制度可以说就是在适应社会对于纠正"不正义"法律的需要中发展起来的。

④ 转引自[苏]涅尔谢相茨:《古希腊政治学说》,蔡拓译,商务印书馆 1991 年版,第 117 页。

⑤ 对于苏格拉底之死与法律正义的关系的相关讨论,可参阅吴予:《法与正义之关联:一个西方文化基因演进的考察》,载《比较法研究》1999 年第 2 期。

政权力,立法的笼统化和原则化趋势使得法律实施过程中的法律适用和法律解释更具弹性;另一方面,司法能动主义开始被更多地作为司法机构行使司法权的形式。① 实体法律约束的软化使法律实施过程中的出现权力专横的可能比以往更大;当然,法律程序在法律实施过程中对权力的运作发挥着重要的约束作用,但不适当地运用程序也同样存在着权力专横的问题。

这样,一方面,法律因具有理性的特征而被视为防止权力专横的有效手段;但另一方面,法律自身也同样存在着权力专横的危险。假如法律过程中的权力不受理性的支配,而是任由掌权者个人意志的驱使,那么法治的发展必将偏离人类的共同需要。如果法律的理性完全被权力意志所淹没,那么法治就必然走向它的反面。

2.1.3 法治难题的实质

法治建立的一个基本条件是已制定的法律被普遍服从。这是否意味着所有由国家权威确立的法律都必须得到服从? 还是只有符合理性的法律才需要被服从? 法律如何才能享有其让人服从的权威?②

假如人们必须服从的只有基于理性的法律,或者说只有理性的法律才是真正的法律,那么,现实中的法律就会有因被人们指责为缺少理性而失去实际的社会调节功能的作用。这样,现实中法律就可能名存实亡,各人只遵循着自己心目中的"理性的法律",由如此"法律"建立起来的"秩序"必然是混乱无序,而不是能带给人们安全保障的法律秩序。法律秩序的建立必须借助于权力,或者说必须有权力的介入。没有立法权就没有法律统治社会的权威,没有司法和执法权就没有法律被普遍服从的权威。因此,由国家权威确立的法律必须得到服从,法律应怎样体现理性、正义也只能由权威来确定和诠释。只有这样,才能确保国家的稳定有序。

然而,假如由国家权威确立的法律都是人们必须服从的法律,那么,法律就可能演变为完全由权力意志决定的专横之物。如果法律被专横的权力所控制,那么法律就失去了人们之所以追求它的本质特征——理性。如果

---

① 司法能动主义的维护者强调法官要"实现正义"的使命,从而倾向于轻视对司法权的限制。司法能动主义的基本宗旨是法官应广泛地利用他们的权力,尤其是通过扩大平等和个人自由的手段去促进公平、保护人的尊严([美]克里斯托弗·沃尔夫:《司法能动主义》,中国政法大学出版社 2004年版,第 2—3 页)。

② 这其实也是一个"什么才是真正的法律"的问题,所有自然法思想家与法律实证主义者的论争都源于此。

法律不具有理性，它就失去了让人服从的理由。法律之所以具有让人服从的权威，主要不是因为它源自权威的机构，而是因为它同时体现了人类的理性，从而将人类的共处通过法律导向一种理性的方式——一种可让个人自主安排未来生活的、也因而能形成一种可计划、可预见、和谐稳定的社会生活——成为可能。如果法律不具有理性，那么支配社会生活的将不是法律，而是各种势力，包括国家的、社会的及个人的。此时的"法治"已完全走向它的反面。它完全背离了人们通过法律建立理性、公正社会的初衷；它将不再是一种符合人类共同需要、因而为人们所自觉追求和维护的理想秩序，而是蜕变为只能靠外在强力来加以确立和维护的强制秩序；它也将因此完全失去其优越于人治的内在特性——一种可供人们预测行为后果的理性的统治方式，而只剩下法治的表面特征——强制。

由此可见，法律的权威需要由法律中的权力与理性共同来支撑。[①] 理想的法律是创制法律的权威以理性的方式所创建的良法，这样的法律因得到了权威与理性的共同支撑而必然能获得人们的普遍服从。

然而，在现实生活中，法律中的权力总是存在着专横的危险。任何特定社会的法律体系都不能排除出现"恶法"的可能。[②] 古希腊政治哲学家对法治抱有某种浪漫的幻想，他们坚信法律是正义的。[③] 他们对法律正义特性的坚信在很大程度上是基于对统治者政治智慧和道德自律的信任。但事实表明，这种信任是缺乏现实基础的；它只是哲学家的一厢情愿。罗马时期的西塞罗以政治家特有的犀利打破了古希腊哲人对法治存有的幻想；他大声告诫人们，相信一个国家的法律或习俗都是正义的，是愚蠢之极的想法。而托马斯·阿奎那更是具体列出了产生不正义人法的几种情形：(1)人法违反"法律必须以公共福利为目标"这一要求，如一个统治者所制定的法律成为臣民的沉重负担，无补于公共利益，只是助长了统治者个人的贪婪和虚荣；

---

① 孙笑侠教授曾用法律权威的内在影响力与外在影响力来阐明法律权威的结构（详见孙笑侠：《法的现象与观念》，山东人民出版社 2001 年版，第 49—52 页）。

② 法律过程中因权力专横而使法治失去理性基础的情形主要有以下三种：(1)行使权力的目的不是出于公共利益的考虑而只是为寻求个人利益，或者根本无视法律内含的正义目标；(2)行使权力的方式违背了法律自身的内在规律性；(3)超越权限的权力专横，即权力的行使超出了权力自身的限制。与此相对应，因权力专横而产生的恶法也有三种形式：(1)所制定和实施的法律在内容上背离了法律内含的正义目标；(2)所制定和实施的法律因违反法律自身的内在规律性而间接地不明显地背离了法律的正义目标；(3)所制定和实施的法律在内容上偏离了授权立法的初衷，从而实际上违背了人们基于基本正义感而形成的关于权利义务的既有分配标准。

③ 即使是对社会有着更为现实的认识的智者派也只是质疑正义的客观性，而并不否定法律的正义属性。

（2）立法者制定法律时超出了他们应当拥有的立法权限；（3）人法所规定的负担虽然与公共福利有关,但在全社会分配得很不公平；（4）人法强迫人们崇拜偶像或作其他任何违反"神法"的行动。①

因此,一方面,法律是维护社会正义的有力武器,它被认为是社会正义之源；另一方面,法律却完全可能受权力的操纵而异化为社会正义的最大威胁。

如果法律中的权力因无法避免专横而使恶法的产生成为社会事实时,法治就必然因共同支持着法律权威的理性和权力之间的对立而面临如下难题：法律的权威应该靠什么支撑？法律背后的是理性,还是权力？法律是意志行为,还是理性行为？法律中的理性与意志的对立该如何协调？理性服从意志,还是意志服从理性？法治只能是"良法之治",还是可以容忍某种程度的"恶法之治"？

假如我们尊重立法者权威而服从由专断权力所创制的恶法,那么法律的权威就会因失去理性的基础而遭到破坏；假如我们尊重理性的权威而抵制由专断权力所创制的非理性的恶法,那么,法律的权威也同样会因立法者的权威的丧失而被破坏。一方面,恶法在现实的法律体系中具有法律的形式,它有要求人们服从的资格；如果人们否认它们的法律地位,那么法律的权威就被破坏。从这个角度讲,法律是意志行为,理性应该服从意志。另一方面,恶法因缺失应有的理性和正义基础而异化为压迫人们的暴力；如果我们无视它的非正义性,那么法治的正义理想就将被遮蔽。从这个角度讲,法律是理性行为,意志应该服从理性。面对法律运行过程所可能出现的恶法,我们是注重法律的形式要件而接受它？还是注重它的实质内容而拒绝它？接受它,意味着默认非正义的合法化,意味着放弃法治的正义理想；拒绝它,意味着容忍法律的不被服从,意味着牺牲法治赖以确立的法律有效性。

上述这些难题是法治的理论和实践所必须面对的。

2.2　传统自然法理论的解决方法

2.2.1　传统自然法理论的法治观及其对自然法的寻求

"大自然迫使人类去解决的最大问题,就是建立一个普遍法治的公民社会。"②这样一个社会必然是成功地解决了法律理性与权力意志、法律的形式

① ［意］托马斯·阿奎那：《阿奎那政治著作选》,马清槐译,商务印书馆1997年版,第105页。
② ［德］康德：《历史理性批判文集》,何兆武译,商务印书馆1997年版,第8页。

性和实质性之间矛盾的社会。传统自然法思想家①坚信:法治是理性之治,是良法之治;他们相信:法律的权威源自法律背后的理性,而不是法律背后的权力;能获得人们普遍遵从的是良法,而不是恶法。

如果法律是理性的,那么有理性的人就会自觉遵守法律,唯有对没有理性的人才需要使用强制力迫使其遵守法律;如果法律没有具有理性的基础,那么即使是理性的人也只能是被迫遵守法律。如果法律是良法,那么正直善良的人们就会因信任法律的公正而自觉维护法律的权威,只有当法律的权威受到恶意挑衅时才需要动用强力去维护;如果法律是恶法,那么所有应受法律制约的人(无论其品质好坏,身份是管理者还是被管理者)都只将法律视为获取个人利益的一种资源,是否遵守法律只是权宜之计,其结果是:法律的权威只能靠强力维护,而强力未及的地方法律的权威便荡然无存。如果法律失去让人服从的权威,法治也就无从实现。

那么,如何才能使法律具有理性? 如何才能获得良法? 自然法思想家确信:自然为人类昭示了理性,自然为人类提供了良法的模本;人类只要理解了体现在自然中的理性,只要遵照自然法,就能获得良法。

自然是出自事物本性的东西,而事物依其本性而活动便形成了自然律;人的自然是出自人的本性的东西,人依其本性而行动便形成了自然法。② 这便是本体论意义上的自然法。人类对自然法的认识,即是对人类自身本性的认识,无论这种本性是被设想为整个宇宙本性的一部分,还是上帝智慧的结晶,或是作为万物之灵的人类所独有。自然法作为一种关于人类本性或自然的知识是可以为每一个具有正常理性的人(至少在理性没有被个人的欲望和激情蒙蔽时)所理解和把握的。在这个意义上,自然法被认为是存在于每一个人的良知和理性中的法则。自然法是与人类本性或自然相一致的基本规范,人类关于是非对错、正义与不正义的其他所有规则都由之推演而来。总之,自然法就是本性之法,人心之法,理性之法和正义之法——它在本质上是一种关于“本性”的知识,它存在于人的自然倾向和良知之中,是由人的理性所发出的“正当性命令”。

①　这里所谓的传统自然法思想,是指从古希腊文明开始一直到17、18世纪的欧洲,关于人类正确的行为方式和社会生活模式的种种思想观念。文中论及的自然法思想或理论,若没有特殊说明,都是指传统意义上的自然法思想。

②　“自然法”一词的英文表述 law of nature 常常用来泛指体现在宇宙秩序中自然规律或自然法则,既包括支配着自然现象的自然规律,也包括支配人类现象的自然法则;狭义上的“自然法”专指人依自然本性而形成的行为规则,也即自然法学家所特指的“自然法”,中文语境下的“自然法”与此相一致。

　　自从古希腊人最早铸就"自然法"概念以来,不同历史时期的思想家都曾在"自然法"这个概念的名下阐述自己对道德真理和正义标准的认识。纵观绵延两千多年的自然法学说史,不同历史时期的思想家所提出的自然法学说在内涵上的差异是明显的,而这些不同的学说所反映的自然法观念是否构成了一脉相承的历史也未有定论,但所有自然法思想家们都坚信:存在着一种可以为人类带来幸福、安宁、快乐的合乎正义的社会秩序。自然法因具有合乎事物的本性的内在正当性,以及基于理性的必然合理性,而成为这个理想社会秩序的正义基础。自然法的种种学说都将自然作为正义之本,将理性作为自然法之源,它们之间所不同的主要在于他们对自然、理性的不同理解。[①] 自然法思想是人类寻求"良法"的自然反应,每一种自然法理论的提出都与人类对充满正义的理想社会生活模式的寻求紧密相连。正因为如此,自然法观念才成为西方历史上"最有创造力的力量之一"以及西方文化和文明中"最有建设性的要素之一"。[②] 尽管被思想家们涵摄于自然法概念之下的真理内涵和正义标准并不相同,但这种种不同的学说具有一个共同的主张:"存在着基于宇宙本性的、可以为理性所发现的客观的道德原理,这些原理构成了自然法。"[③]自然法就是符合理性、体现正义的法律。

2.2.2　传统自然法理论寻求良法的两种路径

　　良法是法治的基石,一个社会只有确立起了良法,才能真正树立起法律的权威,也才能最终建立起法治的社会。自然法作为必然正义的理性之法为良法的创建提供了模本。那么,如何让良法的模本从理想变成现实？传统自然法理论存在着两种不同思路。

2.2.2.1　让法律分有自然法的特性

　　处于法治文明源头的古希腊,哲学家们将良法的建立寄希望于理想和现实的合一。在他们的思维逻辑中,现实中法律正是通过分有理想法律的性质才成为真正的法律。对他们而言,法律必须是理性的、正义的,也就是说,法律应该是也确实是理性的、正义的。

---

　　① 有学者指出,自然法的历史实为法律与政治中"自然"这一观念的历史(参阅[意]登特列夫:《自然法——法律哲学导论》,李日章译,新星出版社1984年版,第6页)。

　　② [意]登特列夫:《自然法——法律哲学导论》,第7页。

　　③ M. D. A. Freeman, *Lloyd's Introduction to Jurisprudence*, 7th edition, London: Sweet and Maxwell Ltd., 2001, p.90.

古希腊的自然哲学家将自然法设想为一种存在于自然界的理性和正义。自然意味着秩序，秩序意味着理性和正义；人类的社会秩序是宇宙秩序的一部分；因此，宇宙秩序的理性、正义也就意味着作为宇宙秩序一部分的人类社会的秩序以及秩序赖以形成的习俗、惯例和法律也是神圣的、理性的、正义的，或者说体现了自然的正义。"城市中的法律是城市中的理性秩序，正像自然规律是宇宙中的理性秩序一样。"①柏拉图和亚里士多德则相信，人类的一切追求都是为了善，认识善和遵从善是人的自然本性。城邦及其法律的建立就是人们追求善的一种方式，是人的理性本性自然展开的结果。因此，法律必然是理性的规定，是理性的体现，是人类智慧在社会生活管理中的体现；这种理性规则对政府管理是有利的，"凡是对政府有利的对百姓就是正义的"②。所以说，法律从本质上讲是理性和正义的，正义和理性是内在于法律的属性。

在古希腊哲学家那里，作为理想法律的自然法与作为现实法律的制定法并不是互相分离的两种法律，而是统一于同一城邦秩序中。城邦的法律越是全面地展现自然法的特征，它的法律就越是优良，越是符合城邦的本质。希腊哲学家们对法律抱有一个朴素的信念：法律是对善与正义事物的追求和促进，而且他们还愿意相信现实的统治者事实上能够做到这一点。然而，理想与现实的合一毕竟只是一个美好的愿望，或者只是哲学家们为了强调法律的权威、为了确保对人类幸福至关重要的秩序而不得不诉求的一种解释方式。智者派曾一针见血地指出了自然法与制定法的对立，并认为法律及其他社会制度都不是自然的，而是人为约定的。因为，人的自然本性就是对个人利益的追求，而法律及其他社会制度正是对这一自然倾向的抑制。尽管如此，智者派也没有完全将两者分开。虽然人类的法律在某种程度上抑制了人类追求自我利益的自然本性，但法律只有在对大家有利时才被大家所遵守，也才有存在的理由。因此，法律仍然符合人的自然本性。

这样一种寻求良法的路径经中世纪的托马斯·阿奎那一直延续至近代的霍布斯。

托马斯·阿奎那认为，世俗的法律是人的理性为了人类的共同利益按照人类善的自然倾向而制定的，是人类依靠自身理性的力量从自然法的一般规则中推理出的较为特殊的安排，是人类立法者根据自然法而颁布的理

---

① ［美］特伦斯·欧文：《古典思想》，覃方明译，辽宁教育出版社1998年版，第45页。转引自汪太贤著：《西方法治主义的源和流》，第15页。

② ［古希腊］柏拉图：《理想国》，郭斌和、张竹明译，商务印书馆1986年版，第19页。

智命令。自然法虽然是人类理性对善与正义的不完全认识,但它是上帝依理性创造和管理的整个宇宙法律体系的一部分,因而它体现宇宙秩序中的永恒公道。因此,从自然法推演出的人法也应该是体现了善和正义的。① 在统一的宇宙法律体系中,世俗法或制定法是永恒法原则体现于特定人类共同体中的具体要求,是对人类理性所认识的永恒法原则的运用,是写在纸上的永恒公道。依照托马斯,无论是自然法,还是人法,最终都源自上帝的理性,都是因为分有了上帝理性的特征才成为法律体系的一部分。

霍布斯,与其他近代自然法学家一样认为,国家或主权者统治是在人们以契约的方式自愿放弃自然状态、以追求一种和平而理性的社会生活的结果。因此,国家的君主受人民的委托制定法律时,应遵循体现人类理性的自然法规则;君主应该是自然法的忠实捍卫者。但在霍布斯那里,自然法并不是一种统治者必须依从的客观正义标准(对他而言,并不存在法律之外的正义),它毋宁是统治者应该具备的理性修养;因此,从某种程度上他相信开明的君主能够在自己制定的法律中体现自然法。然而,这种信任只能是一种美丽的期待。当它破灭时,我们仍然需要面对法治的根本问题:违背了自然法的邪恶的法律是否具有让人服从的权威? 这时,霍布斯不得不选择让理性退位给权力——主权者的权力是至高无上的,任何主权者的命令都应得到其臣民的服从。如此,法治仍无法免除专横权力的困扰,法治仍有可能蜕变为某种程度的恶法之治。面对法治的困境,霍布斯就只能以似是而非的结论来掩盖其内在矛盾的主张:他认为,任何法律都不可能是非正义的,但它们却有可能是邪恶的。就主权者的权力来自人民的让渡(主权者与人民之间是一种代理的关系,而不是两个平等独立主体之间的利益关系),主权者制定法律就是人民自己制定法律(因而也就不可能损害人民的利益)而言,任何法律都不可能是非正义的;就主权者在制定法律时可能背离自然法(如没有增进人民的安全和福利)而言,国内法可能是邪恶的。②

2.2.2.2 恶法非法

与前一种以理想和现实的合一来寻求良法的思路不同,恶法非法思路

---

① 早期的基督教思想对人性抱有较悲观的认识——由于人类的堕落,人的本性中的爱心和慈善已被贪婪、权欲所取代,人类为抑制贪欲和罪恶便形成了国家和法律。因此,国家与法律的建立是基于人类的罪恶本性,而不是人的善的自然倾向的体现;世俗法律所体现的正义也只限于惩罚和克制人的恶劣本性(详见[美]E.博登海默:《法理学:法律哲学与法律方法》,第27页;申建林著:《自然法理论的演进》,社会科学文献出版社2005年版,第71—73页)。

② 参阅[美]博登海默:《法理学:法律哲学与法律方法》,第48页。

是将作为理想法律的自然法与作为现实法律的制定法相分离并使自然法高于制定法的方法来寻求良法。在这里，自然法被理解为独立于制定法的某种普遍有效、永恒不变的道德真理和绝对正义。它不仅为人类法律的制定提供了一个不变的标准或模型，还为判断法律的有效性提供一个终极的尺度——只有与自然法相一致的法律才是真正的法律，以此将所有背离了自然法的恶法排除在法律的范围之外，从而确保法律的善和正义。

随着法治实践的深入，理想与现实之间的距离越来越近。斯多葛派最先提出两种法律的思想。一方面，他们认为"存在着基于理性的普遍的、永恒的法律"，另一方面他们也意识到各地的习俗和法律体系的千差万别。统一的理性法为各不相同的习俗和法律提供了正义标准——只要这种差别不至于违背统一的理性法，它们仍不失其公正合理性。①

西塞罗在斯多葛派的基础上对统一理性法的至上性、永恒性和普遍性作了更为明确的阐述。他相信存在着一种"远远早于任何存在过的成文法和任何曾建立过的国家"的"最高的法"——自然法；②它是人与神共同拥有的正确理性，是真正的法律，是正义的来源，是人们判别是非、善恶的标准。③

"真正的法律，乃是与大自然相符合的正理（right reason）；它是普遍适用的，不变而永存；……试图更改这种法律，乃是一种罪过，企图废止它的任何一个部分，也是不被容许的；想完全废弃它，更是不可能的。即使元老院或下议院也不能解除它加诸我们的义务，我们无须在我们自身之外找寻它的阐述者。在罗马和雅典不会有不同的两套法律，在现在与未来亦复如是，一种永恒不变的法律将适用于一切民族与一切时代……"④

与自然法相对的是国家法，那些"为了指导各民族而以多种形式和适当时急需而制定的规则"，它是以成文的形式颁布的法令。这些国家法律只有符合了自然法的善和正义的标准才能成为真正的法律。各民族所制定的那些邪恶的不公正的法律"根本就不是什么'法律'"，因为它背离了法律的根本目的——"为了公民的安全、国家的长存以及人们生活的安宁和幸福"。⑤

托马斯·阿奎那一方面承继柏拉图和亚里斯多德的思路，将人法视为分有了自然法的理性特征的"写在纸上的永恒公道"，另一方面又沿着斯多

---

① 参阅申建林：《自然法理论的演进》，第47—62页。
② ［古罗马］西塞罗：《国家篇　法律篇》，沈叔平、苏力译，商务印书馆2002年版，第159页。
③ 对他来说，理性是自然之神赋予人类的，是人与神的共同本质，也是人与神共同分享的自然法（［古罗马］西塞罗：《国家篇　法律篇》，第160、170、188页）。
④ *De Republica*，*III*，xxii，33（转引自［意］登特列夫：《自然法——法律哲学导论》，第15页）。
⑤ ［古罗马］西塞罗：《国家篇　法律篇》，第188—189页。

葛派和西塞罗的思路，将自然法视为高于制定法并因此可以作为判别制定法是否具有合法性的标准。他认为，法律是对"种种有关公共幸福的事项的合理安排"，它的有效性在于它的正义。"暴戾的法律既然不以健全的论断为依据，严格地和真正地来说就根本不是法律，而宁可说是法律的一种滥用。然而，它只要考虑到公民的福利，它就具法律的性质。"①由于"一件事只在符合理性之法则时，我们才说它合乎正义"；因此，人法"只要它违背理性，它就被称为非正义的法律，并且不是具有法的性质而是具有暴力的性质"。②又由于"理性的第一个法则就是自然法"；因此，任何立法者要想使自己制定的规则具有法律的性质，就必须使它符合自然法。"如果一种人法在任何一点上与自然法相矛盾，它就不再是合法的，而宁可说是法律的一种污损。"③

　　近代自然法思想家们建构出比以往思想家更为具体详尽的自然法体系。他们相信，运用理性的力量可以发现一个理想的法律制度。孟德斯鸠的法律观——法律乃是"由事物性质产生出来的必然关系"的便是这样一种信心的体现。他们以人的自然需求、自然权利为切入点去寻找可以作为国家和法律之道德基础的自然法——人类的理性为使人的自然需求、自然权利得到更多更好的实现，发现了一系列的自然法则。人类结束自然状态而进入由国家和法律统治的公民社会，④就是为了通过国家和法律确保自然法则在现实社会中得到最好的实施，从而使个人的需求和权利得到最好的实现。这样，国家和法律的正当性就建基于对个人的自然需求和自然权利的满足和保障上。⑤一个国家制定的有效法律必须以尊重和符合这些体现了人类基本正义的自然法则为前提，从而为良法的建立提供某种保障。18 世纪中叶启动的立法运动在某种程度上已将自然法思想家所设想的法律理想付诸现实，各国的法律程度不同地将自然法思想家所提出的种种原则和规

---

　　①　《阿奎那政治著作选》，第 110 页。

　　②　《阿奎那政治著作选》，第 110 页。

　　③　《阿奎那政治著作选》，第 116 页。

　　④　由人的自然本性所驱动而形成的人类关系是否受理性或自然法则的指导形成了两种性质不同的人类自然状态——由不受理性或自然法则指导的人的自然所形成的人类关系构成了霍布斯所描写的战争的自然状态（霍布斯将受理性或自然法则指导的公民社会与自然状态相对）；而受理性或自然法则指导的人的自然所形成的人类关系构成了洛克所描写的和平的自然状态（洛克则将由公共组织负责实施自然法则的公民社会与自然状态相对）。

　　⑤　对霍布斯来说，最好的国家法律是能最可靠地保障自然法命令得以遵守的法律；而斯宾诺莎则认为，建立在理性之上的国家也将是最有权势者，因而国家制定的法律也必须是合乎理性的，而非任意的。相关论述可参阅［德］阿图尔·考夫曼，温弗里德·哈斯默尔主编：《当代法哲学和法律理论导论》，法律出版社 2002 年版，第 81—82 页。

则纳入法典之中。如此,自然法对良法制定的保障作用通过自然法的实证化得以真正实现,而作为理想法律的自然法与作为现实法律的制定法以这种方式获得了某种统一。

2.2.3　自然法的特点、困难及其对法治的意义

2.2.3.1　自然法方法的特点:权力服从理性——试图从法律实体上约束立法权

自然法思想无论是以理想与现实相一致的方式,还是以两者相分离的方式,它都为人类社会秩序的建构提供了一种理想法律模型。依照这种模型,法律不是君主意志的产物,而是理性的体现。法律的目的是实现社会正义,保障社会生活的善;法律不是权势用以维护自身利益的工具,而是社会正义和公共利益的体现。法律不是因为命令而成为法律,法律是因为正义才成为法律。法律的力量不是来自某个掌权者的意志和权威,而是因为它体现了正义;维护法律便是维护正义。正因为法律是正义的,法律才拥有权威,法治也才被人们接受和期待。而自然法是实现法律与正义的此种同一性的保障。自然法作为理性与正义的统一体,代表了某种为人类理性所理解、接受的普遍正义;体现、遵照、符合了自然法的法律就获得了自然法的理性和正义。那些未能接受自然法指导,因而丧失了理性的法律就变成有害的、致命的法律;那些未能给人们带来安宁和幸福、未能保障个人自然权利的法律因其邪恶的本质而失去了法律的资格。"只有善的法律才算法律,而一种法律要成为善的法律,一定得要基于自然法。"①由此,自然法已成为制定法的源头,制定法正是从自然法那里汲取其所有的力量和权威。

由于自然法是出自事物本性的理性法,它不是任何人类意志可以创造和改变的;相反,它是任何希望确立合理社会生活秩序的人所必须遵从的。自斯多葛派创立"统一理性法"概念以来,自然法已成为矗立于变化、多样的现实法律面前的某种永恒正义的法则。"在一切人类法则之上存在着一条称作理性或上帝的法则",经过中世纪宗教自然法已成为一个广为传播的信念。虽然国家的法律是由主权者制定的,但是在主权者之上还有更高的对任何理性人都有约束力的法律——自然法。主权者想通过法律建立理性的社会生活秩序,就必须使自己制定的法律符合自然法。自然法在给立法者制定良法提供了明确指南的同时,也为限制立法权的恣意提供了可能。君

---

① ［意］登特列夫:《自然法——法律哲学导论》,第81页。

主的意志不足以制定法律,除非它是一种正义的、正直的意志。自然法思想家们通过不断揭示"自然"的含义为立法者提供其在制定法律时应予体现的正义原则。如果立法者无视这些原则,或是没有在制定法律时充分体现这些原则,那么,他们所制定的法律将不可能具有让人自愿服从的权威。只要自然法的观念被接受,自然法就将是立法者不能逾越的界限。"自然法约束着人间最高权力,它统治着教皇和皇帝,也同样统治着统治者和具有主权的人民,事实上,它统治着整个人类社会。无论成文法规还是当局的任何条例,无论惯例还是民众的意欲,皆不得超出它所设定界限。任何事情,只要与自然法颠扑不破的永恒原则相冲突,就是无效的,因而也就不能约束任何人。"①自然法作为一种任何权威都无法否认的自然固有的正义标准为立法权的行使提供了实体上的约束,从而确保良法之治的实现。②

2.2.3.2 自然法的困难

2.2.3.2.1 困难之一——自然法自身的正当性

自然法理论提出了一种以自然法为基础的实现良法之治的方案——自然法是法律的正义基础,理性源泉;是法律的权威保障,因而也是确立良法之治的根本。然而,作为基础的自然法本身的正当性也仍然是一个有待证明的问题。自然法思想家们声称存在着基于人的自然本性的、可以为人类理性所发现的具有客观性的自然法,但人的自然本性并不是一个简单而明确的事实。在两千多年的自然法思想历程中,思想家们对自然所作的种种不同阐述充分说明了"人的自然"本身具有复杂性、多面性——利己性和利他性、个体性和社会性、理性和非理性错综复杂地绞织在一起,谁也无法证明自己的人性主张是完全正确的。对人性的不同理解就会产生不同的"自然"观。"依自然,人是政治动物",与"依自然,人是平等与自由的"显然是两种基于不同人性理解而产生的不同的"自然"观。"自然"本身含义的不确定就决定了"自然法"内容的不确定。这种不确定性突出表现在自然法为人类社会秩序所提供的正义标准上——在古希腊,正义主要是指各得其宜;而近代,个人权利成为正义的核心内容。③

---

① [美]爱德华·S.考文:《美国宪法的"高级法"背景》,强世功译,三联书店1997年版,第12—13页。
② 西塞罗通过论证存在着以不成文形式存在的理性法,使得立法者不能违背某些被人们普遍接受的社会规则;阿奎那通过将自然法的渊源追溯到上帝的永恒法,使得世俗君主权力的行使受上帝理性的制约。近代自然法学家则通过论证自然权利的存在,使得立法者不能侵犯人们固有的天赋人权。
③ 详见[美]阿·麦金太尔:《谁之正义? 何种合理性?》,万俊人等译,当代中国出版社1996版,第1—2页。

　　事实上,自然法学家总是在特定社会历史条件下受特定问题意识的驱使而突出强调人的自然的某一方面,从而得出各不相同的自然法规则。霍布斯所处的历史时期,确保和平安定的"秩序"是社会最为迫切的需要,因此,他所描述的"自然状态"是不受理性指导的完全反理性、反社会的状态,这种一切人反对一切人的自然状态成为和平安定秩序实现的最大障碍,因而当人们缔结契约进入公民社会时就放弃了自然状态时拥有的自然权利。洛克所处的历史时期,社会最近不受专制独裁压制的"自由",因此,他所描述的"自然状态"是受理性法则指导的社会的状态——和平的但仍很不稳定的状态,当人们通过契约进入公民社会,由专门的公共组织负责自然法则的实施时,仍保留自然状态时拥有的自然权利。由此,霍布斯认为最重要的自然法则是"应当在任何能够找到和平的地方寻求和平",而洛克则将"不得侵害他人的生命、健康、自由和财产"宣布为自然法则。自然法的灵活多变使得自然法自身的正当性无从证明。

　　理论界从方法论视角对自然法正当性的质疑是最为一般的质疑方式:道德命题如何从事实命题中推导而出? 或者说"应是"如何从"实是"推导出? 从现代实证科学的立场看,自然法作为人类社会的道德真理是无法证实的,[①]或者说,"自然法的内容是什么"是根本无法确定的。现代自然法思想家菲尼斯否认了真正的古典自然法(如亚里斯多德与阿奎那)是从实然推导出的应然。他认为,自然法不是基于对人或其他自然的观察,而是对具有自明性的人类善的反思性理解,也就是说,自然法不是源自推断而出于人类共同的理解和判断。它们就如同公理一样不能证明,也无须证明。[②] 不论菲尼斯是否有效化解了来自方法论的质疑,但自然法理论内在的不一致却始终是个无法回避的事实。自然法常常被认为是代表了"永恒公道",但思想家们在"自然法"名下所阐发的"公道"却是五花八门,以至于这个本应给人类行为确定基准的概念变得"像鬼火一样无可捉摸"。[③] 也正因为如此,自然法被视为"一种古老的形而上学的幽灵"。[④]

---

　　① 任何试图去证实它的努力都将以某种方式导向对上帝或神的存在的假设,这种假设不仅很难证明,而且还将实际上导向对人类道德标准的预设(See M. D. A. Freeman, *Lloyd's Introduction to Jurisprudence*, 7th edition., London: Sweet and Maxwell Ltd., 2001, pp. 91—93)。

　　② [英]菲尼斯:《自然法与自然权利》,董娇娇、杨奕、梁晓晖译,中国政法大学出版社 2005 年版,第 26—29 页。

　　③ [意]登特列夫:《自然法——法律哲学导论》,新星出版社 2008 年版,第 7 页。

　　④ [德]海因里希·罗门:《自然法的观念史和哲学》,上海三联书店 2007 年版,第 6 页。

2.2.3.2.2　困难之二——何种意义的"非法"

真正的法律必定是善良和正义的,那些违背正义的恶的法律不是真正的法律。这是亚里斯多德以后的自然法思想家所持有的基本立场,而且这一立场实际上已被认为是自然法理论的共有特征。① 自然法学思想家希望通过拒绝赋予"恶法"以法律身份来确保通过法律确立的社会秩序是良法之治。然而,即使我们可以相信依照某种客观的正义标准能够对法律的善或恶作出判定,"恶法非法"的主张到底是在何种意义上使用"非法"这一表述仍充满歧义,而且如何将这一旨在确保法律正义的主张贯彻到法治实践中也是路径不明。

尽管在自然法思想史上,有不少思想家明确提出"恶法非法"的主张,但却没有一位思想家明确界定过"非法"的含义。这与其说是疏忽,还不如说是有意识的回避。

如果"非法"的意义是法律上的,那么,被认定为恶的法律将失去其在法律上的任何效力;与此相适应,违反恶法的行为将不会被作为违法行为而被追究法律责任。这样意义上的"恶法非法"主张无异于痴人说梦话。在人类法律史上,许多依照某种正义标准可被判定为"恶法"的法律在现实生活中仍然被司法部门作为有效法律予以适用。② 对于这一客观存在的现象不仅职业法律家们坦然接受,③即使是具有明显自然法倾向的思想家们也并没有表现出普遍的不满,他们更多地将服从法律视为当然。古希腊思想家苏格拉底和柏拉图,他们一生追求正义,但并没有让自己追求的正义理想去动摇现实法律的绝对权威,相反他们却强调服从法律的绝对性——在苏格拉底看来,"公正的人就是遵守法律的人","在最好的和最幸福的国家里,公民是万众一心的,都是遵守法律的";④而柏拉图则明言,谁要是不遵守法,"他就既有违法之罪,又有不正义之名"。⑤ 亚里斯多德虽然区分了良法与恶法,但并没有在此基础上进一步否认恶法的法律地位。罗马法学家们虽然在其法学著作中表现出明显的自然法倾向,但他们对待国家法律的态度却完全是

---

① 登特列夫:《自然法——法律哲学导论》,第 95 页。

② 奥斯丁曾明确指出这一现象的存在——最邪恶的法律一直被法院作为法律加以执行(Austin, *The Province of Jurisprudence Determined*, p.185)。

③ 登特列夫指出,"在所有的法律家身上都有一种实定论的倾向"(登特列夫著:《自然法——法律哲学导论》,第 62 页);而德沃金在论及自然法学派时,也曾指出这样一个事实:"英美两国的许多法律人都确信累税制是不公正的,但没有人怀疑这些国家的法律确是按累进税征税的"(Ronald. Dworkin, *Law's Empire*, Harvard University Press, 1986. p. 36)。

④ 转引自吕世伦、谷春德:《西方政治法律思想史》增订本(上),辽宁人民出版社 1986 年版,第 36 页。

⑤ [古希腊]柏拉图:《理想国》,第 19 页。

实在法倾向。近代自然法思想家尽管强调国家制定法必须遵照自然法,但他们并没有主张可以不服从背离了自然法的国家法律。当他们用社会契约的概念解释统治者与人民之间的服从关系时,(除洛克外①)都将社会契约理解为人民完全服从统治者的条约——即在一般情况下,人民无权反抗统治者以及它所制定的法律,即使是违背了自然法的邪恶的法律。②

在法律的意义上主张"恶法非法"不仅缺乏现实的可能性,而且一旦这种主张被司法人员普遍接受为行为规范,法的安定性便不复存在,③法治的根基也随之被动摇。④

如此说来,"非法"的意义应该只限于道德上的⑤——也就是说,恶法虽然具有法律效力,但公民并没有服从它的道德义务,或者说人民拥有抵制恶法的道德权利。如果"非法"的意义只是道德上的,那么,当西塞罗将各民族实施的许多致命的、有害的法规比喻为强盗的规则,并认为其不配称为法律时,⑥并没有否认这些法规的实际法律地位,而只是想表明它们对于人们的良知没有强制力。这样,自然法只是作为一种道德指南:当人民发现,当权者制定的法律有违正义,不仅可以以自然法为武器对既有法律进行道德批判,还可以以自己实际行为抵制恶法,以迫使国家立法权的行使以一种符合自然法的正当方式进行。这样一种自然法主张在推进良法之治的实现上无疑有其积极的作用。⑦但自然法的此种道德规范力在强大的国家权力面前显然是十分微弱的;因为,它并不具备有效约束和规范立法权以确保法律正

---

① 洛克与其他人不同的是:他认为人民在与国家订立契约时只是有条件地转让了实施自然法的权利,一旦个人的自然权利没有得到很好的实现,人民便可采用抵抗或革命的手段反抗政府及其他颁布的法律。

② 尽管格劳秀斯、霍布斯、斯宾诺莎都认为在一些极端的情形下,如明显地篡权、公然滥用权力,或使国家面临安全的危险,人民具有反抗统治者的权力,但只有洛克明确主张"人民可以反抗压迫性的和否定了自然法的实在法"(参阅[美]E.博登海默著:《法理学:法律哲学与法律方法》,第43—54页)。

③ 杨仁寿认为,"恶法"在"'法的安定性'上扮演之角色,厥功至伟"(杨仁寿:《法学方法论》中国政法大学出版社2004年版,第12页)。

④ 正因为如此,现代法治所确立的司法审查制度也往往只限于在法律自身的范围内审查制定法是否与宪法以及更高层级的法律相冲突,或是否违背法理,而并不将制定法的善恶作为审查内容。

⑤ 菲尼斯认为,在恶法学说根植于其中的自然法理论传统中,除了对恶法作合理的质疑外,并没有如当代批评家所认为的那样否认恶法的法效力。他从自然法学家质疑恶法所采用的各种用语来说明这一点(菲尼斯:《自然法与自然权利》,第288页;或 John Finnis, *Natural Law and Natural Rights*, Oxford University Press, 1980, p.364)。

⑥ [古罗马]西塞罗:《国家篇 法律篇》,第189页。

⑦ 实际上,许多法学家(包括持实证主义立场的法学家,如边沁、哈特)都曾主张"公民有抵制恶法的道德权利",而且实证主义者还以此作为反对自然法思想的理由之一(See M. D. A. Freeman, *Lloyd's Introduction to Jurisprudence*, 7th edition., London: Sweet and Maxwell Ltd., 2001, p.89)。

义的足够力量。① 而且,假如这种抵制采取的是暴力形式,那么,无论是国家的安定,还是民众自身的安全都将为之付出代价,而当这种抵制达到普遍的程度时,国家的法治也就因此崩溃了。②

也许,"非法"还可从另一种角度去理解,那就是从社会意义上,即法律除非是理性的、正义的,否则它不能在社会生活中真正起到规范人们行为的作用:如果法律是非理性的,人们将无法依照法律去合理安排自己的生活;如果法律是不正义的,那么人们将想方设法逃避法律以求对自己有利的结果。为此,理性和正义是法律得以发挥其社会作用的根本条件,因而也可以说是法律的本质所在。现实的法律都应朝理性和正义的方向完善自身。各种自然法理论无非是将理性和正义的标准具体化,以便引导法律朝正确的方向完善自己。如果制定法只在很低的程度上符合自然法的理性和正义要求,那么它在最完满的意义上并不具有法律的性质,或者不配法律的称号。③在这里,自然法是制定法应趋于实现的理想目标,而不是一套独立的、系统的法律。然而,自然法理论只能为制定法提供一个可供追求的目标,而不能同时提供一套能使制定法不断接近目标的实际方法,这套方法的形成还有赖于法律科学和法律技术的发展。

2.2.3.3 自然法对法治的意义

首先,自然法思想通过赋予制定法以自然法基础为现实法律的权威提供了某种正当化基础。以自然法为基础的制定法,因其符合了自然法的理性和正义要求,使其在社会生活中所享有权威不再只源于某种为社会认可的制定规则的外在的权力,而是同时源于法律自身所具有的理性和正义。法律因自身的理性和正义而享有权威,这为法律在社会生活管理中赢得至

---

① 近代自然法思想家为国家的治理提出一系列基于人性的自然法原则以及基于社会契约假定的自然权利,但实际上并没有什么有效的手段可以制止主权者依其个人意志颁布一些违背自然法理性要求的国家法律。对于主权者将个人意志变成国家法律的做法,思想家们要么寄希望于统治者的智慧和自律(如格劳秀斯、霍布斯、斯宾诺莎、普芬道夫和沃尔夫这样一些思想家都认为自然法得以实施的最终保障应当主要从统治者的智慧和自律中去发现);要么寄希望于上帝能在最后为人类主持公道(普芬道夫认为,只有上帝才是"自然法的复仇者";而霍布斯将"使统治者遭受'永恒死亡的痛苦'而不得幸福来世"视作对统治者恶行的唯一制裁);或者在极端的情形下让人民去推翻残暴的统治者(如洛克,[美]E.博登海默著:《法理学:法律哲学与法律方法》,第 41,45,49 页)。

② 正因为如此,阿奎那一方面主张不公正的法律对人们的道德良知没有约束力,另一方面又要求人们放弃对除"命令人们偶像崇拜"以外的恶法的反抗权(See M. D. A. Freeman, *Lloyd's Introduction to Jurisprudence*, 7th edition., London: Sweet and Maxwell Ltd., 2001, p.107)。

③ 菲尼斯认为,当阿奎那讲到,不正义的法律是对法律的一种滥用,并不是意味着它不是法律,而是在最为完满的意义上它不是法(See John Finnis, *Natural Law and Natural Rights*, Oxford University Press, p.364)。

高无上的地位提供了正当依据,也为抵制法律的意志论或暴力论所宣扬的权力高于法律提供了有力的武器,并最终为实现法律至上、权力服从法律的法治目标提供了条件。① 自然法作为一种具有终极意义的道德真理和正义标准,为国家制定法提供正当化依据的同时,也赋予了制定法一种价值理性,从而极大地推进了法律的实质理性化过程。② 法律的实质理性化使法律的运行获得了一套较为稳定的价值体系的支撑,这套价值体系在为法律提供了理性的权威基础的同时,也有力地抑制了法律权力的恣意。近代自然法理论所提出的基本原则已成为确立近代宪政的基本原则和构成要素,直到今天它仍然是衡量一国是否真正实现了宪政的价值标准。正是对自然法的不断思考,对其蕴涵的人的平等、自由、权利、正义、安全等的不懈追求,才有今天的西方文明,才建构起西方的现代法治。

其次,自然法思想还促进了法律的不断改善。自然法思想对法律进步的推动力主要体现在两个方面:一方面自然法为国家法律的制定和发展提供了一个可供参照的目标和理想。③ 自然法思想家将理性与正义作为理想社会生活模式的根本特征,因而也将理性与正义作为建立理想社会生活模式所需的良法的根本要求。他们通过系统阐述社会生活中自然存在的理性规则和正义要求,为制定法提供了道德指南,以指导和约束法律的制定与实施,从而使得人们追求良法的愿望在一定程度上变成现实。④ 另一方面,自然法作为法律的理想模型为批判现实法律提供了依据。当斯多葛派将自然法视为一种与制定法相分离的、用以判定制定法善恶的正义标准后,自然法就成为一种批判的力量。此后的自然法思想的发展一直延续了这种批判传统。⑤ 中世纪宗教自然法的发展从两个方面强化了自然法已有的批判功能:(1)它为自然法自身的正当性找到更深一层的依据——永恒法;(2)为自然

---

① "君主要受到他们的法律的拘束并依据其法律而生活",可以说是自然法的最基本的理性要求(参阅[美]伯尔曼:《法律与革命——西方法律传统的形成》,贺卫方等译,中国大百科全书出版社1996年版,第178页)。

② 这种实质理性化在中世纪的教会法和近代欧洲大陆法典化运动中表现得尤为明显。教会法被韦伯认为是法律实质理性化的典范,而18、19世纪在欧洲所涌现出的各国法典因将近代自然法所提出的"自由、平等和安全"的价值体系现于法典之中而被称为"自然法法典"(参阅颜厥安:《再访法实证主义》,载《法与实践理性》,中国政法大学出版社2003版,第244页)。

③ 梅因认为,"罗马人在法律改进方面,当受到'自然法'的理论的刺激时,就发生了惊人迅速的进步"(见[英]梅因:《古代法》,商务印书馆1959年版,第33页)。

④ 梅因和登特列夫都认为,罗马法能成就为"一套无与伦比的完整而和谐的法律"正是得益于自然法(参阅[英]梅因:《古代法》,第46页,以及登特列夫:《自然法——法律哲学导论》,第26页)。

⑤ 自然法作为对现实社会的反思力量和批判性话语也应是自然法思想最具连续性的方面(参阅申建林:《自然法理论的演变进》,第72—74页)。

法这一批判力量孕育了一个独立的精神共同体——教会,从而在公民社会之外为这种批判和反思找到了一个立足点。①

然而,传统自然法思想却是一把双刃剑。自然法既可能是保守的,也可能是革命的;②它对人类法治事业的作用既可能是积极的,也可能是消极的。当自然法作为一种道德真理为现实法律提供正当性依据的同时,也有可能成为社会保守势力维护既有不合理社会秩序的武器(如奴隶制、私有财产制);自然法自身的灵活性和不确定性使它极有可能成为某些社会集团、社会力量为达到其自私目的而证明其行为合理性的工具。③ 当它以一种超法律的批判力量推动法律的进步和变革的同时,也存在着动摇法律权威从而导致法治瓦解的可能。一旦自然法脱离了形成它的社会生活而将发现自然法的权利专属于某个"理性意志";一旦某一特定时期和社会所形成的自然法被推崇为具有永恒和普遍的意义时(如近代的权利学说),自然法对于人类理想社会的构建更多的是起保守和消极的作用。希特勒极权主义给人类所带来的灾难可以说是自然法留给人类的可怕教训。④

2.3 实证主义的解决方法——试图用科学的方法解决法治难题

2.3.1 放弃应然、专注实然——实证主义试图克服自然法缺陷的努力

2.3.1.1 实证主义的无奈之举——放弃对社会理想的讨论

当自然法解决方式的自身缺陷——它在自身内容上的不确定性和灵活性、"恶法非法"主张在理论和实践上存在的障碍、它在致力于为法律权威提供正当性证明的同时又存在消解法律权威的风险——变得日益明显,法律思想史上另一种试图解决法治难题的努力开始了,这就是法律实证主义的理论努力。

---

① 参阅申建林:《自然法理论的演进》,第9页

② See M. D. A. Freeman, *Lloyd's Introduction to Jurisprudence*, 7th edition., London: Sweet and Maxwell Ltd., 2001, p. 89. 以及登特列夫著:《自然法——法律哲学导论》,第95页。

③ 劳埃德认为,在某些时期,自然法的诉求在本质上可能已成为宗教或超自然的:它在现代已成为政治和法律意识形态的重要武器。

④ 希特勒及其追随者正是通过将他们个人的所谓自然法信念强加给整个国家才使极权统治成为可能。

　　实证主义是一个非常宽泛的概念,它是 19 世纪中叶开始形成的一种主张以科学的方式研究哲学和社会科学的立场。① 这种立场在法律理论研究中的表现便是法律实证主义。法律实证主义的基本立场是反对任何超越现行法律制度的形而上学思考以及对某种可以作为法律基础的终极原理的寻求;主张将法律研究限定于作为经验事实的法律制度。法律实证主义内部因研究旨趣的不同又分为几种不同的流派,包括分析法学、历史法学、社会法学。② 通常,广义的法律实证主义涵盖了以上三种法学流派,而狭义的法律实证主义专指分析法学,③也即分析实证主义法学。法学界对实证主义的讨论更多是在分析实证主义的意义上进行的,这不仅因为实证主义倾向在分析法学中表现得最为突出,④而且还因为分析法学是最能体现法学不同于其他学科的独特性也因此可以说是最为纯粹的法学理论。本书对实证主义一词的使用将沿袭这一传统,并在行文中常以"实证主义"这一术语直接指称分析实证主义法学。

　　分析实证主义者将有关法律理想或法律正义问题存而不论,尽管他们并没有否认对"法律应然"进行研究的必要性,但他们认为这是伦理学(奥斯丁认为立法学是其中一分支)或政治哲学研究的范围。他们通过区分"实际存在的法"与"应当存在的法"将法律的应然从法学的合法研究范围中剔除出去,⑤从而将法学研究对象限定于法律的实然,即实在法或严格意义上的法律。

　　实证主义放弃应然、专注实然,强调自己研究的描述性质,其根本目的正是为了克服自然法理论将法律权威基于自身不确定的、模糊的、无法证明的自然法之上所存在的缺陷以及由此可能给法治带来的危害。通过将实然法与应然法的分离,将法律权威直接基于明确的、可证明的历史事实,或将法律权威置于某种不待讨论的理性当然的假设之中,以冀在确保法律权威的绝对性和法律秩序的稳定性的前提下促进法律制度的良性运行。

------

　　①　有关"实证主义"这一概念的缘起及其基本含义(参阅博登海默:《法理学:法律哲学与法律方法》,第 114—115 页)。

　　②　台湾学者颜厥安根据法律实证研究的不同层次将法律实证主义分为四种不同的类型(参阅颜厥安:《法与道德》,载《法与实践理性》,中国政法大学出版社 2003 版,第 51—52 页)。

　　③　"分析法学"还有一种狭义的使用,是专指边沁和奥斯丁的在 19 世纪创立的分析实证主义,以区别于凯尔森的纯粹法学以及哈特的法律规则理论(参阅李桂林、徐爱国:《分析实证主义法学》,第 1 页)。

　　④　E.博登海默:《法理学:法律哲学与法律方法》,第 117 页。

　　⑤　下文为叙述的方便将实证主义的这一重要命题简称为"分离命题"或"分离主张"。

2.3.1.2　以法律科学填补自然法被抛弃后的空缺

由于自然法因其自身的暧昧不明、复杂多变而不能有效地发挥其对法律实践的规范和指导作用,实证法学放弃对法律应然的探求、专心关注法律实然,希望通过对实在法的分析研究,凭借科学的客观性为法律实践确立一套具有普遍指导意义的概念和原理。为此,实证法学将法理学的任务限定为对实在法作具体或一般的科学研究,其研究主旨在于:在明确界定法律范围的基础上,对法律诸概念进行分析,同时对法律原则和法律规则以及它们之间的逻辑关系进行分析。[1]

分析法学的先驱奥斯丁(John Austin,1790—1859)最先尝试着对实在法作科学的分析研究,而他的科学努力是从界定法理学的研究对象——实在法——开始。他认为,法理学研究的首要任务便是通过将作为"真正的严格意义上的法律"的实在法,与其他因相似以及或近或远、或强或弱的类比而与实在法相联系的上帝法、实在道德以及由舆论确立起来的道德这些"法"概念的指称对象区别开来,从而明确"法律"这一概念的含义。奥斯丁在法律研究上的严谨、清晰为以后的分析法学树立了一个典范;正是在这样一个典范的作用下,追求概念的清晰、明确成为分析法学的一大特点。

在奥斯丁之后,分析法学涌现出了很多研究成果。1880年,霍兰德爵士的《法理学要素》为进一步推进法律的系统化作出了努力;1902年,萨尔蒙德爵士撰写的《法理学或法律理论》进一步推进了对法律概念的分析,并修正了奥斯丁对法律概念的界定以及对习惯法的法律地位的认识;后来,美国分析法学家霍菲尔德进一步从法律关系的角度分析了八个基本概念:"权利—义务,权力—责任,自由(或无义务、特权、优先权)—无权利,无责任(或豁免)—无权力(或无资格)"。[2]

在欧洲大陆,对法律的科学研究早在奥斯丁之前就已开始了。被誉为"德国最伟大的法学家和科学理论家"的冯·萨维尼(Friedrich Karl Savigny,1779—1861),是"历史法学派"的创始人,[3]但他同时又是"第一个对法律作系统论述的人"[4]。一方面,他用具有历史性的"民族精神"替代近

---

① See David Walker, *The Oxford Companion to Law*, Oxford :Clarendon Press, 1980, p. 54.

② See W. N. Hohfeld, *Fundamental Legal Conceptions as Applied in judicial Reasoning*. Edited by David Campbell and Philip Thomas, Cardiff Law School, 2001.

③ [德]米夏埃尔·马迁内克:《弗里德里希·卡尔·冯·萨维尼》,田士永译,载《法哲学与法社会学论丛》第九期,北京大学出版社2006年版,第277,281页。

④ 登特列夫:《自然法——法律哲学导论》,第98页。

代自然法学家基于人类个体性而提出的抽象理性原则,作为法律的根源;另一方面,又用逻辑的形式理性替代自然法学家的实质理性,来建构法律的系统结构。萨维尼研究法律的形式的、逻辑的方法被他的学生普赫塔(Georg Friedrich Puchta, 1798—1846)进一步发展为概念法学,因而也使萨维尼所理解的法律双重生命只剩下其中的"技术"生命。概念法学被认为是分析实证主义的极端形式,它在后来主要发展成为一种法律解释理论。这种理论将法律视为一经形成就能按其自身逻辑运行的、自足的独立有机体,法官的任务就是把既有的成文法和习惯法整理成有条理的逻辑体系,并将逻辑地产生的法律规则适用于特定的案件。法官在司法实践中的活动仅限于两个客观的方面,即法律条文和案件事实,由此法官的活动完全排除了价值因素的干扰。由于法律是完美的、自足的,法官只需对法律进行逻辑分析——将法律的一般性规定作为大前提,将特定的事实作为小前提——就能获得正确的判决结果。这种理论由于很好地满足了人们对法律预见性和稳定性的追求而受欢迎,它在占领了当时欧洲大陆的法学界和司法实践领域后迅速影响美国,至19世纪末在美国达到其发展的顶峰。

19世纪分析法学家们的科学努力无疑是"具有建设性的",他们所确立的实证法学将自然法学留下的空位"填补得十分圆满,以致有一段期间,旧日对理想法律的那种追求已完全从法律家的工作中被划除掉了"。① 实证法学从奥斯丁的法律命令说开始,通过他的"法律就是主权者对其臣民所发布的一般命令"的法律界定,为分析法学客观、中立地研究法律事实提供了一个必要前提条件——即通过清楚地给出了辨别法律的标准使法学拥有一个范围明确研究对象。② 奥斯丁所作的法律界定完全符合人们的关于法律的常识。对于普通百姓而言,法律就是统治者"以成文形式颁布——命令和禁止——的任何其所希望的东西"。③ 在历史中出现的任何法律典籍,无不是特定立法行为的结果——要么体现了君主的意志,要么体现了人民的意志。总之,法律体现就是立法者的意志。然而,分析法学家的科学努力不会仅停留在常识上;他们所追求的是从意志走向理性,从朴素的常识思维走向精致的专业思维。他们理论的目标就是提供一套具有普遍适用性的法律概念和

---

① 登特列夫:《自然法——法律哲学导论》,第101页。

② 后来拉兹在他的《法律体系的概念》一书中详尽地分析奥斯丁法律定义所包含的断定一个法律体系存在的标准以及一个特定法律所应达到的成员资格标准(详见刘作翔:《奥斯丁、凯尔森、拉兹的法律体系理论》,载《金陵法律评论》2004年春季卷,第61—64页;[英]约瑟夫·拉兹:《法律体系的概念》,吴玉章译,中国法制出版社,2003年版,第6—31页)。

③ [古罗马]西塞罗:《国家篇 法律篇》,第158页。

原理,希望这套用科学的方法从实在法中抽取出的概念和原理,不仅能帮助立法者清楚认识自己的任务,更重要的还能为法律的实施提供可靠的规范指导,从而确保法律体系在运行过程中呈现出秩序性、一贯性与统一性。确实,实证法学的研究成果为人们对现实的实在法材料进行系统的综合提供了概念工具,制定法正是依赖其所提供的清晰的概念而逐渐形成为具有内在逻辑一致性的实在法体系,从而为法律普遍地、一致地适用于具体的社会关系提供了可能。这样,"实定法理学由等同法律与命令开始,最后则把意志完全排除在法律领域之外"①。

2.3.1.3 从法律实体上的约束转向法律程序上的约束

当实证主义放弃了对法律应然的讨论后,法律的正当性就成为一个悬而未决的问题。凯尔森的规范理论和哈特的规则理论在某种程度上是尝试解决这个问题的努力。

凯尔森以他的法律动态授权关系理论不仅对法律的内在统一性,而且也对法律的正当性问题作出了解释。他认为,"一个规范效力的理由始终是一个规范,而不是一个事实。探求一个规范效力的理由并不导致回到现实去,而是导致回到由此可以引出第一个规范的另一个规范"②。法律就是一个由具有不同效力等级或层次的法律规范构成的体系。在这个规范等级体系中,法律规范之间存在着动态的授权关系——每一法律规范的效力都来自于规范体系内部更高规范的授权;处于规范体系顶端的是该体系中所有其他规范都从中获得法律效力的"基本规范"。在这样一个具有授权关系的动态等级体系中,"法律规范之所以有效力是因为它是按照另一个法律规范决定的方式被创造的","只要一个法律规范决定着创造另一个规范的方式,而且在某种范围内,还决定着后者的内容,那么,法律就调整着它自己的创造"。③ 因此,法律的创制往往也是法律的适用;创法者在创制法律规范的同时,也受到法律规范的制约。④ 这样,法律为自己的创造和适用提供了某种规范机制,也使得从法律内部规范和约束法律权力的运行成为可能。当然,这里的约束和规范更多的只是程序意义上的:只要法律的创造不超出被授权的范围以及授权规范所规定的创立方式,"法律规范可以有任何种类的内容"。⑤

---

① 登特列夫:《自然法——法律哲学导论》,第 104 页。
② 凯尔森:《法与国家的一般理论》,沈宗灵译,中国大百科全书出版社 1995 年版,第 125 页。
③ 凯尔森:《法与国家的一般理论》,第 141 页。
④ 李桂林、徐爱国:《分析实证主义法学》,第 24 页。
⑤ 凯尔森:《法与国家的一般理论》,第 128 页。

　　哈特则用他的规则理论来解决法律的正当性问题。他认为,法律是由设定义务的第一性规则(或称初级规则)与授予权力的第二性规则(或称次级规则)构成的。在次级规则中,承认规则是其中最主要的;它是官员们据以"评价这一法体系其他规则的效力的标准",在这个意义上,"它是一个终极规则",因而也是整个法律体系的基础。① 这个用以鉴别初级义务规则的决定性或权威性标准,实际上为人们在法律强制框架内创设权利和义务结构规定了需遵循的某些程序和条件。② 哈特认为,承认规则的存在及具体要求是可以通过观察法律实践加以确认的。③ 由于规则不同于习惯,它不仅有外在的一面,还有内在的一面。与此相对应,人们对于规则的态度也具有内在观点和外在观点两种不同表现。对于规则持内在观点的人不仅在行为上表现出对规则的遵循,而且还将规则作为行为评判的标准。哈特认为,对于作为一个法律体系的法效力标准的承认规则,官员们通常持有内在观点。④ 这就是说,这个承认规则被官员们共同接受为公务行为的共同标准——他们不仅在公务中自觉遵循承认规则,而且还把承认规则看作是正确司法判决的共同的、普遍的标准,是官员们正当化司法行为的理由。⑤ 这样,法律不再只是主权者可以随意发出的不受任何限制的命令,而是立法者在"遵守了具体规定基本立法程序的基本承认规则"的前提下所产生的具有程序正当性的规则。哈特通过提出"两类规则说"和两种观点的理论不仅使得实证法学对法律事实的描述更加全面、精细,更符合法律实际运行的特征,也使实证法学对法律权威的正当性有了更为合理的解释。

　　经过凯尔森和哈特的努力,实证法学已经较为全面地揭示出了法治所具有的形式品质,因而也实际上揭示出一条不同于自然法理论所设想的通往法治的新路径——一条从法律程序上约束法律过程中的权力恣意,从而在形式层面实现良法之治的路径。实证法学的理论成果无疑推进了法治实践在形式方面的完善。

---

① See H. L. A. Hart, *The* Concept of Law, 1961, pp. 97−102.

② See H. L. A. Hart, *The* Concept of Law, 1961, p. 27.

③ 哈特认为,尽管承认规则在现代法律制度中往往比较复杂,而且也"极少被明确地表述为一个规则的",但却可以从"法院、官员和私人依据一定标准确认法律这种复杂但通常又是协调的实践"中发现其存在的。另外,人们在使用承认规则时实际上已隐含了两个预设:一是使用者将用以确认法律的承认规则接受为是合适的;二是在法体系的实际运行中承认规则得到了普遍的接受和运用;而且,两个预设都是可以用经验事实加以证实的,而不只是假定的(See H. L. A. Hart, *The* Concept of Law, 1961, pp. 98,105,107)。

④ See H. L. A. Hart, *The* Concept of Law, 1961, p. 99.

⑤ See H. L. A. Hart, *The* Concept of Law, 1961, pp. 112−113.

2.3.1.4 科学追求背后的法律理想——形式理性之上的正义秩序

与分析法学关注法律的形式性相对应,分析法学家们提出了一个形式意义上的正义概念。对他们来说,实质意义上的正义概念是不确定的,或只不过是个人基于情感因素而作出的主观的、因而也是相对的价值判断,因此不能科学地予以讨论。① 在他们看来,能科学地加以讨论的、因而也是有意义的正义概念是"在法律下的正义"②。奥斯丁认为,"正义的(公正的、正当的)和不正义这些词只意味着一个标准,与那个标准一致或偏离","法律自身即是正义的标准,任何偏离法律的事就那个法律而言是不正义的,尽管从至高无上权威的另一个法律来说可能是正义的",当我们并非在"表达我们自己的赞赏"的意义上谈论正义,那么正义就是某种"与某既定法律一致的东西"。③这个"在法律下的正义"概念在凯尔森那里表达得更为明确和直接。他认为,"'正义'就是指合法性(legality)",也就是"将一个一般性规则实际适用于按其内容应该适用的一切场合",而"非正义"就是将一个一般性规则"适用于这一场合而不适用于另一场合"。在这里,正义就是"与任何实在法律秩序相一致并为它所要求"。④

在法律理论的发展史上,19世纪中叶至20世纪初这一西方实证主义思想发展的时期,通常被认为是法律与正义之间的联系被割断了的时期。但事实上,无论是奥斯丁,还是凯尔森都没有否定法律对于实现社会正义的意义,因而也没有否认实在法应该合乎正义这一般主张。凯尔森认为,实在法应合乎正义的要求"是不言而喻的",但对于某一法律是否合乎正义以及正义的基本要素是什么这些问题,是不能给予科学回答的。⑤ 奥斯丁甚至认为,基于清楚明确的善的观点抵制有害的法律是有益的;但他又认为"法律的存在是一回事,法律的优劣是另一回事。它是否存在是一种研究,它是否符合某一假设的标准是另一种研究",而且他也反对笼统地宣称所有恶的或背离上帝意志的法律都是无效,因为这会怂恿人们对明智有益的法律也持无政府的态度。⑥ 对奥斯丁而言,在法外寻找正义标准和根据的工作是伦理学家和立法学家的事,而法学家的任务就是研究如何将已被确立在法律中

---

① 参阅 凯尔森:《法与国家的一般理论》,第7—8页;Austin, *The Province of Jurisprudence Determined*, pp. 159,162.

② 凯尔森:《法与国家的一般理论》,第14页。

③ See Austin, *The Province of Jurisprudence Determined*, p. 162.

④ 凯尔森:《法与国家的一般理论》,第14页。

⑤ 凯尔森:《法与国家的一般理论》,第6页。

⑥ See Austin, *The Province of Jurisprudence Determined*, pp. 157,159.

的正义以一种确定的、可预期的方式予以实现。而对于凯尔森来说，唯有合法性意义上的正义才是可以客观地、科学地加以认识和实现的社会目标，这使他与奥斯丁一样转向对法律形式的研究，试图从法律的形式因素中发掘出将法律与正义结合起来的方式。

实证主义的形式正义概念在某种程度上是对传统自然法理论所倡导的实质正义概念的反动。实证主义与自然法理论一样，认为法律应该是理性的、正义的，但是他们对法律所应具有的理性和正义的认识是截然不同的。自然法理论确信：存在着某种人类理性可以认识（洞察）的客观的正义，因此，他们尝试着提出符合自己所处时代的要求的正义内涵，这些正义内涵通常是从人的自然、社会的自然推演出来，因而具有自然法的意义。法律就是将人类理性所发现正义要求制定明确具体的规则，以指导人们的日常生活；法律在人类社会生活中享有广泛的权威正是因为法律是人类理性的体现，源自于人类理性所发现的客观正义。而实证主义则认为并不存在人类理性可以认识的客观正义，至少不存在可以通过人类理性先验地加以确定的正义；①而被人类作为某种信念、终极目标加以追求的、脱离法律的正义其本身是不确定的，因而也不可能成为以确定、可预期为根本特征的法律的基础。面对着自然法方法以价值理性为法律权威提供理性和正义基础的困难，实证主义者毅然放弃对法律价值理性的追求，退守法律的工具理性，将对理性法治、正义法治的追求诉诸在形式层面上对法律的界定和分析。对于他们来说，人类理性可以认识的是隐含在实在法律背后的规律性，法律理论就是以这种规律性为认识对象的经验科学知识，这种知识是精确的法律适用和有效的法律运行的可靠保障。因此，他们热切希望通过分离主张去建立一门科学的法学，其背后隐藏的是作为法学家不可能不怀有的理想情怀——如何使法律的运行在科学的基础上获得确定性，从而最终确立形式理性之上的正义秩序；他们相信，正是这种秩序可以使人民免遭统治者的恣意权力的侵犯。②

---

① 既有法律通常因按照特定的方式由享有权威的机构制定而具有某种正当性。

② 实证主义者将"分离说"作为自己理论最基本的命题，其目的并非只是想要通过明晰的法律概念去解决法学作为一门科学的合法性问题，更重要的是为了通过追求的法律的明晰——法律概念和规则上的明晰——去确保法律适用上的确定性，以此实现维护法律权威的目的，并通过忠于法律最终实现对民众合法权利的保护。

2.3.2 实证主义方法在解决法治难题上的局限

2.3.2.1 无法回避的法律应然

在法律的理论层面上"法律是什么"与"法律应该是什么"是两个可以明确分开的问题。"即使所描述的对象是评价,描述仍旧可以是描述。"①然而一旦进入法律的实践层面,"法律是什么"与"法律应该是什么"这两个问题就无法加以分开讨论。只要我们承认法律是属于某种规范性的社会实践,那么,其中必然包含有人类的价值追求。"毫无疑问,法不是中立的,这不仅是因为它与社会现实相互作用,而且因为它反映着诸多倾向性的观点,反映着深藏着的原理。这种原理作为法的一种总体观念,对引导法律规范的制定和研究乃是必须的。"②实证主义将法律的应然逐出法学合法的研究范围,其结果是它在面对实践问题时往往显得力不从心,甚至陷入无法逾越的困境。

首先,分离主张使法律的发展缺乏依据和动力。如果我们把法律的应然从法律中排除出去,这势必要假定法律体系是一个自足而封闭的系统。确实,正如哈特所言,实证主义者(除概念法学外)并没有明确主张法律体系是一个封闭的逻辑体系,而且奥斯丁与哈特为了避免自己理论可能陷入的保守立场,明确主张法律体系的开放性。但是,从实证主义的分离命题将必然得出"法律体系是一个封闭的逻辑体系"的逻辑结论。因为,如果法律是开放的,那么就意味着法律存在着某种作为其发展目标因而确定了其发展方向的应然;假如在承认法律是开放的同时,又否认法律存在着规范和指导着其发展的应然,那么,法律就必然向所有的社会事实开放,这样,法律就被等同于灵活多变的社会事实。如果这样,法律又从何获得其应有的规范性来规范社会事实?

只要我们承认法律不是一个静止不变的封闭体系,而是一个处于不断发展之中的开放体系;那么,它就需要某些标准作为发展的参照,而不是盲目而任意地朝任何方向发展,以使法律的发展能更好地符合人类社会的需要。然而,实证主义的分离主张使得在他们的理论中没有应然的地位,这就

---

① H. L. A. Hart, *The Concept of Law*, Oxford University Press, second edition, 1994, "Postscript".

② 〔法〕雅克·盖斯旦、吉勒·古博等:《法律民法总论》,陈鹏、张丽娟等译,法律出版社 2004年版,第 6 页。

使得他们的理论内部产生某种紧张。为了消除这种紧张,他们只能以某种例外的方式来解决法律的开放性问题:在一般情形下,法律的实然与应然是严格分离的,只有在例外的情形下——即需要通过法官造法的方式来发展和改革法律以适应变化了的社会生活需要时——可以允许两者结合以实现法律的开放。很明显,分离主张与法律开放之间的矛盾使得实证主义很难首尾一致地坚持自己的主张,也很难真正实现他们实际上追求的法律确定性目标;最后,只能以小范围的法律不确定为代价来换取法律在较大范围内的明确可预期。

尽管法律的实践本身并不会遵照实证主义理论所设计的方式发展。然而,实证主义的分离主张在很大程度上人为地阻碍了法学家们对法律应然的自觉探求,从而使得法律的发展缺失可依据的标准。这种缺失将产生以下两个方面的不利后果:(1)使法律的发展失去了动力和方向,并直接导致许多谨慎行事的法官在没有可靠的标准可参照的前提下放弃自己的"造法"义务,[①]从而导致法律发展的停滞;[②](2)使民众对法官的某些"造法"行为产生了不信任,并因此导致法律的权威性在民众心目中下降。

其次,分离主张使得试图确立识别既存法律的标准的努力变得徒劳。由于法律是人类从事的一项实践活动,其本身处于不断的成长和发展过程中,[③]而且这种成长不是盲目的,而是有目的的;[④]因此,对于确定什么是适合于特定案件的法律总是需要参照法律的目的才能得到正确的理解。[⑤] 然而,在可能的目的领域总是充满着互相重叠交叉的种种设想,这导致司法实践中对于"法律是什么"的这个问题总是存在争议。[⑥] 实证主义者为追求法律

[①] 奥斯丁曾指责英国法官在立法上表现出的胆怯、狭窄和零星(See Austin, *The Province of Jurisprudence Determined*, p. 163)。

[②] 在这里,实证主义的观念将导致与自然法理论强调自然规范的绝对性一样的法律后果:法律规范的僵化。利益法学和自由法学在某种程度上是为了克服实证主义的这一缺陷而发展起来的,但却又使自己的理论陷入另一实践困境——法律在向社会利益、目标、政策、道德等法外因素开放之后如何确保法律应有的确定性?

[③] 相关论述可参阅 Lon L. Fuller, *The Law In Quest of Itself*, The Foundation Press, INC. 1940. p. 10. and Ronald Dworkin, *Law's Empire*, p. 44.

[④] 无论特定社会的人们在追求法律时希望有何种价值取向体现在法律中,他们都是希望通过法律建立一个能给人们带来幸福的理想社会秩序。对于这一点的论述请参阅本章第一节。

[⑤] See Lon L. Fuller, *The Law In Quest of Itself*, pp. 9—10.

[⑥] 德沃金认为,对于一个法律命题的真实性存在着两类争议:经验性争议和理论性争议——前者是对事实上是否存在法律依据,如法律全书中是否载有这样一条法律,存有争议;后者是对法律依据本身的争议,即哪些其他类型的命题支持一个特定的法律命题为真。前者是对某个与法律有关的经验事实的争议,后者是关于法律是什么的争议(See Ronald Dworkin, *Law's Empire*, pp. 4—5)。

的确定性,致力于寻求某种不受任何价值因素影响的、基于客观事实的用以确认法律的实证标准。为了明确划定可适用法律的范围,他们从某些特定的历史事实中去寻找确定法律的标准。然而,这样纯粹事实的和经验性的标准在实践中却缺乏可行性。

奥斯丁所提出的"主权者的命令"这一法律识别标准面临两个难题:(1)现存的法律并不只是主权者的命令,也就是说它不能将实际存在的法律全部涵盖在内。法官通过审判所确立的法律并不是主权者意志的体现,[①]而是更多的基于习惯和理性;另外,法学家们的法律学说也对既存的法律有着不可忽视的影响。(2)如果法律仅意味着主权者的意志,那么,主权者不仅是在法律上不受约束的至高者,而且还必须足够的深思熟虑,以保证不发布互相矛盾的命令并使其命令能覆盖所有可能的争议领域;否则,就无法在没有应然标准的前提下建立一个统一法律秩序。显然,现实中的主权者不可能达到这样的要求。[②] 如果这一判别标准中"主权者"并不是现实中的真实,而只是某种抽象,那么,它并不能作为判别法律是什么的实践标准,而只能是在理论上解释法律的一个视角。

哈特的承认规则同样存在着问题。哈特将承认规则视为社会规则,即以行为模式的形式存在于社会生活中的规则,并通过使遵循规则的人对规则持有内在观点而使它具有规范性(不再只是规律性的行为习惯)。[③] 然而承认规则作为实际存在的法律,它的规范性和社会性都是值得怀疑的。从规范性方面看,官员们对承认规则广泛持有内在观点是其具有规范性的前提,而内在观点的关键在于针对特定形式的行为所具有的批判反思的态度,这种态度对违反规则的行为予以批判,要求行为者遵守规则,并认知到如此的批判和要求是正当的。[④] 但若官员们没有一种关于法律应该是什么的共识,这种批判反思的态度如何形成?换句话说,如果没有某种共享的价值,

———————

① 奥斯丁继续霍布斯对法官地位所作的勉强解释,即将法官视为主权者的代理,主权者对其创法行为的默认说明它最终符合了主权者的意志,但问题是法官本人并没有认为自己的行为代表主权者的意志。

② 事实上,主权者概念在奥斯丁那里存在相当的模糊性,他有时把它描述成真实的存在,有时又好像只将它视为理论建构所必需的抽象。富勒认为,奥斯丁一直在事实描述与理论建构之间摇摆:"一方面想要描述各种在社会中实际发生作用的力量,另一方面又希望以多少有些象征性的语言建构一个法律秩序的基本理论。"(See Lon L. Fuller, *The Law In Quest of Itself*, p.46)

③ 因而,有学者认为承认规则是规范性和社会性的统一,这也被认为是承认规则不同于凯尔森的只具规范性的基本规范的地方(详见陈景辉:《作为社会事实的法——实证观念与哈特的社会规则理论》,载《法哲学与法社会学论丛》第九期,北京大学出版社 2006 年版,第 9—13 页)。

④ 参阅颜厥安:《再访法实证主义》,第 277—278 页。

人们根据什么将承认规则接受为合适的？如果"接受"并不只是表现在外在行为上的"服从",①那么,它必然伴随着"这些规则是正确的、必需的"的认识。哈特为了避免使承认规则成为某种基于共同信念的协同性规则,在《后记》中刻意声明:人们在接受承认规则时可以出于各种各样的动机——"长期的利益计算;对他人无私的关怀;不经反思的习惯或传统的态度;或者只是单纯地跟着别人走",②从而使承认规则成为一种惯习性规则。③ 在这里,哈特虽然坚守住了"分离说"这一根本立场,但仅由惯习支撑的承认规则是否仍然具有规范力就成为疑问。④ 正如 Bayles 所言,"尽管(我们)可以设想一个法律制度在人们没有在道德上接受承认规则时存在一些时候,然而分裂迟早将会在社会压力体系中产生,这使得当偏离行为出现时(社会)将不会采取任何(制止偏离的)行动。如果官员可以从他的不遵从行为中获益,那么这种仅出于审慎考虑而接受承认规则就不再有动力"⑤。而规范力的丧失实际上意味着作为社会实践规则的承认规则的不存在。即使我们相信承认规则可以在没有价值共识支撑的前提下一直发挥着规范作用,那么,承认规则"极少被明确地表述为一个规则的"社会实践规则,⑥仍然存在着一个必须面对的现实问题:如何在实际运用中消除因规则内容的不确定而产生的分歧?

实证主义者试图从事实世界中找出一个可以鉴别法律的统一标准,但这种标准只能是抽象的结果,因为在人类所从事的任何领域并没有一个完全脱离价值的纯事实。因此,在"分离说"基础上提出的法律识别标准,要么为追求现实性而走向特定个体的行为,并最终导致规则虚无主义,如美国的法律现实

----

① 接受显然不是指服从,否则的话,哈特用承认规则来克服奥斯丁"命令说"的局限的努力就白费了;而且,若接受就是服从,那么所有的违法行为就都变成基于外在观点而发生了,这显然不是哈特的意思(参阅颜厥安:《再访法实证主义》,第 278 页)。

② H. L. A. Hart, *The Concept of Law*, Oxford University Press, second edition, 1994, Postscript, p. 198.

③ 对于协同性规则与惯习性规则的区别可参阅陈景辉:《作为社会事实的法——实证观念与哈特的社会规则理论》,第 17—18 页。

④ 事实上,仅作为事实存在的承认规则其自身如何具有规范性,又如何赋予其他法律规则以效力,是哈特无法合理解释的问题。对于承认规则的规范性问题,哈特只是坚持两点:(1)承认规则的存在是一个事实问题,它本身不具有法律上有效或无效特征;(2)我们不能简单地选用"法律"或"事实"的标签,而必须结合"法律"与"事实"两种观点去看待(See H. L. A. Hart, *The Concept of Law*, 1961, pp. 105－108)。

⑤ D. M. Bayles, "Hart's Legal Philosophy: An Examination", *Law and Philosophy Library* 17, Dordrecht/Boston/London: Kluwer, 1992, p. 79. 转引自 James C. Ketchen, "Revisiting Fuller's Critique of Hart: Managerial Control and the Pathology of Legal Systems: The Hart-Weber Nexus", *The University of Toronto Law Journal* (Winter 2003), Vol. 53, p. 30.

⑥ H. L. A. Hart, *The Concept of Law*, 1961, p. 98.

主义的发展所显示的；①要么为获得法律秩序的统一性而承认标准的虚构性，如凯尔森的基本规范一样。若想兼顾两者，必然使自己的理论陷入困境。②

2.3.2.2　必须面对的现实——实证主义对于维护法治的不充分

实证主义的科学努力为法律的系统化和一致适用提供了十分有用的分析工具，从而使法治的运行在形式理性的基础上很好地满足了人们对法律确定性和可预期性的需要，同时也因法律的明晰而使人们的法律权利能得到更好的保护。但它的理论对于最终实现维护法治这一目标却是明显不充分的。

实证主义将法律研究的对象限定于实在法，限定于既已形成的法律，③实际上放弃了在法律形成过程中抑制权力恣意、避免恶法产生的任何有效的努力，④同时也否定了在法律内部存在着任何赖以对既存法律作出评判和修正、具有客观意义的法律应然标准的可能。⑤ 这一方面为掌权者将基于个人情感、欲望的权力意志转变成具有规范力的法律留下了通道，从而为恶法的滋生留出了极大的机会和可能；另一方面，面对专制统治者颁布的恶法，法律内部因缺失法律应然标准而不可能形成任何可以有效排除恶法的法律

---

① 对这一法律思想发展脉络的描述，参阅 Lon L. Fuller, *The Law In Quest of Itself*, pp. 48 —55.

② 美国现实主义法学家格雷早就认识到奥斯丁理论的问题所在：他指出，奥斯丁的主权者只是"想象的创造物"，并希望通过自己的理论予以克服（参阅 Lon L. Fuller, *The Law In Quest of Itself*, pp. 48—49）。虽然哈特特别强调承认规则与基本规范不同的地方在于：承认规则是一个据以识别法规范的作为事实存在的标准，但美国学者 Eric J. Boos 明确指出：哈特的承认规则只是一个虚构而已（Eric J. Boos, *Perspectives in Jurisprudence：An Analysis of H. L. Hart's Legal Theory*, New York：Peter Lang Publishing, Inc., 1998，pp. 76，80）。科尔曼（Jules Coleman）对承认规则与官员的聚合实践的区别正是希望借此使承认规则走出困境。他认为，承认规则与聚合实践是不相同的：前者是抽象的存在物，后者是由行为构成的；承认规则的存在是以聚合实践为条件的，而内在观点指向的是聚合实践而不是承认规则（参阅陈景辉：《作为社会事实的法——实证观念与哈特的社会规则理论》，第 20—21 页）。另外，对于承认规则与基本规范之间的区别请参阅颜厥安：《再访法实证主义》，第 283 页。

③ 对实在法的研究无疑是必需的、有价值的，但仅有对实在法的研究却是不充分的，正如徐显明教授所言，"法学理论如果只告诉人们法是什么而不说明法应当是什么，这样的法学便是病态法学"（详见徐显明：《论"法治"构成要件——兼及法治的某些原则及观念》，载《法学研究》第 18 卷第 3 期，第 38 页）。

④ 唯一可以构成对权力约束的是体现在授权规范或承认规则中的程序性规定，而这样的程序性规定也只是一种实在法，也就是说它本身也是权力意志的产物，而不是某种体现程序理性的法律应然。

⑤ 无论是边沁，还是奥斯丁，在谈论对法律的好坏评判时，都只诉诸某种外在标准（See Austin, *The Province of Jurisprudence Determined*, pp. 113—114）。

技术和方法。实证主义对恶法的无能，还体现在它因否认法律内部应然标准的存在而无法用法律方法有效避免因社会发展而变得不合情理的恶法。面对"恶法困境"，实证主义在声明"恶法亦法"之余，提出两种应对恶法的措施：一是将法律的效力与服从法律的道德义务区分开（这样，他们一方面对法律的效力与实效进行刻意的区别，从而以有效力的法律不一定在现实社会得到实际的遵守这一事实免除人们遵守有效法律的道德义务；另一方面又将法律的效力建立在一个法律制度总体上具有实效的假定上）；二是将改进已经变得落后的法律使其适应发展了的社会需要的任务完全交由立法来承担（这样，不仅所有的法律改革任务都必须由立法来完成，并因此将实际上由法官完成的那些法律改革也称为立法，而且法律的发展将也只能以跳跃的因而往往是不稳定的方式进行，而无法以连续的、稳定的方式进行）。这样主要地通过区分和界定，来解决恶法的现实问题，不仅在理论上存在着勉强之处，而且在实践中也将无益于对法律权威的维护。

实证主义必须面对的另一个困难是在法律适用过程中因排除法律应然而所必然导致的形式正义与实质正义之间的矛盾。由于实证主义的分离主张完全排除了法律适用过程中任何"法律应该如何"的概念，使得法官在适用法律时只能依据法律条文的字面含义去解释和适用法律，通过对概念的语义分析将法律规则按照逻辑演绎的方式适用于特定的案件。他们希望通过明晰的法律概念、严密的逻辑推理来确保司法过程的正当性，从而实现维护法治的目标。然而，构成法律的并不只有文字，还有或明或暗体现在文字中并使文字具有明确含义的"被寻求的目标"。如果在解释和适用法律规则时只是形式主义地从语义的角度理解其含义，那么其适用的结果往往会偏离这个法律规则所要寻求的目标。

为了避免因排除了对法律的目的性解释，而只能机械地适用法律条文所可能产生的、背离法律所寻求的正义目标的裁决结果，哈特将法律两分为意义确定的"核心区"和意义模糊的"边缘区"。他认为，在法律的"核心区"，规则的意义是确定的，因而无须参照法律的目的就可以确定特定的案件是否属于规则所调整的对象；而在法律的"边缘区"，规则的意义则是模糊的，因而只能通过参照法律目的及其他社会因素才能确定特定案件是否属于规则所调整的对象。法官在处理属于法律的核心区的案件时，完全受既有法律的约束，他的任务就是从一般的法律前提推断出他们的法律决定，没有任何自由裁量的余地；而在处理属于法律边缘区的案件时，法官不再完全受法律的约束，他需要根据社会目标、社会政策以及社会后果等"法律应该是什么"的标准对"法律是什么"作重新考虑，因而对案件的审理有充分的自由裁量余地——他们在审理案件时不只是推理,还有选择、判断这样一些掺杂主观因素的行为。① 然而,当哈特赋予法官在法律边缘区以完全的自由裁量权时,他不只是部分放弃了实证主义的根本立场——"分离说",实际上也部分放弃了忠于法律、维护法治这一崇高的理想,而且,这一局部的放弃还有可能进一步危及整个法治理想。

实证主义的分离说旨在维护崇高的法治理想,但它实际上无法在分离说的前提下使法律获得某种因其内在的正当、理性而享有的权威,因而也不能真正达到其维护法治的目的。当然,法律发展的实际轨迹并不以实证主义理论所描述的方式进行的(在法律的实际运行中,法律的应然始终规范和指导着立法和司法过程中的行为),但是那些受实证主义思想影响的人们在理论研究和法律实践上可能放弃对法律应然的自觉探求,从而在理论和实践上阻碍了法律的发展和完善。② 另外,实证主义思想为那些寻求极权统治的人在法律理论上留下了可以为他们恶意利用的漏洞;实证主义者原本希望通过法律与道德的分离避免个人意志以自然法名义破坏既已确立的法律,并希望具有确定性的法律成为保护公民权利不受统治者权力恣意侵犯的强大屏障,却反而使法律因缺失实质正义目标成为某些统治者实现其不正当目的的便利工具。确实,实证主义者并没有为极权统治者提供理论服务的主观故意,他们在现实中都是积极推动法律改革的民主主义者,③但实证主义"所制造的万能效应"④事实上为独裁者合法攫取权力提供了可能。⑤

---

① 哈特因此认为,法官在法律边缘区的行为实际上是在创造法律,而不再是适用法律。
② 富勒认为,实证主义的倾向已阻碍美国法律思想发展近一个世纪之久(See Lon L. Fuller, *The Law In Quest of Itself*, p. 61)。
③ 参阅陈林林:《"正义科学"之道德祭品——极权统治阴影下的法实证主义》,载《中外法学》2003 年第 4 期,第 476 页。
④ "万能效应"是指立法者只要是在权力范围内按照法定程序便可确立任何内容法律。
⑤ 德国极权统治的形成就是一个很好的例证:希特勒及其纳粹党娴熟地运用德国的立法、行政和司法机构,"按民主的形式程序合法地攫取权力"(海因里希·罗门:《自然法的观念史和哲学》,第 2 页)。

03 程序自然法的实践基础及富勒的法律观

3.1 古罗马时期的自然法

3.1.1 罗马法律中的自然法因素

罗马法作为最为完善的古代法律体系不仅影响了大陆法体系,而且也以一定方式影响了英美的普通法体系。虽然罗马法体系最终以制定法形式呈现出来,但在罗马法的形成和发展过程中,法学家们对自然法的确认起到了十分重要的作用,而"法律解答"和"裁判官告令"是古罗马法学家们用以确认自然法的两种主要方式。①

3.1.1.1 法律解答

在罗马共和时期,国家制定法在其法律构成中占有的分量很少,大量的法律可以说是通过法学家们的解答(jurisconsult's Responses)而形成的。② 在古罗马,虽没有专门的法官职业阶层,但却有专门的法学家职业阶层;他们培养学生,为纠纷当事人就将要提请法庭判决的案件提供法律咨询。所谓"法律解答"即是执业的法学家们对案件当事人或学生就实际上发生或可能发生的事实情形所提出的种种法律疑

---

① 较后时期的法学家,他们以论文的形式讨论了罗马法,特别对裁判官告令作了论述。罗马的衡平法因他们的辛勤劳动而得以发展,他们作为衡平法律的释义者,应该说也以特定的方式确认了存在于罗马法中的自然法(参阅梅因:《古代法》,第38页)。

② 参阅梅因:《古代法》,第39—40页。

问而作出的回答。法学家们所作的解答由他们的学生进行认真的记录和编辑，最后形成《法律解答汇编》。由于参与法律解答的是获得普遍承认的优秀法学家，这使得这种汇编书具有不小于立法机关所制定的法律的拘束力。从表面上看，汇编的拘束力源自于法学家们所声称的与既有法律的完全一致。事实上，它们的力量在于：它们是在既有法律的框架内对那些符合社会生活共同需求的法律原则和规则的发现和确认。①

当时的法学家们具有发现原则的得天独厚的条件：当一种需要以法律方式加以解决的现实困难，由某位当事人提交给法学家们以征求意见时，他的学生们往往能够凭借自己良好的类比能力向老师提出与之相关联的所有可能出现的类似情形（即假想的同类案件），这使法学家们能够全面考虑存在于既有事实与可能事实背后的各种人类目的之间的复杂互动，并从中发现最能促进那些为共同体所集体寻求的共同目的的实现、因而也最能有效地协调共同体内部各方间的利益冲突、并因此能推进一种令人满意的共同生活的法律原则。由于作为形成法律原则基础的事实条件不受提请法院审判的诉讼事件的限制，法学家们在分析案件事实的基础上形成法律原则的技能也因之大大提高。② 法学家这一阶层的社会声望主要源于他们发现"正确法律"的能力，因此，法学家们将每一个案件都视为阐明一条重要原则的例证或者体现一条普遍规则的实例。

罗马法这一独特的法律发展的方式既是罗马法从开始就拥有丰富原则的原因，也是罗马法获得其特有的完善的重要原因。③ 耶林曾指出：罗马法是伟大的，因为它是建基于一个不区分真实和虚构案件的案例法体系；法学

---

① 法学家们在解释、阐明既有法律时，将既有的文本集中起来，将其作适合于实际呈现的事实状态的调整，并考虑其对可能出现的其他事实状态的适用可能性，采用他们从其他文本的诠释中所注意到的解释原则，最终他们得出许多法律编纂者从来没有想到过的、并且实际上不可能在原来文本中发现的法律原则（See Henry Maine, *Ancient Law*, Cambridge University Press 1901, p. 33）。

② 梅因认为，相比之下，英国的法院形成法律原则的能力较差，这不是因为法官们的禀赋，而是由于供他们分析的案例相对较少，因为，他们不能在假想的案件基础上形成原则。而欧洲国家的法律原则虽然较多，但他们不是基于自己国家的案例，而是吸收了罗马法的一些原则，由此所形成的原则往往在适用上会出现一些与事实相脱离的情形。因为，罗马法律赖以形成原则的事实条件与欧洲国家的事实条件肯定存在着差异（See Henry Maine, *Ancient Law*, pp. 37—39）。富勒也曾提到，现在普通法国家法律体系不完全的主要原因是它对某些关键案件的依赖——"正如整个领域的法律可能受在它的发展的特定阶段偶然出现的一个特定案件的影响一样，整个领域的法律也可能受一个判决的偶然不出现的影响，这个判决本可以在既有规则和被需要的新法律之间起到某种原理桥梁（doctrinal bridge）的作用"［Fuller, "American Legal Realism", in *University of Pennsylvania Law Review* 82, 1934(5), p. 441］。罗马法之所以完善在很大程度上是因为它不受这种限制。

③ See Henry Maine, *Ancient Law*, pp. 36—37.

家给所有向他们提出咨询的案件以答案,不过问它们是否真实;这使得他们所发展的一套法律原则具有连续性,而这在只处理真实案件的地方是不能实现的。[①]

3.1.1.2 裁判官告令

当隐含于既有法律框架内的原则得到了较为全面的阐明,并且已开始被系统化时,法律解答的方式逐渐变得不再能适应法律进一步发展的需要,加上奥古斯多限制少数主要法学家对案件发表有拘束力意见的权利,这使得法律解答这一罗马共和初期发展法律的主要方式开始被"裁判官告令"这一新的法律发展方式所取代。

"裁判官"是罗马共和国的首席官吏,通常由法学家或实际由法学家所控制的人员担任,任期一年,除履行最高司法机关的固定职责外,还拥有没有明确权限的、对法律和立法的最高权力。当时的罗马人为了预防暴政的复辟,要求每一位其职责范围有扩张趋势的官吏公布一个"告令",将他管理本部门的方式公布出来,裁判官就属于这样一类需要公布告令的官吏。在告令中,裁判官以承诺的形式宣告了他将适用于裁断案件的法律原则。尽管前任裁判官的告令对后任没有约束力,也就是说后任的裁判官完全可以废弃旧的法律原则另设一套新的原则,但裁判官受早期法律训练的浸润而形成的法律观念,以及法学家这一职业团体对法律的共同看法,都有力地约束着裁判官的行为。通常,后任的裁判官只是在前任所已公布的法律原则的基础上作些变更和增补,以适应当时的迫切需要或加入自己的一些法律观点;[②]某些旧的原则会因不适合社会发展的需求而被废除,而有些新的原则也会适应社会发展了的需求而产生。那些新提出的法律原则会在新的一年的任期内接受实践的检验和其他法学家的批评,若经受住了实践的考验就会在下一任的告令中被继续采用,如若实践证明它不合适就会被舍弃。[③]

裁判官告令使那些为他和其他法学家确信从法律背后发现的法律基本原则得到更广泛的适用。经告令的方式而形成的罗马法是在司法实践的基础上适合社会生活的实际需要而发展起来的,是对存在于制定法背后并作为其基础的法律原则的确认,这些原则的合法性并不在于宣告它们的官吏的权威性,而是在于它们反映了当时人们的某些共同需求。这一点在万民法的形成和发展过程中体现得尤其明显。

---

① Fuller, "American Legal Realism", p. 442.

② 参阅梅因:《古代法》,第 24、36—38 页。

③ 参阅查士丁尼:《法学阶梯》,张企泰泽,商务印书馆 1989 年版,第 9 页注①。

3.1.2　万民法与自然法

3.1.2.1　罗马法律体系的两个组成要素

由查士丁尼皇帝钦定出版的《法学阶梯》在第一卷的第二篇阐述了罗马法律体系的构成。

任何受制于法律和习惯的民族都部分地适用自己特有的法律,部分则适用全人类共同的法律。每一民族专为自身治理制定的法律,是这个国家所特有的,叫做市民法,即该国本身特有的法。至于出于自然理性而为全人类制定的法,则受到所有民族的同样尊重,叫做万民法,因为一切民族都适用它。因此,罗马人民所适用的,一部分是自己特有的法律,另一部分是全人类共同的法律。[①]

万民法作为罗马法律的组成部分是应解决罗马境内的外国人与本国人或外国人之间所发生的纠纷的需要而出现的。罗马的强盛吸引了很多外国人和归化者的移入,而当时的罗马市民法将外国人排除在法律保护之外;但同时出于国家安全和商业贸易的考虑,国家不能放弃对这些纠纷的审判权,而审判权的行使必须要发现某些据以裁判的原则,因为,对这些纠纷的裁判既不能适用罗马市民法,也不能适用外国诉讼人本国的法律。为了解决审判的法律依据问题,罗马法学家通过集中罗马本国与外来移民移入国共有的法律规则,而形成了被称为"所有国家共同的法律"的万民法。[②]"事实上,'万民法'是古意大利部落各种习惯要素的总和,因为这些部落是罗马人有办法可以观察到的、并且是不断把移民一群群送到罗马土地上来的所有国家。"[③]法学家们在各国的惯例(observances)中发现了某些共同特征,而这些特征实际上体现了这些部落所追求的一些共同目标;他们把这些具有共同特征的惯例归集成具有相当普遍适用性的万民法。因此,万民法就是这样一些规则和原则的集合,它们是经法学家们的观察而被确认为是当时意大利各部落所通行的种种制度所共有的。[④]

万民法作为罗马法的一部分是由"裁判官告令"带入罗马法律的。尽管万民法在一开始并不享有任何优越于市民法的地位(或者确切地说,它只是

---

① 查士丁尼:《法学阶梯》,第6—7页。
② 梅因:《古代法》,第27—29页。
③ 梅因:《古代法》,第29页。
④ See Henry Maine, *Ancient Law*, p. 48.

"市民法的一个卑贱的附属物"①），佢它所包含的原则因其固有的伦理优越性（它具有排除适用对象的差异或区别而将法律一致适用于所有社会成员的倾向）而有权废弃国内旧有的法律。"一旦告令形成了一条公平合理的规则，裁判官法院就开始适用它以替代市民法的旧规则或两者同时适用，市民法的旧规则就这样未经立法机关的明确法令而被直接或间接地废弃了。"②万民法有均等化（levelling③）——即消除社会成员之间的差异——的趋向，而具有均等化趋向的万民法又成为纠正市民法不规则现象的推动力，从而使市民法与万民法在同一罗马法体系中得以融合。实际上，万民法形成和发展的过程就是罗马法学家们以衡平方式改进罗马法的过程。④ 当然，在这一过程中，市民法的顽固因素会抵制万民法对它的纠正，这其中存在的混乱和不相容一直到查士丁尼民法大全的诞生才得以消除。

3.1.2.2　作为自然法的万民法

万民法从最初几乎被人厌恶的卑微地位⑤上升为受人敬仰的有权纠正市民法的优越地位，得益于斯多葛派的自然法哲学理论的助力。万民法要以其固有的伦理优越性去推动和完成对市民法的改进还需要某种正当化手段，而斯多葛派的自然法正好为它提供了这种手段。斯多葛派"按照自然而生活"的主张不仅给当时的罗马法学家们提供了一种他们乐意接受的清新脱俗的生活模式，而且还为他们的法律职业提供了一种有用的哲学想象——在由实证法控制的社会组织出现以前存在着一个由自然法支配的自然社会；这是一种为各民族所共有的伟大制度，而各民族所存在的各种复杂的习俗、惯例只是它的讹误和残余；万民法就是这个曾经存在的自然法典的复制品，因而裁判官根据万民法的原则对市民法所作的改进就是将法律恢复到原初的完美状态。当自然法理论以其崇高的哲学威望将卑微的万民法神圣化为自然理性和自然公正的命令时，它对市民法的改进就变得自然合理。在斯多葛派的自然法理论的推动下，罗马法律的改进取得了惊人的进步。

---

① 梅因：《古代法》，第 30 页。

② Henry Maine, *Ancient Law*, p. 64. 另参阅梅英：《古代法》中译本，第 39 页。

③ 梅英：《古代法》中译本将 levelling 译成"平准"。

④ 梅因认为"均等化"便是罗马衡平的最初含义，由此看来，"衡平"这个术语在起初可能没有任何伦理的色彩，只是到后来才逐渐被赋予"平均分配或按比例分配"的这样的伦理意义（参阅梅因：《古代法》，第 34—35 页）。

⑤ 万民法的产生，部分是由于罗马人轻视所有外国人的法律，部分是由于他们不愿意给予外国人以本国市民法的好处（See Henry Maine, *Ancient Law*, p. 48）。

　　然而,斯多葛派的自然法理论对罗马法律的影响并不体现在法律的实质内容上——即斯多葛派的信条被直接吸收进法律作为法律条文或者是法律条文直接体现了斯多葛派的自然法主张,而是体现在它给予罗马法学家们以方法上的启示。自然法的观念不仅为法律的改进提供了一种合理的解释,而且还为法学们提供了一种用以指导法律改进的秩序观。由斯多葛派传承的古希腊自然法思想将所有的现象,包括自然的和社会的,都理解为由简单而一般的规律支配着;法律这一社会秩序形式作为一种社会现象也同样存在着自身的规律性,这种规律性类似于自然秩序的规律性。人们对自然秩序的最直接的想象往往就是一幅由直线、平面和均等的距离构成的简单、对称和整齐的图像,由此而形成的对自然秩序的理解总是与简单化和一般化的观念相联系;这样,将一个好的法律制度的特征归结为"简单、整齐和可理解"就变得顺理成章。① "简单"意味着法律容易被掌握——容易被遵循和适用;"整齐"意味着法律具有内在的完整性,它不仅意味着法律规定具有规则性,而且意味着规则之间没有内在冲突和不相容;"可理解"意味着法律没有违背常理,没有超出人们所能理解和接受的范围。正是这些可以被视为法律这一秩序形式最为基本的内在要求的法律特征成为法学家们从各国习惯中提取共同因素以构成万民法的自然法依据。

　　万民法在以下两个意义上属于现实中自然法(而不是作为其最初发展理由的假想中的自然法):(1)它是依照法律秩序形式的某些内在的(因而也是自然的)要求建构的;(2)它所阐明的原理往往符合了各民族人民的共同需求。② 正是罗马法所蕴含的深厚的自然法基础才使罗马法有可能成为具有普遍效力的世界法律。

---

　　① Henry Maine, *Ancient Law*, pp.52—58,68.

　　② 对于"万民法"与"自然法"的关系,罗马法学家似乎有不同的理解。盖阿斯(Gaius)将"万民法"界定为"自然理性对全人类的指令,同时也为全人类所遵守的那种法律",也即将"万民法"等同于"自然法";而另一罗马法学家厄尔比安(Ulpian)却试图将"万民法"与"自然法"区别开来,前者指人类所共同遵循的法律,即国际法,后者是"大自然教给一切动物的"为所有动物所遵循的法。梅因认为,厄尔比安的试图区分两者的努力并没有成功,"万民法""国际法""自然法"这些用语在最权威的言论中仍是通用的,"所谓'自然法'只是从一个特别理论的角度来看的'万民法'或'国际法'"(详见梅因:《古代法》,第30—31页)。对于罗马法学家对"万民法"与"自然法"这两个概念的不同理解,后世学者有不同的解释。较为普遍的一种解释是:厄尔比安有关自然法的定义被普遍认为是后古典时期的人所加上去的,因为它与法律传统不符。不过,登特列夫认为,国内法—国际法—自然法的三分也可能是以一个简化的方式反映了罗马法逐步普遍化的漫长历程之几个实际阶段(详见登特列夫:《自然法——法律哲学导论》,第23页)。国内学者申建林认为:"'万民法'是'自然法'法律用语,'自然法'是'万民法'的哲学用语"(详见申建林:《自然法理论的演进》,2005年版,第60页)。本人以为,厄尔比安的"国际法"与"自然法"是从不同的角度阐述了自然法的特性——反映人类共同需求的法律。

3.1.3　一种特殊的法律自然法

在古罗马法时期,许多著名的法学家都曾受斯多葛派思想的影响,而且也正是在这种影响下而形成的自然法观念有力地推动了罗马法的发展;但斯多葛派对罗马法律的影响并非体现在它为罗马法提供了某种特定的自然法理论,而是在于它的自然法概念为罗马法学家通过"裁判官告令"制度对法律所作的改革和发展提供了正当依据。

自从自然一语已成为罗马人口头上一个家喻户晓的名词以后,这样一种信念便逐渐在罗马法学家中间流行着,即旧的"万民法"实际是已经失去的"自然"法典,至于"裁判官"根据"万民法"原则而创制的"告令"法律学,则正在逐渐恢复法律因背离了它而退化的一种范式。从这个信念出发,我们立即得到了这样一个推断,即"裁判官"有责任尽量以"告令"来替代"市民法",尽可能把"自然"用以管理处于原始状态中的人们的各种制度恢复过来。①

同时,斯多葛派的"自然"概念还为罗马法学家提供了一个好的法律制度的模型——"简单、整齐和可理解",这便是罗马法学通过"自然"所获得的对于秩序本质的最初理解,也可以说是最初意义上的法律自然法。这种法律自然法实际上成为法学家们改进罗马法的方法:按照"简单、整齐和可理解"这样一种秩序标准,罗马市民法存在着明显的不规则和不合常理的情形;他们依照上述法律自然法的基本要求,去确认和发现潜在于既有法律框架内的、反映社会生活需要的法律原则,从而使罗马法在一系列基本原则的基础上具有融贯性和整合性。

虽然在罗马法学家们的语录中可以发现许多有关自然法神圣性、绝对性的论述,如,"我们称之为永远公正与善的东西的那种法律,那就是自然法"(Paulus语)②,"一种永恒不变的法律将适用于一切民族和一切时代"(西塞罗语)③,"各民族一体遵守的自然法则是由上帝神意制定的,因此始终是固定不变的"④等。⑤ 但在他们的法律实践中真正起作用的并不是那个哲学

---

① ［英］亨利·梅因:《古代法》,1959 年版,第 33 页。
② 转引自登特列夫:《自然法——法律哲学导论》,第 20 页。
③ *De Republica*,III,xxii,33.转引自[意]登特列夫著:《自然法——法律哲学导论》,第 15 页。
④ 查士丁尼:《法学阶梯》,第 11 页。
⑤ 登特列夫认为,这些话"应该被视为课堂说教的残余记忆,或是不值得认真对待的一般门面话"(登特列夫:《自然法——法律哲学导论》,第 18 页)。

意义上的自然法,而是法律意义上的自然法。"在他们眼中,自然法并不是一套完整而现成的法规,而是一个诠释的手段",他们"所努力以赴的乃是要找出符合事物本性的、符合事实与生活之具体境况的法规"。①"对他们来说,'自然'不仅是人或事物的物理属性所产生的东西,而且还是那种在(法律)制度框架内似乎与一种规范且理性的人类利益秩序相符合的东西,也因此是一种毋需做进一步证明的东西。"②"它们被用来提供各种权利和义务的基础。但这种基础并不是玄想的越超的那种,这基础可以说就是特定境况之固有特性。"③反映在罗马法中的自然法是法学家适用了这种作为"诠释的手段"的自然法的结果。

古罗马时期的法学课本中充满了关于自然法,自然理由和自然理性的论述,但这些书中所阐释的"自然法"都不是西塞罗所讨论的那种普遍且永恒的法律,它所反映的毋宁是一种人们提出的解决某个案件的方法,而这种方法同罗马社会期望人们的行为方式相一致或与特定的事实情形所固有的正义相一致。④

自然法在罗马法实践中所起的作用是:使实在法在不断适应变化了的社会客观情形的过程中日趋完善。"它是现存法律的基础,并且一定要通过现存法律才能找到它。它的职能,简单地讲,是补救性的,而不是革命性……"⑤

不管他们(拜占庭的编纂者)可能多么急切地强调自然法是一个道德准则,而特意突出它,把它视为一切法律之终极基础,以及神圣天命之表示,他们的思想仍然具有一个基本特点……根据这个特点他们的那个自然法概念,大大不同于中世纪与近代的概念……

事实上,我们在《罗马法大全》中找不出一句是断定自然法优越于实定法的——这所谓的优越,是指当两者发生冲突时,一者应该压倒另一者。罗马的自然法概念,绝非一项革命原理。其中没有为"人权"的辩护。它也跟在某些近代宪法中所设定的所谓"较高法律"观念没有多少相同之处。本身不过是"被反映于现在法律上的东西",它绝不含有可以"予法律以合法的认可而使其成为法律"之意。⑥

① 登特列夫:《自然法——法律哲学导论》,第24—5页。
② Ernst Levy,"Natural Law in the Roman Period,"2*University of Notre Dame Natural Law Institute Proceedings*43(1949),p.51.转引自博登海默:《法理学:法律哲学与法律方法》,第15页。
③ 登特列夫:《自然法——法律哲学导论》,第24页。
④ 博登海默:《法理学:法律哲学与法律方法》,第15页。
⑤ 梅因:《古代法》,第44页。
⑥ 登特列夫:《自然法——法律哲学导论》,第25页。

因此,认识和理解古罗马时期的自然法思想,区别两个不同的自然法概念十分重要:哲学意义上的自然法,也就是法学家在著述中曾极力强调的具有绝对和终极意义的自然法概念,它是法学家们用来为自己所从事的法律改革提供正当理由的;①法律意义上(也即具有技术性涵义)的自然法,即体现了秩序基本特征的自然法,它为法学家们提供了用以改革法律的方法,因而才是真正指导他们从事法律事业的自然法。

3.2 普通法中的自然法

3.2.1 普通法的概念

普通法的英语表达"the common law"可以在三种不同的层次上使用②:(1)指通过"普通法法院"的裁决而发展起来的法律,以区别于由"衡平法院"的裁决而形成的法律;(2)指一般意义上法官制定的法律(judge-made law),即包括上述两类法律,以区别于由立法机关制定的法律(statutory law);③(3)指发源于英国的一种的特定法律体系,以区别于盛行于欧洲各国的大陆法体系。④ 鉴于法官通过裁决形成法律规则是创造法律,还是发现法律,在不同的法学流派之间一直存有争议,因此,用"裁判法"(adjudicative law)这一表述来指称区别于"立法制定的法律"的普通法更为恰当。而普通法体系区别于大陆法体系的主要特征也是它的裁判法,尽管每一个普通法国家也拥有相当数量的由立法机构制定的法律;当我们谈论普通法体系的某些特点,如遵循先例、注重救济、强调程序、重视经验和实用等,其实都是就裁判法而言。从这个角度讲,普通法这一概念的后两层意义没有根本的不同,本书所使用的普通法概念主要在后两种意义上使用。

---

① 而当罗马法在《罗马法大全》中以体系的形式被固定下来时,哲学意义上的自然法则被用来证明所确立的罗马法体系的普遍有效性。正因为如此,《罗马法大全》中摘录了不同时期法学家们对自然法所作的不同阐述;这些充满歧义的论述尽管令后世读者颇为困惑,但它们对于罗马法的意义却是明确无疑的——它们表明了罗马法主张其"普遍有效性"的依据。

② 而在欧洲国家,与 common law 相对应的表达通常指共同拥有的罗马法传统,以区别于本地的成文法和习惯(See Fuller, *Anatomy of the law*, New York: Praeger, 1968. pp.84—85)。

③ "statutory law"通常译成"制定法"或"成文法",但这两种译法都无法将它与"法官制定的法律"相区别,因为,后者就它是通过判决理由的形式呈现而言,在一定程度上也是"制定法"或"成文法"。

④ See Fuller, *Anatomy of the law*, p.85.

3.2.2 由习惯法演变而来的英国普通法

存在于英格兰这个王国疆域之上的习惯法因各地生活方式的不同而呈现出明显的地方性,而将这些地方性的习惯法转变为具有普遍适用性的普通法是通过特定的司法审判实践来实现的。

3.2.2.1 将习惯法变成普通法的审判程序

普通法是一种普遍适用于整个王国疆域的法律,它适用于王国境内的所有人;[①]它的基础就是存在于这个王国疆域中的所有习惯,包括早期为谋求土地和生计进入英格兰的人们在长期的生活中所形成的英格兰习惯以及后来为诺曼人所带来的诺曼习惯,可能还包括在诺曼人进入英格兰之前就已进入的丹麦人所带来的习惯。[②] 所有的社会生活习惯都是为了适应社会和经济生活的需要而产生的,习惯的拘束力来自于它体现了被共同体人们所感知到的共同需求。习惯法便是体现于这些习惯中的规则。习惯法在它所赖以产生的社区中自动地调节着人们的共同生活。当社会生活的组织方式从非正式向正式的方式转变时,支配着社会生活的习惯法也开始转变为正式的法律。在这转变中起媒介作用的通常是司法审判的过程。[③]

在普通法形成之前,争议的裁决是由各种形式的社区公共会议作出的,而公共会议兼具行政和司法的功能。[④] 诉讼的过程是一方提出诉讼主张,另一方否认诉讼主张,然后通过一定的验证方式作出裁决;[⑤]判决通常是裁定某人有罪或无罪的概括性结论。在整个诉讼过程中并没有援引相关的实体规则,"惟一可以起作用的实体规则,就是那些体现在可以接受的诉讼请求中的规则"[⑥] 也就是说,诉讼请求中所陈述的事实本身就隐含了为共同体成员所共同接受的规则,只要澄清了事实,裁决的结果便就不再有疑问。因此,控制和支配着诉讼实践的就是社区的习惯法,它包括实体方面的(如"家

---

① 参阅[英]约翰·哈德森:《英国普通法的形成》,刘四新译,商务印书馆 2006 年版,第 28—29 页。

② 参阅[英]密尔松:《普通法的历史基础》,李显冬等译,中国大百科全书出版社 1999 年版,第 3—4 页。

③ 罗马法的形成因缺乏详细的史料记载无法描述其具体的形成过程,但对于罗马法的市民法与万民法均是由习惯经司法审判发展而来应是没有争议的。

④ 这些社区会议的形式有郡法庭、百户邑法庭和封地法庭(参阅密尔松:《普通法的历史基础》,第 4—8 页)。

⑤ 验证方式通常有"证人誓证法"、"公证昭雪法"、"神判法"(参阅程大汉主编:《英国法制史》,齐鲁书社 2001 年版,第 39 页)。

⑥ 密尔松:《普通法的历史基础》,第 34 页。

庭财产由长子继承"、"不能伤害邻居"、"欠债必须还钱")与程序方面的(如有关接受人们诉讼主张的规则)。

随着裁判过程逐渐从原始和不太理性的方式向较为文明和理性的方式发展,被告对原告的诉讼请求不再只是概括地否认,而开始提出事实的争辩;而判决则开始基于对争端事实的考虑。此时,普通法真正开始了其基于习惯法的自我发展和完善的进程。而实际推动这一过程的是对一种更为理性的裁判制度——陪审制——的采用。"陪审"最早是作为一种咨审调查的治理技术而被采用,它被运用到司法裁判领域,一开始只是巡回法官们了解地方习惯法的途径或机制——陪审员的任务只限于就他们预先了解的情况回答法官的提问,后来才慢慢演变为在审查证据的基础上作出裁决。陪审制作为一种司法技术被普遍采用,是因为当时被普遍采用的裁判方式——神明裁判和司法决斗——的不合理和不确定。当神明裁判和司法决斗所包含的某些心理学上的合理性被某种外在因素(如,被告面对神明裁判的良好心理承受能力、诉讼双方在雇佣决斗替手上的经济实力的悬殊)所破坏后,它们留给人们的感觉便是愚昧和不可信;而具有传统基础的陪审查证便成为最好的替代方式。① 陪审查证将诉讼事实的澄清诉诸人的知识、洞察力和调查,它在司法实践中不断证明自身的合理和可靠,从而从一种可选择的、只有付费才能享用的特殊验证方式成为一种被司法审判过程普遍采用的常规方式。陪审制度的采用标志着一种新的更为理性的审判方式的产生。②

由于陪审制的采用,使得诉讼双方就纠纷事实进行抗辩变得必要。因为,若只容许被告在原告陈述的基础上就原告的诉讼请求作一般性的回应,原告方单方面作出的、可能只有利于自己的事实的陈述(因而忽略了不利于自己的事实),容易误导陪审团成员得出错误的结论。只有当原告和被告分别被给予了就"有利于自己的事实"作充分陈述和答辩的机会,陪审团才有可能在虽不全面但却真实的事实基础上作出公正的裁断。③

在作出判决之前,给予诉讼双方就争端事实以充分的说明机会,是陪审团审判程序的主要特点;而这也正是新的审判方式体现其理性的地方。诉讼双方在陪审团面前就案件有关的行为事实以及支配这些行为的被大多数人了解和接受的有关正当行为方式的观念进行抗辩;陪审团就事实上哪些

① 诺曼人在征服英国前就从法兰克人那里学会了作为陪审最初形式的集"调查、询问和裁断"于一体的行政调查方法;在诺曼征服不久,威廉一世就用这种方式进行一次大规模的土地情况调查。
② 参阅[英]R.C.范·卡内冈:《英国普通法的诞生》,李红海译,中国政法大学出版社2003年版,第79—108页。
③ 参阅密尔松:《普通法的历史基础》,第37—38页。

行为能被大众观念接受为正当合理的行为作出裁断,从而将法律建基于"国土上的真理(truth of the land)"。

在被告提出抗辩的事实中,往往同时存在着事实方面的异议和法律方面的异议;陪审团对争议事实作出裁断,而法律问题则由法官来处理。在这种新的审判方式中,许多既有习惯法未曾考虑的例外情形被提出来讨论,如为阻止大火漫延而推倒邻居的房子,为治病而殴打突然发病的癫痫病人等。这些例外情形涉及此前未曾考虑或新出现的事实,而为这些事实提供正当支持的、某种未被明确的行为准则反映了某种要求加以确认的新的社会需求;如何将这种新的社会需求与原先在习惯法中既已被确认的社会需求结合起来是法律需要处理的问题。这样,诉讼双方对争议事实的抗辩为法律的生长提供了契机。

如果原告对被抗辩的事实没有异议,那么异议就集中在法律问题上。对于法律上的异议,法庭往往会组织由法院全体法官参与的法律讨论;参与讨论的律师和法官在考虑全部相关事实的基础上提出自己的法律观点。如果法律讨论达成了一致意见,在此基础上作出的判决可以被视为对符合此类事件性质的法律的正式宣布;如果法律讨论未能达成一致意见,法庭所作出的判决只能被视为对相关法律的尝试性表达,它的有效性有待进一步的审判实践的检验。① 通过对案件事实的理性思考及相关法律问题的讨论,普通法的实体规则慢慢开始形成。

通过法庭抗辩这一独特的审判程序,越来越多的法律问题随着被告对原告诉讼请求的异议而被不断提出;越来越多的法律也随着这些问题的解决而被公布。法庭抗辩因陪审查验的需要而被采用,但它最终成为普通法赖以形成和发展的审判程序的核心。当陪审制在民事审判中不再被普遍采用时,作为普通法形成和发展主要机制的法庭抗辩形式却保存了下来。法庭抗辩成为法官通过律师来全面了解案件事实以及事实背后所存在的某些普遍通行的习惯做法的主要途径。在普通法的发展过程中,法官将根植于社会生活的习惯法以更为明确的形式表达出来,并将它作适合社会生活需求的完善和发展。正是在这个意义上,"习惯是研究普通法的出发点"②。由于大多数普通法是对习惯法的宣布,英国普通法被认为是"全英格兰共同的习惯法"③。

---

① 参阅密尔松:《普通法的历史基础》,第39—45,71—73页。
② 密尔松:《普通法的历史基础》,《绪论》第1页。
③ 李红海:《普通法的历史解读——从梅特兰开始》,清华大学出版社2003年版,第235页。

3.2.2.2 巡回法庭

"普通法是在英格兰被诺曼人征服后的几个世纪里,英格兰政府逐步走向中央集权和专业化(特殊化①)的进程中,行政权力全面胜利的一种副产品。"②在诺曼征服以前,英国各地实行的是纷繁多样的地方习惯法;诺曼征服以后,中央集权得到加强,与此同时,统一的司法体系也开始形成。"可以说,中央的集权化与司法的专业化是齐头并进的。"③英国普通法就是在中央司法逐渐取代地方司法的过程中发展起来的。④

中央集权与司法统一的努力最先体现在巡回法庭的建立上。据国外研究者考证,巡回法庭的做法可追溯至法兰克王国,主要用于中央对地方行政的控制和管理;诺曼人入主英格兰建立新王朝时也把这种做法带入英国。早在亨利一世以前就有国王派自己信赖的大臣到地方处理重要案件,亨利一世将这种做法常规化。当时,亨利一世派遣御前会议的官员去一些郡县巡游,主持审理有关刑事和森林方面的案件,并监督和辅助地方法庭的工作。亨利二世将亨利一世的做法进一步确立为一种在全国范围内开展的总巡回审判。大范围的巡回审开始于 1168 年,期间虽有过中断,但至 1175 年一种对全国所有郡县进行巡视的正式制度已经建立起来。

亨利二世将英格兰划分为 4 个巡回区,成立了 4 个巡回法庭,其中 2 个负责北方和东方地区,2 个负责南方和西方地区。1176 年又调整为 6 个巡回区,成立了 6 个巡回法庭。另外,国王自己也会带官员一起出巡。这样的巡回司法制度在英国持续了达数个世纪之久,尽管每年派出的巡回法官的人数及分组情况会根据需要有所变动(1189 年在外省巡回的法官达 35 人之多)。⑤

与巡回法庭几乎同步建立的还有三大专业化的法庭:普通诉讼法庭、王座法庭和财政法庭。在这三大法庭中,财政法庭对普通法的发展没有太大的影响,而普通诉讼法庭因主要审理普通人之间的诉讼而对普通法形成的

---

① 原文翻译是"特殊化",但特殊化与此处的意思不合;考虑到"特殊化"与"专门化"可以用同一英文词语表达,故推测此处可能是"专门化"的意思,指政府的职能的分化,特别是司法机构开始专门化,而普通法正是在专业化司法机构的基础上发展起来的。

② 密尔松:《普通法的历史基础》,第 3 页。

③ 密尔松:《普通法的历史基础》,第 18 页。

④ 参阅密尔松:《普通法的历史基础》,第 8 页。

⑤ 参阅[英]R.C.范·卡内冈:《英国普通法的诞生》,第 25—28 页;程大汉主编:《英国法制史》,第 65—66 页。

影响最大。① 这三大中央法庭均固定于威斯敏斯特大厅,这使得普通的诉讼当事人因各种条件限制而不能获得中央法庭的司法救助;因此,在中央司法取代地方司法的过程中起到重要作用的是巡回法庭。②

巡回法庭作为将地方司法统一于中央的司法管辖的重要媒介,在推动司法统一的过程中也直接促进了普通法的产生。一方面,王室法官在参与巡回审判的过程中有机会了解、掌握各地不同的地方习惯法;另一方面,威斯敏斯特这一王室法庭的所在地为巡回法官提供了一个共同交流的平台,使他们能够对各不相同的地方习惯法进行比较、分析、整合,从中提炼出适合全国的共同规则。被派往各地的巡回法官不仅熟悉各种国家颁发的法令,还对罗马法与教会法有相当的了解,③这使得他们能将那些通过地方陪审员的协助而了解和掌握的各种地方习惯法、在既有国家法律的框架内按照理想法律的模式纳入一个统一的法律体系中。

在巡回审判中,法官们通过陪审团的“民众声音”确认被民众普遍遵循的习惯法,并将它适用于相关个案的裁决。当他们结束巡回审判回到威斯敏斯特中央法庭,大家一起讨论各自审理的案件,互相交流司法经验,研究法律疑点;一些被大家共同接受为正确合理的司法判决,便成为以后审理同类案件的法律依据。慢慢地,就形成了一套为法官们共同遵循因而可适用于全国的普通法。这套可普遍适用的普通法由于它从体现了社会成员共同需求的习惯法演变而来,其本身在很大程度上就是自然法,也正是这个意义,我们可以说“普通法就是英国的自然法”。④

3.2.2.3 普通法庭与衡平法庭

普通法的形成与普通法庭的审判活动直接相关,因此,普通法通常被认为是普通法院的产物,而通过衡平法院而形成的衡平法则被认为是在普通法之外所形成的另一套规则。这样,人们诉诸衡平法似乎是为了寻求某种

---

① 参阅密尔松:《普通法的历史基础》,第 22—24、60 页;程大汉主编:《英国法制史》,第 57—64 页。

② 中央普通诉讼法庭作为英国普通法赖以形成的主要司法机构,其一开始也只是作为一种非正常的例外救济方式补充巡回法庭司法功能的不充分(那些等不及下次巡回审判的当事人需要一个固定的诉讼场所);而当它发展成一种常规的民事诉讼机构时,它也经常将一些待决案件移交给正进行巡回审判的相关郡县,或通过巡回初审获得地方陪审团对受理案件的裁断(参阅 R. C. 范·卡内冈:《英国普通法的诞生》,第 29—30 页)。

③ 促成中央集权和司法统一的王室法官们,绝大多数拥有教会法知识(参阅密尔松:《普通法的历史基础》,第 17 页)。

④ 李猛:《除魔的世界与禁欲者的守护神:韦伯社会理论中的“英国法”问题》,载李猛编《韦伯:法律与价值》,上海人民出版社 2001 年版,第 170 页。

法律之外的公平;而这种公平的实现又似乎是通过大法官行使、最终源自国
王的权力,来赋予当事人以某种法律豁免权来实现的。由此所获得的印象
便是:衡平法超越普通法。而衡平法之所以具有优越于普通法的地位,则被
认为是因为它源于国王的良心;大法官是作为国王良心的守护者而拥有监
督司法公正的广泛权力。在这个意义上,衡平法又可被视为是权力对普通
法规则的践踏。如此理解的衡平法不仅被排除在普通法体系之外,而且还
使衡平法与普通法相对立。

对衡平法院和衡平法的此种理解如果不是错误的,至少也是表面的、不
全面的。普通法的发展历史显示:衡平法庭的出现以及衡平法的形成是出
于普通法发展的内在需要,是普通法自身不断发展和完善自己的结果。在
普通法开始走向成熟之际,它通过司法审判形成和发展法律的机制出现了
障碍:在很大程度上形塑了普通法审判程序的陪审制和令状制,在14—15世
纪时期出现了一些影响其正常运行的因素;这在客观上要求产生一种能纠
正其不正常状况的新机制。

14—15世纪的英国,新的经济关系开始出现,由此带来社会各方利益关
系的重新调整,这使英国进入了一个历史上最为动荡的时期。一些社会权
势"无视上帝、无视教会禁令、无视国法、无视公理和正义",使地方政府及司
法机器无法正常运转:大贵族通过控制陪审团的遴选使郡长不能履行职责,
或采取威胁、利诱、恐吓等不正当手段使陪审员不敢讲真话。司法审判过程
因此无法实现公正,公民的合法权益得不到有效保护。[①] 大法官的衡平法庭
以一种无须陪审员参与的审判方式,保障了那些在被扭曲了的、因而不能正
常运行的普通审判程序中得不到正常保护的法律权利,从而确保法律实现
正义。

同时,衡平法庭还给那些无法通过获得令状、来实现正常司法救济的人
以应有的法律保护:那些人可能是穷得买不起令状的人,或是其购买的令状
得不到普通民事法庭认可的人。在当时的普通民事法院,当事人若没有一
个由大法官以国王名义签发的令状,其案件就无法得到受理。令状制是英
格兰王国实现司法统一的有效手段,通过颁发司法令状,国王把许多原先归
各种地方法庭管辖的案件交由中央王室法庭来管辖。令状不仅代表了一种
司法管辖权,还代表了某种应该得到法律保护的权益:每一种令状代表了国
王对一种权益的认可;但它的实现有待法官将它与其他相关权益相协调。

---

① 参阅密尔松:《普通法的历史基础》,第83页;以及程大汉主编:《英国法制史》,第160—162
页。

在新的经济社会关系中所出现的新的权益,需要创制新的令状来加以确认;因此,新的令状被不断创制出来。这些新的令状触动了封建贵族们的既得利益,这使得他们对不断创制出的新令状心生不满并因此设法阻止新令状的颁发。同时,普通法的法官们也常常因考虑法律的稳定性和内在一致性而不承认新颁发的令状。特别是在 15 世纪,普通法法官们获得了审查令状是非的权力;而衡量令状是非的标准就是既已确立的普通法原则。由于创制新令状经常受限,普通法不能管辖的领域因而不断扩大,从而使"一些新的和许多比王室法院本身还要古老得多的重要领域因此失去了与法律规范的联系";这些应该得到法律保护的权益得不到法律的保护。在这种情形下,衡平法庭遂以一种不受令状限制的司法审判形式、来弥补普通法院司法功能的不充分,从而使那些未受法律正常保护的领域重新纳入法律管辖的范围内。①

在衡平法庭,大法官可以代表国王行使司法权力。因为,国王在建立普通中央法院的同时,自身还保留着补充、纠正普通司法审判的权力;而这种权力在英国当时的制度背景下,被认为是国王作为最大的宗主所自然具有的。大法官通过行使衡平权力,使种种因普通法庭自身的制度缺陷、而无法实现法律正义的情形得到有效的补救。从衡平法庭产生的历史及其他所实现的司法功能来看,衡平法庭不过是在普通司法机制出现功能障碍时保证国家司法运行的正常的一种制度设置。

因此,衡平法院的大法官并不认为自己在行使某种超越法律的权力。他对普通法庭的司法审查也往往只限于审判的方式,避免直接审查任何普通法法院作出的判决。② 同样,到衡平法庭提出诉讼请求的人并不认为自己是在请求超越法律的救济。请求人只是确信:他的案件在普通法院无法解决,为此他必须诉诸其他的法律途径,而大法官法庭是人们所能想到的、最有可能给予他司法救济的地方。但他并不把它视为一种具有绝对权威的更高的制度,也不知道有一套不同的但更有效力的规则体系能够支持他的诉讼请求,他想要得到的只是普通的公正。③ 在司法运行的实际过程中,衡平法庭与普通法庭常常是处于一种互相补充、互相合作的关系。④

---

　　① 参阅密尔松:《普通法的历史基础》,第 27 页;以及程大汉主编:《英国法制史》,第 163－164 页。

　　② 参阅密尔松:《普通法的历史基础》,第 93 页。

　　③ 参阅密尔松:《普通法的历史基础》,第 83－84 页。

　　④ 参阅程大汉主编:《英国法制史》,第 178－179 页;密尔松:《普通法的历史基础》,第 93－94 页。

当然,在衡平法的历史上,确实也曾出现衡平法庭与普通法庭发生尖锐冲突的时期,但这并不代表两者关系的一般性质。因为,导致两者冲突的主要原因在于:个别大法官对法律正常运行所必需的条件缺乏正确认识,或者说对法律实现正义的特定方式缺乏明确的认识。① 也许,我们将它视为衡平法发展过程的一个小小曲折——一个任何事物的正常发展都会出现的现象——更合适。这个曲折反映了人们对衡平法机制的一个认识过程。

如果说衡平法与普通法作为两套以不同方式运行的司法审判程序,在一定程度上存在着冲突;那么,它所反映的是法律内部的冲突:即法律的确定性要求与正义要求之间的冲突,或者说是使法律具有确定性的技术性要求与使法律体现正义的社会性要求之间的冲突。② 这两者之所以发生冲突,是因为社会的正义要求不是固定不变的,而是随社会情形的变化而变化。任何法律体系都必须在协调两者对立要求的基础上运行。正如庞德所指出的:

法律必须稳定,但又不能静止不变。因此,所有的法律思想都力图协调稳定必要性与变化必要性这两种彼此冲突的要求。一般安全中的社会利益促使人们去探寻某种据以彻底规制人之行动的确定基础,进而使一种坚实而稳定的社会秩序得到保障。但是社会生活的情势的不断变化却要求法律根据其他社会利益的压力和种种危及安全的新形式不断作出新的调整。因此,法律秩序就必须既稳定又灵活。人们必须根据法律应予调整的实际生活的各种变化,不断地对法律进行检查和修正。③

衡平法所体现的就是对既有法律作适合社会生活需要的修正和改进。英国的普通法体系是从那些应特定社会生活需求而产生的习惯法演变而来;但当王室法院适用这些普通法规则时,却往往只把它们视为抽象的规则和权利,而忽视了促使这些规则产生并使它们具有正当合理性的、存在于规则背后的社会共同需求,从而使普通法规则趋于僵化,这就使改进和发展既有的普通法规则使其适应新的社会生活需要成为必要。衡平法庭通过重新确认新的社会共同需求使普通法规则获得了新的内涵。

----

① 譬如,在红衣主教沃尔塞任大法官期间(1515—1529 年),他无节制地使用禁令,对普通法法庭的司法活动横加干涉。因为,在他看来,拘泥于法律原则经常会导致判决不公,相信"道德、正义"的标准应该超越于普通法原则之上(参阅程大汉主编:《英国法制史》,第 190—191 页)。

② 这种冲突被简单地表述为:"法律的确定性存在于普通法法院之中,而公平正义则存在于大法官的衡平法院里"(密尔松:《普通法的历史基础》,第 94 页)。

③ [美]罗斯科·庞德:《法律史解释》,邓正来译,中国法制出版社 2002 年版,第 2 页。

　　衡平法对普通法既有规则的改进和完善，类似于罗马时期的万民法对市民法的改进：用国王的良心去解释衡平法，正如罗马法学家用一种假想的在制定法产生之前就存在的完善法律（一种在人类自然状态下存在的法典）来解释万民法一样，无非是为改进不能满足发展了的社会需要的普通法规则提供一种正当理由。如果衡平法是某种源自"国王的良心"的良心法；那么，它所体现的也只是大法官与当事人（其实是代表当事人的律师）在客观、理性地分析案件事实的基础上，对那些未被既已确立的普通法规则所确认的共同需求的接受。对这些新的共同需求的确认，是以既已得到承认的合法权利为前提，而不是否定这些权利；所谓"衡平"就是对既已被确认的社会需求或社会利益，与新出现的社会需求或社会利益之间所作的平衡。这种平衡，是通过特定的审判程序，在理性地分析全部事实的基础上作出的，因而具有某种客观性。①

　　因此，普通法与衡平法的关系事实上就是一种"法典与法典补充条款、正文与注释之间的关系"，衡平法"在每一点上都以庞大的普通法的存在为前提"。② 普通法法院发展了法律确定性所需的法律技术之维，而衡平法院则发展了法律正义所需的法律社会性之维；前者体现了法律的确定性要求，而后者则反映了发展的社会条件对法律正义的要求。

　　衡平法与普通法规则一样，其正当合理性基于以社会生活共同需求为内涵的自然法：由普通法庭产生的普通法规则是基于体现在习惯法中既已被社会成员确认的共同需求，而衡平法则是在将这些共同需求作适合变化了的社会生活情形的发展的基础上形成的。如果衡平法是对某种绝对正义的追求，那么，普通法也存在同样的追求。"无论是普通法院的法官，还是大法官，他都把自己看作在实施相同的绝对公平与正义，而不是为了维护因人而异的、人类思想的产物的公平与正义。"③"公平正义与真理一样，只有一个。"④衡平法实现的并非某种更高的公平与正义，它与普通法一样实现的是符合社会生活需求的具体（而不是抽象）的公平正义。

----

　　①　这个平衡过程往往也被描述为是大法官通过启发当事人的良心而完成的，因为人们认为，只有良心才能辨别事情的对错（密尔松：《普通法的历史基础》，第 90 页）。

　　②　F. W. 梅特兰：《衡平法》，伦敦 1936 年版第 153 页（转引自程大汉主编：《英国法制史》，齐鲁书社 2001 年版，第 196 页）。

　　③　密尔松：《普通法的历史基础》，第 92 页。

　　④　密尔松：《普通法的历史基础》，第 89 页。

衡平法与普通法规则一样"是王国的普遍法律"①,是普通法体系不可缺少的组成部分。随着普通法的进一步发展,衡平法庭与普通法庭日趋融合:衡平法庭采用了普通法庭奉行的遵循先例的原则,而普通法庭则将通过衡平法发展起来的商法整个地纳入普通法体系。衡平法是"英国人对人类法律思想的最惊人的贡献"②,因为,正是这些衡平法法官所采用的方法——"不断地诉诸正当理性和良知之学说,……同时并没有牺牲法律的一致性和确定性"——奠定了普通法独特的法律方法,一种能使法律"不断获得新生的方法",③即一种能使法律与发展了的社会生活需求保持一致的方法。

3.2.3 普通法运行机制中的自然法

3.2.3.1 遵循先例

"遵循先例"是被普通法法院所遵循的基本原则。这一原则根植于普通法法院所承担的社会功能——通过对纠纷的解决确立一套为人们将来适用于解决同类纠纷以及制订生活计划的规则。在具有普通法传统的国家里,很多的法律并不是由立法机构依法定程序制定的,而是由司法机构在裁判过程中逐渐形成的。④ 这不仅因为立法机构的立法能力总是有限的,而且还因为由作为司法机构的法院创设的法律往往比立法机构创设的更具灵活性,因而更能适应社会生活的需要。

由法院创设的法律规则是通过司法判决的形式来宣布的,因此,每一个由先前法院所作出的判决就代表着法律,这意味着法院在当下案件所作出的判决不仅适用于当下案件的当事人,还适用于所有与当下的纠纷当事人处于相同情境的、未来的纠纷当事人。这是由法律作为规则之治赖以正常运行的必要条件所决定的。只有法院所作出的判决对于今后的同类案件具有约束力,法院的判决才具有一般规则的意义,否则就无规则可言。同等案件同等处理不仅意味着法院的判决具有一般性,而且意味着法院的司法行

---

① H.贝克:《英国法律史导论》,伦敦1979年版,第169页;转引自程大汉主编:《英国法制史》,第179页。

② 密尔松:《普通法的历史基础》,第82页。

③ [美]本杰明·卡多佐:《司法过程的性质》,苏力译,商务印书馆1998年版,第86页。

④ 立法机构的大部分立法能力被用于制定跟政府事务有关的法律规则,比如经费、税收和行政管理;或制定被认为属于法院能力范围之外的规则,比如界定犯罪;或制定最好是由官僚机器执行的规则,比如对受管制的产业设定税率的原则(参阅[美]迈尔文·艾隆·艾森伯格:《普通法的本质》,张曙光等译,法律出版社2004年版,第6页)。

为与既已颁布的法律规则保持一致,从而使民众依据既已颁布的法律来选择个人行为、安排个人生活成为可能。

"旨在坚持已决的事情并给予已建立的先例以应有承认"①的"遵循先例"原则,是以裁判的方式确立法律的必然要求,同时也是裁判这一以中立的第三方解决纠纷的秩序形式自身的内在要求。假如先例得不到尊重,不仅公民会因同等事件得不到同等处理而感到司法不公,从而使裁判自身的正当合法性受到威胁;法院自身也会因需要不断重新审理昔日已有裁判结论的案件而不堪重负。② 因此,"遵循先例"既体现了立法这一秩序形式的内在要求,也符合裁判这一秩序形式的可操作性要求。

然而,遵循先例对于普通法法官来说"并没有施加不能逾越的障碍"③。事实上,当新的情形出现,法院在较早案件中所作出的判决总是得加以修正。"在适用先例时,后来的法院可能接受它的结果,但拒绝它对那个结果的解释;它也可能赞同它所表达的原理,却认为它在既已作出裁决的案件中被误用了。"④这也就是为什么普通法国家的司法报告总是陈列案件的全部事实,因为,这些事实可以为以后进一步检验判决中所提出的"理由、原理和解释"的合理性提供依据。

普通法法官通过裁判过程确立法律的方式是试验性的。因此,在裁判法中所宣布的法律原则或规则并不是终极性的,它们必须在法律的实验室中接受检验:每一个新的案件都是一个实验,普通法规则在不断的检验和再检验中得到不断的修改和调整。⑤ "在这个无穷无尽的检验和再检验过程中,有对渣滓的不断扬弃,也有对任何纯粹、合理和精致的东西的不断保留。"⑥普通法正是通过推翻先例来实现法律的改进,从而使得法律规则具有适应社会生活需要的灵活性,也因此使法律的运行在与被民众普遍接受的社会生活规范保持一致的基础上获得更多的确定性和正义。⑦

在普通法的司法实践中,遵循先例与推翻先例是并行不悖的,"甚至常

---

① Fuller, *Anatomy of the law*, p.93.
② 参阅卡多佐:《司法过程的性质》,第94页。
③ Fuller, *Anatomy of the law*, p.96.
④ Fuller, *Anatomy of the law*, p.94.
⑤ 参阅卡多佐:《司法过程的性质》,第8—13、84—85、94—95页。
⑥ 卡多佐:《司法过程的性质》,第113页。
⑦ 普通法的确定性不只是建立在概念和规则的明确上,同时还建立在与普通人习惯性道德的一致上;前者是对法律人而言的法律确定性,后者是对普通人而言的法律确定性(参阅卡多佐:《司法过程的性质》,第65页;以及Fuller, "American Legal Realism", pp.431—433)。

常不可能在新法的创造和法律的适用之间划分出明确的界限"①。即使是在"遵循先例"的要求被严格遵守的时期,法官们仍然具有相当大的行动自由。因为,在判决中出现的种种司法意见(有支持判决结果的法律意见,有反对判决结果的法律意见,还有部分支持、部分反对的法律意见)往往反映了法官们不同的法律观点;即使在没有异议的判决中,上诉法院也习惯于发表很长的个人意见,这些意见很少在案件所涉及的问题上或是在解释体现在判决中的原则上有相当一致的看法。这些或多或少存在着分歧的法律意见为以后的法院指出了多种可能的行动方向。②

因此,一个先例对于后来的法官而言,"不只是一个简单的共同停泊地,而且还是向新法律启航的共同起点。一个人可能给予法律的尊重不是在一个僵化的逻辑中拥护它,而是从它的思想中获得新判决的要素。从这个角度讲,先例变得如同共同拥有的语言:它们保存了法律的那些系统性因素;没有它,各代法律人之间或同代法律人之间的交流就变得不可能"③。先例在以权威的方式宣告了既有法律规则的同时,也为法律的生长和发展进程确立了路标。

"普通法不是哪一个法官的作品,而是由很多法官在长期合作中创造的。在普通法的历史进程中,其规则的执行已经得到改进和完善。同时,规则本身也经常被修正,以使规则的有效执行成为可能。虽然普通法被认为是建立在先例之上,但是并没有具有支配性的文字对于任何特定先例的意义给予系统的表述。……先例的适用范围不只是由作出判例的法院所追求实现的目的来决定的,而且还要由那些还未在活动意识中被法院所裁决的事实所唤醒的、看不见的目的来决定。"④

普通法的法官总是把自己的工作理解为与其他法官一起共同致力于对某种可以用大写法律来(The Law)表示的、既已存在事物的充分表达。⑤ 对于以司法裁判的方式创设法律的普通法法官而言,与其说他们是在创造法律,还不如说是在发现法律——通过对由一个个案件所不断呈现出的事实的理性分析来发现符合社会共同需求的法律。

---

① Summers, "Professor Fuller's jurisprudence and America's dominant philosophy of law", In *Harvard Law Review* 92(1978—79), pp. 440—441.

② Fuller, *Anatomy of the law*, p. 94.

③ Fuller, *Anatomy of the law*, p. 96.

④ Fuller, "Human Purpose and Natural Law", p. 74.

⑤ See Fuller, *Anatomy of the law*, p. 98.

3.2.3.2 普通法中的技艺理性

由法院宣布的普通法区别于由立法机构颁布的制定法的地方在于：它是通过对实际争议的裁判而形成的；因此，它不是在案件判决前预先设立规则，而是等待争议被带到法院来裁决。普通法的这一特征使得它必须面对"溯及既往地适用法律"这一困境——在裁判过程中创制新的法律并将它溯及既往地适用到以前发生的案件中（"不能制定溯及既往的法律"对于制定法而言，或是由宪法明文规定，或是隐含于立法的过程中）。为了解决这一困境，普通法发展起了一套特有的程序技术：案件当事人以提供证据和理性论辩的方式参与纠纷的解决。在裁判过程中，双方当事人都有机会向法庭阐明有证据支持的案件事实，并在事实的基础上提出自己的诉讼主张（主张权利或控告过错）以及使主张得以成立的一般理由或标准，这些理由或标准或者来自既有的法律规定（制定法及判例），或来自获得认可的社会标准（如道德规范、公共政策和社区习惯）；法官在听取了双方的阐述后，作出支持其中一方主张的判决，并对自己的判决加以解释或正当化。① 法官在为自己的判决提供理由说明的同时，也阐明了他适用于判决的法律规则。②

在裁判过程中所形成的法律不同于立法机构设立的法律：前者必须证明其所形成的法律规则是基于原理，而后者所确立的法律规则无须提供此种证明。法官用以正当化法律规则的理由，吸收了诉讼当事人针对案件事实所提出的、种种有关"是非对错"、"合理与不合理"的评判标准。因此，法官适用于案件裁判的规则，在很大程度上源于当事人所提出并论证的既有社会标准；而法官所作的判断主要是在当事人理性论辩的基础上，对"什么是被接受的社会标准"的判断。在这里，诉讼当事人和法官、律师一起实际参与了法律本身的建构。③ 这一吸收普通百姓参与法律形成的方式不仅在很

---

① 普通法法院总是将解释和正当化他的判决视为理所当然。对他们而言，"司法判决总是一个说明理由的事"，他们必须证明他们适用的规则是基于原则（See Fuller, *Anatomy of the law*, p. 90－91）。为此，普通法法院所产生的判决书一般都篇幅相当长，不仅包括对案件事实的详细描述，还细致地阐明了其判决形成的推理过程（参阅陈林林：《裁判的进路与方法——司法论证理论导论》，中国政法大学出版社 2007 年版，第 1－2 页）。

② 在一个普通法院所作出的司法判决里，"适用于案件的规则与对那个规则的正当化或适用理由，都在法官的意见中得以陈述，而且两者往往纠缠在一起以至于很难将它们加以区分"（Fuller, *Anatomy of the law*, p. 90）。

③ 富勒因此认为，"我们必须将裁判看作一个集体决策的过程，在这里诉讼者起着重要的作用。……一个司法裁判不只是由一个受公正誓言束缚的官员作出的决定。它也是一个程序的产物，在这个程序中诉讼者确信有机会能为一个有利于他的裁决提供证据和论证"（Fuller, *Anatomy of the law*, p. 101）。

大程度上缓解了普通法溯及既往的困境,而且也使普通法能容纳各种不同的法律渊源,集人类在社会生活的协调和规范上所取得的各种智慧和经验。

正是这种借助程序技术形成和发展法律的方式,使普通法拥有了独特的法律理性:它既不同于中世纪教会法所追求的实质理性,也不同于大陆法体系所体现的形式理性。这是一种借助程序技术将法律的实质理性与形式理性结合起来的技艺理性。技艺理性是一种注重在司法裁判过程中形成和发展法律的司法理性,对于这种独特的法律理性早在 17 世纪出版的英国大法官和法学家柯克(Edward Coke,1552—1634)的著作中就有了明确而集中的表达:[①]

……理性是法律的生命,普通法本身不是别的,就是理性。应该把这种理性理解为通过漫长的研究、考察和经验而实现的一种在技艺上对理性的完善(an artificial perfection of reason),而并非每个人都具有的自然理性,因为没有人生来是有技艺的(nemo nascitur artifex)。这种法律理性是最高的理性(Summa ratio)。而且因此,即使散布在这么多头脑中的所有理性者结合在一人头脑中,他也仍然不能产生英国法这样的法律,因为它是经历了许多时代的兴替,为无数伟大的博学之士一再去芜取精,完善而成,并借助漫长的经验,这种法律才成长为这一领域中治理的完善状态。这正验证了一句古老的法则:没有人,出于他自己的私人的理性,能够比法律更有智慧,因为法律是完善的理性。[②]

而柯克法官在著名的普通法案例博纳姆医生案(Dr. Bonham's Case)中所撰写的判决理由更具体地阐明了这种法律理性的内涵。[③] 他写道:

(皇家协会的)审查员们不能充当法官、执行人员和当事人;作为法官作出审判或裁断;作为执行人员负责传唤;作为当事人占有二分之一的罚款。任何人都不能在与己相关案件中充任法官(Quia aliquis non debet esse

<hr>

① 柯克被认为"一手将英国普通法从中世纪带入现代,从而奠定了普通法的理性传统"(参阅李猛:《除魔的世界与禁欲者的守护神:韦伯社会理论中的"英国法"问题》,第 169 页);John Undenwood Lewis, "Sir Edward Coke(1552—1633):His Theory of 'Artificial Reason' as a Context for Modern Basic Legal Theory", *Law Quarterly Review*, vol. 84(1968), p. 333.

② Edward Coke, *Institutes of the Laws of England*, part I, p. 97b;转引自李猛:《除魔的世界与禁欲者的守护神:韦伯社会理论中的"英国法"问题》,第 169—170 页。

③ 托马斯·博纳姆,一位剑桥大家的医学博士在未获得已被授权管制伦敦及周围地区行医活动的皇家医师协会的许可的情况下在伦敦开业行医,他因此受到该协会的处罚和监禁,于是,他提出了非法监禁之诉,并获胜诉(有关博纳姆医生案较为详尽的描述和讨论,可参阅小詹姆斯·R·斯托纳:《普通法与自由主义理论》,第 74—107 页)。

Judex in propria causa),任何人在涉及自身的案件中担任法官都是违背公平原则的(imo iniquum est aliquemsuae rei judicem);而且任何人都不能同时担任法官和一方当事人的律师。……而且,我们的判例汇编中记载着,在许多案件中,普通法都能够约束议会的法案,有时甚至裁定它们完全无效:因为,如果一部议会法律与普通法上的权利和理性相抵触、或者前后矛盾、或者不可能得到履行时,普通法会控制它,并裁断这样的法案无效。①

在这个判决理由中,柯克将贯穿于普通法中的理性以法律原则的形式明确地表达出来:任何人不能在自己的案件中担任法官;制定法不能与普通法上的权利和理性相抵触;②制定法本身应该没有前后矛盾,并可以得到履行。柯克通过将它们作为一种隐含法来解释授权皇家医师协会管制伦敦及周围地区行医活动的国会法案,而得出了用以支持判决结果的两个理由:(1)该协会的检查员不具备监禁博纳姆医生的权力(柯克认为该协会只是一个"管理当局",并不构成一家法院);(2)即使承认法案已授予他们这样的权力(即兼具司法和行政管理的职能),他们也没有以正当的方式行使。在这里,柯克提出了普通法理性高于立法者意志的观念:君主或议会作为国家最高权力的拥有者有权颁布法令,甚至可以用制定法废除不合理的习惯和矫正普通法规则,但他(们)必须同时受普通法理性的约束,任何违背了普通法理性的法令都将受到普通法的修正,甚至失去效力。在普通法的发展史上,普通法理性是法官们解释制定法、变更判例的主要依据。

理解柯克所论及的普通法理性,即法律理性,有两点是很重要的。首先,普通法本身就等于是理性,"它意味着在普通法之外,无论是实质意涵上,还是形式意涵上,都并不存在另外的'高级法',或别的理性,来作为普通法法律理性的规范基础或价值依据"③。其次,普通法作为完善的理性,不是在封闭的逻辑形式体系中建立的,而是借助程序技术以开放的一贯性方式完成的。在开放中保持一贯是普通法技艺理性的根本特点:通过"发展一套复杂的技术来将多元实质理性中的各种相互冲突的主张与稳定性、可预见性和持续性的形式理性要求协调起来"④。

---

① 8 Rep. 118a(1610). 转引自 Lon. L. Fuller, *The Morality of Law*, p. 100. 另可参阅《法律的道德性》,第 118 页。

② 在柯克看来,那些在以前的多个世纪中经过最明智人士的细化和完善,并被持续的经验证明为对全体国民来说良好和有益的普通法(即那些"超出记忆"的法律)是制定法不能与之抵触的正确和合理的法律(参阅小詹姆斯. R. 斯托纳:《普通法与自由主义理论》,第 61 页)。

③ 李猛:《除魔的世界与禁欲者的守护神:韦伯社会理论中的"英国法"问题》,第 170 页。

④ 李猛:《除魔的世界与禁欲者的守护神:韦伯社会理论中的"英国法"问题》,第 190—191 页。

这种理性首先尊重普通人的实践经验。普通法并不预先规定人们的行为模式,而是等待公民的自由行动;当公民的自由行动碰到了障碍,发生了冲突,并将自己的纠纷带到法院时,法律才开始行动。因此,法律对公民行为的管理是由个人的司法行动推动,并在审判过程中得以实现。法律以被动的方式对普通人的行为施加管理,使得法律总是面对社会生活中所出现的各种问题。每一个要求法院裁判的案件都涉及当事人之间的权利冲突,这种冲突归根结底是实现权利的方式或技术之间的冲突;法院对案件的裁判就是设法在相互冲突的权利实现技术之间寻找可以使两者相容的协调方式,并通过明确个人实践权利技术的可能空间将个人实践权利的技术纳入既有的法律框架内。[①]

从这个角度讲,普通法的任务就是对人们实践权利的方式进行管理,而管理的方式就是将普通人的实践经验转化为符合法律运行内在要求的法律规则和原则,[②]从而使个人实践权利的各种技术制度化。在这个意义上,普通法的发展过程就是一个使个人实践权利的技术不断得到制度化的过程,法律的发展意味着实践权利技术的发展。[③] 因此,普通法的技艺理性还是借助程序技术将个人的实践经验上升为一般规则的理性。这是一种从特殊性建构普遍性,并始终为特殊性留有空间的理性。在技艺理性基础上建构的普通法,对个人实践权利技术的管理既是开放的("这不仅指其来源,也包括其未来"[④]),又是一贯的——"开放"使它能吸收普通人的理性,使它能解决摆在它面前的任何问题;而"一贯"使它能将普通人的理性上升为法律特有的理性,使它对个案的解决具有一般的指导意义。

普通法的开放性体现在:普通法中的每一个先例并不是绝对的规范表述,而只是在特定的案件事实基础上所形成的一个一般性的权利实践方式。"在判决中发现的表述,其一般性并不是要澄清整个法律,而在于能够支配

---

① 国内社会学界著名学者李猛先生最先从"对实践权利的技术的管理"的角度来理解普通法中的法律判决,并将法律原则理解为法律在管理实践技术时的一贯做法(参阅李猛:《除魔的世界与禁欲者的守护神:韦伯社会理论中的"英国法"问题》,第 182—183 页)。

② 法律规则和法律原则作为法律标准在普通法体系中并没有什么逻辑上的差别,因为,普通法规则都是基于某些理由,也即是基于原则的观则,因此,在大多数场合,法律规则即包括了所有的法律标准,所谓法律原则也即是表现为规则的原则。但在有些场合中,二者还是存在着一些差异:原则通常是较抽象的法律标准,而规则是相对具体的法律标准。文中将"原则"与"规则"连在一起表示在"两者无差别"的意义上使用,若分开使用通常是在"两者存有差别"的意义上使用该概念。

③ 参阅李猛:《除魔的世界与禁欲者的守护神:韦伯社会理论中的"英国法"问题》,第 184—185 页。

④ 〔美〕小詹姆斯·R·斯托纳:《普通法与自由主义理论》,姚中秋译,北京大学出版社 2005 年版,第 40 页。

会与这些表述连在一起的一些案例的特殊事实,并且这些表述也从特殊事实中获得了一般性的资格。"①先例中以法律规则和原则形式表达出的权利实践的一般方式,往往是对特定案件事实所描述的特定社会情形中、以各种方式互相作用着的人类价值或目的的协调。法院对什么样的协调方式是合理的、可接受的判断,往往参照既有社会道德对这些价值或目的的评判,并考虑实现这些价值的方式对社会总体的有利程度(即政策考虑);而现有的社会习惯往往为确认既有道德规范和公共政策提供了相关的事实依据。

很多时候,法院对于其必须作出判决的案件中,到底有哪些相关的价值或目的影响和制约着当事人的权利主张,不能形成清晰和全面的认识。这时,法院的判决理由往往只从社会道德、公共政策或共同习惯方面一般性地加以论证;而并不直接和明确地表述支配案件裁决的法律原则。随着类似案件的不断积累,案件所涉情形中所隐含的各种价值及相互关系逐渐变得明朗;这时,法院在某个关键性案件的判决理由中就会明确宣告支配这类案件的法律原则。② 然而,随着人们对各种既有价值或目的关系和认识的进一步深化和澄清,或新出现的案件揭示出了一种新的相关价值,在先例中所确立的既有法律原则就会遭遇挑战;它往往需要加以重新阐述才能对它所针对领域的价值或目的关系有合理的协调。

譬如,在过失制造商因有缺陷的产品对消费造成损害的情形,最初的案例确立了这样的规则:对缺陷产品有过失的制造商只对直接购买者承担法律责任。这一规则体现了在工业发展需要特别保护的社会条件下对经济发展价值与消费安全价值的协调。随着工业的成熟,通过使制造商过失责任区别于一般过失责任来保护工业发展的需要不再存在,同时,品牌商品销售的普及使消费者更多地依赖于制造商;这时,原有的规则就需要作重新表述以使它对两种相关价值的协调,能与普通法协调人类行动与安全这两种基本价值的一般方式相一致。重新表述后的规则取消了制造商过失责任与一般过失责任之间的区别,从而使过失制造商对间接消费者也承担同样的法律责任:一个缺陷产品的制造者,只要他能够预见到制造过程中的过失会给他人造成伤害;那么,无论受害者是否是直接购买者,他都要承担法律责任。③

普通法正是通过不断重述既有的法律原则,使得普通人在新的社会条

---

① 哈尔斯伯里勋爵(Lord Halsbury)在其判决中所阐述的观点。转引自李猛:《除魔的世界与禁欲者的守护神:韦伯社会理论中的"英国法"问题》,第178页。

② 因此,先例的适用范围受与此相关的价值或目的影响。

③ 对这一有关过失制造商对消费者承担损害赔偿责任的规则的演变过程的描述及解释,请参阅[美]迈尔文·艾隆·艾森伯格:《普通法的本质》,第81—84,98页。

件下对实践权利技术的新探索能不断为法律所吸纳,法律也因此得到不断的充实和丰富,使之更加符合它所调整的关系的性质。如果说,大陆法体系的理性是通过预先确立抽象的一般性规则来实现的,那么普通法体系的理性是通过在了解相关事实的基础上有针对性地确立符合共同需要的一般规则来实现的。虽然,大陆法体系理性总是显得更加纯粹、更加整合,①但从普通法规则比抽象的法典可能更明智地对社会需求作出回应这一角度看(因为,在复杂的人类事务中,要明智地立法总得首先对立法所要控制的情形有一些直接或亲身的感受),普通法比大陆法具有更多理性。②

同时,普通法对实践权利技术的管理又是一贯的,一贯性要求所有以法律形式加以确认的权利实现技术必须与法律的整体相一致。法律作为整体的一致性是普通法理性的根本要求,因为,法律规则之间的不一致或冲突将给依据法律选择行为和制订计划的人们带来不便。"任何带来不便的东西(都)是不合法的。"③在具有一致性的法律整体中,各种被法律确认的权利实践技术相互兼容,并成为个人进一步创造新的实践技术的共同依据。普通法的一贯性主要是通过"同等案件同等处理"的司法实践来实现的。"同等案件同等处理"意味着先例中所确立起的法律原则对于将来出现的类似案件具有约束力,从而使得在先例中所确立起的法律管理实践权利技术的方式得到一贯的维护。

普通法对一贯性的坚持是为了解决所有旨在建立一套可操作的、有效的规则体系的人类努力都必须面对的系统问题:适用于个别争议裁决的规则不能只是司法智慧的孤立操作,它们必须被带进系统的相互关系之中,并在这种相联系中得到维护。然而,普通法体系与大陆法体系对系统问题的解决方法是不同的:对于后者而言,系统问题在法院适用法律进行裁判之前就被认为是已解决了的;而对于前者,系统问题是需要法官在裁判过程中予以解决,也就是说,它始终处于解决的过程之中。④ 因此说,普通法的一贯性是开放之中的一贯性:它既在对同等案件的处理中,通过适用先例中所确立的原则来坚持一贯性;又在对不同等案件中,通过推翻先例并确立新原则中坚持一贯性(因为,在推翻先例的判决中所确立的新原则并非凭空建立,而是在旧原则的基础上通过重述旧原则来完成的;在很大程度上旧的原则并没有被完

---

① 这也应该是韦伯更多地肯定大陆法理性的原因所在。

② Fuller, *Anatomy of the Law*, pp. 89—90.

③ Edward Coke, *Institutes of the Laws of England*, part I, p. 97a—b. 转引自小詹姆斯·R·斯托纳:《普通法与自由主义理论》,第38页。

④ See Fuller, *Anatomy of the Law*, pp. 94—95.

全否定,而只是得到了进一步的补充、修正或限定,并因此使它变得更为精确①)。普通法通过对法律原则的阐述和重述,将法律的各种成分整合进一个具有融贯内在结构的整体之中:法律原则通过其所体现的种种价值及互动关系,将类似的案件结合在起来;②同时,体现了不同价值要素及互动关系的新原则,将以例外方式处理的案件与常规方式处理的案件联系起来。

我们对普通法及其技艺理性(或法律理性)可以作如下更进一步的理解:法律之所以是法律是因为它本身贯穿着理性,而这种理性实际上体现了两个不同层次的自然法要求:在法律内容上,普通法借助无数有识之士的经验和智慧对社会生活需求作出了最为全面而正确的反映,在这个意义上,它在最大程度上反映了社会生活中的自然法(虽然它并不完全属于自然法,因为它在很大程度上是人类主观努力的结果,是对被人们以各种方式认识和理解的共同需求进行加工、细化成可操作的规则并不断予以完善而成);在法律形式上,普通法按照裁判过程的内在要求以及形成规则之治所必需的条件来创建和管理法律规则,从而将各种不同的观念和习惯经正当的程序整合为统一的规则,并将在对个案的逐个裁决中所形成的各种规则纳入一个具有融贯内在结构的整体。而且,这种贯穿于普通法之中的理性并不是固定不变的,而是在不断地趋向于完善——无论是在使规则符合社会生活需求上,还是使规则各部分间保持连贯一致上都处于不断完善的过程之中。③

3.3 美国宪法中的正当法律过程

3.3.1 美国宪法的"正当过程"条款与正当过程原则

美国宪法修正案第五条④和第十四条⑤都规定:"不经正当法律过程,任

---

① 尽管在经过较长时间的演变后,这种渐变就可能转变成质变,从而使得"一度被认为是例外的变成了规则,而那一度被认为是规则的却变成了例外"(参阅卡多佐:《司法过程的性质》,第11—14页)。

② 案件所涉及的基本相同的价值要素及互动关系实际上构成了同类案件间的根本相似性。

③ 如果采用艾森伯格用以解释普通法的术语,那就是:普通法在不断致力于满足社会一致性标准和体系一致性标准(参阅[美]迈尔文·艾隆·艾森伯格:《普通法的本质》,第63—66页)。

④ 第五修正案作为美国《权利法案》(The Bill of Rights)的一部分在1791年正式颁布。有关《权利法案》成为美国联邦宪法一部分的过程可参阅丁玮:《美国宪法上的正当法律程序——一个历史视角》,黑龙江人民出版社2007年版,第56—57页。

⑤ 第十四条修正案于1868年正式生效。有关第十四修正案的出台过程可参阅丁玮著:《美国宪法上的正当法律程序——一个历史视角》,第62—63页。

何人不得被剥夺生命、自由或财产。"①这一宪法规定通常被称为"正当过程"的条款(Due Process Clause)。确立"正当过程"的条款的主要目的是为了对政府权力的恣意行使施加法律约束,"它意味着政府只能按照法律确立的方式和法律为保护个人权利对政府施加的限制进行活动"。② 对于为什么两条修正案都规定了正当过程条款,一般的解释是:前者是用来约束联邦政府的,后者是用于约束州政府的。③ 但这样的解释只是就这两条修正案的实际运行效果而言的。当第五修正案颁布时,立法者并没有将其约束对象只限于联邦政府的明确意图;若就法律的整体性要求而言,该条款应对所有的政府权力有约束力。但是最高法院在 1833 年的拜伦诉巴尔的摩(Barron v. Baltimore)案中将设定该条款的第五修正案及其他《权利法案》中的其他修正案解释为只适用于联邦政府。④ 这一先例确立了正当过程条款只限制联邦政府的原则,而这一原则的贯彻使得由《权利法案》所确立的个人权利得不到法律的有效保障。第十四修正案的出台在很大程度上是为了改进和完善第五修正案正当过程条款的实施,它通过明确规定正当过程条款对各州政府具有拘束力,为《权利法案》适用于各州,从而实现公民基本权利宪法保障的联邦化创造了条件。从这个角度讲,第五修正案和第十四修正案共同确立了作为美国宪法核心的正当法律过程原则。

尽管正当过程原则是由美国成文宪法所确立的,但这一原则并非美国宪法制定者凭空创造的,它在很大程度上是对早已在美国大陆扎根的英国普通法传统的反映,⑤是制宪者们"从丰富的英国宪政主义传统中辨认出来的"⑥。在英国的宪政传统中,正当过程的概念可追溯至《英国大宪章》(1215)第 39 条的规定:"非经陪审团的合法裁判,或依照王国的法律,任何自由民皆不得遭到逮捕、监禁、没收财产、褫夺其公权、放逐或用任何别的方式

---

① 其英文表述为:"No person shall…be deprived of life, liberty, or property, without due process of law."

② [美]彼得·G. 伦斯特洛姆编:《美国法律辞典》,贺卫方等译,中国政法大学出版社 1998 年版,第 15 页。

③ 参阅丁玮:《美国宪法上的正当法律程序——一个历史视角》,第 60—74 页。

④ See Barron v. Baltimore, 32U. S. (7pet.)243(1833).

⑤ 正如施瓦茨所指出的,"这个普通法传统的根基扎得那样牢固,就是伴随着革命而发生的对英国的东西的敌视情绪也不能将其连根拔除"([美]伯纳德·施瓦茨:《美国法律史》,王军等译,法律出版社 2007 年版,第 12 页)。

⑥ John V. Orth, *Due Process of Law: A Brief History*, University Press of Kansas (2003), p. 6.

加以伤害，也不能对他不利或给予不利。"①到 1354 年爱德华三世时，大宪章 39 条的内容被正式规定在伦敦自由律第 3 条中，即"不论一个人的财产或身份地位如何，非经正当法律过程，皆不得剥夺其财产，也不得加以逮捕、监禁，不得剥夺其继承权及生命"②。在这个法则中，due process of law 这一表述首次出现在制定法中。无论是大宪章 39 条，还是爱德华三世的伦敦自由律，其所表达的都是一个意思：英国人民受法律的统治。

从"经合法审判或依照王国的法律"（by the lawful judgment of his peers or by the law of the land）到"经正当法律过程"（by due process of law）的语言表述上的变化，体现了普通法方法的日益成熟。普通法的根本特征是通过裁判过程形成和发展法律，因此，"经正当法律过程"相比于"经合法审判或依照王国的法律"是对普通法法治的更为精确的表述。对于"王国的法律"、普通法及"正当法律过程"三者之间的关系，科克曾作过权威性解释。"王国的法律（Law of the land）"意味着普通法，而普通法要求"正当过程（due process of law）"。③

正当过程的要求不仅包括使裁判具有正当性的必要条件，还包括规则之治赖以形成的基本条件。前者表现为程序性要求，后者表现为实体性要求；前者的基本要求是"一个人不能成为自己案件的法官"，后者的基本要求是普通法在权利实践技术或方式管理上的一贯性（consistency）。正当过程在实体方面的要求又分为形式方面和内容方面：前者的要求有"法律不能自相矛盾"、"法律可以被实施"等；后者的要求是普通法上既已确立的权利（它们体现在经历了时间考验的普通法原理中，而这些原理所确认的个人权利

---

① 大宪章以拉丁文表达，它的中文表达是从英译文——"No freeman shall be taken, or imprisoned, or disseised, or outlawed, or exiled, or in any way ruined, nor will we go or send against him, except by the lawful judgment of his peers or by the law of the law."（转引自 John V. Orth, *Due Process of Law: A Brief History*, p.7.）——翻译而来。此中译文参阅了《不列颠百科全书（第五卷）》（国际中文版，中国大百科全书出版社 1999 年，第 430－431 页）以及《大美百科全书（第 9 卷）》（光复书局企业股份有限公司 1990 年版，第 202－203 页）的 due process of law 词条以及《正当法律程序文献资料选编》对《英国大宪章》的翻译（参阅樊崇义，夏红编：《正当法律程序文献资料选编》，中国人民公安大学出版社 2004 年版，第 5、431 页）。

② 其英文表述为：Statue of Westminster of the Liberties of London, Chapter 3 of 28 Edward (1355), "No man, of what estate or condition that he be, should be put out of his land or tenements, nor taken, nor imprisoned, nor disinherited, nor put to death without being brought answer by due process of law." 转引自樊崇义、夏红编：《正当法律程序文献资料选编》，第 7 页。

③ See John V. Orth, *Due Process of Law: A Brief History*, pp.7－8. 对于美国正当过程条款与英国普通法传统中的"王国的法律"及"正当法律过程"的关系，可参阅[美]伯纳德·施瓦茨：《美国法律史》，王军等译，法律出版社 2007 年版，第 110 页。

实现技术被历史证明为是正当合理的)不能被剥夺。① 正当过程的要求既是确保普通法体系正常运行所必需的基本条件,也是公民基本权利能够得到法律保障的必要条件(因它是法律的统治最为根本的要求)。美国人民在建构自己的法律秩序时继承了普通法的传统,②因而把正当法律过程作为基本的宪法要求;③正是正当过程的要求为美国法治的形成、发展和完善提供了规范指导。④

在美国宪法史上,最早较为系统地阐明正当法律过程要求的应属 Samuel Chase 法官。他在 1798 年的 Calder v. Bull⑤ 案中,首次明确阐明了法治政府的基本要求:"任何人不应被迫去做法律没有要求的,也无须克制自己不做法律所允许的";并且通过诉诸法律的一般原理和理性(其实质为法律制度赖以建立的基本条件)以及立法权的性质和目的,指出立法权不是万能的,而是受约束的。"即使没有超越它们的权限,联邦或者州议会的某些行为也是不允许的",譬如,颁布"一项惩罚公民无辜行为(也就是惩罚一个在做出时并不违反任何既存法律的行为)之法律,一项破坏或损害公民间合法私人合同的法律,一项使一个人成为自己案件的裁判的法律,或一项将 A 的财产给予 B 的法律"。⑥ 尽管 Chase 法官的意见在当时遭到其他法官的挑战,认为"自然正义的观念不能由任何固定的标准加以规整,即使是最有才能和最纯粹的人们在这个问题上的看法也不尽相同"⑦。然而,正当过程原理在美国司法实践中的丰富和发展,印证了 Chase 法官法律见解的合理性;而这种合理性在很大程度上正是源于美国法治实践根植其中的普通

① 正当过程的基本要求在柯克法官对博纳姆医生案所作的判决意见中得到了集中的表达。

② 1606 年的《弗吉尼亚宪章》、1639 年的《马里兰人民自由权法案》以及 1774 年第一届大陆会议通过的《权利宣言》都明确表明:各殖民地居民享有英国普通法规定的权利,如同出生于并始终居住在这个英格兰的王国里一样。正如肯特在《美国法注释》一书中所言:"普通法作为一个完整的体系,被这个国家和人民采纳和承认了。"(参阅〔美〕伯纳德·施瓦茨:《美国法律史》,第 11—12 页)。

③ 在联邦宪法第五修正案正式规定"正当过程"条款之前,各州基本按照大宪章 39 条的模式对法治要求作出规定;在第五修正案颁布后,大多数转而采用正当法律过程的表述,只有个别的州还保留原来的表述。

④ 富勒认为,美国在踏上他们的"非殖民化"道路上是非常幸运的,因为,他们"从英国老师那里学到了为法律及维护法律的完整性和力量所需要的一些东西"(See Lon. L. Fuller, *The Morality of Law*, p. 156)。

⑤ 3U. S. (3Dall.)386(1798).

⑥ See Paul Brest and Sanford Levinson and J. M. Balkin and Akhil Reed Amar, *Processes of Constitutional Decisionmaking : Cases and Materials*(Third Edition), p. 108.

⑦ Iredell 法官的法律意见〔See Paul Brest, Sanford Levinson, J. M. Balkin, Akhil Reed Amar, *Processes of Constitutional Decisionmaking : Cases and Materials* (Third Edition), Little, Brown Company. 1992, p. 109〕。

法的传统。尽管正当法律过程的具体要求无法通过任何制定法予以明确，但它也不是法官们可以依个人的感觉、情感、信念随意予以推测和判断的。当正当过程原理通过美国最高法院的一系列法律意见得以充实和发展时，它体现的是一个由源于英国的普通法传统和美国这一特定社会的实际需求（包括个体和社会的需求）的交互作用所决定了的、具有相当客观性的、对法律秩序根本要求（即法律理性的核心要求）的认识过程。正是正当法律过程所体现的法律理性确保了美国的法律能在不断满足社会正义需求的同时保持法律自身的完整性。①

　　美国的正当过程条款实质上是以成文宪法的形式确立了法律的统治，从而使国家权力（包括立法权）的行使受法律的约束。正当法律过程作为法治的根本要求，它必然同时包涵程序性和实体性要素，尽管程序性要素（因法治的形式性要求）在其中往往处于更为突出的位置。② 也正因为如此，正当法律过程并不能等同于正当法律程序，除非程序的概念宽泛到可以涵盖法律的实体要素。③ 但如果这样，我们可能无法正确理解各个不同层次的程序概念。④ 无论是正当过程的程序要求，还是实体要求，它都不能简化为固定的程式（formula）。随着法治实践的丰富和人类文明水平的提高，正当法律过程的要求借助于法律解释的手段而得到不断的充实。

---

　　① 参阅 Harlan 法官的法律意见［See Paul Brest, Sanford Levinson, J. M. Balkin, Akhil Reed Amar, *Processes of Constitutional Decisionmaking ：Cases and Materials*（Third Edition），p. 951］。

　　② 很多学者认为，"正当法律过程"在英国只有程序性要求，即自然正义的要求，而实体性的正当法律过程是美国人的贡献（See John V. Orth, *Due Process of Law：A Brief History*，pp. 8－10）。这样的误解之所以产生，是因为他们只是孤立地理解制定法中的有关规定（认为大宪章 39 条是用来限制国王，而不是用来限制议会立法的），而没有从整个普通法法治的背景去理解相关规定。

　　③ 从某种程度上，富勒的"程序"概念包含有法律实体的成份，但它只包含法律实体的形式要求，而不包括具体的内容要求。严格地说，富勒所谓的"程序"是指法律的形式，但由于形式概念自身充满歧义，才不得已以"广义的程序"概念来替代。

　　④ 目前汉语中的"程序"概念已被用来涵盖三个尽管意义相近、但具体内涵却明显不同的英文词语：procedure, proceeding, process 。procedure 是指做事或行动的方式（特别是正常或正确的方式）或秩序（特别是正式和官方的秩序），proceeding 是指系列行动的有序或有规则展开，process 是指用以达到特定目标的系列事物。在三个词语中，procedure 应是严格意义上的程序，proceeding 则是较为宽泛意义上的程序，实指"办事的手续或行动的步骤"，process 则通常是指具有某种内在结构的事物发展和演变的过程或是指向某个特定目标的行动或做事过程。鉴于 due process of law 包含有实体的因素，因此，将它译成"正当法律过程"应该是最恰当的，因为，只有过程可以包含有实体的因素。因此，尽管有违国内学界的通行做法，本书仍坚将 due process 译成"正当过程"，这不只是从翻译的妥当性考虑，还考虑到对一些相关概念的正确理解［倘若将 procedure, proceeding, process 分别译成程序、手续（步骤）、过程，应该可以大大减少阅读理解有关译著及相关著述的困难］，但在引用一些译著时本书仍采用原作者的译法。

3.3.2 程序性正当法律过程

所谓"程序性正当法律过程（Procedural Due Process）"是正当法律过程对公平程序（fair procedures）的要求，它是确保有关个人权利和义务的法律决定具有正当性的程序要求。公平程序通常被认为是正当法律过程的核心要求，这不仅体现在："正当程序"一词在早年的美国宪法中，具有一种技术精确的含义"它只适用于法院的诉讼过程和程序，从来不能涉及一项立法机关的法案"；[①]而且还体现在："禁止不公平的程序"一直都是保障正当法律过程的主要内容——美国最高法院对程序性正当过程的引用是持久和稳定的，相比之下，它对实质性正当过程的引用即使在被确认之后也总是存在着起伏。

然而，正当法律过程对公平程序的具体要求并非始终不变。在英国普通法的历史上，正当法律过程的程序内涵主要体现为自然公正的两条原则：（1）任何人不得在自己的案件中担任裁判；（2）任何人为自己的辩护应当被公平听取。第一条原则旨在避免裁判本人与裁判结果的利害关系会影响裁判的公正，第二条原则旨在使裁判的结果基于合理的裁决标准和充分了解的事实。这两条原则旨在通过程序设置，来避免可能出现的裁判权力的专断。这两条原则所包含的理性是如此明显，以至于没有人会质疑它们作为法律基本原则的正当性。从某种程度上讲，它们属于英国普通法那种"超出记忆"（immemorial）的法律。它们对于正当法律过程的必要性体现在：任何一个受法治保障的社会，要求将具有通情达理、公正无偏私及有效的法官作为法治必需的程序要件。[②]

在美国宪法正当过程原理的发展过程中，最先被确认和引用的程序性要求是"任何人不得在自己的案件中担任裁判"。麦迪逊在《联邦党人文集》第10篇中明确宣称"没有一个人被准许审理他自己的案件，因为他的利益肯定会使他的裁断发生偏差，而且还可能败坏他的正直为人"。[③] 而最早对这一正当过程程序性要求的引用，出现于1788年费城普通法院的一个诉讼案中。[④] 在案件的审理中，一位律师提出这样的论辩："无疑，立法机构不可能

① ［美］伯纳德·施瓦茨：《权利法案：文献史》，第2卷，第919页（1971年），转引自施瓦茨：《美国法律史》，第52页。
② See John V. Orth, *Due Process of Law: A Brief History*, p.9.
③ 参阅［美］汉密尔顿、杰伊、麦迪逊：《联邦党人文集》第十篇，商务印书馆2004年版，第47页。
④ 它被记录于《美国报告》第一卷。

让一个人在自己的案件裁断事实和法律";而这一论辩被主法官 Holt 所引用。① 1796 年联邦最高法院在审理"韦尔诉希尔顿案"时,曾在巡回法院审理此案的法官艾尔德尔回避了本案,尽管当时并没有规定法官必须回避自己在巡回法院审理过的案件,但当时大法官们已基本形成了这样的默契。② 对公正裁判的要求无疑是公平程序最为基本的要求。在司法过程中,要求"由无偏私的法官担任裁判","被告有权知道被指控的事实和理由"、"被告有权对控告进行辩解"等成为程序性正当过程的最初内涵。③

随着法治实践的深入,这些程序性要求被广泛适用于所有由权力机构作出的、将对当事人个人权益产生影响的裁判过程中;公正裁判与"恰当的告知和听取"构成了正当过程程序要求的核心内容。特别是随着行政权的不断扩张,正当过程的程序性要求开始成为行政决策过程的基本要求。1932 年,英国大臣权力委员会对自然公正原则又提出了两个新的规则:第一,无论是司法性质的还是非司法性质的争议解决,争议各方当事人都有权了解作出裁决的理由;第二,如果对负责调查的官员提出了公众质询(此类官员的调查报告通常作为大臣决断的依据),那么,争议各方当事人都有权得到该报告的副本。④ 新的规则将传统的自然公正原则从司法领域扩展到行政领域。程序性正当过程对行政决策过程的要求主要在于:当行政决定将影响相关当事人的个人权益时,当事人有要求听证的权利。这项权利至少包括三个方面的内容:(1)公民有在合理时间以前得到通知的权利;(2)了解行政机关的论点和依据的权利;(3)为自己辩护的权利。最高法院在 1970 的 Goldberg v. Kelly 案中将当事人获得听证的程序权利进一步细化为十个方面的要求:(1)充分告知;(2)被听取的机会;(3)提供证据的权利;(4)与不利自己的证人对质;(5)质询证人的权利;(6)披露所有不利证据;(7)取得律师的权利;(8)决定只基于在听证中所产生的证据;(9)陈述决定的理由;(10)公正无偏私的裁决者(要求裁决者必须没有参加接受审查的决定的作

---

① See Penman v. Wayne, IU. S. (I Dall)241,243－44(Pa. Com. Pl., Phila. Co. 1788). and John V. Orth, *Due Process of Law: A Brief History*, p.34.

② 参阅任东来、胡晓进等:《在宪政舞台上——美国最高法院的历史轨迹》,中国法制出版社 2007 年,第 55 页。

③ 很多学者因此将正当法律过程等同于公平的司法审判程序(参阅[美]乔治·F.科尔:《美国刑事案件中被告人的权利》,载《程序法论》中国政法大学教务处印,第 267－269 页;龚祥瑞著:《西方国家司法制度》,北京大学出版社会 1988 年版,第 128 页)。

④ 彼德·斯坦、约翰·香德:《西方社会的法律价值》,王献平译,中国公安大学出版社 1990 年版,第 98 页。

出,但只与案件有某些方面牵连的官员并不必然被排除做裁判的资格)。①

　　程序性正当过程的要求不仅在适用范围上不断得到扩大,而且其要求的具体内容也通过司法实践得以不断丰富。美国法治实践对程序性正当过程的丰富和发展突出地体现在以成文宪法的形式规定了个人享有的一系列程序性权利,并通过司法实践将这些宪法权利确认为个人拥有的现实的程序权利。② 从 20 世纪 20 年代中期起,最高法院通过一系列的案件将《权利法案》所列举的各种程序性权利逐步确认为受正当过程保障的程序权利;这些权利包括第 4 修正案的不受非法搜查和逮捕的权利,第 5 修正案的不受逼供、不自证其罪、不受双重定罪的权利,第 6 修正案的公开审判、公正的陪审、迅速审判权、与不利证人对质的权利、利用强制程序获得证人的权利、取得律师帮助的权利③,以及第 8 修正案的不受酷刑和非正常处罚的权利等。与此同时,最高法院还确认了宪法修正案未明确列举的程序权利,如贫穷被告可以免费获得审判记录副本的权利,被审讯的犯罪嫌疑犯获得警察给予的米兰达警告(Miranda Warning)的权利,④不因非法获取的证据而定罪的权利。⑤

　　这些程序权利尽管在美国宪法中曾以高级法的形式加以表达,但对这些权利的最终确认则是基于行政和司法过程的内在要求。最高法院在确认这些程序性权利的过程中有时也曾诉诸某种价值判断,如在确认当事人在被取消其所享受的政府福利(government benefit)时是否具有听证权利时诉

---

　　① John V. Orth, *Due Process of Law: A Brief History*, p. 88.

　　② 这些宪法权利并非一开始就是公民所拥有的现实权利。在权利法案颁布的 100 多年来,它"对政府权力几乎没有产生实际影响,直到 20 世纪的第二个 25 年,法律才赋予第一批修正案实际意义"([美]伯纳德·施瓦茨:《美国法律史》,第 182 页)。

　　③ 沃伦法院在 1963 吉迪恩案中确立了贫苦被告获得指定律师的权利,这一权利一开始只限于重罪案,后来被扩大至轻罪案(参阅[美]伯纳德·施瓦茨:《美国最高法院史》,中国政法大学出版社 2005 年版,第 306、360 页)。

　　④ 米兰达警告的内容有:第一,告知嫌疑人有权保持沉默;第二,告知嫌疑人如果选择回答,那么他们所说的一切都可能会作为对他不利的证据;第三,告知嫌疑人有权请律师到场,如果无法负担律师费用可以要求指定律师。如果违反了米兰达警告,所获取的证据不得在审判中采用。这也就是米兰达规则(Miranda Rule)。

　　⑤ 参阅[美]伯纳德·施瓦茨:《美国最高法院史》,第 306—309 页;《美国法律史》,第 184 页;樊崇义、夏红编:《正当法律程序文献资料选编》,第 590—726 页;丁玮:《美国宪法上的正当法律程序——一个历史视角》,第 72—73 页。

诸利益平衡标准①、在强调对个人人身权的程序保护时诉诸优先地位学说②、在强调对贫穷人提供免费的审判记录副本及律师帮助时对平等主义的诉求③等,但总体而言,确认这些程序权利的依据在于在当时的社会条件下确保司法过程具有正当合理性(即具有让当事人自愿接受的合理性)的必要条件。

3.3.3 实体性正当法律过程

正当过程原理作为英国宪政传统的继承,作为限制国家权力恣意行使的宪法保障,无疑具有其实体性要求。④ 尽管有学者认为当麦迪逊将正当过程写入他起草的《权利法案》初稿时,只把它当作一种程序上的保障,而且,他所使用的"正当过程"的用语很可能是从纽约州 1787 年的制定法中找到的。⑤ 但即使正当过程条款只是被作为一种程序上的保障被写进宪法,将正当过程条款理解为包含有实体性要求也是符合宪法要求和法治传统的。早在正当过程条款颁布之前,美国宪法第 1 条第 9 款第 3 段"不得通过任何褫夺公权的法案或者追溯既往的法律"以及第 10 款第 1 段"各州……不得通过

---

① 最高法院在 1976 年的马休斯诉依尔爵基案(Mathews v. Eldridge)中,较为明确地提出了利益平衡标准,用来决定为正当过程所要求的最低限度的程序保障。这个利益平衡标准要求法官在确定正当过程所要求的行政决策程序时需要平衡三个方面的因素:将受官方行为影响的私人权益;采用已适用程序错误剥夺该利益的风险,以及适用补充或替代程序的任何可能代价;政府的利益,包括所涉及的关联作用与采用补充或替代程序将要承担的财政和行政上的负担[See 424 U. S. 319 (1976)]。最高法院提出利益平衡标准的主要目的是为了限定在 1970—1972 年间被过于宽泛地确定的受正当过程条款的程序保障的"新财产权"或自由权益。但最高法院在纠正先例过于宽泛的程序保障时,却使自己陷入了自己很难胜任的综合分析社会成本—收益的工作。这是一种错位。正如 Richard J. Pierce 所指出的,政治上能够负责的立法机构在决定什么福利应以成文法的形式给予保障时做得比法院好,在估算替代行政决定程序的成本和收益时行政机构要做得比法院好(See "The Due Process Counterrevolutionof the 1990s", in *Columbia Law Review*, Vol. 96, 1999)。

② 在 1938 年合众国诉卡洛琳生产公司案中,最高法院最先在一个脚注中阐明了"人身权相对于财产权的优先地位"的学说,这一学说在沃伦法院时期成为公认的学说,但到伯格法院时这一学说已被抛弃,他们确认"人身权与财产权之间存在着一种基本的相互依赖的关系"。但伯格法院还是接受沃伦法院对于表达自由优先地位的确认(参阅[美]伯纳德·施瓦茨:《美国最高法院史》,第 285—286,308—310,357—359 页)。不过,此种权利的优先地位的确认与其说是基于与其他宪法权利的价值衡量,还不如说是基于表达自由对于人类确定理想目标或价值追求所具有的前提性地位。表达自由也即自由交流思想的自由,这是人类正确地认识自身需要并在相互冲突的需要之间确认可行的需要满足方式的前提。

③ 沃伦法院认为,在刑法的实施过程中,应该在那些拥有财富的人和不那么富有的人之间实现经济平等(参阅[美]伯纳德·施瓦茨:《美国最高法院史》,第 306 页)。

④ 参阅[美]伯纳德·施瓦茨:《美国法律史》,第 110 页;丁玮:《美国宪法上的正当法律程序——一个历史视角》,第 50 页。

⑤ 参阅[美]伯纳德·施瓦茨:《美国法律史》,第 52 页。

任何褫夺公权的法案、追溯既往的法律、或损害契约义务的法律……"已经从实体上对国家立法权设定了限制,它要求国会的立法不能同既有的法律体系(包括私人自愿订立的法律)相冲突。这是一个致力于实现法治的国家所必然要求的。法律要发挥其引导人们进行理性的行为选择,从而有效地调整社会关系的作用,它必须要具有稳定性、可预期性,而这又是通过法律运行的一贯性和整体性来保障的。这种一贯性和整体性在普通法实践中即是普通法在管理个人权利实践的方式或技术上的连续性和统一性。这种法律的统一性和连续性可以简单地表述为:"任何人不应被迫去做法律没有要求的,也无须克制自己不做法律所允许的。"只有当新的权利需求出现,它的实现方式与原来已由法律确认的某些个人权利实现方式发生冲突时,法律才能对既有的个人权利的实践方式作出新的调整。因此,要求国会的立法不能同既有的法律体系相冲突,实际是要求国会立法不能同被普遍接受的法律基本原则相冲突。在立法权的实体限制已经明确的前提下,通过正当过程条款进一步为既已受法律保障的个人权利提供一种其在将来可能受到必要限制时的程序性保障,也属正常和合理的考虑。但是,正当过程条款的原初意义即使只是程序性的,也不意味着正当过程原理作为保障法治的重要宪法原理只包含有程序性内容。正当过程原理,从根本上来说是人们在法治根本要求上所达成的共识,它从程序和实体两个方面确立了法治的必然要求,从而确保法治的形成和完善。"假如正当过程只是一个程序保障的话,那么当对人民的生命、自由和财产的剥夺是通过立法得以完成的时候,它就无法提供保障;这些立法在将来运行时,即使以最公平的程序适用于个人,仍然会损害这三方面的权利。因此,正当过程的保障……在这个国家已经'成为阻止立法恣意的堡垒'。"①

在通过宪法修正案确立正当过程条款之前,美国各州早已开始采用正当过程原则来保障公民的权利。② 各州的司法实践对正当过程原则的理解完全继承了英国普通法的传统,个人的权利不论是实体意义上的,还是程序意义上的都受正当过程的保护。内战前时期几个州的判案很明显地说明了这一点。1805 年的比绍案(Trustees of University of North Carolinia v. Bishop)中,北卡罗来纳州最高法院运用实质的和程序的要素来审查立法机关的行为,并判决使财产从一人或一个集团转让给另一个人或集团的立法

---

① Paul Brest, Sanford Levinson, J. M. Balkin, Akhil Reed Amar, *Processes of Constitutional Decisionmaking :Cases and Materials*(Third Edition), p.951.

② 参阅丁玮:《美国宪法上的正当法律程序——一个历史视角》,第52—55页。

无效。1833 年的霍克诉汉德森(Hoke v. Henderson)案中,针对 1832 年州议会制定新法规定:法庭秘书应由公众投票选举产生并四年一届,北卡罗来纳州最高法院首席大法官托马斯·卢芬宣称了法院的一致意见:1832 年的法案违宪地剥夺了在职秘书在他的公共机构的财产利益。① 1856 在怀尼哈默诉人民(Wynehamer v. People)案中,针对纽约州一项禁止出售非医用烈性酒,并禁止在住所之外的任何地方储放非用于销售的酒类的法令,纽约州法院认为:该法的实施,消灭和破坏了这个州的公民拥有烈性酒的财产权,而这样的剥夺与正当过程的精神不相符合。② 正是在各州采用正当过程原则的司法实践的基础上,第 14 修正案明确规定了用以控制各州政府权力恣意的正当过程条款。正如它的起草者约翰·宾汉穆(John Bingham)所说的,正当过程条款的含义"法院在很久以前就已确定了"。因此,正当过程条款在后来的适用中并不完全是程序意义上的,而是包含有某些实体的因素,这对于它的设计者来说并不会感到惊讶。③

正当过程的实体要求应包括互相联系的两方面:法律实体的形式要求与法律实体的内容要求。④ 相对而言,法律正当过程表现在法律实体的形式方面的要求较少争议,如,"法律不能溯及既往"。法律实体在形式方面的基本要求——法律的一般性,在内战前就已通过州法院的司法实践得到确认:正当过程"意味着一个一般的和公共的法律,平等地约束社会的每一个成员"。在万赞特诉沃德尔(Vanzant v. Waddel)案中,田纳西州最高法院表达了这样的观点:倾向于直接或间接地剥夺一个公司或者个人的财产权或者土地的法律是违宪的和无效的;每一个人的生命、自由和财产的权利,必须被同样的规则在相似的情形下加以确认和维护;法律应当在相同的条件下约束所有的社会成员是正当过程的基本要求。其他州在内战前也以正当过程的这一要求为依据使立法机关针对某一等级的个人而制定的法律无效。⑤ 在 1975 年的罗斯诉洛克(Rose v. Locke)案中,最高法院还确认了实体性正当过程对法律清晰性的形式要求:法律规定模糊不清以至于人们不能合理

---

①　参阅丁玮:《美国宪法上的正当法律程序——一个历史视角》,第 150—151 页。

②　参阅[美]伯纳德·施瓦茨:《美国法律史》,第 53 页;丁玮:《美国宪法上的正当法律程序——一个历史视角》,第 152—153 页。

③　See Richard L. Aynes, Unintended Consequences of Constitutional Amendment,载樊崇义、夏红编:《正当法律程序文献资料选编》,第 207—209 页。

④　正如法律程序不是纯粹形式的(它是体现目的的形式),法律实体也不是只有内容,它是以一定形式表现出来的内容。

⑤　参阅丁玮:《美国宪法上的正当法律程序——一个历史视角》,第 151—152 页。

地理解被禁止的行为违背法律正当过程的要求。① 实体性正当过程的形式要求往往同它在内容方面的要求交织在一起。但联邦最高法院在确认实体性正当过程的具体要求时并没有自觉地将两者联系在一起加以考虑，这也使得最高法院对实体性正当过程的适用缺乏一致性和连续性，并因此导致公众对最高法院司法公正性的某些质疑。

实体性正当过程在内容方面的要求源于法律对于社会共同需求的确认，这些共同需求体现了各种个人权利实现技术在社会空间上的相容和协调。在普通法传统中，有关财产权的一条准则反映了人类社会最基本的共同需求：按照不损害别人财产的方式使用你自己的财产。这一准则事实上也是个人行使其他宪法规定的实体性权利时需遵循的准则，它成为发展实体性正当过程的起点。这一准则对立法的限制是：只要个人行使的财产权不影响公众的利益②，立法就不能对个人的财产权施加限制。③ 因此，实体性正当过程在内容上的最初要求是：法律不能规定将 A 的财产给予 B。④ 这一内容通过结合第 5 修正案中的占取条款⑤而被进一步具体化为以下两层意思：(1)个人的财产权只有在涉及公共利益时才能被限制；(2)个人财产物因服务于公共利益而受到损害时要给予合理的补偿。19 世纪末以前，州法院与最高法院基本上是在这个意义理解实体性正当过程的含义。⑥

随着市场经济的发展，订立私人合同成为日益重要的经济活动，这使得受正当过程保护的财产权被扩大为包括通过自由契约实现财产的权利，从而使得契约自由也成为受正当过程保护的个人权利。除非个人订立契约的活动影响到公共利益，否则立法不能限制个人订立契约的自由。在 1897 年的奥尔盖耶诉路易斯安那州（Allgeyer v. Louisiana）案中，佩卡姆大法官在

---

① 参阅樊崇义、夏红编：《正当法律程序文献资料选编》，第 555—560 页。

② 这里的公众利益实际上就是某种未确定的共同需求，立法部门作为民选机构是确定那些人们对之还未达成一致认识的共同需求的权威机构。

③ 这里实际上涉及立法机构所行使的治安权与个人自治所需的个人权利之间的平衡。

④ 这一准则被认为是实体性正当过程的基本要求，正如"法律不能使一个人成为自己案件的裁判"是程序性正当过程的基本要求一样。这一准则最早由 Samuel Chase 法官在 1798 年的 Calder v. Bull 案中提出。

⑤ 即"Nor shall private property be taken for public use, without just compensation"（"不给予公平补偿，私有财产不得占为公用"）。

⑥ 在 1873 屠宰场案和 1877 的孟案（Munn v. Illinois），最高法院通常被认为是没有采用实体性的正当过程原理。但事实可能是最高法院的多数意见认为，案件所涉的个人财产权事关一种公共利益，所以它的所有者必须服从公共管制。韦特（Morrison R. White）法官在孟案所表达的意见——"人们想要制止国会滥用职权，只能寄希望于投票选举，而不能求助于法院"，与其说是否认了正当过程对立法权的限制作用，还不如说，孟案中立法机关确定税率的权力超出了正当过程的限制范围。

他的判决意见中说，"在从事一种一般的职业或买卖活动的权利和取得、持有出卖财产的权利中，还必须把订立所有有关的和适当的契约的权利包括进去"。而这种契约自由在当时的社会大背景对市场经济的自由放任呼声极高的情形下①，又进一步演变为企业的经营自由。1905年的洛克纳诉纽约州（Lochner v. New York）案正是适用实体性正当过程这一新内涵的结果。在洛克纳案中，正当过程不再只是限制立法权侵入共同需求已确认了个人权利实现方式的领域，而且介入对立法权在个人权利实现方式有待立法加以规定的领域的监督。② 此时法院对正当过程原理的适用明显超出了它限制立法的应有范围。实际上，在该案的裁判中，最高法院借"正当过程"的名义"用自己的判断取代了立法机关的判断"；它不是依据某种被民众广泛认识到的共同需求，而是依据它本身对"这样的立法是否可取"的判断对此案作出判决；在最高法院的多数意见看来，规定面包师最高工作时限的州法与"治安权可以合法地实现的任何社会目标之间没有合理的有关性"。③ 自洛克纳案后，最高法院尽管也试图回到正当过程原则真正可以监督和规范立法的领域，但在相当长的时期内仍未能彻底放弃那个并非属于自己监督的领域④，直至司法权与立法权的冲突直接威胁到司法权自身的独立和完整。⑤

---

　　① 在法庭的辩护中，在各种演讲和法律杂志中，实际上几乎所有法官可能会去参考的地方，都充斥着"适者生存的社会达尔文主义哲学和经济自由万能论"（参阅罗伯特·麦克洛斯基：《美国最高法院》，任东来等译，中国政法大学出版社2005年版，第102页）。
　　② 在洛克纳案的异议中，大法官霍姆斯指出，这个案件是根据我们国家大部分人并不认同的一种理论判决的。如果说，在自由资本主义时期，自由契约是社会公众的共同的需求，那么当社会进入到垄断资本主义时期（契约双方所拥有的作为谈判条件的资源是如此悬殊，以至于通过公平的谈判确立体现共同需求的契约是根本不可能的），自由契约更多的只能是实现垄断了生产资源这一方的单方面的需求。在垄断资本主义时期，社会对于自由放任与国家调控的需要显然存在着两种对立的认识，在社会没有对共同需求达成一致认识的时候（如霍姆斯法官所言，宪法既没有确认自由放任理论，也没有确认家长制理论），只能由民选的立法机构对共同需求作出判断，并通过立法使这种被确认的共同需求得以实现。有关霍姆斯法官对洛克案的异议可参阅[美]伯纳德·施瓦茨：《美国最高法院史》，第213—215页；罗伯特·麦克洛斯基：《美国最高法院》，第123页。
　　③ [美]伯纳德·施瓦茨：《美国最高法院史》，第216页。
　　④ 最高法院在这一点上的失误不能完全归咎于它自我克制的缺失，导致它失误的一个重要原因在于它对于共同需求变化的失察，而这部分要归因于社会公众没有以恰当的方式表达他们所认识到的共同需求。美国学者罗伯特·麦克洛斯基敏锐地洞察到这一点，"绝大多数公众舆论真正要求的立法措施都通过了……司法审查的明枪暗箭。……甚至在正当程序条款一统天下的太平时光，仍然有众多的规制性立法不受触及地活了下来。没有更多这类立法的事实，以及美国人在1920年代容忍如此之多的社会不公的事实，只能归咎于公众近乎于无情的冷漠"（罗伯特·麦克洛斯基：《美国最高法院》，第120—121页）。
　　⑤ 当最高法院在1935—1936年否定了一系列新政立法计划后，罗斯福总统向国会提出一项旨在改变最高法院成员结构的司法计划来回应最高法院的这些司法判决。这一被称为"法院填塞计划"的法案一旦通过，司法审查将名存实亡，正当过程对政府权力恣意的限制也将失效。

最终使最高法院实现回归的 1937 年的西海岸案（West Coast Hotel Co. v. Parrish）。在此案中，首席大法官休斯代表法院多数意见否认了契约自由在美国宪政约束制度中的绝对性。他认为，"宪法并没有明示契约自由。它只是表明了自由，并且禁止未经正当程序剥夺自由……一个制定法如果与它的目的具有合理的联系并且为了公共利益而被采纳，则符合正当程序"①。基于这样的认识，此案所争议的一项适用于妇女及未成年人的州最低工资立法，被确认为与保证工人健康这一正当的目的具有合理的联系，而获得了最高法院的支持。西海岸案的判决预示着正当过程对经济领域立法的实体性限制将回归到其应有的领域。② 1937 年以后，最高法院将实体性正当过程对个人在经济领域的权利保障只限于被正常理性普遍认可的范围，并因此认可了立法机构为了公共利益而规制经济活动的各种立法具有符合法律正当过程的合理性——即使体现于规制立法中的"政策的智慧是有争议的，其效果是不确定，立法机关仍然具有独立判断的权力"③。

最高法院解释和确认实体性正当过程具体内涵的另一基点是联邦宪法。宪法第 1 修正案对宗教自由和表达自由的规定，以及第 3、4 修正案规定的个人的住宅不得随意进驻和搜查的规定，将法治保障的基本自由——"任何人不应被迫去做法律没有要求的，也无须克制自己不做法律所允许的"——进一步具体为以下两方面的要求：（1）由宪法保障的自由权利应该有可以实现的条件；（2）由宪法保障的自由权利在不涉及公共利益时不得予以限制。鉴于第 1 修正案规定的表达自由是人类确定其真正想要追求的善以及可以追求的善的前提条件（因为，自由交流思想是人类正确地认识自身需要并在相互冲突的需要之间确认可行的需要满足方式的前提），④因此，当需要为公共利益的考虑而限制表达自由时，这个公共利益必须是紧迫和直接的。最高法院接受了霍姆斯大法官在 1919 年的亚伯拉罕诉合众国（Abrams v. United States）案中为自由表达权何时触及公共利益的认识："除非是留给时间去矫正有害劝告会立即产生危险的紧急情况"，政府才有

---

①　转引自丁玮：《美国宪法上的正当法律程序——一个历史视角》，第 164 页。

②　霍姆斯将这个领域限定为"一个理性和讲究公平的人也不得不承认，争议中的立法将损害我们的人民和人们的法律传统通常理解的那些根本原则"（罗伯特·麦克洛斯基：《美国最高法院》，第 123 页）。

③　丁玮：《美国宪法上的正当法律程序——一个历史视角》，第 164 页。

④　对于这一点，霍姆斯大法官在 1919 年的亚伯拉罕诉合众国（Abrams v. United States）案中明确地阐释了自由表达权的基础是"思想的自由交换"，因为只有"通过思想的自由交换才会更好地实现最终可取的善"（〔美〕伯纳德·施瓦茨：《美国最高法院史》，第 244 页）。

正当理由去限制表达自由。也就是说,如果"所使用的言语是在这样一种情形下使用并且具有这样一种性质,以至于造成了明显而即刻的危险",那么,政府权力就可以合宪地触及言论本身。①

第3、4修正案对私人住宅的保护事实上确立了个人在私人住所上所享有的隐私权。然而,最高法院在此基础上衍生出婚姻隐私权、堕胎隐私权似乎又一次超出了实体性正当过程的范围。在1965年的格里斯沃尔德诉康涅狄格州(Griswold v. Connedticut)案中,最高法院撤销了康涅狄格州的一项被称为"极为愚蠢的"和"令人讨厌的"法律②(该法规定:"任何以避孕为目的而使用药物、器材的人,应被处以50美元以上罚款或60天以上1年以下的监禁,或同时处以罚款和监禁"),理由是该法侵犯了个人的婚姻隐私权。最高法院为了证明婚姻隐私权是宪法未被列举的基本权利,将婚姻视为结社,而结社和结社中的隐私权是宪法第1修正案所保护的外围权利。③ 然而,这样的证明显得有些勉强。第1修正案保护的主要是表达自己,对结社自由的保障也主要是针对因自由交流思想所需而发生的自愿联合;而婚姻的主要目的应该是生活和生产。④ 从理论上讲,政府可以为了确保社会必需的劳动力而对婚姻作出相应的规制,正如雨果·布莱克(Hugo Black)大法官所指出的,宪法完全没有包含可以限制各州规制避孕事务的必要言辞。但实体性正当过程的形式要求无须明文规定也可以否定这一法律的效力,因为,该法因宪法保护个人在私人住所上的隐私权(加上该法允许为预防疾病而出售或使用避孕用具)而根本不可能得到真正的实施,从而违背了实体性正当过程对规则实施一致性的基本要求。这一实体性正当过程的形式要求还可以否定类似的规制个人生活方式的法律(如禁止同性恋行为的法律)的效力。

3.4　法律的实践轨迹与富勒的法律观

传统的自然法理论与分析实证主义都是对人类法治实践某一维度的突出反映:前者突出了法治实践的社会之维、实质之维;后者则突出了法治实践的技术之维、形式之维。在人类法律认识史上,这两种理论无疑都深化了

---

① 参阅[美]伯纳德·施瓦茨:《美国最高法院史》,第244—245页。
② 罗伯特·麦克洛斯基:《美国最高法院》,第200—201页。
③ 参阅丁玮:《美国宪法上的正当法律程序——一个历史视角》,第167页。
④ 当这一婚姻隐私权被进一步扩展到未婚成年人,甚至未成年人时,这种勉强就更为明显。

人类对法律现象的认识,但由于各自认识的片面性,又使两者都在一定程度上与法治实践相背离,从而也或多或少影响了法律理论对法治实践的指导作用。富勒力图在实证主义所获得的理论成果的基础上重新引入自然法的视角,从而形成更接近人类法治实践真实的法律观。

3.4.1　法律的双重性与富勒的综合法学

虽然人类的法律思想总是程度不同地影响着人类的法律实践,但法律实践自始至终都没有因受思想的影响而完全改变自身的轨迹。在自然法思想占主导地位的时期,实践中的法律家们并没有因此而放弃法律的技术之维;同样,在分析法学占主导地位的时期,法律家们也没有完全忽视法律的社会之源。在法律实践中,法律的实质之维与形式之维总是同时发展着,失去任何一维法律都将不可能存在。当然,在没有某种与实际相符的、综合的、全面的法律思想的指导,它的发展可能是不平稳的、缓慢的。自然法和实证主义,就它们加深了人们对法律其中一维的认识而言,是有重要价值的。然而,这种价值只有当将两者结合在一起时才得到充分的显现。① 这种建构综合法学以结合自然法和实证主义的努力最早体现在萨维尼的历史法学中。对他来说,"法律之生命是双重的。就它表现了一个特定社会结构之实况而言,法律可以说有一个'政治'的生命。但法律也有'技术的生命',这个生命开始于它在法律家手上经历其'科学的'精心制作的一刻。法律无疑是民族精神的产物和历史的产物,但又只能透过专业法律家之手才能被估量和评价"②。他在强调法律的社会习俗、民族精神之源的同时,也重视法律概念的分析和法律方法的研究。但萨维尼与其说是找到了结合的方法,还不如说他意识到了这种结合的重要性。③ 富勒的程序自然法才是寻求这种结合方法的自觉努力。

---

① 一位实证主义者只有在自然法思想的基础才能建构出有用的法律体系(富勒认为,"要成为一个好的实证主义者,他必须得成为一个自然法学家"(见 Fuller, *The Law In Quest of Itself*, p. 95);同样,自然法学家只有当他同时是实证主义者时才能对法律的发展作出自己的贡献。

② 登特列夫:《自然法——法律哲学导论》,第 100—101 页。

③ 而且,他的这种努力在很大程度上是不自觉的。尽管他的法学思想可以说是体现了自然法学说的精神,但他却在主观上极力拒绝自然法立场。

3.4.2 自然法与实在法

根据富勒的理解,人类社会创造法律是"一个无限度地趋近'自然法'的'实证法'体系"①。尽管富勒并没有像近代理性主义者那样宣称理性可以发现人类所有的法律,但他确实主张,在大量的法律规则中理性的内容是最主要。事实上,富勒认为,"在相当大的范围内存在着人类关系的'正确安排'"②,它就是被共同参与法治事业的人们以集体的方式不断趋近的自然法。习惯法就是这样一种"正确安排",而裁判法则是对这样一种"正确安排"的发现。他所使用"自然法"术语描述的是这样一个事实:"我们的法官将相信,并且可以证明这种相信是合理的,在为成功的群体生活所要求的种种条件中存在着外在准则,它们为判断法官判决的正确性提供了某些标准。"③

因此,富勒所谓的"自然法"并不是某种绝对的、超然的自然法则,而是一个确实的、俗世的实在。在人类法治实践中,自然法表现为在实在法缺席时发挥着社会调节作用的习惯法,同时它又表现为将习惯法转换为实在法的法律技艺或方法;前者是实质意义上的自然法,后者是程序意义上的自然法。无论是哪种意义上的自然法,它都是存在于实在法之中的自然法。在富勒的法律观中,自然法与实在法不是两种互相分离的、不同类型的法律,而是同一法律体系的两种组成因素:体现了人类理性的自然法因素与体现法律制定者意志的实在法因素;正是两者互相补充、互相支持才构成了完整的法律体系——自然法为实在法提供了实质目标,而实在法赋予自然法以形式的确定性。④ 富勒用来评价卡多佐的一句话——"对他而言(即卡多佐),法律从其局限性讲是法令,从其理想愿望来讲是理性"⑤——应该是他自己法律观的最好写照。

3.4.3 隐含法与成文法

人类在社会生活中,基于某些共同的需求形成了一些规范人类互动的行为模式。这些未被明确表达而只是在人类行为中表现自己的习惯法体现

---

① Fuller, "Reason and fiat in case law", p. 379.
② Summers, *Lon L. Fuller*, p. 68.
③ Fuller, "Reason and fiat in case law", p. 379.
④ See Fuller, *Anatomy of the law*, New York: Praeger, 1968. p. 48.
⑤ Fuller, "Reason and fiat in case law", p. 377.

了人类某些共同的追求。随着社会生活的日趋复杂，社会生活中自然形成的习惯法不再能够满足调整人类日趋频繁的互动的需要，人类开始以明文规定的方式来规范人们的行为。这些以文字形式明确表达的制定法，对人类共同追求的目标有了更直接的表达。

习惯法是社会生活中的"活法"，它们"源自于首先用它们来规范自己行为的那些人们的某些需求"，是"在回应那些服从它的人们的感觉到的需求中默默地成长和形成"①，是人们感觉到的共同需求的形式表现，也是所有正式宣布法律的默认前提和基础。对习惯法基础地位的确认实际上为法律秩序的建立提供了一个自然法基础。在国家制定法、裁判法和契约法这三类正式宣布的法律中，裁判法与契约法在某种程度上都介于国家制定法与习惯之间，分有这两类法律的某些性质。裁判法，一方面作为由法院宣布的法律，与国家制定法一样都是由国家权威机构宣布的法律；另一方面，它通过一个个案件逐个审理的方式形成法律使它深深地扎根于人类互动之中，从而具有了习惯法的特点。② 契约法，一方面，它与习惯法一样不是由某个外在的权威强加的，而是由服从它的人们自己创设的；另一方面，契约法又与国家制定法一样是以经明确的文字表达的规则来调整契约双方的关系。③从这一点看，裁判法与契约法都具有某种自然的合理性，而国家制定法的自然合理性则主要在于它为裁判和契约这两种法律过程的正常运行提供某种必要的支持（如规定裁判的程序、设定契约有效的条件等），或是为这两种法律过程所无法调整的领域提供补充调整。即使在一个没有裁判法和契约法的社会，国家制定法也必然与习惯法处于相互补充、相互合作的关系之中——国家制定法通常在不能通过设定义务和权利的规则来进行组织的复杂的互相依赖的关系中缺席，而此时习惯法却总是以无声的过程使这些关系得到有效的调整。④

习惯法，作为完整法律体系的组成部分，不仅是正式宣布法律所不可缺少的补充，而且还是理解正式宣布法律的前提和背景。"如果不首先获得对习惯法的理解，我们就不能理解通常意义上的法（即正式颁布或宣布的法律）"⑤。通过对习惯法的理解，我们可以从中发现某些为人类共享的目的，

---

① Fuller, *Anatomy of the law*, pp. 44,47.
② 在裁判过程中发展起来的普通法也因此被认为是习惯法的一种形式（See Fuller, "Human Interaction and the Law", p. 26）。
③ See Fuller, "Human Interaction and the Law", pp. 27—28.
④ See Fuller, "Human Interaction and the Law", pp. 35—36.
⑤ Fuller, "Human Interaction and the Law", p. 2.

而这些共享目的又进而成为我们解释和适用正式宣布法律的依据，并因此使整个法律体系具有某种完整性。任何社会的法律体系如果完全忽视或否认习惯法的存在，那么它就很容易演变成一个人们无法理解、因而也无法接受的外在强制。因此，法律"就其最为完整的意义上，并不只由分离不连贯的且容易被确认的一套正式宣布的法律所组成，而是与各种部分地仍处于未完成和演变之中的惯习和理解相连续的"①。任何正式宣布的法律只能与适合调整人类事务所有领域的习惯法相互配合、相互补充才能构成一个完整的法律体系。②

习惯法是一种默认的、隐含的法律，在没有被以实在法的形式予以确认之前，它一直作为隐含法潜在于实在法的背后。被确认后的自然法往往在法律体系中以原理的形式表现自己，而法律体系中的原理其实就是对于在特定社会情形中被人们所理解和认可的共享目的的明确表达。③每个原理就其所确认的共享目的的框架内决定了法律规则的含义及其适用。未被确认的自然法通常作为背景目的限制了实在法的内容。而这些明示或隐含的目的正是通过程序自然法这一中介而获得可以与实在法相融合的法律形式。

程序自然法，作为法律秩序形式的内在要求，是另一种隐含法。隐含法是未经权威颁布而自然有效的法则，富勒所称的"自然法"就是隐含在实在法之中的自然有效的法则：它既是理解实在法的默认前提，也是整个法律体系的道德基础。

---

① Kenneth I. Winston(ed.) *The Principles of Social Order*，p. 232.

② See Fuller，*Anatomy of the law*，New York：Praeger，1968. p. 48. and "Human Interaction and the Law"，pp. 35—36.

③ 社会学者李猛认为，"法律原则，实质上是将法律'规定'与法律之外的各种价值联系起来的程序技术的'内核'"。法律原则涉及的是价值的实现方式、手段或技术，因而不能等同于价值。对于法律与价值的关系应以下两个方面来认识："首先，法律内部并不包含各种价值；其次，法律本身确实包含与这些价值有关联的'法律原则'，这些'法律原则'就实现这些价值的技术空间作出了相关的'规定'。"参阅李猛：《除魔的世界与禁欲者的守护神：韦伯社会理论中的"英国法"问题》，载李猛编：《韦伯：法律与价值》(《思想与社会》第一辑)，上海人民出版社 2001 年版，第 180 页。这里的价值是在与价值实践方式相分离的抽象方式中被讨论的，这与富勒的思维方式不同。富勒所讨论的"目的"虽然也表现人类所追求的价值，但他的目的是与手段处于开放的互动关系之中，因为，他这里的"共享目的"可以被理解为理性平衡后的价值实践方式。

04 富勒重申自然法的基本立场

4.1 传统自然法理论遭受批判的原因

4.1.1 对自然法理论的全面批判

自然法理论在其漫长的发展过程中,尽管也一直遭受来自其对立立场的挑战,但真正彻底动摇了其理论地位并几乎使其处于毁灭边缘的是 18、19 世纪的欧洲思想界和理论界对 16 世纪以后开始发展起来、在 19 世纪达到其顶峰的自然权利理论的猛烈批判。

4.1.1.1 从认识论角度对自然法的理论批判

英国哲学家休谟(David Hume,1711—1776)首先以其经验论立场对自然权利理论的理性基础提出质疑。他认为,真正理性的东西只存在于观念之间的逻辑和数学关系,人类的一切认识都源自知觉,而从任何对事实的经验认识不可能抽象出具有普遍必然性的概念和原理。自然权利理论对人性、社会契约和公民服从的解释都存在着可以反驳它的相反事实,[①]因此,建立在人性和社会契约理论之上的自然权利理论不可能为人类提供具有普遍意义的理性法则。在他看来,支配着人类道德领域的是人类在苦乐感觉印象基础上所产生的

---

① 他认为,人性并非只具有自私自利这一种癖好,人类的感情冲动既可能出自慈爱之心,也可能出自自私之心,也可既不具有慈爱性质也不具有自私性质。另外,他还认为,我们很少见到征得臣民同意的政府,而臣民也很少对政府提出质疑(详见申建林:《自然法理论的演进》,第 159—160 页)。

情感,而不是理性;被人类所信奉的某些行为准则是经验和习惯共同作用所产生的结果,归根到底建立在人的知觉之上,而非基于理性。[①]

4.1.1.2 从现实和历史的角度对自然法的实践批判

英国思想家柏克(Edmund Burke,1729—1797)主要从权利的社会性和历史性角度对抽象的自然权利理论展开批判。在柏克看来,人权保障不可能在脱离现实的依绝对理性而建构的制度中实现:人权只能在现实中辨识,而不可能界定,"既然自由限制是随着时间和情况而变化的,容许有无限之多的变易,所以它们就不可能被固定任何抽象的规则上"[②]。而且,人权的维护需要依靠人类的实践智慧,现实生活中的权利"往往是各种不同善之间的平衡;有时候则是善与恶之间的,有时候又是恶与恶之间的妥协"[③]。同时,柏克也认识到自然权利理论本身所隐含的革命性会导致人们对服从义务的否定,并破坏人权保护所必需的稳定的社会秩序。

英国功利主义思想的代表人物边沁(Jeremy Bentham,1748—1832)从理论和实践两个方面对自然权利理论进行批判。他认为,自然权利理论存在着两个致命的理论缺陷:(1)自然法概念的含义模糊不清——在17、18世纪的自然法论著中所阐述的自然法究竟是"政治的还是伦理的? 是历史的还是法学的? 阐述性的还是审查性的?"[④]并不明确;(2)自然权利理论缺乏理论依据,他认为,"'自然权利'就是胡言乱语;'自然而不可剥夺的权利'是理论上的扯淡"[⑤]。不过,他对自然权利的批判更多的是着重于它可能产生的对现实社会秩序的破坏性后果:自然权利理论不仅可能因鼓励人们积极争取个人权利而激发革命行为,并因过激的革命行为使一部分人任意践踏另一部分人的权利,而且还将助长对他人利益的冷漠态度和自私情感,从而不利于社会幸福总量的增加。[⑥]

4.1.1.3 从法律的角度对自然法的综合批判

19世纪对自然法的批判更多的是从法的历史性和实证性,也即从历史法学和实证法学的角度对它进行的批判。以萨维尼为代表的德国历史法学派强调法律之生长与发展,"我们不该把法律经验冻结起来,使它化为僵固

---

① [英]休谟:《人性论》,商务印书馆1983年版,第632—634页。
② [英]柏克:《法国革命论》,何兆武等译,商务印书馆1998年版,第79页。
③ 柏克:《法国革命论》,第81页。
④ [英]边沁:《道德与立法原理导论》,时殷弘译,商务印书馆2000年版,第365页。
⑤ [爱尔兰]J. M.凯利:《西方法律思想简史》,王笑红译,法律出版社2002年版,第265页。
⑥ 申建林:《自然法理论的演进》,第174—176页。

的雕像和法典,而应该任其生气蓬勃地成长并开花结果";他们强调具有特殊性的历史经验的重要,反对不顾各民族具体情况和差异的抽象的理性主义,①这种理性主义已成为近代自然法学的特定标记;他们认为,"不该在个体身上找寻法律现象之起源与因由,而该在集体生活中找寻";他们把法律视为民族精神的产物,对近代自然法理论中的那种无经验基础的、"历史虚构式"的理性提出了质疑。②

英国的历史法学派的代表梅因(Henry Maine,1822—1888 年)同样强调法律的发展和进步,因而对近代自然法所表现出"与经验割裂的无历史性"提出了批判,把近代自然法理论斥为"'自然平等'的教条"、"幻想的'自然状态'"和"社会契约的梦呓"。③

而分析法学家奥斯丁和凯尔森则都是从实在法的立场对自然法所提出的可以作为检验法效力的普遍有效的准绳的道德标准或正义标准提出质疑。奥斯丁认同布莱克斯通在《英国法释义》中所表达的"所有的人类法应该与神法保持一致",也赞同以明确的功利观点或恰当的理由批评甚至抵制有害的法律,但他反对以违背上帝法为由否定人类法的效力,因为这会"怂恿对明智、仁义的统治与对愚蠢、激起反抗的暴政一样采取无政府、敌意和冒险"。他也反对以道德义务(一个由舆论设定的义务,或者是一个由上帝设定的义务)推翻法律的具体规定,因为,"实际存在的社会道德标准是变化无穷的",上帝法也"并非总是明确表达出人类的义务所在"。如果允许道德义务推翻法律的具体规定,那么法官就有机会强制实施自己所喜欢的任何东西。④

凯尔森从他的价值相对主义的立场出发否定了人类理性获得体现绝对正义的自然法原则的可能,并从他的规范主义立场对自然法的规范性提出质疑。他说:"人类理性只能达到相对的价值,就是说不能使一种价值判断来排除相反的价值判断的可能性。绝对正义是一个非理性的理想,即人类永恒的幻想之一。"⑤"自然法原则无论表现为赞同或反对一个实在法律秩

① 孟德斯鸠对"法的精神"的论述在某种程度上是一种试图以法的社会性校正抽象理性主义的一种努力。他尽管也曾提出四条自然法原则:和平、寻找食物、自然爱慕与过社会生活的愿望,但并没有将它们绝对化,并试图从中推导出人为法的一切内容。相反,在《论法的精神》的整部著作中,他分析和解释的是由不同自然环境和社会环境所决定的法律的多样性,在他看来,法的精神就体现在法律与各种自然、社会因素的密切关系之中。

② 登特列夫:《自然法——法律哲学导论》,第 99 页。另参阅吴予:《法与正义之关联:一个西方文化基因演进的考察》(第三部分),载《比较法研究》1999 年第 2 期。

③ 参见梅因:《古代法》,第 4,5,9 章。

④ Austin, *The Province of Jurisprudence Determined*, pp.158—159,162.

⑤ [奥]凯尔森:《什么是正义?》,《现代外国哲学社会科学文摘》,1961 年第 8 期,第 9 页。

序,反正在任何情况下,它们的效力都有赖于非客观的价值判断。批判的分析一直证明,它们只是一定集团利益或阶级利益的反映。"① 即使我们接受自然法学说,相信"能够从自然中引出规制人的行为的规范",这些规范的约束仍然只能建立在"应该服从自然之命令"这一基本假设上;而要接受这个假设,我们只能将自然想象为具有创造规范之意志的超人存在,从而陷于泛神论的迷信之中。② 假如自然真能给人类提供"那种绝对正义的秩序,那么实在法的存就成为多余的而且简直是毫无意义的"——实在法立法者的工作将"如同是在灿烂的阳光下进行人工照明那样的愚蠢"。③ 如果我们接受自然法学说,将它视为实在法的效力依据,那么就会导致两个相互矛盾但同样令人无法接受的结果:(1)一切人定法都可以通过诉诸自然法而获得正当化;④(2)所有的实在法体系将因或多或少违背某个被自然法学家所宣称的原则而被认为无效。⑤

4.1.2 自然法理论遭受批判的根本原因

自然法理论在18、19世纪遭受来自各方的猛攻有两个现实的原因:(1)随着"惟科学主义、自然科学的思想模式的胜利"使得作为一种方法的实证主义得以发展并获得广泛的推崇,这使得包括自然法在内的形而上学理论因缺乏经验基础而遭抛弃;⑥(2)法国大革命的爆发以及所产生的不良后果将自然法思想所蕴含的革命因素表现得淋漓尽致,这使得人们对自然法理论的正当性产生了怀疑。⑦ 然而,自然法遭受批判的最根本的原因还是在于自身的理论缺陷。

自从斯多葛派对自然法思想进行系统表达以来,永恒性和超法律性(即

① 凯尔森:《法与国家的一般理论》,第11页。

② 凯尔森:《法律为何应被遵守》,载《法哲学与法社会学论丛》第9期,第63页。

③ 凯尔森:《法与国家的一般理论》,第12页。

④ 因为,不管自然法理论如何声称只有符合自然法的正义标准的法律才是有效的法律,实际上存在的法律并不是通过使自己的内容符合自然法要求才具有效力的,这样,自然法理论如果要成立的话,必然要假定所有的人定法都是符合自然法的正义要求的,这就为那些实际上不正义的法律正当化自己提供了便利的理论工具。

⑤ 一旦确立起了正义原则或自然法的具体内容,那么,自然法与实在法之间的对立便不可避免:没有那个实在法秩序可以不与这些原则相冲突,也没有哪个实在法秩序能声称比其他实在法秩序更符合这些原则(凯尔森:《法律为何应被遵守》,第63—64页)。

⑥ [德]海因里希·罗门:《自然法的观念史和哲学》,第114。

⑦ M. D. A. Freeman, *Lloyd's Introduction to Jurisprudence*, 7th edition., London: Sweet and Maxwell Ltd., 2001, p. 89.

相对于人类法的优越性)一直被自然法思想家视为自然法的根本特性。人类对自然法的追求在于寻求一种可以作为人类社会终极标准的东西,而这种具有绝对意义的标准被认为就在于关于人性的某些"简单而明显的事实";这些标准"是必然有效的,因为,这些支配着人类的正确行为规则与有关人类本性的永恒真理具有逻辑上的关联"。① 这些标准被"置于不待讨论的地位"②,它们是终极的,必然的,因而也就具有"不变的"永恒性。这种被"称之为永远公正与善的东西的那种法律"自然就成为检验人类一切制定法之效力的普遍有效的准绳;这种法律被认为"可以比一切现有的法规更确定地被认知和评价"③。然而,问题是,声称具有永恒性的自然法在不同自然法理论家的阐述中呈现出内容的多变,这多变的自然法内容不仅使"自然法"这一概念的含义呈现出模糊和歧义,而且"在某些时期它的诉求在本质上可能已成为宗教或超自然的:它在现代已成为政治和法律意识形态的重要武器。"④标准本身的不确定必然导致由此判定的法效力的不确定性,这不仅违背了法治的本质要求,而且给既有的社会秩序埋下了破坏性因子。

正是这两个通常被赋予自然法的似乎极其重要的特征使得自然法理论一直面临两个自身无法解决的难题:自然法的永恒性如何与可变的内容相容? 自然法的超法律性如何与实在的法律体系相容? 17、18 世纪开始形成的自然权利理论由于将从单一视角(即人类需求中的个人方面)得出的结论绝对化而使隐含于自然法这两个特征中的消极因素——潜在地具有的理论上的不合理性以及可能具有的对社会秩序的实际破坏性——明显地暴露出来,这使得本质上理性的自然法走向了自己的反面。

4.2　可能已经被误解了的自然法概念

4.2.1　如何理解自然法的永恒性和可变性?

在人类对自然法的追求中,自然法所具有的价值应该就在于它效力的

---

① M. D. A. Freeman, *Lloyd's Introduction to Jurisprudence*, 7th edition., London: Sweet and Maxwell Ltd., 2001, p.90.

② 登特列夫:《自然法——法律哲学导论》,第 5 页。

③ 登特列夫:《自然法——法律哲学导论》,第 95 页。

④ M. D. A. Freeman, *Lloyd's Introduction to Jurisprudence*, 7th edition., London: Sweet and Maxwell Ltd., 2001, p.89.

永恒性,这使它具有了不同于可以为人类意志所创造也可以为人类意志所取消的人法的独特地位,使它有资格担当人类社会一切是非对错、合理与不合理的终极依据,从而为人类的良知提供了它所需的确定性。自然法这种不可为任何人类意志所剥夺的效力源自于它与理性(宇宙的理性、上帝的理性或人类的理性)的一致性。在古希腊罗马时期,自然法被论证为存在于自然界的一种与宇宙同在的理性,实际上是希望通过将人类理性自然化、规律化或客观化,以使包含在自然法中的道德原则同自然界一样的具有永恒性。中世纪,自然法被视为人的理性对上帝的永恒法的参与,实质上是意图使自然法分得上帝安排秩序的永恒公道。到了近代,自然法被认为纯粹是人类理性的体现,是人类自然本性的必然要求及人类自然理性的必然选择,因而具有类似数学公理一样的永久有效性。①

但是,强调自然法的永恒性是否必然排除了自然法在内容上的可变性呢?

赫拉克里特这位被认为"喜欢用晦涩的象征说话的"哲学家,将自然法比喻成"神圣的法律",首次表达了"自然法作为自然的、不变的法则、而所有人法均由其获得力量的观念"。② 柏拉图将"我们内心的那种永恒的质素",也就是"理性的命令",称之为法律。③ 亚里斯多德区分基于自然的法律与基于人的法律。这两种法律对人们的行为都具有普遍的约束力,但它们效力的来源是不同的;前者对全社会的人有同等的效力,不管人们是否承认;后者只有在被人们确定或规定后才具有约束力。但是亚里斯多德在强调自然法的普遍有效时,并没有否认它的可变性。在他看来,只有神的本质是不变的,而人类事物的自然仍然会变动;因此,自然的法律与人为的法律都会改变。但是,导致两者改变的原因是不相同的:前者是由自然引起的,后者是人为造成的。④ 对于亚里斯多德既强调自然之法的恒定性,又承认自然之法的可变性,很多学者在表示费解的同时,也给出了自己的理解。博登海默认为,"亚里斯多德的本意……或许是,在原始社会被人们认为是'自然正义'的东西却有可能违反一高度发展的文明社会中普遍正义观。……也可能意指,人类的努力可以在一定程度上影响自然法的运作……"。⑤ 颜厥安认为,

---

① See Robert P. George, *Natural Law — Contemporary Essays*, Oxford, Clarendon Press, 1992, p.31。

② [德]海因里希·罗门:《自然法的观念史和哲学》,第6页。

③ 西方法律思想史编写组:《西方法律思想史资料选编》,北京大学出版社1983年版,第23页。

④ [古希腊]亚里斯多德:《尼各马可伦理学》(第五卷),中国社会科学出版社2007年版,第209—211页。

⑤ E.博登海默:《法理学:法律哲学与法律方法》,第12页。

亚里斯多德的自然法有两方面的意义："一方面指的是符合城邦本性、指引其往善的生活发展的一般性正义理念，另一方面却是指具体的法律裁判"(在充分而妥当的比较考量后做出的)；前者是不可变动的，后者则是变动的。① 这些解释虽然不无道理，但没有将亚里斯多德的思想真正合理地整合在一起。

从赫拉克里特，经柏拉图，到亚里斯多德，他们强调自然法的不变和永恒只是都为了突出自然法的效力不同于人法：自然法具有人类无法取缔的效力，不管人类是否认识它、接受它，它始终在发生作用。对于这一点，我们可以从他们在论及自然法永恒性时所使用的措辞中领会到。赫拉克里特在提到这神圣法律的"万古长存""永远不灭"时，心中想到的是人们对它的"不理解"，因而对它总视而不见并"自以为是地活着"，为此他提醒人们：它是我们"片刻不能离的道"、"支配一切的主宰"。显然，这位晦涩的哲学家想用自然法的永恒性来强调它支配人类社会的必然性——"一个人怎能躲过永远不灭的东西呢?"② 而对柏拉图来说，"理性的命令"是我们要服从的"那种永恒的质素"，"服从"与"永恒"紧密相连。在亚里斯多德那里，这一点更为清楚，他用"对所有人有同等效力"来补充说明"自然法的'不能改变'"，对"同等效力"又用"不管人们是否承认"来进行补充说明。因此，对他们而言，自然法的永恒只是就其效力(即存在)而言，因而是形式意义上的。他们对自然法的诉求是为了强调人类社会存在着与事物的自然相一致的可以作为秩序基础的"统一尺度"，赫拉克里特称之为"一"，在柏拉图和亚里斯多德那里是"善"和"正义"。自然法对人类社会的规范作用是普遍存在的，没有哪个社会可以排除自然法的作用(因而是普遍有效的)。然而，事物之自然(即事物应当呈现的状态)会随世界自身的变化而变化，因此，一个社会如果其自然和社会环境发生了变化，其自然法的内涵就会有所不同，如原始社会和奴隶社会其自然法的要求就会有所不同。正是在这个意义，赫拉克里特认为"道为灵魂所固有，是增长着的"③，亚里斯多德认为"人类世界之自然亦受到变动法则之支配"。由此可见，自然法在形式意义上的永恒并不排斥它在内

---

① 颜厥安:《再访法实证主义》，第 227 页。

② 《赫拉克里特著作残篇》，D1，D2，D34，D72，D16，《西方哲学原著选读》(上卷)，北京大学哲学系外国哲学史教研室编译，第 22—23 页。

③ 《赫拉克里特著作残篇》，D115，《西方哲学原著选读》(上卷)，第 23 页。

容上的可变。① 承认自然法在内容上的可变是为了不将自然法规范绝对化，但这并影响它们作为一种正义标准的客观性。② 事实上，自然法只有在同时具备形式上的永恒性与内容上的可变性时，才能发挥其独特的社会作用：若没有形式上的永恒性它就不可能具有作为衡量人类一切事务的终极标准的身份，而若没有在内容上具有适应社会生活需要的灵活性它也不可能对社会产生实际的影响。③

然而，当斯多葛派将赫拉克里特的"按照自然行事，听自然的话"④的自然法思想系统表述为一种与个人所禀受的理性相一致的因而独立于具体环境条件的"理性的生活方式"时，自然法的永恒性开始具有了"内容上"的意义，自然法因排除了内容上的可变而变成了一个抽象的概念。而西塞罗对自然法性质的全面而经典的表述（"它是普遍适用的，不变而永存；……在罗马和雅典不会有不同的两套法律，在现在与未来亦复如是，一种永恒不变的

①　博登海默和颜厥安的解释由于都是从自然法的内容这一层次上来理解亚里斯多德关于自然法的恒定性和多变性的思想，因此，在他们的解释中，自然法在内容上最终是恒定，表现出可变的只是人们对它的不同认识（博登海默认为"随着人类在控制其难以理解的自然力方面、在发展一种更为强有力的道德意识方面和在获得更高的相互理解力等方面的进步，人类的正义感也会变得更为精致"），或者它在特定情形中的具体表现（颜厥安）。将自然法在内容上予以固定，只能与神创造世界的观念相一致，而与赫拉克里特和亚里斯多德强调事物的发展和变化是不协调的。

②　"自然法的可变"不是相对于认识主体而言，而是相对事物所处的特定环境而言。"当环境发生变化时，自然的公正会发展变化……只有在环境相同的时候，自然的公正标准才应保持不变。"（详见［法］雅克·盖斯旦、吉勒·古博等：《法律民法总论》，第14—15页）

③　如何协调自然法的永恒性和可变化性关系到自然法学说能否自洽的问题。为此，菲尼斯也为解决这个问题作出了自己的努力。在他的自然法架构中，有三个不同层次的自然法：处在第三层次的是论述了人类善的基本形式的一组基本实践原则；处在第二层次的是有助于实现阐述在第一层次中的基本价值的一组实践理性的基本方法论要求；处在第三层次的是从上述两组原理中归纳出的一组一般道德标准。第一与第二层次原则是一些自然明显的、不可改变也不能改变的基本要求，但对于处在第一层次的首要原则的道德意义以及运用实践理性原则将它们整合成特定的道德标准却是因人因事而变的，不变的只有道德准则所追求的目标以及用以实现这些目标的方法。如果没有理解错的话，只有方法意义上的自然法以及没有具体内容的抽象的自然法原则是不变的，而具体的自然法内容是可变的。不过，菲尼斯对自然法的可变不是从历史的意义上认识的，而是从社会生活的广度和深度上来认识的。他为了强调自然法原则的客观性，它否认自然法本身有变化的历史。他认为，关于自然法的理论和学说可能有兴起、衰落和复兴的历史，但自然法本身没有历史。在人类的思想史上，关于自然法的观念和思想不断演变，但这并不意味着自然法本身是变动不居的。自然法的演变史并不是自然法本身的历史，而是人们对它的认识、理解和运用——如人们利用自然法准则规范个人行为的程度、反思理论家承认一套自然法原则为有效的程度以及用以解释这些原则在事物的整个架构中的地位的各种理论的流行程度等方面的变化——的历史。我想在这里，菲尼斯可能混淆了客观存在的事物与事物本身的变化这两个不同的概念（See John Finnis, *Natural Law and Natural Rights*, Oxford University Press, 1980, pp. 23—24,30）。

④　《赫拉克里特著作残篇》，D112，《西方哲学原著选读》（上卷），第25页。

法律将适用于一切民族与一切时代……"），使得自然法在内容上的永恒性有了明确的表述。中世纪的经院哲学家阿奎那并没有沿着斯多葛派和西塞罗的思路继续在自然法的内容上强调其永恒性，而是在宗教神学的框架内继续发展亚里斯多德的自然法思想。一方面，他通过自然法对上帝永恒法的分有使自然法具有了形式上的永恒性；另一方面通过设定人类理性的有限使人类在通过认识事物的本性（它们是永恒法的印记）去发现自然法时，永远只能领会部分永恒法。因此，在阿奎那那里，自然法的概念是开放的，也正因为自然法认识的不完全以及自然法在内容上的不确定才使得具有明确内容的实在法变得必要。近代理性主义自然法更多的回归到了斯多葛派统一理性法的传统上，[①]致力于从对人性的抽象认识中以理性的方式演绎出具体而明确的自然法内容，从而将对永恒的自然法内容的寻求推至极致。他们在将法律理性化的努力中，相信"理性能够设计出普遍有效的法律制度的全部细节"[②]。这样，理性主义自然法因将自然法的内容绝对化、恒定化，不仅使实在法失去任何创造和创新的余地（因为依自然法可以建立起一个完全基于理性的、无需有任何人类经验介入的实在法体系），[③]最终还使自然法本身因规范内容的僵化而失去其在更为发达、因而也更为复杂的社会形态中发挥规范作用的可能。[④]

因此，自然法的永恒性和可变性在亚里斯多德以前的自然法思想以及在中世纪阿奎那的自然法思想中是协调的，两者之间的矛盾是斯多葛派在抽象的理性人基础上建构自然法，并试图提出"超越时间、超越不同文化背景"的自然法规则，从而将自然法在内容上予以永恒化才开始出现的，而近代理性主义自然法建构"普遍有效的法律制度"的野心更是使自然法成为某种无历史性和社会性的"僵固的雕像和法典"，而与处在社会和历史中生机勃勃地发展自己的法律现实相对立。事实上，"对自然法理论的责难，主要不是针对该理论的初始概念，而是十六世纪以来发展起来的学说"，"大部分

---

① 哲学家罗素认为，"象十六、十七、十八世纪所出现的那种天赋人权的学说也是斯多葛派学说的复活，尽管有许多重要的修正"（［英］罗素：《西方哲学史》上卷，第341页）。

② 博登海默批评他们是"毫无根据"的，这反映在他们处理法律问题的方法上的"非历史的简单程式和任意假设的特点"（详见［美］E·著：《法理学：法律哲学与法律方法》，第63页）。

③ 罗门因此认为，实证主义和理性主义自然法都没有正确地理解实证法：前者要求人法任意地构造全部正义的规范；后者则没有把创造性和创新留给人法（详见［德］海因里希·罗门：《自然法的观念史和哲学》，"导论"，第22页）。

④ 考夫曼认为，"具有一成不变的规范体系的自然法，可能在一个结构非常简单的社会还转得开，之于一个带着极其敏感的经济体系的高度复杂的社会，则可能显得不够用"（［德］阿图尔·考夫曼，温弗里德·哈斯默尔主编：《当代法哲学和法律理论导论》，第119页）。

批判是在十九世纪针对当时居于统治地位的自然法理论作出的"。①

4.2.2　如何理解自然法与实在法的关系？

当赫拉克里特最早提出作为"人的一切法律"的基础并赋予它们以力量的"唯一的神圣法律"的概念时，②自然法作为某种永恒法则并不是在人法之外，而是体现在多样的人法中。③ 正因为人法体现了自然法，它才值得人们尊重，并为它而战斗。

最早将自然法与实在法相对立的是在个人主义的立场上强调价值相对性的智者派。他们认为，法律（指人类的制定法）与道德都没有内在价值，因而也没有绝对的约束力，只有自然认为正当的（即个人对自我利益的追求）才有内在价值。不过，他们并没有将自然法作为实在法的衡量标准，对他们来说，法律本身就是服务于阶级利益的。④

在柏拉图和亚里斯多德对自然法的理解中，"实体法和自然法之间并没有直接的对立。……实体法本身就是对体现自然法秩序的一种尝试"⑤。在亚里斯多德看来，城邦的法律包括自然的法律和人为的法律，两者都属于城邦的政治性法律。⑥ 在他们的自然法思想中，实在法与自然法的关系是互补的：一方面，自然法为实在法提供了规范的源泉；另一方面实在法将呈现在自然法中的模糊规则具体化，将它转变为严格而确定的正式规定。⑦

真正将自然法与实在法二元对立，并使前者作为后者是否公正合理的评价标准是从斯多葛派开始的。他们将自然法作为统一的理性法与多样的地方习惯法相分离，从而将基于普遍理性的自然法成为习俗、惯例和法律的道德标准和批判工具。⑧ 当自然法被赋予了永恒不变的内容，那么，它也就必然成为某种外在并高于实在法的理想法律，因而预先假定了两者的二元对立。

---

① ［法］雅克·盖斯旦、吉勒·古博等：《法律民法总论》，第14页。

② 赫拉克里特的原话是"人的一切法律都是靠那唯一的神圣法律养育的"（《赫拉克里特著作残篇》，D112，《西方哲学原著选读》上卷，第25页）。这句话是比较费解的，但若将它译成"所有的人法是以一个神法为基础的"就容易理解了（［德］海因里希·罗门：《自然法的观念史和哲学》，第6页）。

③ ［德］海因里希·罗门：《自然法的观念史和哲学》，第6页。

④ 参阅［德］海因里希·罗门：《自然法的观念史和哲学》，第8—9页。

⑤ ［法］雅克·盖斯旦、吉勒·古博等：《法律民法总论》，第10页。

⑥ 参阅［古希腊］亚里斯多德：《尼各马可伦理学》（第五卷），第209页；颜厥安：《再访法实证主义》，第226页。

⑦ 参阅［法］雅克·盖斯旦、吉勒·古博等：《法律民法总论》，第10页。

⑧ 参阅申建林：《自然法理论的演进》，第55页。

西塞罗的自然法思想受斯多葛派的影响具有明显的二元论的倾向。他将自然法称为"真正的法律"、"大写的法",是正义的源泉,任何违背了正义的制定法都不能称为法律。另一方面,他又吸取了亚里斯多德将自然法与实在法相统一的思想,从而在一定程度上将自然法理解为不成文的法律,而将实在法理解为成文的自然法。

中世纪宗教自然法思想中那种不变的、全面的、完美的"永恒法"概念,使得在原则上最终源于永恒法的自然法也理所当然赢得了高于人法的地位。不过,阿奎那并没有将自然法与人法完全对立;对他来说,人法只是将自然法原则运用于各种特殊的事件和情节中,只是将自然理性写在纸上而已。[①] 中世纪的自然法理论虽然对现实法律制度具有较强的批判性,但它并没有发展成一种以个人主义为基础的革命的学说。

近代理性主义在很大程度上结合了智者派的个人主义立场和斯多葛派的理性法传统,将从简单假设的人性特点以及无历史依据的原初社会形态所推演出的社会生活的自然原则和个人所具有的自然权利视为具有普遍效力的高级法,它们独立并先于国家与法律而存在,是国家以法律管理社会时的必须遵照的先验原则,这些原则不仅可以作为评判国家法律合理与否的标准,还可以在一定条件下成为违抗国家和法律的正当理由。在这里,自然法作为一种理想法律的超验性以及它与实在法之间的对抗性便成为其最为主导的特征。

从上述分析可知,在自然法的思想史上,对于自然法与实在法之间关系的认识一开始就存在着两种不同的认识:一种以智者派为代表,他们将两者分离,在肯定自然法内在价值时否定实在法的内在价值;另一种以赫拉克里特为代表,他将自然法与实在法统一在同一个法律概念之中,从而使法律同时具有正当性和实在性。[②] 前一种思想在一定程度上被斯多葛派和近代理性主义自然法所继承和发扬;后一种被柏拉图和亚里斯多德所继承和发展,并在一定程度上为西塞罗和阿奎那所继承。[③] 另外,前一种思想主要地在政

---

① 参阅阿奎那:《阿奎那政治著作选》,马清槐译,商务印书馆1963年版,第107页。

② 罗门将前者称为"革命性、个人主义的自然法"思想,后者称为"保守的"自然法思想(尽管他认为有点不恰当)([德]海因里希·罗门:《自然法的观念史和哲学》,第5页)。

③ 颜厥安将以亚里斯多德为代表的古典自然法思想模式称为"自然秩序"模式,以霍布斯为代表现代自然法思想模式称为"意志"模式(参阅《再访法实证主义》,载《法与实践理性》,中国政法大学出版社2003版,第218—237页)。

治和伦理的意义上讨论自然法；①只有后一种思想才主要地在法律的意义上讨论自然法。当近代自然法理论遭受各方面的批判时，人们将近代自然法理论所承继的其中一种自然法观念（依照这种观念，自然法与实在法是二元对立的，自然法不仅是实在法的渊源，还是实在法的评判标准）当成是人类思想史上关于自然法的唯一认识。人们几乎遗忘了在近代以前可以说一直居主导地位的自然法观念②：依照这个观念，自然法作为实在法的基础或前提而存在；它们赋予实在法以正当性，但不是外在于实在法的评判标准。一个不具有自然法内容的实在法体系不仅不可能具有正当性，而且根本不可能存在。

世界上两大法系中最为成熟的法治国家的法律都十分明显地体现了自然法——英国的普通法就是自然法，德法两国的民法充满着自然法原则。在18、19世纪遭受批判的自然法思想主要是基于个人主义的革命性的自然法观念，③而这种观念在整个自然法史中并非属于主流。"如果说自然法在西方历史的某些时代中确曾扮演过革命的角色，那么，同样正确的，在它长期发展过程中，它大部分的时间所发挥的都只限于一种渐进的、乃至保守的功能。"④从这个意义上讲，18、19世纪对自然法思想的批判只触及了自然法思想中在某种程度上偏离了主流的部分，而且主要是在伦理和政治意义上阐述的自然法部分。因此，被此次批判所毁灭的并非作为整体的自然法思想，而只是这整体中的某些不合理的因素（即与法治理想和实践相冲突的那部分自然法思想）而已。如此看来，我们在今天讨论自然法问题绝非"验尸"，也非简单的复兴，而是如何更正确、更全面地理解和认识自然法。

---

① 斯多葛派主要从伦理的角度讨论自然法，他们关注伦理比法律要多。对此，罗素曾指出，"斯多葛派的主要重点是在伦理方面"（［英］罗素：《西方哲学史》上卷，第340页）。

② 这种"遗忘"导致了一种奇怪的现象：一些法学家一方面公开表明自己与自然法相对立的实证主义，另一方面在具体阐述法律思想时又表现出十分明显的自然法倾向。这种似乎难解的现象其实是十分正常的，他们在接受法律思想史的熏陶时不知不觉内化了亚里斯多德传统的自然法思想，但并不认同近代的理性主义自然法思想，而近现代实证主义正是在批判同时代自然法思想的基础上发展起来的。

③ "革命"一词在中国的语境中通常代表的是积极的意义，因此郑永流在质疑自然法的价值时也是从质疑它的革命性入手的（参阅郑永流：《自然法：一个绝代佳人？》，载《法哲学与法社会学论丛》第2辑，中国政法大学出版社，2000年版，第315－316页）。但在西方的语境中"革命性"更多的是代表消极的破坏性的意义。正因为自然法并非总是具有革命性，它才可能与通常具有保守性的实在法相容。

④ ［意］登特列夫：《自然法——法律哲学导论》，第95页。

4.3 富勒对自然法立场的肯定——回归古希腊时期的自然法立场

4.3.1 自然法相对于实证主义的优越性

富勒坚信,在那些被归类到自然法学派并因此受到普遍抛弃的思想家的著作中,存在着对今天具有重要价值的东西。而且,他将导致对这批重要而有益著作的忽视,视为至今仍然流行的实证主义所产生的最为不幸的后果之一。① 对富勒而言,传统自然法与实证主义在一定程度上都是受某种情感态度所支配的,因而他们在追求各自的目标时都表现出某些不切实际之处。前者为将法律纳入理性的轨道在某种程度上忽视了人类在法律行动中所存在的非理性方面,"相信人类理性在实现对人类社会关系的调整上是没有限制的";而后者为追求和平和秩序否认理性在法律形成过程中的作用,"相信理性能够审慎地为自己设定一个限制并在这个限制前止步"。② 确实,我们不可能只依靠理性去实现建立社会秩序的目标,我们同样也不可能预先确定理性角色的准确界线。

富勒认为,相比较而言,自然法理论在理论主张上的夸大和武断对于人类法律思想的发展并没有产生太大的消极影响。相反,正是它对于人类理性可以发现和确认人类的某些共同目标的确信,使得人类的思想得到了最大限度的解放,从而使得人类有可能在自由沟通的基础上形成共享目的的共同表达(the collaborative articulation of shared purposes),③并在共享目的的基础上形成了"一种对于人类关系的自发的秩序安排"(a spontaneous ordering of human relation)。④ 这是一个由习俗和自然法联合治理的地方,而且治理十分有效的地方——"虽然这里既没有主权者,也没有司法行为的等级序列,也没有基本的宪法性规范,但霍布斯如此担忧的意见的混乱并没有出现。"⑤

在富勒看来,人类自治秩序的存在对于人类社会具有极其重大的意义。

---

① See Fuller, *The Law In Quest of Itself*, p. 101.
② See Fuller, *The Law In Quest of Itself*, pp. 109—110.
③ Lon L. Fuller, "Human Purpose and Natural Law", 3 *Natural Law Forum* 76, 1958, p. 73.
④ See Fuller, *The Law In Quest of Itself*, p. 110.
⑤ See Fuller, *The Law In Quest of Itself*, p. 112.

在人类社会的秩序安排中,实在法所能管辖的社会生活领域是有限的。① 事实上,"既有实在法体系总的来说只能填补相对狭窄的可能争议领域,这里,各种冲突不能通过参照默认的有关正义的理解来自动解决"②。也就是说,我们需要实在法的情形通常是人们对于应如何调整相互间的关系存有争议或容易出现争议的领域。从这个角度讲,实在法是环绕着人类自治秩序领域的周围发展起来的,是社会控制机构对人类理性未能明确给出调整方法的社会关系领域所作出的决断。自治秩序领域对实在法的意义在于:它为实在法的形成和发展提供了理性的渊源和依据。贯穿于人类自治秩序领域的自然法是隐含在实在法形式背后的实质理性,正是这实质理性的成长和发展才使实在法具有发展和改革的需要,也才能使实在法的发展和改革具有理性依据。如果我们无视或否认人类的自治秩序,我们的实在法体系就会失去理性的渊源,而成为单纯权力意志的产物。如果说,在霍布斯所生活的相对简单的社会里,人类对和平和秩序的需要可以为主权者权力提供充分的正当性依据,那么,在当今这样一个许多对于经济和社会秩序的重大调整都是通过立法或行政颁布法令的方式加以实现的时代,同时也是一个主权者其最为明显的活动是重新分配财富的时代,"霍布斯的将主权者权力视为和平和秩序基石的诉求几乎不可能产生强大的吸引力","我们的社会结构需要由比'尊重法律'这样抽象的原理更具凝聚力的东西来支撑"。③ 这便是富勒特别强调自治秩序的重要性的原因所在。自治秩序的存在意味着人类某些共同目的或价值的存在,它使人类所有特定的有目的行为都可以通过参照它而得到理解。

自然法理论对人类这个共同表达共享目的的过程的一贯确信,以及试图以理论的形式去归纳和总结人类已经形成的共同认识的努力,推动了人类自发秩序领域的不断扩大。富勒认为,我们现有的社会和法律制度在很大程度上是建立在以往自然法理论所取得的成果的基础上的。④ 人类社会的发展并没有停止,因此,我们对自发秩序领域的探索也不能停止。由于实证主义将人类理性局限于发现实现既定目的的合适工具,甚至否认人类理性可以理解人类的某些共享目的,抑制了人类关系的自发秩序安排的发展。

---

① 如果对所有的社会生活领域都用法律规则去规范,那么我们所需的法律规章将是无法承受的庞大。法律之所以可能是因为人们在社会生活中存在着大量的默认行为方式,它们为法律的运行提供了前提。

② Fuller, *The Law In Quest of Itself*, p.111.

③ See Fuller, *The Law In Quest of Itself*, pp.115—116.

④ See Fuller, "Human Purpose and Natural Law", p.76.

这就是富勒极力为自然法立场辩护而批判实证主义立场的原因所在。他认为,实证主义的理论之所以看起来比自然法理论更正确,那是因为前者是在与现实环境相脱离的状态下抽象地讨论法律的形式和制裁,这使实证主义避免了因过时而被淘汰的风险,同时也使实证主义对法律的发展不能有所贡献;而自然法理论对法律的讨论总与整个人类文明的发展紧密相连,这使它在为法律的发展作出贡献的同时也总是面临过时的风险。① 在他看来,只有我们打破对自然法思想的禁锢,让理性能够对法律与社会制度有所发言,自治秩序领域才能扩大,我们社会结构中的重大调整才能和平实现。 否则,我们的社会将会是一个由武士和雄辩家控制的社会,最终将不能存续。②

4.3.2　传统自然法理论的主要价值

富勒对传统自然法理论的肯定并不是思想家们所曾提出的一个个自然法理论体系,③而是贯穿于这些自然法著作中的一种"较为宽泛和自由的法律方法"④。

"对我们来说,有关自然法的这些较早的著作的主要价值与其在于它们所阐述的各种体系,还不如在于它们所体现的法律思想的类型。这些著作(所体现的)较为宽泛和自由的法律方法在双重意义上是'自然法'。首先,它是一种人们在他们没有有意无意地被实证主义哲学阻止时自然会遵循的方法。当没有告诫停止的警示牌时,理性自然会尽其所能向前推进。其次,当理性没有被实证主义的限制阻挠时,它最终必然会在自然法中找到归宿,这些自然法被假定潜在于人们之间的关系中,并决定文明社会的兴衰。"⑤

这种被称为"自然法"的法律思维方法的根本特点就是对人类社会正确法(或正当法)的探求。这是一种将法律是什么与法律应该是什么结合起来探讨的方法。按照这种方法,对于"事物是什么"的界定中包含了"事物应该

---

① See Fuller, *The Law In Quest of Itself*, pp. 102—103.

② See Fuller, *The Law In Quest of Itself*, pp. 126—128.

③ 随着时间的推移和社会的变迁,人们通过自由沟通而形成的、并自动调整着人们行为的、作为这个自发秩序领域基础的、关于何者为公平、正直的一致观念(或正义概念)是处于不断的修正之中——"在今天被认为是理所当然的在明天就可能成为激烈争论的问题"(issue)。因此,任何特定时代所产生的自然法思想往往更多地反映了当时的时代需求,因此任何一种自然法理论体系不可能具有绝对的价值(See Fuller, *The Law In Quest of Itself*, p. 113)。

④ 这里的比较应是相对分析实证主义方法而言,"宽泛"应该指这种方法涉及的是整个法律领域,而不只法律适用过程,"自由"应该是指对理性没有人为的限制。

⑤ See Fuller, *The Law In Quest of Itself*, p. 103.

是什么"的评判标准,也就是说,那些符合事物本质的东西就是具有自然合理或自然正义性质的东西。在这里,关于事物的实然与应然是统一的、不分离的。以此去认识和理解法律,作为符合事物本质的法律,自然法就必然成为正确法的摹本。虽然,传统自然法理论对正确法的探求是"笨拙"的,[1]但这种自然法的思维方法蕴含着对人类理性的信任——一种对人类能够依靠理性集体发现正确法的信任。尽管任何人都不可能拥有神谕的力量,能够向世人提供绝对的道德真理,但我们不能因此否定理性在调整人类关系中的作用,否认人类在理性基础上形成的正确法的观念对于社会生活的重大意义。否则,我们的政府和法律将最终必然是恣意的。对人类社会自治秩序的肯定和促进以及对贯穿于其中的理性的高扬是富勒从传统自然法理论中所发现的主要价值,也是他大声疾呼复兴自然法的原因所在。[2]

4.3.3　回归古希腊时期的自然法立场

富勒要复兴的自然法当然不会是那种绝对的、普遍有效的、超越实在法之上的自然法。他曾明确表示:

(他)不接受任何坚持如下一个或多个主张的"自然法学说":(1)认为自然法的要求能够成为权威宣告的对象;(2)认为存在着某种能够像成文法典那样具体适用的"自然法";(3)认为存在着超越尘世关怀的"高级法",人类的制定法必须依据它来评判,而出现冲突的情况必须被宣布为无效。[3]

在富勒看来,亚里斯多德的自然法立场并不包含上述主张,因此,在一定程度上他所主张的自然法回归到了亚里斯多德的自然法观念。[4] 在亚里斯多德那里,自然法与实在法并不是对立的,而是相互补充的。或许,富勒心目中的自然法就是梅因所描述的古代意义上的自然法:

这个概念所有价值和作用,是因为它能使人在想象中出现一个完美法律的典型,它并且能够鼓舞起一种要无限地接近于它的希望,而在同时,对于还没有适应于这个理论的那些现存法律义务,它又从不使法律实务者或

---

① Fuller, "Human Purpose and Natural Law", p. 68.

② See Fuller, *The Law In Quest of Itself*, pp. 116, 127. and Fuller, "Human Purpose and Natural Law", p. 76.

③ Fuller, "A Rejoinder To Professor Nagel", *in Natural Law Forum* 3(1958), p. 84.

④ 当他的自然法主张被批评者指责为是"语言的误用"时,他如此回应对方:如果任何自称为自然法而在同时又排除了上述几种自然法主张的理论为语言的误用,那么,"这种特定的误用至少与亚里斯多德一样古老"(Fuller, "A Rejoinder To Professor Nagel", p. 84)。

市民加以否认。……一般的看法，它是现存法律的基础，并且一定要通过现存法律才能找到它。它的职能，简单地讲，是补救性的，而不是革命性或无政府状态的。这一点，不幸地，恰恰就是现代对于"自然法"的见解常常不再与古代见解相同的地方。①

由于现代人所使用的"自然法"已经被添加了一些使这一概念混乱的含义，富勒在阐述自然法时更愿意使用"共同需求原理"（the principle of the common need）这个表述。"共同需求"意义上的自然法具有以下特点：

首先，它并不带有近代自然法理论所具有强烈的个人主义倾向。在富勒看来，在任何一个社会都存在着个体价值和社会价值之间的冲突，对这两种对立利益的协调者并不存在一个统一的定式，因此，他的自然法并没有想以任何方式预先排除对人们对个人自由的需求与对社会组织的需求进行平衡的问题。他假定，"社会组织并非为其自身的原因而存在，而是为了使更好地满足人们的个人需求成为可能"。同时，他也假定，"正常的个体需求中包括一种与同伴一起工作，成为一项事业的一部分，享受他人对他的尊重的愿望"。只有参照特定时期的具体情况才能解决社会约束和个人自由之间的平衡问题。其次，他的自然法也不具有近代自然法理论的理性主义倾向。在他看来，理性主义、逻辑的、三段论的推理与直觉、洞见对于人类共同需求的认识和理解都是需要的。而且，共同需求有可能通过直觉的方式得到最好的认识。不可否认，有时我们会领会到一些不能解释的东西，但同样不可否认的是，假如我们能解释它们我们将有更好的理解，而且，通常只有在能够解释它们时才能传达我们的理解，而沟通是使共同需求原则有效的关键。再次，共同需求原则并没有具有保守或激进的情感取向。最后，共同需求原则并不是适用于所有时代的所有人的"不变的、永恒的标准"。"一个国家在战争时期的共同需求不同于处于和平时期的共同需求。一个工业社会的共同需求也不同于一个正在从野蛮走向文明的社会的共同需求。共同需求不仅取决于人们生活的环境以及他们在体质和精神上的禀赋，还取决于他们在道德和知识上的造诣。"②

这样一种变迁着的、具有相当特定性的自然法克服了声称具有永恒性和超法律性的自然法违反历史经验和违背法治的本质缺陷，但它仍然面临着一个新的问题，那就是：如何将具有不确定性的自然法与以确定性为目标

---

① 梅因：《古代法》，第 44 页。

② Fuller, *The Problems of Jurisprudence（temporary edition）*, The Foundation Press, 1949, pp. 700—701.

的实在法相调和。毫无疑问,内容上可变的自然法只有在它具备了某种法律形式时才可能进入法律的领域,承担起作为实在法理性基础的作用。因此,富勒并非只是简单地肯定自然法的立场,而是希望在此基础上提出一种能将自然法与实在法有机结合起来的新自然法理论。对于这一点下面将作细述,在此暂不展开讨论。

05 富勒的问题意识——以自然法立场 克服实证主义的缺陷

5.1 富勒重申实在法体系的道德基础和目标

5.1.1 实证主义的假设

富勒的思想主要是在批判实证主义思想的基础上发展起来的。他最早在《法律在探求自己》一书中对种种实证主义的理论——包括霍布斯的命令理论、以奥斯丁和索罗姆为代表的分析法学、由凯尔森所奠定的维也纳学派以及美国的法律现实主义——展开了全面的批评。

富勒认为,对界定法律(defining law)的关注是这些实证主义思想所具有的一个共同点,而且他们都是试图通过将法律与道德截然分开的方式去界定法律。① 而分析实证主义的这一理论取向往往是以假定作为分析对象的法律具有某种正当性为前提的。

对于 19 世纪末 20 世纪初的分析法学家,“一个之于他们是顺理成章的假定”是:立法者不颁布“恶法”或者说“恶法”的颁布只是例外。而且,那时各国的立法者在一种优良的道德意识引导下确实颁布很多符合事物本质要求的法律。②正如科学实证主义所相信的,“那种以事物的本质为基础的秩序,将被呈现在法律中,在各种将要调整的领域内,追求正义的意

---

① See Lon L. Fuller, *The Law In Quest of Itself*, p. 17.
② 参阅［德］阿图尔·考夫曼,温弗里德·哈斯默尔主编:《当代法哲学和法律理论导论》,法律出版社 2002 年版,第 117 页。

图,起着决定性的作用并明晰可见,在所有为社会生活要求的合目的性方面,法之思维未被过激的功利所压倒"[1]。

后来发展起来的规范实证主义则假定:合法性(legality)本身具有某种正当性(legitimacy)。他们实际上假定,法律秩序下的人们对于合法性抱有这样一种信念:既有的法律是按照用以建立和适用法律的形式上正确的程序形成和颁布的,或者说所有的法律只要它们来自一个恰当的地方并满足了必要的程序要求就是正当的。

正是基于这样的假定下,实证主义者把法律视为权力意志的结果,并将与法律目的相关的法律应然的讨论排除出法学研究的合法领域。[2] 然而,当这种假设被纳粹统治时期所出现的大量"不道德的"、"罪恶的"法律所彻底打破时,实证主义者只能无力地承认"恶法亦法"。"由于不公正或不道德的法律,实证主义苍白无力"[3]富勒希望通过重新揭示被掩盖在假设背后的、"被分析实证主义者搁置一旁并且基本上不予理睬"的真正推动了法律的产生并赋予法律以意义的实质性因素[4],寻求避免恶法产生的可行方法,从而为因长期为实证主义占据而在法律实践上显得无力的法学注入面对法治实践中的现实困难、解决现实问题的力量。

5.1.2　对法律伦理性的肯定

富勒思想区别于实证主义的根本之处在于:他强调法律与道德的不可分。他认为"促生并支持着一个法律系统"的是公民认为它正确的判断或态度[5],而这种态度中隐含着立法者与公民之间的某种默认的承诺,或者说隐

---

① Eb·施米特:《法律与法官实证主义的价值和缺陷》,1952 年,第 7 页及下页。转引自[德]阿图尔·考夫曼,温弗里德·哈斯默尔主编:《当代法哲学和法律理论导论》,第 117 页。

② 富勒认为,在分析实证主义的理论结构中存在着五个基本的出发点:(1)分析实证主义将法律看成是一种单向度的权威投射,发端于一个权威源泉而强加到公民身上;(2)实证主义哲学不问法律是什么或怎么用,而仅仅关心它从何而来;(3)法律实证主义者实际上并不认为立法者担任着任何特定的职务、角色或职能;(4)任何可以被称作"角色道德"的东西都不能被附加到立法者的职能之履行上;(5)实证主义者确信,除非我们能够明确区分投入到法律创制活动中的有目的的努力和经由这种努力而实际出现的法律,否则清晰的思维便是不可能的(参阅[美]富勒:《法律的道德性》,郑戈译,商务印书馆 2005 年版,第 221—224 页)。

③ [德]阿图尔·考夫曼,温弗里德·哈斯默尔主编:《当代法哲学和法律理论导论》,第 116 页。

④ [美]富勒:《法律的道德性》,第 226 页。

⑤ 这种态度应该包括两层意思:一是在一般意义上将法律理解为人类所需的共同善;二是在特定意义上确信自己所属的法律制度的正义性(See Lon. L. Fuller, *The Morality of Law*, Yale University, 1969, p. 138)。

含着公民对立法者的一些正当期待。[①] 这些承诺和期待包含了对人类共享目的的追求,立法者的权力正是基于他努力实现这些共享目的义务。在法律的形成和发展过程中,一方面,立法者将在公民中形成的具有道德价值的共享目的体现在法律中,另一方面,法律的具体规定又影响着公民的对共享目的的进一步理解。立法者与公民之间的这种"有效互动是法律的基本要素"[②]。

从这个角度理解的法律,它不只是在"立法者颁布出来的那个瞬间以及法律对其适用对象产生影响的那个瞬间"所呈现出的事实状态,而是一个分有了人类共享目的因而与仍在成长着的人类目的一起成长的过程。[③]"成文法或判决不是一个存在的片断,而是像故事一样是成长的过程。"[④]随着人类对自身认识的加深和对共享目的的日益清晰,法律在不断地自我成长和完善,正如一个故事在不断被复述的过程中其意义得到人们更透彻的理解而故事本身也因此变得更加完美一样。这是一个法律在人类共享目的的推动下不断纯化自己(work itself pure)的过程。包含在法律中的人类共享目的是法律的道德基础,它包括人们对正义的理解和判断、人们在日常社会生活和事务中隐含的禁忌和互惠,[⑤]它赋予法律值得人们遵从的正当性,也规定了法律自身的发展方向。这个意义上的法律具有了某种伦理的性质,成为人类所追求的伦理生活的一部分。一方面,人们对于正义的理解和判断决定了将要成为法律的内容;另一方面既已存在的法律又反过来影响着人们对于是非对错的理解。[⑥] 法律正是在与人类的伦理目标的交互作用的过程中赢得了公众对它正义性的确信(conviction of its rightness),并以此为自己获得了道德基础和正当性依据。富勒对传统自然法立场的肯定正是为了恢复被实证主义的科学光辉遮蔽了的法律的伦理性:

法律本身就是道德环境的一分子。……法官在断案时不仅仅是在制定一套用以阻止坏人的最低限度的约束,而且在事实上还有助于创制一套将会界定好人的公共道德。当法官从这个角度理解他的职位,他将认识到他的工作是多么具有创造性,并认识到通过对"既存法律"采取一种被动的、实

①　［美］富勒:《法律的道德性》,第160,163页。

②　Lon. L. Fuller, *The Morality of Law*, p.193.

③　Lon. L. Fuller, *The Morality of Law*, p.193.

④　Lon L. Fuller, *The Law In Quest of Itself*, p.10.

⑤　Fuller, *The Law In Quest of Itself*, p.65.

⑥　有关法律对道德的影响,以及这种影响如何可能实现(参阅 Lon L. Fuller, *The Law In Quest of Itself*, p.112, note6 and pp.135—136)。

证主义的态度去逃避对将来的责任的诱惑是多么邪恶。[1]

从自然法角度理解的法律"并不仅仅是行为的一个尺度,还是关于行为之价值的一种宣告","肯定自然法,即是肯定法律为伦理的一部分"。[2] 富勒正是希望通过自然法这一桥梁将法律与人类所追求的正义目标重新架接起来。正如登特列夫所言:"日后还会永远地使学者们对自然法学说感到兴趣的是一项罗马法学家在创造一个伟大法律体系时所抱有要求——要求法律应该符合于自然,符合于公道与正义。"[3]自然法思想能从人类的文明源头古希腊一直绵延至近代,并在遭受了18、19世纪的猛攻而一度被宣告死亡又在经历了短暂的休克后奇迹般地"死"而复活,正是它对正义这一人类的自然需求的肯定和重视。"人总是难以抑制其对正义的渴望……这种对正义的渴望和追求与人们对真理的不懈追求一样紧迫。"[4]事实上,"重视法与正义的关联性"在某种程度上已"成为西方后世思想家思考时的'前见',成为一种可以遗传下来的思维惯性。"[5]正是在这个意义上,自然法的潜在精神不可能消灭,"人们如果否定它有权进入实定法的体内,它就会像幽灵似的在屋子里到处飘荡,大有变成吸血鬼吸光体内之血之势"[6]。缺失了自然法的实在法,就像是没有灵魂、没有生命的躯壳。法律应该以实现人类的共同善为目的,法律应该体现社会正义。对于这一点,即使是实证主义的最近传人麦考密克也并不否认,"……国家的法律应该旨在实现正义……假定法律只意味着是什么,而不承认它确实并必须服务于某些(无疑是既可争辩的也不完全融贯的)价值体系,那么它既不能运行也不能被完全理解。"[7]

5.1.3 法律与道德的关系

富勒肯定法律具有伦理性,强调法律与道德的不可分,并不意味着他混淆了法律与道德之间的区分。即使是传统自然法理论家,对法律与道德之间的差别有着十分清楚的认识,且对它们的本质有着令人惊异的洞察。[8]

---

[1] Fuller, *The Law In Quest of Itself*, pp. 137—138.

[2] 登特列夫:《自然法——法律哲学导论》,第79、117页。

[3] 登特列夫:《自然法——法律哲学导论》,第27页。

[4] 罗门:《自然法的观念史和哲学》,第121页。

[5] 吴予:《法与正义之关联:一个西方文化基因演进的考察》,载《比较法研究》1999年第2期。

[6] 登特列夫:《自然法——法律哲学导论》,第113页。

[7] Neil MacCormick, 'Natural Law Reconsidered', in *Oxford Journal Law Studies* 1(1981), p. 109.

[8] 登特列夫著:《自然法——法律哲学导论》,第91页。有关自然法思想家对法律相对于道德的区别特征的认识,参阅《自然法——法律哲学导论》,第84—88页。

　　自然法思想家在强调法律与道德的密切联系时，并不意味着他们将法律道德化了或是将道德法律化。① 他们只是希望提醒大家不要因为法律与道德的区别性特征（况且这些区别性特征也不具有绝对的意义②）而忽视两者的联系。他们从人类的共同需求上看到了法律与道德的共同渊源，"法律义务与道德义务的外在性和内在性区别并不在于义务本身，而是在于它们被课加的方式以及被实践的方式"③。他们从自然法中看到了法律与道德的交叉点：正是自然法将法律与道德联系起来；也正是自然法使法律获得了道德基础。④ 法律如果没有道德基础，我们将无法说明人们为什么要服从法律，也无法解释法律缘何能够成为社会生活的一部分；法律如果缺失道德基础，法律将迷失自身发展的固有方向，如同独轮车般可以由人类意志推向任何方向。对法律与道德关系的探讨是自然法理论为人类社会所作出的重大贡献：它为法律的服从提供了理由；也为法律的发展确立了方向。然而，"道德与法律之结合，并不排斥两者区分的可能。实际上，自然法思想的历史，正是一页努力标定两者界线且探求两者基本差别的历史"⑤。登特列夫认为，对于自然法思想家有关法律的伦理性的思想，首先"我们不该忘记得之于他们的重大教益"，其次"千万不要说自然法把法律与道德混为一谈"。⑥

　　富勒在重申传统自然法所坚持的"法律与道德不可分"的立场时，也同样没有忽视两者的区别。富勒认为，尽管法律与道德都旨在使人类的行为服从某种规则，但法律区别于道德的地方是：它是一项"使人类行为服从于规则之治的事业"，作为"人类事业"的法律体现了人类有目的地努力的方向，这些有目的地努力包括"一个社会选出一个委员会来起草一份对既定行为准则的权威表述"，或者是任命一个人或成立一个权威机构专门处理社会生活中出现的纠纷；⑦在这些有目的地努力中，规则被明确地表述，规则之间

---

　　① 哈特在为实证主义的分离主张作辩护时曾明确提到"分离主张"是为了避免法律实践中所存在的两种危险：一是法律及其权威可能在人们关于"法律应该是什么"的观念中被瓦解；二是实在法可能取代道德成为行为的终极标准而逃避批评［H. L. A. Hart，"Positivism and the Separation of Law and Morals"，in *Harvard Law Review* 71(1958)，p. 598］。对此，登特列夫认为，"如果自然法学说真的蕴涵与认可了这么大的一些错误观念，我们实在难以相信我们祖先会在数百年之间一直对它感到心满意足"（《自然法——法律哲学导论》，第83页）。

　　② 有关法律与道德间的区别特征被强调的原因以及这些特征所具有的相对性，参阅登特列夫：《自然法——法律哲学导论》，第89—93页。

　　③ 登特列夫：《自然法——法律哲学导论》，第93页。

　　④ 参阅登特列夫：《自然法——法律哲学导论》，第117页。

　　⑤ 登特列夫：《自然法——法律哲学导论》，第83—84页

　　⑥ 登特列夫：《自然法——法律哲学导论》，第94、122页。

　　⑦ See Lon. L. Fuller，*The Morality of Law*，p. 130. 以及富勒：《法律的道德性》，第152—153页。

的矛盾被有意识的避免,违背规则所必然引起的社会制裁也是由正式机构来执行。与之相区别的道德准则"是通过经验和教育以各种间接和非正式的方式塑造而成",因而其规则往往相对模糊并可能潜藏着不被注意的矛盾,对违背规则的制裁也通常只能诉诸社会舆论。① 然而,这些区别并不意味着两者没有联系。富勒在强调法律与道德结合时不仅意识到两者的区别,而且还意识到将法律道德化的危害。②

在富勒看来,实证主义在方法上的错误正是在于:他们"对事物作区分意味着将有关的区分对象作永久的二分,因而当我们能够指出事实 A 和事实 B 的不同时意味着这两个事实分属于截然分离、相互排斥的现实领域"③。"在人类创造力相关涉的任何领域,要在'是'与'应该'之间划出一条明确的界限是很困难的","包括蒸汽机和法律在内的人类有目的活动领域,价值与存在不是两个不同的东西,而是一个完整现实的两个方面"。④ 作为过程的法律,"法律是什么"与"法律应该是什么"处于无法分离的相互作用之中,任何对法律的描述或解释都不能撇开法律应该是什么。如果以康德的语言来阐述,"'什么是法律?'这个问题实际上就是'法律究竟如何成为可能?'",因此,"光知道法律实际上'说或曾经说'什么并不足以使法律家知道法律'是'什么,而只能使他们知道在某时某地有些什么与法律有关的事物"。⑤ 由此观之,对法律实然与应然的区分只是实证主义抽象分析的结果。⑥

法律实证主义或为实现建立法律秩序的目的,或为达到清楚地阐述法律是什么的目的,试图在法律与道德之间画出一条清楚、明确的分界线。然而,他们旨在将自己从一个肯定的伦理或实践目标分离出来,从而分析地、描述地研究那个假定的"纯粹法律事实"的种种努力是根本没有结果的,因而是徒劳无益的。⑦ "一个既有法律制度的稳定性,以及它产生和平和秩序的能力,不只是简单地依赖于法律人忠诚地遵循已颁布规则,而且还取决于普通人承认那些规则为本质上正确的意愿。"⑧要建立稳定的法律秩序,我们必须关注法律背后的价值;要真正认识法律是什么,必须在法律发展的过程

---

① 富勒:《法律的道德性》,第 152—153 页。
② 富勒:《法律的道德性》,第 191—192 页。
③ Fuller, *The Law In Quest of Itself*, p. 58.
④ Fuller, *The Law In Quest of Itself*, pp. 6—7,10—11.
⑤ 登特列夫:《自然法——法律哲学导论》,第 115、117 页。
⑥ See Lon L. Fuller, *The Law In Quest of Itself*, pp. 7—10.
⑦ See Lon L. Fuller, *The Law In Quest of Itself*, p. 99.
⑧ Fuller, *The Law In Quest of Itself*, p. 91.

中同时参与对法律应该是什么的评价。① 实证主义的反自然法立场已极大地阻碍于法学界对"法律应该是什么"的自觉探求,并使得那些在法律内部"确实影响和控制了司法过程"因而实际上影响了法律的形成和发展的因素被作"法律外的考量"而处于不能被公开讨论的神秘状态,②以至于法律的改革和发展似乎成了一个受许多不确定因素(更多的是基于个人的主观认识)控制而无法预测的过程,法律权威以及公民对法律的信任因此遭受重大危机。这是富勒反对实证主义的主要原因。富勒对法律与道德之间联系的强调正是为了引起人们对"法律应该是什么"的重视,通过形成对"法律应该是什么"的较为清晰的理解来明确法律发展的方向,从而使人们通过获得关于"法律应该什么"的较为确切的认识来获得"法律是什么"的确切认识。

5.1.4　法律的外在道德与内在道德

对法律伦理性的肯定,以及对"法律是什么"与"法律应该是什么"的密切联系的强调,并没有真正解决法律的正当性基础问题,也没有为避免恶法的产生提供切实可行的方法,因而在实践上并没有太大的意义。解决问题的关键在于:如何将法律的伦理性纳入到法律性或合法性(legality)的要求中去,③即如何以一种符合法律确定性要求的方式将"法律是什么"与"法律应该是什么"结合起来。

实证主义者反对自然法并非因为没有认识到法律与道德之间的交互作用,④而是因为他们看到了反映人类道德要求的自然法本身的不确定性:"上帝法并非总是明确表达出人类的义务所在"⑤,"许多很不同的正义观念……使人甚至不能简单地讲'正义'的地步……"⑥。他们否认法律的道德基础,

---

① 对富勒这一观点的进一步理解,参阅 Fuller,"Human Purpose and Natural Law"pp. 68—71. 以及富勒:《法律的道德性》,第 224 页。

② 富勒有关实证主义在法学理论发展上的消极影响的论述参阅 Fuller, *The Law In Quest of Itself*,pp. 128—139.

③ Legality 一词有"合法性(strict adherence to law)"的意思,也有"法律性(quality of being legal)"的意思。国内学界习惯将这两层意思都用"合法性"这同一个词去表达,这就需要读者根据上下文去判断"合法性"是指"符合法律的规定"意义上的合法性(即狭义上的合法性),还是"符合法律的性质"意义上的合法性(也即"法律性")。另外,在中文表述中,"合法性"还常常用来指"具有正当理由或依据",即广义上的"合法性"(legitimacy)。

④ See H. L. A. Hart,"Positivism and the Separation of Law and Morals", in *Harvard Law Review* 71(1958). pp. 598—599.

⑤ Austin, *The Province of Jurisprudence Determined*, p. 210

⑥ 凯尔森:《法与国家的一般理论》,第 8 页。

而将法律建立在（某种只具法学分析意义的）"被习惯性服从的主权者"、"基础规范"或"承认规则"之上，正是为了通过摆脱不确定的自然法基础、否定自然法理论所主张的法效力的实体标准，以在法律适用中排除主观的、不确定的道德因素（或非法律的因素）对法律确定性的干扰，从而达到维护法治的目的。[①]

　　而且，事实上，自然法理论家所主张的"法律应该符合自然法"[②]，一直以来只是一个美好的愿望而已，这个愿望的实现通常只能寄希望于统治者的政治智慧和道德自律，或是寄希望于仁慈而又公正的上帝对于人类世俗权力的制裁力。一旦上帝被人类理性祛魅，面对缺乏政治智慧和道德自律的统治者背离自然法而颁布恶法时，自然法理论家也只能站在道德的立场上对恶法作出"恶法非法"的批判。这种批判的无力与实证主义者在宣称"恶法亦法"后寄希望于通过道德批判来最终消除恶法的无力并无太大差别。正如菲尼斯所指出的，"恶法非法"的主张本身就隐含着对恶法所具有的实在法地位的肯定。[③]

　　富勒虽然同情实证主义理论背后的情感诉求，但他并不认同实证主义对理性地探讨人类共同目的的可能性的否定。富勒相信，"人类可以通过集中他们的智力资源更好地理解他们的真正的目的"，因此，他强调人类在自发的秩序安排中所形成的共享目的对于法律所具有的道德意义。但他同时也认识到，人们赖以达成共享目的的基础——人类的本性或自然（human nature）——"始终是不完善的因而处于发展的过程中"[④]；"随着时间的推移，人们对于什么是公平和正确的判断经历了深刻的修正，在今天被认为是理所当然的在明天就可能成为人们激烈争论的问题（issue）"[⑤]。因此，富勒复兴自然法的努力并没有停留在对自然法基本立场的肯定上，而是致力于寻

---

①　哈特对此曾作清楚的表白。他认为，边沁和奥斯丁坚持法律与道德的分离，只是想主张："在没有宪法与法律明确规定的情况下，我们不能仅仅因为一个法律规则违背了道德性标准而断定它不是一个法律规则；……也不能因为一个规则在道德上是可取的就认为它是一个法律规则"；如果我们放弃这种分离主张，法律及其权威可能在人们关于"法律应该是什么"的观念中被瓦解（See H. L. A. Hart, "Positivism and the Separation of Law and Morals", pp. 598, 599, 615）。

②　如，霍布斯所主张的"最好的国家法律，是借此能最可靠地保障自然法命令得以遵守"，以及斯宾诺莎所主张的"国家必须制定合乎理性的，而非任意的法律"的主张（《神学政治论》，第 3 章，转引自[德]阿图尔·考夫曼，温弗里德·哈斯默尔主编：《当代法哲学和法律理论导论》，第 81—82 页）。

③　参阅菲尼斯：《自然法与自然权利》，第 288 页以及 John Finnis, *Natural Law and Natural Rights*, p. 364.

④　Fuller, "Human Purpose and Natural Law", 3 *Natural Law Forum* 75 (1958). p. 71.

⑤　Fuller, *The Law In Quest of Itself*, p. 113。

求一种可以化解自然法在内容上的不确定性和法律对确定性的要求之间矛盾的方法。只有当在内容上并不总是明确和清晰的自然法要求可以转化为符合法律确定性要求的自然法依据时，自然法才能真正成为法律的道德基础。

为此，富勒的自然法理论并非立足于复杂的、经历着变化的人类共享目的，而是建基于一个适度和符合实际的目的（modest and sober one）：通过法律建立稳定的秩序，从而"将人们从盲目的随机行为中拯救出来，使他们安全地踏上从事有目的的创造活动的道路"①。建立法律秩序之所以能成为人类社会共同追求的目标，是因为人类要"过美好生活需要比良好的愿望更多的东西，……它需要某种只有健全的法律制度才能提供的东西——至少在现代社会——为人类的互动提供一个牢固的底线支持"②。而人类如果要实现建立法律秩序的目的，那么他就必须使法律具备某些确保其正常运行的基本条件，如要有规则且规则应该为公众知晓、它们在实践中得到那些负责司法的人士的遵循等。富勒从人类法治实践中辨认出的"使法律成为可能"的八个基本要求，即合法性原则，就是确保法律有效运行的一些必要条件。

由于建立法律秩序本身是人类所追求的共同之善，因此，那些使法律秩序得以建立的基本条件就具有某种道德的性质。而且，对这些法律有效性条件的满足还可以在很大程度上促进法律实体正义目标的实现（对于这一点稍后将作进一步阐述），这使这些条件不只具有效率的意义，更具有道德的意义。正是在上述这两个意义上，富勒将这些确保法律秩序得以建立的基本条件称之为"秩序道德"，③也即法律的内在道德。

由此，富勒将法律建立在双重的道德基础上：与法律所要实现的外在目标相关联的法律的外在道德（external morality of law），与内在于法律的秩序目标相关联的法律内在道德（internal morality of law）。④ 在富勒看来，法律要获得让人服从的权威必须在以下两个互相联系的意义上符合道德要

---

① 富勒：《法律的道德性》，第 11 页。

② Fuller，*The Morality of Law*，p. 205.

③ 富勒最早在在与哈特的论战文章（Positivism and Fidelity To Law—A Reply To Professor Hart，in *Harvard Law Review* 71，pp. 645—646）中提出"秩序道德"的概念，后来在《法律的道德性》一书中对秩序道德的内涵作了详尽的阐述（参阅第二章）。

④ 实证主义与传统自然法在讨论法律与道德的关系时，都只是涉及与法律的外在目标相关联的法律的外在道德，而没有涉及与法律这一秩序形式所具有的秩序目标相关的法律内在道德。富勒认为，人类所有的秩序形式，包括立法、裁判、合同等，都具有与其要实现的秩序目标相关的道德要求；只有当这种道德要求得到一定程度尊重，人们借助这一秩序形式达到确立秩序的目标才可能实现。

求：一方面，立法的权威必须得到赋予它权能的人们的道德认可，即他所制定的法律被人们确信为是正义的（being rightness），这是来自法律外部的道德要求；另一方面，法律的制定和管理必须符合法律的秩序道德要求（demands of a morality of order），这是源于法律内部的道德要求。① 也就是说，在任何法律制度背后都存在着这两个被普遍承认的伦理前提。

法律的外在道德要求通常是通过民主的立法程序来实现的。当然，这里的民主不是通常所理解的表现为简单多数原则的民主，② 而是以明确表达人类共享目的为内容的共识民主，它通过让人们在开放的环境下自由地表达对人类共享目的的认识，使那些能使"冲突的人类欲望产生愉快妥协的"、因而可以作为人类共同生活的基础的、具有内在合理性的价值观念成为制度的基础。③ 然而，随着社会的发展和环境的改变，人们对于作为制度基础的共享目的又可能产生不同的认识，这就需要在制度内部形成一种可以消除分歧的技术，以确保制度在面临分歧的情况下仍然具有坚实的道德基础。富勒对秩序原理的探索正是为了寻求这样一种技术。合法性原则，或法律的内在道德，作为法律过程的程序自然法要求就是这样一种技术或方法。

法律的内在道德，作为立法这一秩序形式的内在要求，它是由法律所要实现的秩序目标所决定的；在这个意义上，它的要求具有内在的必然性。这种内在的必然性对于确立法律的道德基础有两个方面的意义。一方面，这种内在的必然性表现为它在约束力上的某种强制性——任何法律，即使是坏的法律，也不能回避法律的内在道德。一个国家如果想实现其通过法律建立社会秩序的目的，那么法律的制定和管理就必须满足其内在道德的最低要求，否则法律将不可能在社会生活中发挥作用，也不可能实现建立法律秩序的目的。"法律，单纯被看作秩序，它包含着自己的隐含道德。如果我们想要去创建能被称之为法的任何东西，即使是坏的法，秩序的道德必须得

① See Fuller，"Positivism and Fidelity To Law—A Reply To Professor Hart"，p. 645.

② 富勒认为，多数原则是一种基于智识怀疑主义的否定性的民主概念。"没有像正义这样的东西。人类理性完全不能调整人们相互间的关系。某些完全任意的秩序原理因此变得必要。"这就否定了存在着比任何特定个人的意志更接近事物的内在本质的共同意志。多数规则被喜欢是因为基于它而建立的秩序最有可能被遵守，而不是因为它最有可能是对的。这样一种否认了制度价值基础的否定性民主概念在任何时代都是危险的，而在今天这样一个在基本的社会和经济结构发生重大的调整时期无疑是自杀性的。基于怀疑主义的民主概念不仅不能使一个国家度过危机，而且还将加速威胁着现代社会的解体力量，因为，它封锁了那些可以对自治秩序的成长作出贡献的人，因而将不可避免地阻碍自治秩序的成长（See Fuller，The Law In Quest of Itself，pp. 121—126）。

③ See Fuller，The Law In Quest of Itself，p. 113.

到尊重。"①另一方面,这种内在必然性表现为内在道德在具体要求上的客观性和确定性(因为它是法律运行的本质要求),而这使得与内在道德处于互动之中的外在道德的许多要求可以通过转化为内在道德要求来获得法律所需的某种客观性和确定性。

富勒认为,法律的外在道德与内在道德之间存在着互相作用的中间地带,正是这个中间地带的存在使得将有争议的、不确定的外在道德要求,转变成明确无争议的内在道德要求成为可能。譬如,"要求法官在面对两种看似同样有理的法律解释时应偏向那种可以令该项法律条文吻合获得普遍接受的对错原则的解释"的外在道德要求,可以转化为"不能使制定法成为无辜者的陷阱"的内在道德要求,由此同样使得与被普遍接受的对错原则相一致的法律解释具有内在道德上的正当性。再如,对于同性恋行为是否违法的道德争论,可以通过转化为法律内在道德上的考量来给予解决:"所有禁止同性恋之类的法律由于明显不能得到实施,而它在纸面上的存在将会诱使敲诈勒索,由此将导致写在纸上的法律与实施的法律之间出现巨大的鸿沟",所以,法律不应将同性恋行为规定为犯罪。② 富勒认为,许多在法律上对实体道德问题存有争议的问题都可以这种方式来予以解决。这样,以人类共享目的为内容的、往往不太确定的自然法要求就可以转化为具有确定性的自然法依据,从而使得法律有可能建立在确定的道德基础之上。

法律的外在道德与内在道德的交叉为法律获得确定的道德基础提供了可能,而通过遵循法律内在道德要求来实现法律在实体道德上的正当性(即法律外在道德)将这种可能变为现实。"有规则"这一一般性要求是法律的内在道德,遵循它一方面可以在很大程度上使公民得到同等情形同样处理的法律公平,另一方面可以使统治者通过明确清晰地表达用以管理社会的规则而更加具有责任心。③ 另外,通过确立规则来建立秩序必定以"人是或能够成为一个负责的行动主体,能够理解和遵循规则,并且能够对自己的过错负责"这样的观念为前提,而对理性人的假定使得对人的尊严的尊重成为法律当然之内容,从而赋予个人在法律不禁止的范围内自主选择行为、安排个人生活的自由。④ "规则不能互相矛盾"是法律内在道德的另一项要求,否则公民将无法按规则行动,遵循它就要求统治者在立法时必须受既有法律

---

① Fuller, "Positivism and Fidelity To Law—A Reply To Professor Hart", p. 645.
② See Fuller, *The Morality of Law*, p. 132−133.
③ 参阅富勒:《法律的道德性》,第 55−57,184 页。
④ 参阅富勒:《法律的道德性》,第 188−189 页。

的约束而不能以难以预测和毫无范式的方式恣意下达法律命令。① "要求规则具有可被理解的、必要的清晰"是法律内在道德的又一项要求,遵循它就使得一些明显违背公共道德的、因而总是将不被公众认可的目的以模糊的语言隐藏于法律之中的立法,不再具有法律的效力,借此可以使恶法失去存在的空间。②

尽管法律的内在道德可以在很大的范围内并不关心法律的实体目标,并且可以同等有效地服务于各种这样的目标,但它非完全中立于实体目标;对某些实体目标的追求将不可避免地损害法律的内在道德,因而有些实体目标是不为内在道德所接受的。③ 富勒深信,逻辑一致性与善总是具有更多的亲和性;④对法律内在道德的忠实坚守不可能与对正义和人类福祉的粗暴无视相结合。⑤"如果人们被迫以正当的方式行事,那么,他们将总是做正当的事。"⑥"政府对法律的内在道德的尊重从总体上看有益于对法律的实体道德或外在道德的尊重。"⑦因此,对内在道德的严格遵守可以在一定程度上确保法律的实质正义、避免恶法的产生。也正是在这个意义上,富勒认为,"法律是良法的前提条件"⑧,"如果法律,即使是坏的法律,有权要求我们的尊重,那么法律必须体现我们能够理解和描述的某些人类努力的一般方向,并因此即使它看起来偏离了它的界限,我们仍能原则上接受它。"⑨

富勒对法律内在道德的特别关注,并试图围绕着内在道德提出一种不同于传统实体自然法的程序自然法,正是为了给实在法体系提供一种具有确定性的自然法基础,从而使得因自身内容的不确定而被实证主义割离出实在法体系的自然法能重新赋予法律以道德基础和目标。⑩

---

① 参阅富勒:《法律的道德性》,第 79,82—83 页。
② 参阅富勒:《法律的道德性》,第 185—188 页。
③ 参阅富勒:《法律的道德性》,第 177 页。
④ Fuller,"Positivism and Fidelity To Law—A Reply To Professor Hart",p. 636.
⑤ See Fuller,*The Morality of Law*,p. 154.
⑥ Fuller,"Positivism and Fidelity To Law—A Reply To Professor Hart",p. 643.
⑦ 富勒:《法律的道德性》,第 258 页。
⑧ 富勒:《法律的道德性》,第 180 页。这里的法律应该是具备了法律性(legality)的法律。
⑨ Fuller,"Positivism and Fidelity To Law—A Reply To Professor Hart",p. 632.
⑩ 哈特对法律内在道德重要性的忽视以及他对法律内在道德的遵循与"严重不公的恶法"的可以共存的判断,说明他并没有真正理解富勒在法律与道德的关系问题上引入法律内在道德的真正用意(参阅哈特:《法律的概念》第 202 页以及富勒:《法律的道德性》,第 178 页)。

5.2 重新确立法律权威的理性基础

5.2.1 实证主义另一必然隐含的前提

当实证主义者为了将法律应然排除出法学研究的合法领域而把法律视为具有当然正当性的社会事实时,实际上否认了法律道德基础的存在;而否定法律道德基础的存在必然使他们将法律视为某个已被合法化的(legitimated)"社会权威或权力的表现事实"[①],一种"发端于一个权威源泉而强加在公民身上的单向度投射",简单当作公民的法律可以是"道德的或不道德的,公正的或不公正的"。[②] 这样,法律的正当性基础问题就被简化为立法者是否具有合法性(legitimacy)的问题。为此,他们所关注的问题是:"法律从何而来"、"谁能创造法律",而不是"法律应该如何创建"。这一点在凯尔森的规范理论中体现得最为明显。依据凯尔森,法律秩序是一个存在着动态授权关系的规范等级体系,它建基于一个具有终极性质的基本规范的授权,而被基本规范授创制的规范又可以授权创制下一等级的规范。这样,判定一个特定规范是否属于一个既定的法律体系,或判定一个规范是否具有法律的性质或资格,只要看这个体系是否包括一个能够授权创造这一规范的规范存在。这就是说只要是由被合法授权的立法者所创造的规范就是具有正当的法律性。凯尔森希望通过引入基本规范的授权使法律区别于命令,使法律关系区别于强力关系,但事实上这并未使法律摆脱强力的性质,因为授权只涉及规范的创制,而不涉及规范的内容,[③]获得授权的立法者可将任何内容的法律强加给公民,而公民在"统治者的命令应该被服从"的基本规范被推定有效的前提下必须受授权创制的法律的约束。

哈特用隐含在承认规则中的内在观点去解释法律体系的权威基础或合法性(legitimacy)。但是内在观点的引入也同样没有改变法律制度的强力性质,因为,按照哈特的解释,只要法律制度中的一些人(如掌握着立法和司法

---

① Fuller, *The Morality of Law*, p. 145.
② Fuller, *The Morality of Law*, p. 192.
③ 参阅凯尔森:《何谓纯粹法理论?》、《论基础规范》,载《法哲学与法社会学论丛》第九期,北京大学出版社 2006 年版,第 73,77 页。

权的官员)能"自愿合作并接受它的规则",法律就具有强制力。也就是说，只要官员们对法律表达了内在观点，法律就具有要求人们服从的权威，即使这个法律是压制性的。① 这样，建立在承认规则之上的法律体系仍然只是强制性力量的表现，法律的权威实际上源自于权威的官员。

无论是基本规范，还是承认规则，都始终只是一种授权的规则，其中没有任何被授权立法者应承担的相应义务，因此，既已确立的立法权威，除了包括在授权立法中的程序性规定外，②在原则上不存在任何法律的约束；他们可以制定任何内容的法律，包括戴雪所描述的"非法的立法"③，也还可以随意废除任何法律。在这里，对法律的尊重被直接等同于对既有权威的尊重，因而法律并不具备可以被人们自愿服从的理性的权威基础。这个意义上的法律，它是受权力支配、为权力服务的工具；权力在法律之上，法律只是统治者用以管制百姓的手段；法律可以根据统治者的需要任意废立，它没有稳定性因而也没有可预测性。

5.2.2 法律的理性基础——法律创制者与公民之间的互惠性

富勒意识到将法律视为社会权力的表现事实（"立法者制定的是法律"或"法官作出的决定是法律"），因而将法律等同于一套科层式权威等级体系是十分危险的。④ 这种法律观念不仅会使法律的权威缺失理性的基础，而且还会使法律在理论和实践上因缺失某种理性依据而陷入困境。在理论上，"大量的争议缺乏可理解的原则来加以解决"，较为明显的例子就是关于"法律是仅仅包括具有某种一般性的规则，还是应当被理解为也包括特殊或偶然的命令"的争论。⑤ 在实践上，被赋予了"忠于法律"义务的法官在他们遭遇存在着明显错误的成文法或先例时，他们将因缺乏某种"什么是法律"的应然标准而不能确定如何做——是主动纠正既有法律的错误呢，还是继续适用错误的法律？——才算是履行了"忠于法律"的义务。譬如，一位在商

---

① 哈特：《法律的概念》，第198页。

② 当然，在某些确立了违宪审查制度的国家，立法的内容需受宪法明确规定的实体内容的限制。但宪法规定的实体限制仍然是有限的（因为它通常只是笼统的一般性规定，过于具体的规定将不可避免地不适应社会发展的需要），立法机构在创制法律时拥有大量的自由裁量。

③ 如，"宣布那些由于某种形式错误或其他失误而未曾完成仪式的婚姻有效之类的法案"，以及"其目的在于令某些在发生时非法的交易合法化、或者免除那些因违法而本应承担责任者之责任的制定法"（富勒：《法律的道德性》，第136页）。

④ Fuller, *The Morality of Law*, p. 156.

⑤ 参阅富勒：《法律的道德性》，第129—130页。

业事务有广泛经验但在司法等级制中处于低位的法官,面对由最高法院作出的许多严重无视商业的方式和需求的有关商业纠纷案的先例,在处理自己管辖的商业纠纷案时,是应该遵循最高法院的在他看来完全不合情理的判例呢? 还是依据自己的商业事务经验作出符合商业方式和需求的裁判呢?① 富勒认为,这个例子虽然有些极端,但它所体现的问题却是普遍存在于整个法律制度中的问题。当法律的实际运行被理解为只是权力在等级结构中的有序运作,那么对于所有既有案例的理解就将缺乏可理解的理性依据——如,同类案件依照什么标准是同类的,不同类案件又是依照什么标准属于不同类。

富勒正是带着这样的问题意识希望通过为法律重新找回自然法基础,使法律的运作及其权威的建立具有理性(而不是权力意志)的基础,也为法律现实问题的解决提供可资参照的理性依据。

在富勒看来,人们尊重法律与尊重万有引力定理是不同的。对于后者,只要被证明它是真的,是对客观事实的真实反映,就可以赢得人们的尊重;前对于前者——人类的法律,它要赢得人们的尊重必须具备某些值得人们尊重的东西。用富勒的话来说,"它必须体现人类取得的成就;而不能只是一个权力的简单的法令,或是一个关于国家官员行为的可辨认的重复的行为模式"②。而人类在法律领域中所取得的成就主要体现在立法者与公民之间的互惠性的建立③:首先,只有当立法者与公民都认识到法律对于双方的有益性,选择法治这一社会治理模式才得以可能。其次,只有当立法者充分认识到法律的内在道德要求并将"使自己创造和管理法律的行为符合它的要求"作为公民遵守法律的必要前提时,通过法律的治理模式才得以建立。

任何授予法律创制者以合法权力的规则必然包含一种隐含的义务或默认的限度,这种义务构成了公民对法律创制者的正当期待以及承认法律创制者享有权力的基本前提。正是这种公民对法律创制者权利和义务的"默认的期待和承认"使得一个法律制度获得了它赖以产生并支持着它运行的基础——一种"认为它'正确'的判断或理解",并因此自愿接受和遵循被授权立法者所颁布的法律。④ 富勒因此认为,法律的基础就在于它内在地包含的互惠性。⑤ 这种互惠性是由法律内在目的——"使人类行为服从于一般性

---

① See Fuller, "Positivism and Fidelity To Law—A Reply To Professor Hart", pp. 646—648.

② Fuller, "Positivism and Fidelity To Law—A Reply To Professor Hart", p. 632.

③ 富勒在多处提出法律的互惠性(参阅《法律的道德性》,第 47—48,57,73—74)。

④ See Fuller, *The Morality of Law*, p. 138.

⑤ 对于"法律的基础是立法者与公民之间的互惠性"这一主张,西塞罗曾有所论及。

规则的指导和控制"——所决定的；而这种互惠性对法律创制者的内在约束就构成了作为法律制度有效运行必要条件的法律内在的道德要求。"法律的内在道德不是某种添附或强加到法律的力量之上的某种东西，而是那种力量本身的必要条件。"①也就是说，对法律内在道德的尊重是建立一个有效法律制度的前提条件。如果法律创制者忽视法律的内在道德，那么他将最终无法实现"让人类行为服从于规则治理"这样一个建立法律秩序的目的。

即使是一个被某种承认规则赋予了立法权的专制君主，②如果他不接受最低限度的自我约束——使自己发布的命令让他的臣民听得清、听得明白以便让他的臣民知道他要求他们做什么，能记住自己曾发布的命令并按照命令所承诺的奖励和责罚来对待那些服从或不服从的臣民——他就将无法实现意欲的目的，哪怕只是某个自私的目的，他的命令最终也将只能归于无效。③ 在立法者与守法者之间的互惠关系中，守法者对立法权威的承认是以期待立法者尊重法律的内在道德为前提的。

因此，法律的内在目的和内在道德要求实际上就构成了引导并约束法律创造行为的理性基础。正是这个理性基础使法律获得了值得人们尊重的权威。也正是在这个意义上，权力在法律之下：尽管法律是经由权力创建的，但创建法律的权力受法律内在理性的约束。④ "被如此经常不假思索地认为组织着法律的权威结构，其本身就是法律的产物"；而这个确立才有资格宣布有效法律的权威的法律正是因其成功地体现了法律理性（即内在逻辑）才使其具有合法性和实效（这本身就是人类一项有目的努力的结果）。⑤

富勒提出内在道德的概念正是为了确立一个具有理性基础的、能限制权力恣意的限制性法治概念。他确信，法律应建立在理性的基础上，它的运行应符合自身的内在逻辑，而不能只是国家权力的恣意行使的结果。法律的内在目的和内在道德要求不仅为法律的权威提供了一个理性的基础，而且还为以理性的方式解决种种法律争议以及法律实际运行过程中出现的各种现实问题提供了可能。

---

① Fuller，*The Morality of Law*，p. 155.
② 通常，专制君主的任何命令都具有法律的效力。
③ See Fuller，"Positivism and Fidelity To Law—A Reply To Professor Hart"，p. 644.
④ 这种不成文法在现代社会通常作为制定法律的程序要求而具有某种成文形式。
⑤ Fuller，*The Morality of Law*，pp. 115，148.

5.2.3 另一种方式约束法律权力——一种法律创制者的角色道德

由于创造和管理一套控制人类行为的规则体系涉及法律创制者
(lawgiver)与公民之间的互惠关系,因此只有当法律创制者与公民都能将对
方对自己的行为期待作为自己在这一关系中应尽的责任时,一个有效运行
的法律体系才是可能的。① 这种约束双方行为的期待类似存在于双方关系
之中的默认的契约;也就是说,只有立法者与守法者互相合作,各尽其职,
"使人类行为服从于一般性规则的指导和控制"的法律目的才可能实现。这
种约束双方行为的期待类似于存在于双方关系之中的默认的契约。② 富勒
认为,这就是存在于一个法律体系运作中的"社会之维"。也正是在这个意
义,富勒将法律制度的建立称为"让人类的行为服从于规则统治的事业"。而
法律的这一社会之维的存在"决定了法律事业的成功需要依靠从事这项事
业的人们的能力、洞见、智慧和良知",而不可能简单地通过权威者发布命令
就能完成的。③ 在法律事业中与公民处于互惠关系的法律创制者需要"根据
他所认为的另一方所寻求的,并且部分地也根据他认为对方认为他寻求的
方式"来采取行动。④

富勒对法律内在道德的关注及其对它各项具体要求的详尽阐述,就是
为了揭示出法律创制者和管理者在这一事业中所占的位置以及与这一位置
相应的角色要求,从而为"迫切地想要理解自己职责的性质并愿意面对其困
难"的立法者提供理论和实践上的指导。⑤ 这种角色要求可以以下两种方式
发挥着规制法律创制行为的作用:

首先,这种角色要求一旦被明确地表达出来,并为拥有立法权的人所认
识,往往能够转化为"引导立法者采取符合双方共同利益的正确的方式从事
法律创制活动"的法律智慧,从而自觉避免将破坏法律体系有效运行的非理
性行为。譬如,被赋予立法权的议会不可能通过"合法地解散自己来使自己
消失,并且不给合法召集后续的议会留下任何途径"的法案,更不可能制定

---

① 富勒:《法律的道德性》,第 250 页。
② 孙笑侠教授在论及"人们为什么服从法律"时曾提到,"如果在一种特定的契约式关系中,公
民遵守法律、履行义务并不是一件痛苦的事,而是一件欣然的事"(见孙笑侠:《法的现象与观念》,山
东人民出版社 2002 年版,第 47 页)。
③ Fuller, *The Morality of Law*, p. 145.
④ Fuller, *The Morality of Law*, p. 194.
⑤ 富勒:《法律的道德性》,第 110 页。

出宣布"所有的现任议员从此可以不受任何法律的约束,并且有权抢劫、杀人和强奸,而不受任何法律处罚"的荒唐的法律。[1]

其次,一旦对这种角色要求的理解成为法律共同体内部所形成的共识,那么它就转变成为一种支配法律事业进行的法律精神。这种精神一方面将一些明显背离法律内在道德要求的行为排除出法律事业,从而为法律过程中不可避免存在的自由裁量提供一定的限制;另一方面将推动法律工作者以一种"托管人的责任心和法律技艺人的自豪感"[2],去不断寻求更好地实现法律内在目的所需的法律技术和策略,从而使法律以符合法律目的的方式予以适用,并通过正确地适用使法律不断地得到改进和完善。

任何处于法律创制位置上的人要胜任自己的工作、成功地完成自己的任务,都应具备这种法律智慧和法律精神,这是法律事业对于法律创制者的品质要求,也即承担了复杂而艰巨的法律创制任务的人们所应具有的角色道德。[3] 角色道德是一种互动道德。[4] 如果国家法律的制定者和管理者想让遵循法律成为公民的道德义务,那么,他们就有责任认真履行由法律事业中的内在目的以及在其中存在的国家与公民之间的互惠关系所决定的角色道德。

富勒通过对法律内在道德的揭示,使得对法律过程中权力的约束不再只依靠外部的政治和道德力量(这些力量要么表现为颠覆性的,要么根本就是无力的),或是规定其内部程序的规章(这些规章在没有更深层的理性依据的前提下也可能被任意制定或适用),而且还可以从法律内部以体现法律理性的角色道德的方式对法律权力予以约束。[5] 这一方面使得法律以一种相对独立于政治和道德的自治的方式发展和完善自己成为可能,从而法律能够在持续中改革、稳定中发展;另一方面使得在法律体系内部形成一种统一的评价标准,并依此以理性的方式解决种种法律争议以及法律实际运行过程中出现的各种现实难题成为可能。正是这种普遍约束着法律创制者和管理者的角色道德规制着法律的制定和适用过程,使法律的运行不至于偏离人类努力的方向,确保法律所建立的秩序是人类所需要的秩序。

---

[1]　富勒:《法律的道德性》,第 136—137 页。

[2]　Fuller, *The Morality of Law*, p. 43.

[3]　Fuller, *The Morality of Law*, pp. 193,206.

[4]　富勒:《法律的道德性》,第 275 页。

[5]　富勒对角色道德的强调,就是为了给人类法律事业中的权力运行提供一种切实可行的约束力,以避免使法律事业蜕变为权力恣意的产物。

5.2.4　法律与管理性指令的区别

管理性指令与法律,作为社会秩序安排的形式,都涉及对人类活动的引导和控制;但两者在以下两个方面存在着区别:首先,管理性指令得到下属的服从是为了服务于上级所确定的目标,而法律规则得到公民的服从则被认为是服务于社会的一般利益;其次,前者主要规制的是上下级之间的关系,而法律则主要调整公民与其他公民之间的关系。①

由于实证主义者完全忽视了法律的社会之维,忽视了存在于人类法律事业中的国家②与公民间的互相合作关系,因而,他们只能从一种管理控制的意义上理解法律。富勒将这种从管理控制角度理解和阐述法律——实际上将法律等同于"管理性指令(managerial direction)"③——的理论称为"法律的管理理论(a managerial theory of law)"。④ 法律的管理理论只从国家控制民众的权力支配关系,即统治与服从的上下级关系,来理解法律创制者与公民之间的关系。这种法律观对法律的理解"完全脱离了创造和管理一套控制人类行为的规则系统的那项事业"⑤,因而将法律从推动它产生并使它保持活力的内在目的中剥离出来。⑥

尽管在管理控制关系中,也存在着权力支配者与服从者的某些利益交叉,因而也存在着某种约束双方行为的互惠关系,但这种互惠不同存在于旨在使人们的行为服从一般性规则的法律事业中的互惠关系:前者的互惠关系在于服从者以自己的合作行为确保了管理者规划某个特定组织目标的实现,而这一目标的实现也至少在一定程度上有益于服从者;后者的互惠关系在于通过公民对法律规则的服从来最终实现"让人类行为服从于规则治理"

---

① 参阅富勒:《法律的道德性》,第 240 页。

② 这里的国家实际等同于运用法律手段管理国家的政府。

③ 富勒认为,管理性指令与法律都是社会秩序安排的形式,都涉及对人类活动的引导和控制。但两者在以下两个方面存在着区别:首先,管理性指令得到下属的服从是为了服务于上级所确定的目标,而法律规则得到公民的服从被认为是服务于社会的一般利益;其次,前者主要规制的是上下级之间的关系,而法律则主要调整公民与其他公民之间的关系(参阅富勒:《法律的道德性》,第 240 页)。

④ Fuller, *The Morality of Law*, pp. 215−216.

⑤ Fuller, *The Morality of Law*, p. 115.

⑥ 实证主义者并不反对将目的赋予一部特定的法律,因为,一部制定法显然是一件有目的东西,服务于某一目标或一系列相关的目标;他们反对的是法律作为一个整体具有某种目的(参阅富勒:《法律的道德性》,第 170 页)。

这样一个总体性的建立法律秩序的社会目标,从而使所有在法律秩序下的公民都获得由法律限定和保障的自由。衡量管理事业成功与否的标准是管理者预期中的组织目标是否得到最好的实现,而衡量法律成功的标准是确保法律规则体系有效运行的特定秩序原理(富勒把它称为法律的内在道德)是否得到最大限度的体现。实证主义者从管理控制的角度来理解法律,往往只将法律视为统治者实现其控制社会目标的工具。"在这种实证主义的观点中,法律成功的标准是单向的,即通过法律实现权力者的目标。"①

在管理控制关系中,管理者出于效率的考虑也往往会采用制定规则的形式来指导被管理者的行为,并为实现管理目的而遵循使规则有效运行所必需的一些条件,如,用含义明确的语言表述规则、将规则公布、不经常变动规则、不使规则自相矛盾等,从而更好地实现组织的管理目标。但这样一些使规则有效运行的必需条件对于管理控制关系的成立以及管理目标的实现并非是必不可少的,而只是某种"不太重要的附属品"②。一个管理者可以为了拥有更多的自由裁量权、更好地控制下属,可以故意不公布规则,或是用模糊的、因而可以根据需要作任意解释的语言来表述。③ 尤其是,对于确立真正意义上的法律制度或法治来说最为重要的两个要素——一般性要求和一致性要求——对管理性指令而言几乎是不必要的。

首先,管理性指令既可以采用一般规则的形式,也可以采用就事论事的特殊指令的形式,在必要时可以给出具体详尽的特殊指令;④其次,即使它采用一般性命令的形式,也只是为了便利,即免除管理者重复给予详尽而具体指令的麻烦,而且可以根据需要随意放弃;⑤再次,管理者的行为不必与管理指令保持一致,他可以出于效率或利益考虑自由改变或简单地忽视规则,也就是说管理者并不真正受规则的约束。⑥

因此,管理指令模式中的"法律"并不能对权力或权威恣意构成有效的约束。"从法律的观点看,管理主义是恣意的:因为,如果规则能推进组织的

---

① James C. Ketchen, "Revisiting Fuller´s Critique of Hart: Managerial Control and the Pathology of Legal Systems: The Hart—Weber Nexus", p. 3.

② Fuller, *The Morality of Law*, p. 209.

③ 参阅富勒:《法律的道德性》,第 245—247 页。

④ 法律如果采用这种形式就失去了其原有的意义,即通过服从规则治理的方式使公民获得自由安排生活的空间。

⑤ 在哈特和拉兹的法律概念中,由法官、检察官、警察对于某一特定社会成员所发出的指令都属于法律(See Hart, *The concept of law*, pp. 20—21. and Raz, *The Authority of Law*, p. 213)。

⑥ 参阅富勒:《法律的道德性》,第 241 页以及 James C. Ketchen 对富勒这一思想的概括("Revisiting Fuller's Critique of Hart", pp. 4—5)。

目标,它们就是有用的;如果这些目标改变了,或如果这些规则阻碍了组织目标的实现,规则就可以被轻易地废除。"①更确切地说,在这种模式中,法律对权力的约束只限于司法领域。合法地拥有立法权的个人或组织在法律创制活动中可以不受既有法律的约束:他(们)可以制定与原有法律相冲突的法律,并通过创立新法的行为任意废除旧法;他们甚至还可以创设对公民保密的法律以规避法律对自己将来行为的约束。

也正是在这个意义上,实证主义所理解的管理指令意义上的"法律"实际背离了隐含于人类法治实践中的一个基本承诺——政府对公民采取的行为将被带入到一套事先公布的一般性规则的约束范围之内进行。② 富勒认为,是否遵守这个承诺是法律区别于管理性指令的根本所在。③ 富勒反对实证主义的主要原因也在于他们忽视了存在于法治实践中的这个承诺,④从而可能将法治引向一种"有限的法治(a limited legality)",而不是"限制性的法治(a limiting legality)"。⑤

5.3 哈富论战的实质

5.3.1 哈富论战的三个回合

富勒在试图以自然法立场弥补实证主义的缺陷时,遭遇到新分析法学派的领军人物哈特教授对实证主义分离立场的坚决维护,由此演绎出了持续十余年之久的学术论战。这场围绕法律与道德关系问题的、影响深远的论战被称为"二十世纪英语世界中对法律理论基本问题所作的最富趣味和启发性的观点交换"⑥。

这场论战前后共经历了三个回合。第一个回合始于时任牛津大学法理

---

① James C. Ketchen,"Revisiting Fuller's Critique of Hart",pp. 4—5.

② 参阅富勒:《法律的道德性》,第 250 页。

③ 富勒认为,法治的精髓在于:对公民采取行为的时候,政府将忠实地适用规则,这些规则是作为公民应当遵循、并且对他的权利和义务有决定作用的规则而事先公布的。因此,使法律区别于管理性指令的关键在于"官方行动与公开规则之间的一致性"(参阅富勒:《法律的道德性》,第 242 页)。

④ 参阅富勒:《法律的道德性》,第 248—249 页。

⑤ James C. Ketchen,"Revisiting Fuller's Critique of Hart",p. 29.

⑥ Robert S. Summers,*Lon L. Fuller*,Stanford University Press,1984,p. 10.

学教授的哈特在哈佛大学所作的霍姆斯讲座。在讲座中,他针对富勒和拉德布鲁赫等人对法律实证主义分离主张的批评,重申了实证主义的基本立场,并强调了实证主义立场对于维护法治的必要性。这个讲座的内容后来以《实证主义及法律与道德的分离》为题发表在《哈佛法律评论》上,①同期刊出的还有时任哈佛大学法理学教授的富勒对哈特讲座的批评性评论——《实证主义与忠于法律——对哈特教授的回应》。富勒在文中指出,实证主义的分离主张对哈特所表明的"维护法治这一崇高目标"是不充分的,并提出了"法律的道德"这一概念,以此强调法律与道德之间的不可分。

随后,哈特和富勒在第一回合论战文章的基础上出版了各自的代表作——《法律的概念》(1961)和《法律的道德性》(1964)。这便是第二个回合的论战。哈特在书中进一步系统地阐明了自己的观点并试图回应富勒教授的批评;他从规则的角度理解法律,将法律规则分解为课以义务的初级规则与授予权利的次级规则,并试图用内在观点和作为法效力最终标准的承认规则来解释法律的正当性基础问题。富勒也在书中进一步完善了关于法律道德性的思想,并对哈特以承认规则为基础的法律概念提出了批评,认为它并没有脱离奥斯丁将法律等同于强制的法律思想。②

1965年,哈特撰写了关于《法律的道德性》的书评,从而启动了第三回合的论战。在书评中,哈特对富勒将"确保法律有效运行的必要条件"称为法律特有的道德提出了质疑,认为富勒是混淆了"有目的的活动"和"道德"这两个概念,因而将"这些有关良好法律技艺的原则"称为道德。③ 对于哈特的这一质疑,富勒于《法律的道德性》再版时(1969年),在新增的最后一章中作了回应。他认为,哈特之所以将法律道德性等同于某种"用以达到政府目标的效率准则",是因为他将法律等同于管理性的指令。④

在论战过程中,尽管两人因在概念理解上的不同,如对"道德"、"目的"等重要概念的不同理解,致使双方在某些观点的争论上存在某些误解。⑤ 但不可否认,他们在有关"法律的基础"、"法律的本质"以及"如何实现法治目标"这些有关法律和法治的根本问题上存在着重大的分歧。

---

①　H. L. A. Hart, "Positivism and the Separation of Law and Morals", in *Harvard Law Review* 71(1958), pp. 593—692.

② 　参阅富勒:《法律的道德性》,第三章中的"哈特的法律概念",第155—169.

③ 　Hart, *Book Review for The Morality of Law*, Harvard Law Review,1965(78), p. 1286.

④ 　富勒:《法律的道德性》,第247页。

⑤ 　相关讨论可参阅孙笑侠、麻鸣:《法律与道德:分离后的结合》,载《浙江大学学报》(社会科学)2007年第1期。

5.3.2　法律的基础：法律，抑或道德？

　　哈特在讲座中为维护法律实证主义的传统立场——法律与道德的分离，对经常遭受反对立场者攻击的奥斯丁的"命令说"进行了深刻的批评，并在此基础上提出了"具体规定了基本立法程序的被接受的基本规则（the fundamental accepted rules specifying the essential lawmaking procedures）"这一新的概念，[①]以替代奥斯丁用"主权者命令"这一强调法律强制性特征的概念对法律基础作出新的解释，希望以此克服奥斯丁理论将法律等同于强制的缺陷。他认为，"法律秩序不能简单等同于强迫"，"除非立法者遵守具体规定了基本立法程序的基本承认规则，否则他们所做的并不产生任何法律"，[②]"对法律体系的基础以及法律效力的观念需要从被接受的承认规则这个观念来加以阐明"[③]。然而，这样一个为政府颁布和管理法律的未来行为提供基本程序框架、使法律的制定成为可能的"被接受的基本规则"，哈特认为其自身也是法律规则体系的一部分，而且是本身不具有法律上有效或无效特征、只是作为事实而存在的规则。[④]

　　在富勒看来，作为基本规则的承认规则不是不具有效力问题，而只是其效力来源不同于一般的法律规则。为此，他区分了两种性质不同的规则以及它们不同的效力来源。他认为，这些使法律成为可能的基本规则，尽管在法律制度的日常运行中往往被当作普通的法律规则一样对待和适用，但它们在性质上是不同于普通的法律规则的。普通的法律规则是作为一种权威性的宣告（authoritative pronouncement）而具有效力，即因其来之于被授权立法的权威而具有效力，因而这类规则在人们普遍认为它们是坏的或是愚蠢的时仍然是有效的，或者如哈特所言"即使已被普遍抛弃仍然是'存在'的"[⑤]；而基本的规则却不能因其被宣告的权威性而具有效力，因为它本身就

---

① 哈特后来在《法律的概念》一书中将它进一步表述为"被接受的用以确认初级义务规则的承认规则（the accepted rule of recognition for the identification of primary rules of obligation）"（see Hart, *The concept of law*, p. 97）。

② Hart, "Positivism and the Separation of Law and Morals", p. 603.

③ Hart, *The concept of law*, p. 198.

④ 对于基本规则的性质，哈特在此文中并没有作具体讨论，但在《法律概念》一书中他对承认规则的性质作了更为明确的界定。他认为，承认规则是为评价法律制度其他规则的效力提供一整套标准的最终规则，对于它我们不能简单地选用"法律"或"事实"的标签，而必须结合"法律"与"事实"两种观点去看待（See Hart, *The concept of law*, pp. 102, 108）。

⑤ 哈特：《法律概念》，第 111 页。

是规定什么时候一个宣告具有权威性的规则,因此其实效只能来自普遍的接受或确信,而这种接受又是基于"这些规则是正确的、必需的"这样的认识。[1] 由此可见,为其他规则提供法律效力的"基本规则"不可能只是法律规则,它同时还是道德规则(rules of morality),是法律与道德的融合;作为法律基础的承认规则也不可能仅仅只是一个事实,哈特所称的有"经验"根据的承认规则只是回避了事实上存在的价值而已。[2] "一个法律制度的最终支持来自于认为它'正确'的观念"[3],而不仅仅是某种共同接受的态度。

在富勒看来,法律在以下两层意义上不可能建立在法律以上:"首先,制定法律的权威必须由使他具有权能的道德态度所支持",这涉及法律的外在道德;其次,法律创制者"只有在愿意接受法律自身的内在道德时才能产生法律"。[4] 因此,法律在以上两个意义上具有道德性。富勒认同实证主义的观点,法律的权威源自法律本身,而不是源自法律外的道德。但是,那些作为法律权威基础的基本法律规则必然具有道德内涵。在某种程度上,富勒认同哈特将"具体规定了基本立法程序"的承认规则作为一个法律制度的基本规则。但是,他不同意哈特的是:这些基本规则只是单纯地授予权力,而不是同时也确立义务。在富勒看来,当承认规则赋予某些人或机构以立法权时,同时也意味着他们有义务或责任尊重这些隐含在基本规则背后的默认的道德要求。正是对这些道德要求的尊重才使法律获得让人服从的权威。在这个意义上,法律的基础是道德。正因为法律具有道德基础,法律并不是一个单纯的事实,而是体现了道德追求、具有价值内涵的人类事业。"当我们谈论'法律的道德中立性'的时候,我们不可能是说一套法律制度的存在和负责的管理同实现生活诸事中的道德目标无关。"[5]

5.3.3 法律的本质:强制性和社会性

哈特通过"承认规则"这一概念使得对"法律创制过程"的解释从"不受约束的主权者对其臣民发布命令"复杂化为"立法者在承认规则约束下设立将决定每一个公民法律义务的规则"。这样,哈特不仅使得对法律性质的理

---

[1] See Fuller, "Positivism and Fidelity To Law—A Reply To Professor Hart", pp. 639,641.

[2] 哈特所坚持的"法律与道德必须加以严格分离"的实证主义立场决定他不可能从承认规则被普遍接受的社会现象背后进一步确认某种价值作为整个法律体系的基础,否则他将背离实证主义的基本立场。

[3] Fuller, *The Morality of Law*, p. 138.

[4] See Fuller, "Positivism and Fidelity To Law—A Reply To Professor Hart", p. 645.

[5] 富勒:《法律的道德性》,第 238 页。

解从"命令"深化为"规则",而且还对法律的正当性(legitimacy of law①)问题作出了某种解释——即符合了由承认规则规定的法律制定程序要求的法律就具有要求人们服从的正当性,从而在形式的程序中为法律找到了正当性依据。

且不论哈特的承认规则在实际的运行中会面临其自身无法解决的现实难题,如,这个未被明确表述的规则的具体内容在一群受各种动机支配的人员中间如何达成一致认识?② 或者说如何避免出现承认规则内容不确定或是官员们在实践中对于承认规则的核心内容是什么存在着争执的情形呢?即使存在着内容明确的承认规则,又如何在实践中确保受不同动机驱使的人们能遵循承认规则(至少是在掌握着立法和司法权的官员们中间)?③ 哈特将法律的正当性等同于创制法律的权威的正当性,必然意味着将法律视为"简单地作用于公民"的"单方面的权威投射",因而法律对于公民而言仍然只能是某种外在强制。

哈特还希望通过引进内在观点的视角,用"义务感"来替代奥斯丁的"被迫服从",从而通过增加"自愿合作"的因素来改变法律的强制性特征。④ 但是,对哈特而言,这种自愿合作并不是基于某种互相交织的责任,既包括政府对公民的责任,也包括公民对政府的责任。⑤ 也就是说,这种自愿合作并

---

① Legitimacy 这个词在国内学界经常被译为广义上的"合法性",但本书为了与狭义上的"合法性"(legality)相区分,将 Legitimacy 译为"正当性"。

② 哈特认为,承认规则只是一个社会实践规则,它"极少被明确地表述为一个规则的",而且,人们在接受承认规则时可以出于各种各样的动机——"长期的利益计算;对他人无私的关怀;不经反思的习惯或传统的态度;或者只是单纯地跟着别人走"(Hart, *The concept of law*, pp. 98,198)。

③ 正如 Bayles 所言,"尽管(我们)可以设想一个法律制度在人们没有在道德上接受承认规则时存在一些时候,然而分裂迟早将在社会压力体系中产生,这使得当偏离行为出现时(社会)将不会采取任何(制止偏离的)行动。如果官员可以从他的不遵从行为中获益,那么这种仅出于审慎考虑而接受承认规则就不再有动力"(D. M. Bayles, *Hart's Legal Philosophy: An Examination*. Dordrecht: Kluwer, 1992 . p. 30)。当规则的不确定以及对规则的偏离变得日益严重时,只有出现某个具有足够社会权力的个人或团体来消除不确定和偏离行为,承认规则方能正常运行,否则,就只能放弃实证主义的基本前提而求助某种存在于被普遍接受的事实背后的共有价值。但这对于作为实证主义捍卫者的哈特来说是不可能接受的。因此,Bayles 认为,哈特的规范实证主义是站不住脚的:它必然要么完全变成一种对法律和法律义务的道德解释,要么陷入以霍布斯和奥斯丁为传统的基于制裁的学说(Bayles, *Hart's Legal Philosophy: An Examination*. p. 5)。实际上,哈特所描述的既不受强力支撑也与共同价值无涉的承认规则在事实上是不可能存在的。美国学者 Eric J. Boos 对于哈特所坚持的"承认规则所提供的某些标准能为官员或法官持续地共同拥有"的观点提出了明确的质疑,并认为哈特的这个"极少被明确地表述为一个规则的"承认规则,只是一个虚构而已(Eric J. Boos, *Perspectives in Jurisprudence: An Analysis of H. L. Hart's Legal Theory*, New York: Peter Lang Publishing, Inc. 1998, pp. 76,80)。

④ 参阅哈特:《法律的概念》,第 196 页。

⑤ 富勒:《法律的道德性》,第 250 页。

不包含某种使合作成为可能的社会条件，因而它最终可能只限于官员们。哈特认为，只要法律制度中的一些人（如掌握着立法和司法权的官员）能"自愿合作并接受它的规则"，法律就具有强制力，即只要官员们对法律表达了内在观点，法律就具有要求人们服从的权威，即使这个法律是压制性的。①这样，内在观点的引入并没有真正改变法律制度的强力性质。

在富勒看来，法律的正当性不能仅来自于某些形式的程序规则，还需基于某些更为深层、也更具实质的东西，这个基础就是体现于法律制度中的法律创制者与公民之间的互惠性。在一个法律制度的运行中，"公民的自愿合作必须有政府方面的相应合作努力来配合"②。富勒认为，任何权力关系中都存在某种约束权力的互惠性。这种互惠性的不断增长体现了人类文明的进步，即一种控制和约束恣意和野蛮权力的能力的提高。这种能力在人类采用法律这一社会治理方式中的表现，不仅在于废除专制主义的合法性技术日益形成，还在于利用法律这一替代方式的道德倾向不断增强，从而驱使我们不断提高或完善内在于法律制度中的互惠性。③因此，赋予法律以正当性并非只是那些规定了法律创制的程序性要求的形式，更重要的是这些形式背后的互惠关系。"依富勒之见，并非合法性的单纯形式（the mere formalities of legality）形成了限制权力的约束。确切地说，这些形式性只是反映了限制权力的互惠关系网络，并有助于互惠关系网络的建立和培育。"④这种被富勒称为真意关系的互惠性是法律规范性的最终源泉，也是"对法律的忠诚"赖以产生的基础。⑤"只有在合作的背景下才能产生一种'相对稳定的期待的互惠性'，我们也才能谈论和理解什么是有义务。没有这种合作的背景和由此产生的稳定的相互期待，富勒认为这些被称为法律的最多只能是强迫的命令。"⑥或者说，只有从互惠的背景中，才能理解公民遵从法律的义务。

总之，对富勒来说，法律秩序的核心就是体现这种互惠性的互动形式。"一个法律体系的运行有赖于法律创制者与公民之间一种合作的努力——一种有效的、负责的互动。"⑦在这个意义上，法律体系是"互惠关系的复合

---

① 参阅哈特：《法律的概念》，第 117，198 页。

② 富勒：《法律的道德性》，第 250 页。

③ Fuller, "Irrigation and Tyranny", p. 1034.

④ Ketchen, "Revisiting Fuller's Critique of Hart", p. 10.

⑤ See Fuller, *The Morality of Law*, p. 217. and Ketchen, "Revisiting Fuller's Critique of Hart", p. 32.

⑥ Ketchen, "Revisiting Fuller's Critique of Hart", pp. 33—34.

⑦ Fuller, *The Morality of Law*, p. 219.

体"，"是一个社会的、互动的基体，它既依赖于立法者与公民之间的期待的相互性，又有助于建立这种相互期待"。① 我们对法律的认识必须参照作为背景条件的因而赋予法律以意义的互惠关系，对法律的忠诚也只有在互惠的基础上才能普遍地被奉行。

哈特用承认规则来解释法律的正当性时，只关注合法性的形式，而没有意识到合法性的核心和灵魂是互惠关系。以事实形式存在的承认规则只是在惯例基础上形成的实践规则，自身并不存在可以作为规范性基础的内在的、必然的因素，因而它在很大程度上是任意的。结果，作为衡量法律效力终极标准的承认规则并不能真正起到规制创制法律的权力的作用，依据承认规则而被赋予法律创制权的个人或机构可以创设任何自认为需要的法律。即使是哈特在《后记》中补充说明可以作为承认规则内容的价值标准，由于标准本身的任意性也不能起到限制权力的作用，相反却可能给权力者以道德精英的身份通过法律将个人意志强加给民众的机会。虽然哈特声称他的规范实证主义放弃了奥斯丁的命令说，但富勒认为，他对奥斯丁命令说的拒绝并不等同于对"法律的管理理论"的拒绝。② 因为，他与霍布斯和奥斯丁他们一样，未能认识到："在一个法律体系的运作中存在着一个真正可以被称作'社会维度'的层面"。③ 他对法律社会性的忽视必然导致将法律只理解为政府为实现治理目的而以从上到下、非互惠的方式强加给公民的管理性指令。也正是在这个意义上，富勒认为，哈特用承认规则和内在观点加以阐述的法律观念并没有离"不受约束的主权者"太远。

5.3.4　通向法治的道路：原则分离下的例外结合？还是始终有分有合？

哈特与富勒在就法律与道德关系展开争论时，有一个共同的关注点——即如何才能更好地"维护法治或忠于法律"。但不同的问题意识和理论前提使得他们在追求同样的法治目标时提出了"分离说"和"结合说"两种不同的理论主张。从这个角度讲，他们各自所坚持的主张只是为达到法治这一个共同的目标而采取的不同策略。

在哈特看来，法律与道德的结合将使法律及其权威在人们关于"法律应

---

① Ketchen，"Revisiting Fuller's Critique of Hart"，pp. 9，34.
② Fuller，*The Morality of Law*，pp. 215－216.
③ 富勒：《法律的道德性》，第 223 页。

该是什么"的观念中被瓦解。① 因此,他认为,只有将法律与道德严格分离才能明确法律的界线,才能确保法律在意义理解上的确定性和客观性,也才能在司法实践中有一致的适用,从而达到维护法治的目标。正是这样的问题意识促使他重申实证主义的分离主张并将它进一步表述为:(1)"在没有宪法与法律明确规定的情况下,我们不能仅仅因为一个法律规则违背了道德性标准而断定它不是一个法律规则";(2)"也不能因为一个规则在道德上是可欲的就认为它是一个法律规则"。②不过,哈特在这里对分离说的重述与奥斯丁对分离说的最初表述——"法律的存在是一回事,法律的好坏是另一回事。它是否存在是一种研究,它是否符合假定的标准是另一种研究"③——并不完全相同。尽管他们主张分离说的目的都是为了保持法律的清晰明确,但奥斯丁所强调的主要是法律实然与作为法律应然的道德在理论研究上的分离(尽管实际上也隐含有将这一分离应用于法律实践的目的),而哈特强调的则是法律与作为非法律的道德在司法实践中的分离。④ 从表面上看,哈特的分离主张旨在排除非法律因素对法律的侵蚀,从而达到"忠于法律"的目的,因而并没有明确主张法律实然与作为法律应然的道德在法律实践中的分离。但由于哈特的实证主义立场包含一个未表明的前提,即在一个法律体系的底部并不存在某种既是法律又是道德的自然法基础,⑤因此,对他而言,法律与道德的结合就意味着将法律与非法律的道德结合,这使他对结合说的反对包括所有法律与道德相结合的方式,即也包括法律与法律内在的道德的结合。这样,他对分离说的主张最终演变为一般意义上的分离主张,即笼统地反对"法律是什么"与"法律应该是什么"在法律实践中的结合。事实上,哈特曾以存在着一种"不道德的道德"为由,反对在司法实践中将法律与任何意义的道德相结合。⑥

① Hart,"Positivism and the Separation of Law and Morals", p. 598.

② Hart,"Positivism and the Separation of Law and Morals", p. 599.

③ Austin, *The Province of Jurisprudence Determined*, p. 157.

④ 哈特所提出的两方面分离主张:第一方面的主张主要强调法律的效力不能因非法律原因而被取消,其实质是强调法效力的内在标准;第二方面的主张强调非法律标准不具有法律的地位,其实质是强调司法过程应排除非法律标准的适用。

⑤ 富勒的自然法立场则认为在法律体系的底部存在着某种既是法律又是道德的自然法基础。

⑥ 哈特认为,由于存在"不道德的道德(immorality)",法律与道德的结合并不必然产生道德的结果。具体地说,假如法官在适用法律时应该受"法律应该是什么"的观念的指导,那么法官就可能在一个致力于邪恶目的的法律体系中,在"法律应该是什么"的观念的指导下发现法律规则中的所隐含的不正义要求,并把它适用于他认为合适的场合,从而使得法律与道德的结合不仅没有产生出更多的正义,使法律更符合道德的要求,相反却产生了更多的不道德和不正义(See Hart,"Positivism and the Separation of Law and Morals", p. 629)。

　　在富勒看来,哈特所主张法律与非法律的道德的分离对于真正实现"忠于法律"的目标并没有太大的帮助。在实行法治的国家里,法官具有"忠于法律"的义务是毫无疑问的,而且大多数法官愿意履行这一义务,问题是法官应该如何做才算真正履行了义务。因为,人们对于法律是什么并不总是十分清楚的。在这里,富勒的自然法立场与哈特的实证主义立场再次表现出认识上的重大分歧。对哈特来说,法律就是体现在成文法和判例中的作为事实存在的文字材料,而且,法律的内容一般而言是明确无歧义的;而对于富勒来说,法律规则不仅仅只是体现在成文法和判例中的作为事实存在的文字材料,而且还包括促使成文法和判例产生并使其保持活力的、隐藏在文字材料背后的法律目的,因此,法律的内容只有参照法律的目的才能加以确定。

　　这样,对于哈特来说,法律就是其内涵固定不变的事实,法官在解释和适用法律时实际上只受构成法律的文字的语言传统的约束;而当法律不能适应社会发展的需要时法官就应创造法律,而当法官造法时他们完全不受既有法律的束缚,直接依据社会政策和社会目标创造出可适用于具体案件的规则。①而对富勒来说,法律是一个成长的过程,在其中,"法律是什么"与"法律应该是什么"融合在一起的;只有参照"法律应该是什么"的观念才能正确地认识和理解既有的法律;也只有在"法律应该是什么的"的观念指导下才能正确地解释和适用法律。法律正是通过这样不断地解释和适用获得适应社会生活需要的发展。②

　　因此,"忠于法律"对哈特而言就是忠于既有的法律事实,严格按照成文法和判例的字面意义来适用法律;而对富勒而言,"忠于法律"则是忠实地按照"法律应该是什么"的内在标准来适用法律,而这种标准的客观性或确定性则是由既是法律又是道德的自然法基础来确保的;正是这一基础使法律具有要求人们尊重的正当性,也使得"忠于法律"的目标具有意义并有实现的可能性。当哈特担忧法律与道德的结合会瓦解法律的权威时,富勒担忧的则是法律与道德的分离将使法官因缺失某种客观的应然标准而将个人的信念、情感等主观因素作为法律的应然标准,并依此去确定"法律是什么"的内容,从而使得法律的运行缺乏应有的确定性和可预期性,并最终使公众失去对法律的信任。

---

　　① See Hart,"Positivism and the Separation of Law and Morals", pp. 609,612,614.

　　② See Fuller,"Positivism and Fidelity To Law—A Reply To Professor Hart", pp. 664—666. and Fuller, *The Morality of Law*, pp. 82—91,229.

正是哈特与富勒各自所持的不同的理论立场使他们在如何维护法治这一问题上形成了不同的问题意识，并因此得出不同的结论。哈特认为，法律与道德的分离是维护法治的重要前提条件；[①]而富勒则认为，要实现"忠于法律"这一理想，只是简单地将所有"法律应该是什么"的观念从法律的实践中分离出去并不能真正解决问题，[②]问题的关键在于如何将法律的实然与应然以符合法治形式要求的方式结合起来。

双方在如何维护法治问题上所采取的不同策略也表现在他们对在解决"忠于法律"与"法律发展"这一重要法治问题上所采取的不同路径。尽管哈特与富勒都意识到法律需要随社会生活需要的变化而发展自己，但他们所设计的发展路径却是截然不同的。哈特通过赋予法官像立法机构一样"造法"的权力去发展法律，而富勒只赋予了法官在现有的法律框架内"造法"的权力。如果说哈特所主张的"法官造法"是真正意义上的造法，那么，富勒所言之"法官造法"只是将隐含于既有法律框架内的法律作适合社会生活需要的发展而已，因而充其量只能称为"法律的补充"或"法律的续造"。与此相对应，在忠于法律与法律发展这一问题上，哈特坚持在意义明确的法律核心区采取法律与道德相分离的策略来实现维护法治的目标，而在意义模糊或不确定的法律灰色区则采取法律与道德相结合的策略以为法律的发展留有余地。这样，哈特实际上以某种妥协的方式——即法律与道德之间在原则上分离前提下允许在某些例外中予以结合（或者说以例外情形下的结合来确保常态情形中的分离）——来解决忠于法律与法律发展之间的矛盾。[③]

然而，在富勒看来，这种解决方式是不现实的，因为并不存在一个明确的标准将常态与例外情形加以区分；如果允许在例外情形下将法律与作为非法律的道德结合，那么就没有什么可以保证在常态情形下法律与作为非法律的道德相分离。所以，富勒认为，"忠于法律"与"法律发展"都应该是法律作为整体而非局部的事。"忠于法治不仅要求政府遵守表述为文字的、已公布的法律，还要求尊重（公民）对于（政府）处理那些未受明确公布规则的

---

　　① 为此，哈特在《实证主义及其法律与道德的分离》一文的第三部分结尾处以一种非常沉重的语气呼吁：在我们没有决定要放弃法律权威的概念之前，我们不应取消法律与道德之间的区别（See Hart，"Positivism and the Separation of Law and Morals"，p. 615）。

　　② 法律与道德的分离不仅使"忠于法律"的义务因缺少价值依据而失去意义，而且在实践中也很难得到真正的坚持。

　　③ 在哈特看来，意义明确的核心区是法律最为基本的表现形式，意义模糊的边缘区只是法律的补充形式。

情形所具有的正当期待。"①也就是说,法治在法律确定性和可预期性方面的要求不能仅体现在哈特所谓的"核心区",而是应体现在整个法律的运行中。只有这样,法律才能实现其指导人们行为的社会功能。为此,富勒希望通过法律与作为法律内在的应然标准的"道德"的结合来排除法律与作为非法律的"道德"结合,即使法律应该是什么的内在的客观标准始终贯穿于法律发展的过程来达到忠于法律的目的,从而以整体的、动态的方式实现忠于法律与法律发展之间的统一。

综上所述,哈特与富勒在法律与道德关系上的对立立场与其说是表现在"法律与道德是否分离"这一问题上,还不如说是表现在"法律与道德应如何分离、如何结合"的问题上。哈特从他的分离说出发,认为法律与道德之间的结合只能限于法律的边缘区,而富勒从他的结合说出发,认为法律与道德之间的结合应体现于整个法律的运行过程中。当然,富勒所强调的结合并非是哈特所理解的结合,即法律与作为非法律的道德的结合,这里的道德(morals)是指"所有可想象的、非法律的、用以评判人类行为的标准,包括个人内在良知、基于宗教信仰的是非观、正当与公平的一般观念、由文化因素决定的各种偏见"②。富勒所谓的结合是法律的实然与作为法律的应然的"法律的道德(legal morality)"相结合。同样,富勒反对的分离说也不是哈特所主张的特定意义的分离,即法律与作为非法律的道德之间的分离,而是一般意义上的分离,即"法律是什么"与所有关于"法律应该是什么"的评价性标准的分离。在哈特与富勒这两种维护法治的不同策略中,哈特的方案简易明了,而且显得容易操作,但他的策略更多的是基于抽象的理论分析而非现实的法治实践,因此对法治实践没有太大的指导意义;而富勒的方案看起来有些令人费解,并且在实际操作中对技术的要求相当高,甚至有点让人望而生畏,但却为解决法治实践的现实难题指明了一个努力方向。

---

① Fuller,*The Morality of Law*, p. 234.

② Fuller,"Positivism and Fidelity To Law—A Reply To Professor Hart", p. 635.

06 富勒的追求：解决法治难题的第三条道路

6.1 寻求良法的另一种方式

6.1.1 产生良法的两个前提

　　良法是法治的基石，而良法的基本条件便是基于理性、体现正义。要确保国家统治者以理性的符合正义的方式制定和实施法律，需要具备两个前提条件：（1）统治者具有足够的智慧去发现特定社会公共利益之所在并懂得采用恰当的法律形式去实现公共利益；（2）统治者具备足够的道德力量抵制个人私欲对权力的渗透。

　　如果统治者既缺乏足够的敏锐和远见去洞察社会成员的整体利益，又缺乏宽大的胸怀集思广益，通过汲取众人智慧以弥补自身认识的不足，就会导向以个人的认识偏见决定社会集体目标的"善意"专断。如果统治者缺乏足够的道德自制能力去抑制个人私利的诱惑，放任个人的情感、欲望去左右社会决策，就会导向任由个人的、宗派的或集团的利益侵蚀公共利益的"恶意"专断。这两种专横都会致使人类的法治实践背离人类所追求的正义目标。在前一种情形下，当权者出于善良的意图而把自己认为是好的安排或选择强加给百姓，从而实际上造成某种强迫和压制的社会秩序；在后一种情形下，当权者出于自私的目的将不公正的社会安排强加给百姓，从而必然导向压迫和奴役的社会秩序。

6.1.2　自然法在良法建构上的局限

自然法思想家对符合人类本性、体现人类共同需求的自然法的寻求，正是一种试图为统治者制定良法提供智慧武装的努力。明智的统治者接受自然法思想，并参照自然法制定出体现公共或普遍的利益的法律规则，从而使得良法之治的实现成为可能。

然而，自然法并不是某种始终如一的不变真理，它在不同的社会历史条件下会有不同的要求，因而其内容总是处于变化之中。这就给那些在社会生活中以某种方式树立起权威并垄断了话语权的人士，将个人的认识和理解（往往受自私的情感、偏激的信念和主观的偏好的影响）以自然法代言人名义表达为"反映人们共同需求的自然法"提供了可能。特别是随着社会规模的扩大，"共同需要变得更为复杂，为自私的目的去歪曲这种需求的诱惑变得更大"①时，这种可能性也随之增加。以权威形式表达出的自然法在社会政治生活中往往变异为正当化保守或革命的政治行动的意识形态，因而实际上以不同的程度偏离了人类真正的共同需求。以此为基础而确立的法律秩序对于在社会生活中处于被动的、受支配地位的人们而言是外在的强制，因而在这个意义它并非指向社会公共利益。

这样，一方面，自然法的发现能为人类社会良法的制定提供理性的基础；另一方面，自然法自身的不确定又为社会权威借用"自然法"名义实现"善意"或"恶意"的专断提供了机会。自然法在社会作用上的双重性限定了自然法在实现良法之治上发挥其理性基础作用的前提条件：首先，社会共同体内部对自然法的基本要求有相当明确的认识；其次，国家管理者具有足够的道德的自律能够将遵循自然法作为创制法律的基本要求。这两个条件在社会关系相对简单稳定、社会道德氛围相对浓厚的 19 世纪的西方社会得到了基本满足，从而为良法之治的形成提供了可能。西方各国在 19 世纪创造出的大量优秀立法作品，不仅因为"当时的立法者仍以强烈的道德意识为准则"②，而且因为 17、18 世纪的理性自然法思想对西方社会产生了深远的影响——它所发现的平等、自由、权利、安全等自然法原理被广泛接受并成为近代西方宪政的基本原则和构成要素。而这两个条件在 20 世纪初的西方社会已不再存在：一方面，经过 18、19 世纪对理性自然法的彻底批判，那种普遍

---

① Fuller, *The Problems of Jurisprudence*, p. 695.
② ［德］考夫曼:《法律哲学》，刘幸义等译，法律出版社 2004 年版，第 41 页。

有效的自然法思想开始被人们所摒弃；另一方面，价值相对主义思想盛行使
得社会道德对个人行为的约束普遍弱化。这样的社会历史条件为借助合法
性、传统及个人魅力而确立起个人权威的希特勒，将个人的政治理念作为自
然法的权威表达强加给大众提供了可乘之机，被正当化的政治理想替代道
德而成为主要的社会规范。由此也解释了为什么在 20 世纪德国出现的极权
统治能打着自然法的旗帜实施违背人性的残暴统治。[①]

6.1.3　实证主义在良法建构上的局限

实证主义者认识到自然法作为良法基础所存在的缺陷，因此他们不再
费力寻求在内容上公正或正义的良法（甚至否定存在着正义的社会秩序安
排），而是将良法建基于社会公众对它的接受（acceptance）上——只要是被
公众接受的法律就被推定为是正当的或合适（right or proper）的法律。这种
接受可以是以某种默认的方式表现出来（如有服从习惯的臣民对主权者所
颁布法律的默认），也可以是以各种民主的方式来予以明确的表达。

然而，这种接受最终只是对规则制定权力（rule-making power）的接受，
而不是对法律内容的一致接受。因为，实证主义对自然法基础的否定已使
得在法律内容上形成一致意见的可能已不再存在。而这种形式上的接受在
一定情形下就会出现正当性危机。社会公众对公共权力的接受在近代以前
通常是基于某种传统或神圣基础，当时的人们将传统或神圣视为正确的、应
予尊重的东西，并进而相信基于传统或神圣的权力所制定的规则也具有正
当性。然而，这种信任并不能对法律内容的形成产生实质性的规制。一旦
实际产生的法律与人们期望的不相一致，传统或神圣的魅力便不再存在，法
律的正当性基础也因此丧失。

在近现代社会，人们对公共权力的接受往往基于民主原则。民主对于
法治的意义是很明显的：民主意味着人民的权力或多数人的统治，而基于多
数规则的法律秩序必然具有广泛的社会基础，因而也必然能够获得广泛的
接受和服从。如果社会秩序是人们的共同需求，那么"可以推定当秩序基于
最大可能的公众时，这种需求得到了最好的满足"[②]。在社会规模日益扩大

[①]　希特勒政权如何借用自然法思想去达到极权统治的目的，可参阅郑永流：《自然法，一个绝
代佳人？》，载《法哲学与法社会学论丛》第二辑，中国政法大学出版社 2000 年版，第 312—313 页；以
及陈林林：《"正义科学"之道德祭品——极权统治阴影下的法实证主义》（第三部分）。

[②]　Fuller, "The Forms and Limits of Adjudication", in *Harvard Law Review* 92 (1978—
1979), p. 367.

的现代社会,民主统治只有通过组织化和形式化才能成为有正当性的权力,也就是说,民主权力的产生必须至少具备某些投票和计票的程序规则。然而,通过程序形式组织起来的民主并不必然产生合理的结果。因为,参与选举过程的人们可能受非理性情感的支配,他们对自己真正所需要的并不一定有清晰的认识;程序规则也有可能被少数人操纵而不能真正体现多数人的意志。如果多数人的意志只是代表了以某种方式集中了多数人在某一时刻所表达的意见,而不是意味着比任何个人的意志更为正确地反映了公共利益,那么,基于民主的法律仍然只能是多数人权力的恣意表现;而当民主过程被少数人操纵时,它所产生的法律更是权力恣意的结果。当民主权力在形式或程序上的正当性不能产生在内容或实质上的正当的法律时,公众对法律的接受便失去了真正的基础而法律的正当性也随之濒临危机。①

由此,无论是基于传统或神圣或民主的权力要创制真正被公众普遍接受的法律也需具备两个前提条件:(1)合法产生的权力者或权力机构必须具备正确判断社会公共利益的能力;(2)国家管理者有足够的道德自制力能自始至终将最大限度地实现公共利益作为法治的目标。而这两个条件只有在重新肯定自然法对法治的意义才有可能具备。只有重新肯定人类理性能够对人类的共同需求有正确理解和判断,并将这些被人们普遍领会的共同需求作为更具体和深入地确定社会公共利益的出发点时,国家权力对于社会公共利益的判断才不会偏离正确的方向。也只有在社会成员在价值追求上能达成某些共识,社会道德才可能得到重新培育。

实证主义为切断从不确定自然法导向专断的路径,将内容并非总是确定的自然法作为毫无根据、无法证实的东西予以抛弃,从而剥夺了其作为法律基础、法律渊源的资格,并最终使规则制定的权力缺失任何实质性制约——被人们接受的权力可以将自认为合适的任何内容放进法律,因而使人类法律陷入可以朝任何方向发展的盲目。这样,实证主义在无意间又打开了合法权威(legitimated power)以明确的、公开的方式实施专断的新路径。显然,实证主义对自然法的抛弃并没有效地封住通向权力专断的缺口,它只是使权力专断抛开了伪善,并使通向专断之路更为便捷。

德国的纳粹统治通过“民主的形式程序合法地攫取权力”,然后娴熟地运用国家的立法、行政和司法机构实施其极权主义统治。② 确实,将纳粹时

---

① 富勒对以多数规则为内容的民主有多处论述(See Lon L. Fuller, *The Law In Quest of Itself*, p. 121. and "Forms and Limits of Adjudication", p. 367)。

② 罗门:《自然法的观念史和哲学》,《导论》第 2 页。

期的极权统治完全归咎于实证主义有失公道，①但实证主义作为当时德国法学的主流思想确实有难以推辞的责任。尽管当时实证主义思想家并没有要成为极权统治帮凶的主观故意，但实证主义的法律传统客观上使德国当时的法律界失去了可以抵制国家社会主义合法化极权统治的理论武器。"德国法律专业界对于实证法的道德基础和目标的'陈腐的不可知论'，就让他们面对国家社会主义时，在知识上没有一点防备。"②拉德布鲁赫对实证主义的指责可能是不全面的，但并非毫无根据。③ 希特勒政权给予不正义和犯罪本身以法律形式，甚至在集中营中的大屠杀也被认为有法律依据，而接受实证主义法律教育的法律界无任何抵抗能力。④ "现代的独裁者是合法化大师。"⑤如果我们将合法性（legality）等同于正当性（legitimacy），或者说将法律上的正当性等同于事实上的正当性，那么这些法律形式对权力的约束最终将因缺乏内在的正当性基础而被法律外的某些实质目标所超越。⑥ 希特勒由合法的民主程序获得权力，又将多少借助于传统因素和个人魅力因素而确立起的国家社会主义理念赋予法律的形式以获得法律上的正当性。在这里，法律不仅不能有效地约束国家权力的行使，而且最终还将沦落为正当化政党价值选择的合法外衣。

"凡是形式法理学发展到极致的国家，大抵也就是法律对新兴破坏势力之挑战抵抗力最小的国家。"⑦只有重新为合法性找到正当性基础⑧，只有让

---

① 相关讨论参阅陈林林：《"正义科学"之道德祭品——极权统治阴影下的法实证主义》。
② 罗门：《自然法的观念史和哲学》，《导论》第3页。
③ 拉德布鲁赫认为，"法律就是法律"这条被民族社会主义用来统治国家的不受限制的原则是实证主义法律思想的表达，而这一"'法律就是法律'信念，已经使德国法学界无力抵抗具有暴政和犯罪内容的法律了"（详见［德］拉德布鲁赫：《法哲学》，王朴译，法律出版社2005年版，第227,232页）。
④ 在民族社会主义时期，实证主义的法哲学家们几乎什么都没做，只有少数人流亡他乡（参阅：［德］阿图尔·考夫曼，温弗里德·哈斯默尔主编：《当代法哲学和法律理论导论》，第117页）。
⑤ 罗门：《自然法的观念史和哲学》，《导论》第2页。
⑥ 有关希特勒的纳粹政权如何以实质目标超越法律形式的限制，可参阅陈林林：《"正义科学"之道德祭品——极权统治阴影下的法实证主义》，第三部分。
⑦ 登特列夫：《自然法——法律哲学导论》，第109页。
⑧ 富勒对哈特理论的不满在很大程度上在于哈特对合法性与正当性的简单处理。根据哈特的描述，对于法律制度内部的人，法律上正当性就是事实上的正当性，而法律和事实上的正当性与完全道德意义上的正当性又是不同的。哈特的这一观点将使得作为法律基础的承认规则与其他任何特定的法律规则一样时时面临不被遵守的危险，从而使法律制度的正当性和稳定性难以保证。在富勒看来，只要合法性原则要赋予法律正当性，即使是法律上的，那么那些原则就需要反映某种内容。合法性原则就是公民与官员之间互惠关系的形式化，因此赋予法律正当性不是这些形式，而是形式背后的互惠关系。这种互惠关系的维持正是法律制度正当性和稳定性的重要保障。也正是在这个意义上，哈富论战被认为是对合法性的正当性问题的争论（See James C. Ketchen, "Revisiting Fuller's Critique of Hart", pp. 8, 32）。

民主的程序形式具有充分沟通和真实表达的实质内涵,从而使多数人的意志不只是代表多数的意见,还意味着更接近事物本质因而更为正确的意见,才能抵制源自合法权威的权力专断。

6.1.4　拉德布鲁赫对"第三条道路"的探索

静态的普遍有效意义上的自然法与分析实证主义各自存在的理论缺陷共同促成了德国希特勒时期的变态法治。在这种变态的法治下,不仅在立法上颁布了一些恶法,而且在司法上常以国民自然法的名义僭越于现行法之外。要避免这种本质上专制的变态法治的出现,一方面需要运用自然法思想去抑制立法上的恣意,另一方面需要运用法律实证主义的方法去限制司法上的恣意。只有通过结合自然法与实证主义各自的理论优势,并以此克服两者既有的理论缺陷,才能使良法的建构具有现实的可能性。"历史的经验教示吾人,不仅不予赞同古典自然法理论,而且也应拒绝古典的法律实证论"①,只有超越古典的自然法理论和法律实证论才能为法律的健康发展找到正确的方向。②

拉德布鲁赫的法律哲学可以被看作朝这一方向努力的表现。③ 他抛弃了形式的法哲学或一般法学说,建立实体法哲学,将研究视角转向法律的内容,不单单是形式和结构。他区分了自然科学的价值无涉、伦理学的价值立场、文化科学的价值关联立场以及宗教的价值压抑立场,并依此得出:属于文化的法是价值关联的;因此,在他看来,唯有那些与正义相连,并朝向正义的规范,方具有法的品质。但他并没有因此回归到传统自然法的思路。他的康德主义立场坚持认为:先验的、明晰的、有说服力的陈述只可能源于形式而不是内容,因此,在他那里,只存在近似意义上的"正确的法"。④

"在古典自然法中,'法律'等同于绝对的法价值、正义。对于实证主义的法律概念,内容完全不起作用,不公正的'法律',只要产生的形式正确,也

---

　　①　考夫曼:《法律哲学》,第 41 页。

　　②　这里的"古典自然法"应该指近代西方的理性自然法思想,而"古典的法律实证论"应该指以奥斯丁、边沁、凯尔森为代表的分析实证主义。

　　③　考夫曼认为,拉德布鲁赫是第一个试图跨越自然法与实证主义对立立场的人,认为"其论点超脱于实证论与自然法之外"(考夫曼:《法律哲学》,第 57 页)。相关讨论还可参阅阿图尔·考夫曼、温弗里德·哈斯默尔主编:《当代法哲学和法律理论导论》,第 129－131 页。

　　④　参阅考夫曼,哈斯默尔主编:《当代法哲学和法律理论导论》,第 130－133 页。

符合这一法律概念。"①拉德布鲁赫没有因循这两种传统的思路：他一方面恢复了法律的正义目标；另一方面，他并没有从法的观念中导出"绝对正确的法"。在这个意义上，拉德布鲁赫的立场"超越了自然法和实证主义"，他的法律概念拓展出了建构良法的"第三条道路"。②他所提出的正义理论可以说是他探寻第三条道路的明显表现。他的正义理论以平等原则——即相同的东西相同地对等，不同的东西不同地对待——为出发点。这个原则虽然是绝对的，但仅具有形式特点，因此，必须加上内容性原则，即目的观。由于存在着三种在理性上不能分出等级的法之最高价值听命于目的观：个人主义的、超个人主义的和个人之间的价值，内容性原则虽是实体的，但仅为相对的。为了法的确定性，通过权威来确定法的内容是必要的。③ 在这里，拉德布鲁赫在强调自然法理论所倡导的法正义上的实质价值的同时，并没有否定法的实在性，并因此放弃实证主义所重视的法确定性上的形式价值。

从拉德布鲁赫的立场处于自然法与实证主义之间而言，他是"一座跨越昔日那种对立局面的渡桥"④。但他的理论并没有找到能真正将自然法与实证主义架接起来的桥梁。这一点在他试图为战后德国如何走出当时所面临的法制困境提出相应建议时表现得十分明显。

我们首先需要恢复对法律的尊重。国家社会主义政府自己不断以完全无耻的方式破坏法律。最神圣的人权——生命，自由和荣誉——在无数的场合在甚至没有法律的伪装下被侵犯。所有的事只要根据当权者的观念或宣言是有利于社会福利就认为是允许的。现在的任务是恢复法律权利的保障，更新国家对它自己所颁发的法律的义务，重建法治。

然后，在恢复对法律的尊重的同时，德国的法律人还有第二个任务，这看起来与第一个完全相反。12 年的独裁统治常常给予不正义、犯罪本身以法律形式。即使是集中营里的大屠杀也被认为是有法律依据的——当然，是以未公布的"秘密法"的变态形式。传统的法律观念，法律实证主义在德国法律学者中几十年来处于未受挑战的主导地位，并教导人们"法律就是法律"——这个观点在遭遇法律形式的不法时显得无能为力。因为，对于这种观点的支持者而言，任何法律，不论多么不正义都必须被当作法律看待。

法律哲学必须重新认识绵延几个世纪之久、为古希腊和罗马时期、基督

---

① 考夫曼，哈斯默尔主编：《当代法哲学和法律理论导论》，第 131 页。
② 考夫曼，哈斯默尔主编：《当代法哲学和法律理论导论》，第 131 页。
③ 参阅考夫曼，哈斯默尔主编：《当代法哲学和法律理论导论》，第 133 页。
④ 考夫曼，哈斯默尔主编：《当代法哲学和法律理论导论》，第 131 页。

教的中世纪和启蒙时期所共有的智慧。在这些时期，人们相信存在着一种高于制定法的法律，他们称之为自然法，神法或理性法，依据高级法进行衡量，不法在获得了法律形式后仍然是不法，错误在被颁布为法律时仍然是错误。①

在这段话中，他一方面强调战后德国恢复对法律的尊重的紧迫性，另一方面又强调吸取传统自然法那种超越制定法的高级法思想对于确保法律内容上的正义的重要性。然而，法的安定性与法的正义之间存在着内在的冲突，而这种冲突正是传统自然法与实证主义之间对立立场的根源所在。由于缺少有效贯通自然法与实证主义之间对立立场的方法，拉德布鲁赫解决法律内在冲突的方法是调和、折中的，因而也是局部和不彻底的，由此折射出他的法哲学立场在根本上是分裂的。这种分裂的立场突出地表现在他所提出的"拉德布鲁赫公式"之中：

正义和法的安定性之间的冲突可能可以这样来解决，实证的、由法令和国家权力保障的法律有优先地位，即使在内容是不正义或者不合目的性的，除非实证法与正义之间的矛盾达到了一个如此令人难以忍受的程度，作为"不正当法"的法律必须向正义让步。②

而且，这个"拉德布鲁赫公式"最终还缺乏实际可操作性。因为：

"这一公式引发的疑问，比所欲解决的问题还要多。譬如，何为'正义'，它是否具有确定、明确的内容？何种状态是'规则'违背'正义'？何为'不可容忍的程度'？又何人具有判断的权限或义务？在判定规则无效时，如何维护社会安全及法律的安定性？实证法被判定无效后，其具体法律效果又如何（如是否承认依该法作出的先前判决）？对可能无效的实证法，应消极地服从、不服从抑或是积极反抗？③

拉德布鲁赫呼吁诉诸传统自然法思想来克服实证主义法哲学无法抵制不正义立法的缺陷，④被认为是自然法复兴的明显标志，富勒也因此高度评价拉德布鲁赫对法哲学所作出的重大贡献。⑤ 然而，自然法的真正复兴只有

---

① 这段话源于他在1947年所作的题为"法律的新生"的演讲，译自富勒在"American Legal Philosophy at Mid-Century"（ pp. 483—484.）一文对此演讲的摘引。

② 拉德布鲁赫：《法哲学》，第232页。

③ 陈林林：《"正义科学"之道德祭品——极权统治阴影下的法实证主义》，第484页。

④ 当然，富勒更早地提出了复兴自然法的呼吁。

⑤ See Fuller, "Positivism and Fidelity To Law—A Reply To Professor Hart", pp. 655—657. and "American Legal Philosophy at Mid-Century", pp. 481—485.

在找出了能克服传统自然法既有缺陷的基础上才能实现。"惟有当自然法观念可以提供一种工具,以更进一层了解法律现象时,惟有当它可以提供一种方法,以锐化法律家所用的工具时,自然法观念才能被法律家所接受。"[①]拉德布鲁赫用"正义"去界定法律的本质,认为如果实证法完全没有追求正义的努力,有意抛弃构成正义之核心的平等,那么,这样的实证法不仅是错误的,而且失去了法律的性质。[②] 在这里,实证主义反对自然法的理由依然存在。

6.2 程序自然法——从法律过程寻求解决法治难题的第三条道路

6.2.1 分析实证主义与理性自然法的共同缺陷

分析实证主义与理性自然法都试图用界定的方法去实现对良法的构建。对于实证主义而言,只有实证的法律才是法律;对于传统自然法而言,只有符合自然法的法律才是真正的法律。为此,前者从法律的形式方面界定法律;后者从法律的内容方面界定法律。尽管两者对法效力的基础有不同的认识(前者基于事物之自然或本性,后者基于规则制定的权力),但他们对于法律运行模式的认识是一致的。他们都将"具体的、实证的法"视为"固定不变的、先验确定的东西",[③]法律适用的过程就是从不变的法律前提纯逻辑地、用与经验无关的方式推演出来。在这样的思维模式中,法律是静态的,所有法律的问题都是以先验的、逻辑的方式予以解决,[④]良法的建构也因此以一劳永逸的方式确立。

正因为两者都是从静态的角度认识和界定法律,这两种建构良法的方式不存在相互补充的结合点。自然法路径将所有的法律都视为源于自然法的理性推演,而实证主义则将所有的法律都视为权力意志的表现。法律要么表现为理性,要么表现为意志,两者没有联系,也无法互相补充;明断的意

---

① 登特列夫:《自然法——法律哲学导论》,第 120 页。

② 参阅拉德布鲁赫:《法哲学》,第 233 页(相关内容的英译可参见 Fuller,"American Legal Philosophy at Mid-Century",p. 485)。

③ 考夫曼,哈斯默尔主编:《当代法哲学和法律理论导论》,第 121 页。

④ 有关实证主义以逻辑的因而是脱离实际的方式解决法律难题的论述参阅富勒:《法律的道德性》,第 130—132 页。

志无法为并非总是明确的理性提供确定的形式,实质的理性也不能给盲目的意志以任何有意义的指南。理性与意志的分离最终表现为形式与实质的分离。在意志模式中,任何符合了法律形式要求的规则都被认为是正当与合适的法律;在理性模式中,任何符合实质理性要求的规则都具有法律的资格。而形式与实质的矛盾将最终使权力失去任何有效的约束。在自然法模式中,对实质的追求缺乏形式的约束;而在实证主义模式中,形式最终被实质所推翻。

由此可见,无论是自然法,还是实证主义都无法单独完成建构良法的任务,唯有两者的结合才能使良法之治的实现具有可能。而实现结合的前提条件则是从动态的角度看待法律。因为,只有当法律的形成是一个与经验紧密相连的发现过程时,实证主义与自然法才获得了互相补充的机会。当法律进入经验领域,实证主义将无法回避自然法,因为,在人类的经验世界自然法总是人们有意无意地行为诉求;①同时,在法律实践经验中,自然法又必然要以实证法作补充,因为自然法无法为人类社会提供所有必需的行为规范。法律的过程不仅是实证主义与自然法得以结合的前提条件,也是人类正确认识法律从而完成建构良法的任务的必要途径。正如考夫曼所说的,"'什么'(法律之内涵)及'如何'(发现法律之程序)系相互关联,正当法及实现法律之过程必然休戚相关。或者,换言之:正当法,既非'没有程序',也非'透过程序'而成,而'在程序内'……"。②

6.2.2 几种主要的秩序原理

6.2.2.1 广义和狭义的社会秩序原理和程序自然法

社会秩序原理,即社会秩序中的自然法,包括实质自然法和程序自然法。富勒主要关注程序自然法,但他研究程序自然法最终是为了更好地认识实质自然法。

富勒最早以自然法视角研究社会秩序是在他的《法理学问题》一书中。③在这本书中,他以(principles of order)"秩序原理"的概念来概括社会秩序安

---

① 罗门认为,自然法在任何时候都作为一种常识生存于普通人的心灵中,因此,任何人都不可能在社会的日常生活中实现某种严格的、连贯的实证主义的(参阅罗门:《自然法的观念史和哲学》,第120—121页)。

② 考夫曼:《法律哲学》,第2页。

③ Fuller, *The Problems of Jurisprudence(temporary edition)*, The Foundation Press, 1949.

排中的基础性原理。从他所阐述的四种秩序原理中可以看出,这个秩序原理是广义的,既包括实质意义上的自然法——共同需求原理,也包括程序意义上的自然法——正当(合法)权力原理、裁判原理及契约原理等。后来,他为了将自己的自然法思想区别于传统自然法理论时,又提出了"优序学"(Eunomics)这个概念来指称自己的自然法思想,它是"关于良好秩序和有效安排的科学、理论或研究(the science,theory or study of good order and workable arrangements)",也即"社会秩序的自然法"。①

在《手段与目的》②一文中,富勒又把自己研究的自然法称为"技术自然法"。他提出"技术自然法"这个概念主要是为了区别于传统自然法对人类目的的关注,技术自然法主要关注人类社会秩序中目的手段关系中的手段一方,即作为实现社会目标手段的社会秩序形式,因而可以说是狭义上的社会秩序原理。③ 这个狭义上的社会秩序原理,或技术自然法,研究所有社会秩序形式(即除共同需求原理以外的所有其他社会秩序原理)的内在要求,可以说是广义上的程序自然法。但直到《法律的道德性》一书的出版,他才明确提出"程序自然法"这个概念。由于"程序自然法"概念是在《法律的道德性》一书中提出的,而该书所论述的程序自然法又主要是"合法性原则",因此程序自然法又常常被等同于合法性原则,这应该是狭义上的程序自然法。

6.2.2.2 几种主要的秩序原理及相互关系

富勒将自己作为法律人的基本任务定位为:"发现人们能据以成功地一起生活和工作的方式"。他认为,没有一些能解决冲突、推进合作性行动的组织原理,人们不能在一起生活和工作。这些用来调整人们相互间关系和组织他们活动的组织原理就是秩序原理。④

富勒对社会秩序原理的最初研究主要限于法律领域,这可能与他的法学家身份以及他试图通过重申自然法立场来克服分析实证主义在解决法治难题上的理论缺陷的问题意识有关。他认为,人们用以实现必要秩序的方式主要有四种:(1)共同需求的共同发现和承认;(2)确立某些制定规则的权力;(3)通过裁判的方式解决纠纷;(4)在利益相关各方间进行商谈并达成一

① Fuller,"American Legal Philosophy at Mid-Century",pp. 473,477.

② 这是富勒计划写作的《法理学问题》新卷本的一个导言("Means and ends"),由于写作计划没完成,这个导言未能在富勒生前正式发表,后来该文被收录在温斯顿(Kenneth I. Winston)博士编辑的《社会秩序的原理》中(*The Principles of Social Order*,1981,p. 63)。

③ See Fuller,"American Legal Philosophy at Mid-Century",p. 478.

④ Fuller,*The Problems of Jurisprudence*,p. 694.

致。与此相对应的是四种秩序原理（principles of order）：共同需求原理（principle of the common need）；正当（合法）权力原理（principle of legitimated power）；裁判原理（principle of adjudication）；契约原理（principle of contact）。^① 富勒对这四种秩序原理的研究是为了发现有关人类秩序安排在规则和程序方面的自然法要求。

但随着他的研究兴趣从法律领域的程序自然法扩展到社会领域一般意义上的程序自然法，他所确定的主要社会秩序原理也从四种扩充到九种，即源于互动的期待和行动上的默认协调（"习惯法"和"通行实践"是其表现形式）、契约、财产、正式宣布的法律、裁判、管理指令、投票、调解、有意诉诸机会（即抛硬币或抽签作决定）。^② 九种秩序原则，在很大程度上是对他原来提出的四种秩序原理的进一步补充和细化，如正式宣布的法律、管理指令是对正当（合法）权力原理的细化，调解是介于裁判与契约之间的、分有这两种秩序原理的某些要素的一种秩序原理（在缺乏裁判和契约这两种秩序原理得以有效运行的社会条件时特别通行的秩序形式），投票则是所有利益相关人都有机会直接参与决策的秩序安排（往往是就特别重大的事项，或是在较小范围内就特定事项形成一致意见），有意诉诸机会是在无法用理性评判方式解决重要问题时的秩序安排形式，而财产是其他所有秩序原理都与之相关联的、作为前提存在的秩序安排形式。富勒列举这些秩序原理的主要目的是为了对它们各自在社会秩序形成方面的能力及局限作比较研究，从而发现在人类制度设置方面的自然法要求。

每一种秩序原理都是调整人们相互间关系和组织他们活动的组织原则。在任何一种社会组织形态中，共同需求原理都是基本的和不可或缺的；其他秩序原理只有作为共同需求原理的必要补充以及作为实现共同需求原理的形式化手段和方法时才是可理解和可成立的。^③

但在现实生活中，除家庭这一可能的例外，没有人类社会能够长期成功地以共同需求原则进行组织。^④ 在共同需求原理不能单独有效地调整人类关系的地方是这些秩序形式具有功能的地方。当人们对共同需求的认识不能达成一致时，共同需求原理就不能有效调整人类关系，这时就需要确立某种被大家认可的、能确定共同目标和互惠性的权力，或是形成某种能让利益

① Fuller, *The Problems of Jurisprudence*, p.694.
② Fuller, "The Role of Contract", in Kenneth I. Winston(ed.) *The Principles of Social Order*, pp.188—189.
③ Fuller, *The Problems of Jurisprudence*, p.711.
④ Fuller, *The Problems of Jurisprudence*, p.695.

相关各方进行协商谈判以形成统一认识的方式,来明确共同目标和互惠性之所在。当缺少合法权力来确定共同需求,或由合法权力所确定的共同需求、契约双方对所达成的协议内容仍存在争议时,就需要有明智的第三方在争论双方充分对话和沟通的基础上依据一定的标准对共同需求作出合理的判断。因此,在社会秩序形成过程中,共同需求原理往往与正当(合法)权力原理、裁判原理、契约原理一起发挥组织社会关系的作用。

6.2.2.3　共同需求原理的基础性和不充分性

6.2.2.3.1　共同需求原理的基础性

共同需求原理是最为基础的社会秩序原理,一个社会无论采用何种形式化的秩序安排,其形式背后始终活动着共同需求原理。在一个具有充分正当性基础的社会秩序中,"只要有可能,人类关系就应直接以被人们共同领会到的需求为基础进行组织",而且对其他秩序原理的采用始终应该与共同需求原理保持必要的联系。当秩序形式背后的共同需求原理被完全忽视,这个秩序的形式化达到了最大的程度;这样的秩序只剩下形式的正当性,它能否持久、能否公正将是一个极大的疑问。

共同需求原理是最基本的秩序原理,这不仅因为它是始终有效的原理,而且还因为其他三种秩序原理只有在与它保持必要联系时才能在社会秩序形成中发挥其应有的作用,它们所具有的正当性或道德力量最终都源自共同需求原理。[1] 在这个意义上,共同需求原理在社会秩序安排中具有终极原理的意义。[2]

6.2.2.3.2　共同需求原理的不充分性

共同需求原理把人们组织起来、建立稳定的社会关系主要依靠对存在于社会生活中的共同目标和互惠性的确认,即共同需求的共同发现和承认。然而,把他们联结起来的共同目标和互惠性并非总是清晰明了,可以让所有利益相关人能对它们有明确、一致的认识。因此,共同需求原理虽是组织人类最基本的、必不可少的秩序原理,但它却是不充分的。"在我们熟悉的种种社会里,共同需求原则永远不能自行提供充分的秩序基础。"[3]这主要有几方面原因:

首先,共同需求原则的有效运行取决于有足够多的人领会和理解共同需求,因此,"缺乏沟通或理解将总是挫败共同需求原理"。不仅在个人需要

---

[1]　Fuller, *The Problems of Jurisprudence*, pp. 712—715.

[2]　Fuller, *The Problems of Jurisprudence*, p. 719.

[3]　Fuller, *The Problems of Jurisprudence*, p. 694.

与群体需要发生冲突时会有沟通和理解的问题,即使没有这样的冲突(共同体共同接受个人取向或群体取向)时也同样有不同认识之间的沟通问题。而"那些亲自处理问题的人们(其身份迫使其对这些问题及相关利益作详尽的研究,因而对共同需求总是有更深刻的洞见)总是无法将自己对共同需求的认知有效地传递给那些处在所涉事件之外的人"。这就是说,人们总是无法通过沟通就共同需求达成完全一致的认识。①

其次,即使没有沟通或理解问题,共同需求原则也会留有必须以其他方式加以解决的冲突。因为,在已被明确的共同需求中可能涉及互相冲突的要求。"在一个较大的社会,我们一起生活的接近程度足以妨碍相互间的利益,但又不足以自发形成一种足以协调我们之间差异性的合作精神。(同时,)几乎所有被我们珍视的东西都是稀缺的。"这就决定了某些共同需求的满足总是得以协调某些相关冲突为前提,协调冲突的方式可以是由中立第三者进行裁判,或是由相关利益方通过相互谈判达成妥协,甚至还可以诉诸抽签这样完全由概率来决定解决的方式(不过在现代社会这种方式已很少被作为解决冲突的制度化模式)。② 而在一个较大和较复杂的社会,这种冲突往往只有借助于强加的秩序才能解决,否则,它就可能分裂为一个个以现实或假想的利益结合在一起的小团体。③

最后,在任何一个社会里,共同需求总是存在着相当的模糊性和复杂性。一方面,随着知识和理解的增加,人们对于什么是实际上想要的理解总是被不断改进和修正;另一方面,人们需要的具体内容以及需要的强度都要受满足需要的可能性的影响。譬如,几乎每一个人都模糊地感觉到对一个公平社会秩序的需要,其中没有歧视、没有特权;但除非我们能看到这种愿望得以实现的方式,我们不会在行动上投入精力,或者让这种愿望影响我们的生活方式。④ 而共同需求的模糊性和复杂性会对一个社会选择其合适的秩序模式产生两个方面的有害影响:(1)由于害怕因共同需求的模糊和复杂给社会带来混乱而把既已确立的熟悉的秩序接受为无须作进一步检验的合理秩序,从而造成对传统习俗的盲目信赖并阻碍社会的进一步发展;(2)因顾虑模糊和复杂的共同需求难以被共同体成员理解和接受而将简单的、对称的东西等同于正确的东西,从而使真正的共同需求得不到确认和理解。⑤

---

① Fuller, *The Problems of Jurisprudence*, pp.696—698,721.

② Fuller, *The Problems of Jurisprudence*, pp.695,697.

③ Fuller, *The Problems of Jurisprudence*, p.722.

④ Fuller, *The Problems of Jurisprudence*, pp.698—699.

⑤ Fuller, *The Problems of Jurisprudence*, pp.722—723.

只有通过借助其他的秩序原理使共同需求的模糊性和复杂性得以克服,共同需求原理才能正常地发挥其协调人们行为、调节社会关系的作用。

正是共同需求原理的不充分,其他几种秩序原理才被需要。

6.2.2.4 共同需求原理与其他秩序原理的正当性

共同需求原理的有效性源于人们在不断互动基础上在共同需求方面所达成的共识。只要人们需要待在一起,就必然存在着把他们联结起来的共同目标和互惠性,并且,人们或多或少会对它有所意识,因此,共同需求原理是"无论如何都有效的组织方式"①。而其他秩序原理的正当性最终都源于共同需求原理。

权力作为一种社会组织原理只有当它被正当化才能成为有效的原理。正当合法的权力,包括正式宣布的法律、管理指令,其正当性在于有相当一部分服从它的人将这种权力接受为正当和合适的。而这种接受的最终基础在于它有利于共同需求的实现。人民对政府所发布指令的接受是因为他们相信:政府管理者所处的位置能够使他对集体的共同利益有更好的判断;人们对正式宣布法律的服从是因为他们相信:法律制定者对社会的共同需求有更好的理解和判断。

尽管裁判权常常被看作是正当合法权力的一种表现形式——将它的权力视为由民主产生的立法权的进一步授权。但是,裁判作为一种社会组织原理具有自己特定的意义,并且在共同需求原则的基础上能够作为一种独立的组织原理运行。裁判的正当性在于一个中立无偏私的第三方基于当事人(即利益相关人)所提供的证据和理性论辩所作出的裁决是对当事人双方共同利益的理性判断。由裁判作出的决定之所具有让人服从的正当性和道德力量,是因为它的决定是当事人双方理性论辩结果,是在理性论辩的基础上对特定社会情形下的是非对错所作的正式界定。② 正因为人们确信由无偏私的第三方在倾听了双方所提出的证据和理性论辩后对纠纷所作的裁决是最接近正义或共同需求的方式之一,才使裁判具有作为秩序原理的正当性。

契约与正当合法权力一样,它在谈判基础上所产生的决定不需要符合理性或原则的标准。它作为秩序原理的正当性在于:在一定的社会条件下契约双方直接参与社会秩序的建构能使共同需求得到最大的实现。首先,没有人比他自己更了解他想要什么,所以自己直接参与谈判而产生的契约

---

① Fuller, *The Problems of Jurisprudence*, p. 721.
② Fuller, "The Forms and Limits of Adjudication", pp. 366—370.

结果具有强大的道德力量；其次，前契约阶段的谈判为双方联合探索和发现可能存在的共同需求提供了可能；①最后，通过契约阶段的谈判双方能以自己不太需要的换取自己更需要的，从而扩大需求满足的范围（即通过交易使双方都增加福利）。②

投票是一种民主的多数原则，往往也是正当化权力的一种原理。民主之所以能发挥正当化权力的作用，是因为多数人的信任是被选举者有能力洞察和实现集体共同利益的见证。当投票作为正当化某项决策的原理时，其正当化基础在于多数人的意见往往被认为是对共同需求有更为全面、更为理性的认识。

调解是介于裁判与契约之间的一种秩序原理。当契约的双方因自身条件的限制而无法对存在于其间的共同目标或互惠性达成一致认识，中立第三方的介入可以帮助双方更好地达成一致意见。这就是调解作为秩序原理的正当性。

财产既是共同需求的内容，又是实现共同需求的必要手段。财产有个人财产、集体财产和公共财产三种形式，个人财产的正当性在于它能通过激励人类的创造性活动增加社会财富、集体财产的正当性在于它通过促进合作增进社会整体福利、公共财产的正当性在于通过促进社会团结使公共目标得到更好实现。财产由于同时是共同需求的内容，因而它不是一个可独立发挥秩序功能的原理，它既可以与共同需求原理相联形成自发的、默认的、非正式的财产秩序，也可以与立法、裁判、契约、管理指令等原理相连接形成人为的、明示的、正式的财产秩序，还可以与有意诉诸机会相连接形成非正式的但明示的财产秩序。

有意诉诸机会往往是在运用其他秩序原理无法得出合理结果时所采用的秩序原理，因此，它也可以与共同秩序原理、立法、裁判、契约、行政指令等秩序原理相连接而形成一种公平合理的秩序。它的正当性在于在机会平等的基础上产生的结果是所有利益相关方都能共同接受的。

6.2.3 实质自然法与程序自然法

在富勒所论及的几种社会秩序原理中，共同需求原理属于实质自然法

---

① 在这一阶段由于存在着对通过契约原理实现共同需求的信心，最后使得双方成功地设计出使双方所有需求都得到满足的秩序模式，而无需诉诸契约原理来解决双方冲突的需要（Fuller, *The Problems of Jurisprudence*, pp. 710-711）。

② Fuller, *The Problems of Jurisprudence*, pp. 710, 732.

原理,而其他社会秩序原理都属于程序自然法原理。

6.2.3.1　共同需求原理——内容可变的自然法

富勒认为,很多著者在谈到自然法时,脑子里想到的便是"共同需求原理"[①],共同需求原理与自然法、自然正义这样的概念指的是同样的东西。鉴于现代人所使用的"自然法"已经被添加了一些使概念混乱的含义,富勒在阐述自然法时更愿意使用"共同需求原理"这个表述。[②] 不过,共同需求原理作为自然法并不具有恒定不变的内容。

6.2.3.1.1　人类目的作为自然法

在人类有目的活动领域中,实然与应然是无法分离的。"一个目的是一个事实,但它是一个确立了目标的事实;它是给予方向的事实。一旦我们认识到一个目的这一性质,很明显一个目的在其框架范围内同时是事实和评判事实的标准。"因此,行为所指向的目的实际上为人类的行为规定出正确行为的方式。对于一个被接受的目的在它自己的范围内能给出行为的方向,为行为的评价提供"这是好的,这是坏的,这是有益的,这是有害的"标准。在这里,实证主义所主张的"不能从实然中推演出应然的'逻辑'就变得不适用了"[③]。

目的之所以能够成为人类行为的规范依据,是因为这些目的是由人类本性所决定的,它出于人类的某些被共同感觉到的需求。"一个目的可以说是人的一部分。整个的人,全面的来看,是一系列相当复杂的相互联系、相互作用的目的。这个目的系统构成了人的本性……"在人类社会,人的本性是伦理判断的唯一可能的源泉。"那是好的,因它推进了人类本性的实现;那是坏的,因它阻碍了人类实现本性。"[④] 正是人类共同拥有的本性使人与人之间能够相互理解,从而形成能被大家共同接受的共享目的。[⑤] 人们通过共同寻求和表达共享目的并进而对共享目的对于社会生活所具有意义所达成的共识,就是规范和指导人们行为的正确的法。在人类复杂的行动过程中,许多看似分散的行动指向一个单一的目的或者更确切地说一些相互关联的目的。通过对理解行动背后的目的,我们可以发现正确行为的方向。"从根植于那个目的体系的不断追求实现的目标中我们可以认识到它应朝

---

① Fuller，*The Problems of Jurisprudence*，p. 694.

② Fuller，*The Problems of Jurisprudence*，p. 700.

③ Fuller，"American Legal Philosophy at Mid-Century"，p. 470.

④ Fuller，"American Legal Philosophy at Mid-Century"，p. 472

⑤ Fuller，"Human Purpose and Natural Law"，p. 71.

哪个方面努力。"①人类正是从构成人类本性的共享目的或共同需求中找到了用以规范和指导行为的自然法。

6.2.3.1.2　人类目的的复杂性和可变性

人类本性的多面性已经决定了人类目的的复杂性："人性并不是一系列稳固确定、自相一致的特征,而是一些经常发生冲突的基本倾向"②。从人的个体性出发,人有对自由、安全、平等等方面的需求;而从人的社会性出发,个体则被要求克制甚至放弃个人需求以服从社会公共利益。个体在不同需求之间以及个体需求与社会需求之间的冲突决定了人的本性包含有"互相对抗着的人类目的,而不是一个固定的事实"③。

人类所从事的广泛活动总是受其中一个或多个共同目的的支配,不同的目的组合决定了不同的活动性质,从而也形成了适合这一特定活动的共同需求原理。而且,人类目的的形成既受自身意愿的影响,又同时取决于自身意愿得以实现的种种条件,这使得人类目的的形成具有"指向性和调适性"的双重特征。作为人类行为动力的目的不仅受各种环境条件的影响,而且目的与目的之间以一种"互动圆圈(circle of interaction)"的方式相互影响。④ 人类通过不断地认识和改造自身环境去不断地重新发现和确认各个特定行为领域的共同需求或共享目的——对由互相冲突的需求所推动的各种互相对抗着的人类目的在特定的自然和社会环境下所作的理性均衡。在这个意义上,人的本性并不是一个固定的事实,而是"始终不完全的并处于发展的过程中"⑤。人类活动领域的广泛性和人性自身的不完全性和发展性决定了人类共享目的的可变性。人类目的的复杂性和可变性使得任何试图预先确立一部永恒的、不变的"自然法典"的努力变得徒劳无益。规范和指导人类行为的正确的法不可能具有普遍有效、永恒不变的内容。

共同需求原理在以下两个意义上具有可变的内容:(1)不同的人类活动领域由不同的共同需求和共享目的所驱动,从而形成了内容不同的社会关系调整;(2)人类活动中的共享目的及对社会生活的意义会因生活环境的变化或人类理解的深化而有所不同,从而导致原有社会调整发生改变。因此,

---

① Fuller,"American Legal Philosophy at Mid-Century",p. 472.
② E. 博登海默:《法理学:法律哲学与法律方法》,第 8 页。
③ Fuller,"American Legal Philosophy at Mid-Century",p. 472.
④ 譬如,我们吃饭是为了活着,而活着是为了吃饭;我们采取法律措施确保陪审员的公正,而我们支持陪审制度的理由是它将培养起一种公正的习惯和倾向[See Fuller,"Means and ends",in Kenneth I. Winston(ed.) *The Principles of Social Order*,Hart Publishing,2001. p. 68]。
⑤ Fuller,"Human Purpose and Natural Law",p. 71.

由共同需求原理所支配的人类自治秩序领域（his area of autonomous order）总是处于不断的变迁和成长之中。"随着时间的推移，人们对于什么是公平和正确的判断经历了深刻的修正。在今天被认为是理所当然的在明天就可能成为激烈争论的问题。"一种自然法观念取代另一种自然法观念的合理性在于"它在冲突的人类欲望中产生愉快妥协的能力并因而在满意的共同生活中找到了基础"①。

由此可见，认识和把握自然法是一个永恒的追求过程——只要世界没有停止发展，对自然法的认识就不可能终止。以往自然法学家所提出种种自然法理论只是对特定社会历史背景下的自然法内容的一种认识和理解，是整个自然法认识史的一个片断。正因为富勒认识到自然法在内容上的可变性，他在肯定自然法作为一种法律思维方法的价值时"并不提出任何通常意义上的'自然法理论'"②。自然法在这里的意义并不是为人类社会提供某种绝对的正义标准，而是它为人类寻求正确的法提供了一个可靠的方向。当然，正确法的获得还须借助于某种可以确定社会目的的可靠方法。为此，富勒致力于探求一种不同于传统自然法的新自然法理论，希望借此为内容可变的自然法提供一个具有普遍性的和客观性的结构框架。

6.2.3.2 程序自然法——社会秩序安排的形式要求

6.2.3.2.1 社会秩序形式作为目的

人类的社会目的总是通过一定的秩序形式（the form of social order）——即各种人类相互关系所服从的基于同意、习惯或命令的各种形式的秩序安排（formal ordering）③——得以实现，因而这些秩序形式构成了目的赖以实现的手段。把这些秩序形式看作实现人类目的的手段是对它们最

---

① Fuller, *The Law In Quest of Itself*, p. 113.

② Lon L. Fuller, "Human Purpose and Natural Law", p. 68.

③ 富勒的所谓的"社会秩序形式"宽泛地包括规则、程序和制度设置（rules, procedures and institutions），参阅富勒：《人类目的和自然法》(Fuller, "*Human Purpose and Natural Law*", p. 75）。为了突出社会秩序形式的动态性或过程性，他又常常将"社会秩序形式"表述为（*forms of social ordering*）。如果要反映 *forms of social order* 与 *forms of social ordering* 之间的区别，不妨将前者译为"社会秩序形式"，将后者译为"社会安排形式"。但本人认为，富勒对这两个术语的使用，并没有要强调两者区别的意思，所以本书将两者都统一用"社会秩序形式"表达。邹立君博士在其专著中也曾提到对 social order 与 social ordering 这两个术语的翻译问题。尽管她也认同，富勒并没有注重两者的区别，但她基于忠实地传达 social ordering 一词的动态特征的考虑，将它 social ordering 译成"社会秩序化"（参阅邹立君：《良好秩序观的建构》，第7页注10）。但本人认为，此种译法不是很妥，因为"秩序化"包含"使某一社会状态从无序变成有序的意思"，我想富勒使用这一术语时应该没有这个意思。

为通常的认识,也是对它们所表现出的最明显的方面的直接反映。然而,在社会生活中,目的与手段并不是简单地处于目的决定手段的单向关系之中,而是处于复杂的双向互动之中。一方面,目的决定了适合实现目的的手段;另一方面,手段将自己投射到互相作用着的目的,以不同的方式和程度重构那些目的。因此,在两个紧密联系的意义上这些秩序形式也是目的。

首先,"尽管我们创造了它们,但它们却促成了使我们成为我们自己,人类在成为他自己时依赖于社会"。就是说,社会秩序形式作为投射在构成我们人类本性的各种目的中的社会手段本身就是目的的构成部分。"任何特定的经济体系不只是为了满足先前的需要,还产生了它自身特有的人类需要模式。"

其次,"任何社会秩序形式在某种程度上可以说都具有它自己的内在道德"①。这些内在道德是特定社会秩序形式得以有效运行的基本必需条件,这些条件就它们是必然包含在组织人们相互关系的秩序形式之中的无法违抗的强制因素而言,是自然法。也是在这个意义上,富勒认为,"存在着社会秩序的自然法"②。

6.2.3.2.2 一种研究自然法的新视角——关注手段或技术的自然法

程序自然法的研究只涉及手段与目的关系中的手段一方,价值中立地讨论作为实现目的有效手段的社会组织的技术问题,而不直接参与对所应追求的目的的讨论。在这个意义上,它又可称为"技术自然法"③。

然而,程序自然法对有效手段的技术问题的专注并不意味着它与社会目的伦理讨论无关。事实上,"社会秩序的形式对伦理讨论有很大的影响"④。程序自然法虽然只关注社会秩序形式的内在道德,但经手段对目的的投射作用最终成为社会目的的结构因素,成为伦理讨论的默认前提。程序自然法的存在决定了我们不能无限制地设计秩序形式去实现那些被认为可欲的社会目的,并因此为我们最终确定社会目的提供了一个限定框架,从而为人们在应该追求实现的社会目的上达成共识提供了一个客观的基础。

从表面上看,程序自然法所作的只是与价值无涉的技术性分析,但它的理论主旨却是为伦理判断提供一个理性的基础。也就是说,它的研究过程和方法是价值中立的,但它的研究目标却是价值关联的。伦理的判断只是

---

① Fuller, "Human Purpose and Natural Law", p. 75.
② Fuller, "American Legal Philosophy at Mid-Century", p. 473.
③ Fuller, "Means and ends", in Kenneth I. Winston(ed.) *The Principles of Social Order*, p. 63.
④ Fuller, "Human Purpose and Natural Law", p. 76.

被延迟到"为它们建立起一个经看起来伦理中立的分析而产生的框架后才进行"①。正是在这个意义,富勒将程序自然法的研究称为优序学(Eunomics)②,"它的目的不只是考察社会秩序的原理,而是良好社会秩序的原理;它所关注不只是秩序——譬如说集中营的秩序,而是一个公正、平等、可运行、有效的、尊重人类尊严的秩序"③。

因此,程序自然法的研究从思考这样的问题开始:人类在安排他们相互关系以实现他们个人和集体目的时有那些可选择的方式? 它最终致力于回答这样的问题:所寻求的目的是否是应该被实现的目的? 它的研究思路从手段开始最终结束于这些手段所服务的目的。程序自然法的理论目标在于为法与正义这一重要问题的解决提供一个客观的科学的依据,使法律制度的运行在无明确的实体自然法原则可依照的前提下仍能不偏离人类的目的,并朝着善的与人类对正义、福利的追求相一致的方向运行。

这是一种研究自然法的新视角。与传统自然法理论只关注实质性目的不同,它所关注的是实现实质性目的的过程和方法,是我们在选择秩序形式以实现既定目的时在程序、规则和制度方面所必须满足的基本要求(富勒把这些基本要求称为"内在道德")。在这个意义上,富勒称这种自然法为"程序自然法";与之相对应,他将关注实质性目的的传统自然法称为实质自然法。④ 他认为,法律人应该积极从事实现个人和社会目的的制度实施问题,他们不断地研究这些形式,并通过反思性分析和实践经验来发现采用特定秩序形式将意味着什么。⑤ 这便是他所倡导的优序学或程序自然法的研究旨趣。

6.2.4 程序自然法——共同需求原理的形式表达

程序自然法源自社会秩序形式的内在道德,而作为秩序形式有效性条件的内在道德又都是从共同需求原理中汲取主要养分的,因为,每一种秩序形式最终都是从共同需求原理获得道德支持。共同需求原理作为其他秩序

---

① Fuller, "Means and ends", in Kenneth I. Winston(ed.) *The Principles of Social Order*, p. 63.
② 富勒建议用 Eunomics 这个词来替代招致混淆的"自然法"概念,并将 Eunomics 的研究界定为"良好秩序和有效安排的科学,理论或研究"(See Fuller, "American Legal Philosophy at Mid-Century", p. 477)。国内对富勒思想进行研究的学者林海最早将 Eunomics 一词译成"优序学"(见林海硕士论文《论富勒的"合法性原则"》,浙江大学硕士论文,2007 年),本文沿用他的翻译,在此表示感谢。
③ Fuller, "Means and ends", in Kenneth I. Winston(ed.) *The Principles of Social Order*, p. 62.
④ Fuller, *The Morality of Law*, p. 97.
⑤ See Fuller, "American Legal Philosophy at Mid-Century", pp. 476—477.

原理获得正当性或道德力量的最终源泉决定了各种秩序形式在程序安排、规则运行和调整范围方面的基本要求。尽管富勒曾论及包括源于默认互动的期待和行动上的协调（"习惯法"和"通行实践"是其表现形式）、契约、财产、正式宣布的法律、裁判、管理指令、选举、调解、有意诉诸机会（即抛硬币或抽签作决定）在内的九种社会秩序安排原理，[①]但与法律制度的形成密切相关的秩序安排原理主要有：期待和行为上相互协调、正式宣布法律、选举、裁判和契约这五种秩序原理。[②] 其中期待和行为上相互协调其实就是共同需求原理的具体表现，选举则体现了正当合法权力这一秩序原理（因为，现代社会正当合法权力往往通过民主选举确立起来），而契约这一原理实际上涵盖了许多通常被理解为财产的组织方式（如银行账号、保单、债券、股票等）。[③] 共同需求原理是程序自然法的基础，它为其他秩序原理的形式安排（formal arrangement）提供了自然法依据；这些形式安排或秩序形式所包含的程序要求、调整范围的限制以及规则之治所需的一般要求构成了程序自然法的主要内容。

6.2.4.1　共同需求原理的程序要求

选举、裁判和契约作为作出决定、解决纠纷、界定人们之间相互关系的社会秩序安排形式的正当性来自于它们在一定的社会条件下实现或接近共同需求的能力，而这种能力又主要体现在利益相关人员参与作出决定的特定方式：投票、提供证据和理性论辩、谈判。每种秩序形式所特有的参与方式实际上构成了它区别于其他秩序形式的本质特征，[④]而确保这些参与方式能够最终实现或接近共同需求的种种条件就构成了这些秩序形式的内在要求，即它们的内在道德。每种秩序形式只有当它履行了这些内在要求或道德，才能在人类事务中实现其应有的秩序形成功能。每种秩序形式的内在道德包括最优条件和基本条件：具备最优条件将使一个秩序形式最大限度上表现出它自身的本质特征，即一种秩序形式在内在道德得到完美实现后

---

　　① 富勒表明，他列出这些秩序原理的主要目的是为了便于对它们各自的能力和局限作比较[Fuller, "The Role of Contract", in Kenneth I. Winston(ed.) *The Principles of Social Order*, pp. 188－189]。

　　② 富勒对其他秩序形式的讨论主要是为了表明在人类社会秩序安排中程序自然法存在的普遍性和必然性。但他作为法学家主要关注的仍然是法律制度的建立和完善，这也应是他提出程序自然法的初衷。

　　③ Fuller, "The Role of Contract", in Kenneth I. Winston(ed.) *The Principles of Social Order*, p. 195.

　　④ Fuller, "The Forms and Limits of Adjudication", p. 363.

展现的状态,在这种状态下相关人员参与特定秩序形式的意义得到最大的体现,并使最终得出的决定具有要求人们赞同或尊重的最大的道德力量(当然,这种状态在实践中很少得到真正的实现,但它作为一种理想可以促使特定的秩序形式得到不断完善);而不具备基本条件将使一个秩序形式不能以任何有意义的方式运行,即这种参与是如此没有意义以至于最终得出的决定没有任何要求人们赞同和尊重的道德力量,因而实际上不能履行其秩序安排的功能。

就选举这一秩序形式而言,尽管存在着不同的选举形式,而不同的形式其参与投票表决的方式又有所不同,但所有这些选举作为政治民主的表现形式有一个共同点:它们都为利益相关人员提供了一种投票方式使其参与决策的形成。使这种投票这一参与目的得到最大实现的最优条件包括:明智且充分掌握信息的选民,选民对相关议题持有积极兴趣;参与公共论辩的人员坦诚地讨论所争议问题。而使选举具有意义的最基本条件则包括:诚实计票,投票箱没有被塞满;没有某种类型的恐吓等。①

契约这一秩序形式也具有其有效运行所需的种种条件。譬如,契约方拥有谈判的权力,也就是说参与契约的每一方都有能力控制某一方想要的好处或价值;存在着某种程度的政治上、经济上和法律上的稳定性,同时又要确保足够的使自动实现互利成为可能的流动性;谈判双方存在着一定程度的独立性,有其他选择且不受强制;双方之间保持既不亲密又不敌对的适当的社会距离等。② 不过,对它的最优条件和最基本的条件的分析因需要结合对市场经济的要求以及在商品供应垄断条件下谈判的特有性质的分析而变得十分复杂。但我们仍能确定契约这一社会组织方式的运行必须以没有某种类型的强制为前提。③ 富勒自己并没有系统地阐述使双方谈判具有最大意义的最优条件,后来萨默斯在评述富勒思想时对此作了归纳。他认为在下述条件下,经双方谈判而产生的契约结果具有要求双方赞同和尊重的最大道德力量:双方都有其他的选择并不受所有强制;双方都同等地掌握充分的信息;没有一方以任何方式诈骗对方;每一方都直接参与协议的达成;每一方都完全理解并同意所有条款;协议不是单边的;协议的内容没有任何的瑕疵。④

① Fuller, "The Forms and Limits of Adjudication", p. 364.
② See Fuller, *The Problems of Jurisprudence*, pp. 709, 732—733. and Summers, *Lon L. Fuller*, pp. 82—83.
③ See Fuller, "The Forms and Limits of Adjudication", pp. 363—364.
④ Summers, *Lon L. Fuller*, p. 83.

　　裁判这一秩序形式不同于与其他社会秩序安排形式的地方是相关当事人参与过程的方式是提供证据和理性论辩。设置它对理性论辩在人类事务的作用作出了形式的、制度的表达,这使它具有了其他社会秩序安排所没有的理性成分。① 人们往往要求作为理性论辩结果的裁决具有一种契约或选举结果并不一定具有的理性,裁判的结果必须随时准备接受理性的检验。② 因此,裁判这一秩序形式得以有效运行的基本条件是裁判员心智正常、没有接受贿赂、没有无可救药地抱有偏见。③ 如果裁判员不能接受和理解理性论辩,致使他作出的判决没有任何可自称为理性的东西,那么,裁判所特有的参与方式就没有任何意义了,这时的裁判结果与其说是裁决还不是如说是立法,因而也就不再具有一个由无偏私的法庭或裁判所作出的裁决所具有的道德力量。④ 任何提高了这特定参与形式的意义的因素共同构成了使裁判这一秩序形式有效运行的最优条件。它们包括:

　　(1)裁判员不是自己主动行动而是基于争议者一方或双方的申请;(2)裁判员在判决结果中没有直接或间接的利益(甚至是情感上的);(3)裁判员作出的裁决只限于递交给他的纠纷而并不试图对纠纷之外的当事人关系作出调整;(4)递交给裁判员的案子涉及已有的纠纷,而非只是某个将来纠纷的情景;(5)裁判员只根据当事人双方提供的证据和论辩来裁决案件;(6)每个争议方都有充分的机会来呈现他的主张、证据和论辩。⑤

　　裁判的运行符合上述列举的条件可以使作出的判决具有让人同意和尊重的最大的道德力量,因为,这些条件最大限度地确保作出的判决接近双方的共同需求。⑥ 但富勒认为,完全符合这些条件不一定总是明智的。当其他的考量要求偏离上述列举的某些条件,而且,法庭或裁判所,作为一个正当合法权力的代理,有能力迫使它的决定得到尊重,裁判所具有的某些道德力量可以明智地被放弃。⑦

---

　　① 对裁判理性特征的强调并不意味着忽视其他秩序形式的理性特征。对富勒而言,所有形式都是把理性带进人类事务的自觉努力[See Kenneth I. Winston(ed.) *The Principles of Social Order*, p. 101]。

　　② See Fuller,"The Forms and Limits of Adjudication", pp. 364,366—367.

　　③ Fuller,"The Forms and Limits of Adjudication", p. 364.

　　④ Fuller,"The Forms and Limits of Adjudication", p. 367. and Fuller, *The Problems of Jurisprudence*, p. 707.

　　⑤ Fuller, *The Problems of Jurisprudence*, p. 706.

　　⑥ 对于这些条件如何确保裁决接近双方的共同需求的分析参阅 Fuller, *The Problems of Jurisprudence*, pp. 706—707.

　　⑦ Fuller, *The Problems of Jurisprudence*, p. 706.

　　每一种秩序形式的有效条件在其实际运行过程中往往表现为特定秩序形式的程序要求。这些程序要求通常以明确的规则形式规范和约束整个过程,而这些程序规则又进而获得了作为特定秩序形式正当性基础的地位。这些程序规则之所以能够成为特定秩序形式的正当性基础是因为遵循这些程序可以为秩序形式提供其有效运行所需的条件,从而使最终得出的决定符合或接近共同需求。然而,程序要求表现为形式规则后其背后的自然法基础很容易被忽视,甚至遭否认。在实证主义对程序的理解中,程序规则只是用以在冲突的价值观之间达成妥协和共识的有效工具,规则本身并没有某种内在的正当性。基于程序的正当性最终也就归结于合法性的正当性。当一个法律体系的权威仅建基于符合秩序规则的合法性时,法律的实质内容仍然为非理性因素所支配。因为,合法性中没有任何内在或自然的东西导向正当性,法律之所以享有权威只是官员和臣民都相信给予它这个巨大的权力是正当的。①

　　对富勒而言,程序不只是形式的,还是内容的。② 适合特定秩序形式的程序规则体现了这一秩序形式的内在要求;它作为确保这一秩序形式实现或接近共同需求的有效措施,具有赋予利益相关人员公平参与机会的内容。对程序规则的理解如果被抽离了赋予其内容和意义的特定秩序形式的内在要求或内在道德,那么程序的设置就会成为由意志任意决定的东西,而仅由意志控制的程序极有可能被滥用以至于沦落为权力者用以合法化其不正当行为的便利工具。这样的程序规则既不可能赋予遵照它的规定而产生的法律以任何正当性,也不能有效地约束法律过程的权力运行,因为,规则是人确立的,当规则构成了对特定意志的阻碍时规则就会被取消或改变。只有包含了自然正当内容的程序才能赋予因它而生的法律以正当性,也才能有效抑制权力的恣意;秩序形式的程序要求为适合每一种秩序形式的程序安排提供了某种内在的正当性依据,从而使得符合程序要求本身就具有某种实质的正当性(而不只是形式的正当性)。

6.2.4.2　共同需求原理对秩序安排形式的有效调整范围的限定

　　作为每种秩序形式本质特征的利益相关人员参与决定的方式不仅决定了秩序形式的内在要求,还决定了这些秩序形式适合调整的人类事务的范

---

①　James C. Ketchen,"Revisiting Fuller's Critique of Hart", p. 18.

②　富勒并非不赞同哈特提出的"除非立法者遵守具体规定了基本立法程序的基本承认规则,否则他们所做的并不产生任何法律"这一观点,但他所不赞同的是哈特只是从形式上(而没有同时也从内容上)理解程序规则。

围。一般而言,在共同需求原理不能单独有效地调整人类关系的地方是这些秩序形式具有功能的地方,而任何将使特定秩序形式所特有的参与方式失去意义的人类事务实际上处于这一秩序形式有效的调整范围之外。

首先,正式宣布法律、选举、裁判和契约这四种秩序形式共同适合的范围是由友好的陌生人所组成的领域。在这里,人们之间的关系既没有为亲密关系所控制,也没有为相互间的敌对关系所支配,在这个意义上他们之间的关系是开放的、未被模式化的。处于在亲密和敌对关系的人们之间因为已形成了某种相当稳定的默认的互动期待,任何想将某种明确表达的秩序安排强加给他们的努力都将遭受失败。只有在亲密关系中加入某些陌生的因素,从而在相互关系中出现了某种社会距离时,相关各方才有可能客观地、理智地参与投票选举、谈判和订立契约、就共同关注的问题进行理性论辩。① 也只有在敌对关系中加入某些友好的因素,从而有可能使相关各方发现某些潜在的共同利益时,相关各方才有共同参与选举、谈判和裁判这些秩序形式的基础。②

其次,裁判作为一种赋予理性论辩以特别重要意义的秩序形式——"它在制度上确保(所作出的)决定基于理性"③——有其独有的不适合调整的领域。任何使理性论辩无法进行的领域都不适合采用裁判的形式。这些领域要么缺乏作为论辩一般基础的东西——这个基础可以是某个已被双方所接受的共同目标,或是已被双方所理解的互惠关系;④要么无法承受对"是非对错"的正式界定——这种正式的界定将使这一领域里人类的交往和联系的有效性遭损坏。属于第一种情形的有:(1)需要为私人或公共管理的基本结

---

① 亲密关系往往使理性的谈判和抗辩变得很困难,而任何试图利用裁判和契约的方式来组织安排亲密团体(包括家庭、乡村、部落)的内部事务往往使原有的亲密和谐的关系遭到破坏;在亲密关系间进行谈判往往意味着相互间的不信任,而裁判中的抗辩形式往往使原本亲密的双方不适当地处于对立面[See Fuller, "Human Interaction and the Law", in *The American Journal Jurisprudence* 14 (1969),pp. 28,29—30]。

② 富勒认为,敌对双方由于缺乏谈判和契约所必需的信任使得契约这一秩序形式不适合作为敌对双方的组织方式;而要在敌对双方间进行有效的裁判必须存在着被双方领会的某些可以控制裁决并使裁决有意义的原则,而这些原则只有在某种互惠关系的基础上才能形成(See Fuller, "Human Interaction and the Law", p. 29. and Fuller, "The Forms and Limits of Adjudication", p. 378)。

③ Fuller, "The Forms and Limits of Adjudication", p. 372.

④ 富勒认为,"通过共同目标进行组织"与"通过互惠性进行组织"是两种可以让所有参加者获得人类基本的较好相处方式,正是从这两种组织原理中人们为形成判断是非对错的原理汲取到精神养分;"裁判之所以在没有预先正式宣布或承认的规则支持下仍能有意义地运行,是因为它从两个基本社会安排形式汲取了智识养分"(See Fuller, "The Forms and Limits of Adjudication", pp. 357,377)。

构作制度设计;①(2)需要重新确立新的社会基本目标或方向;②(3)双方对共同目标或互惠关系有完全不同的理解以至于双方的论辩无法产生有意义的关联;③(4)论辩双方不能找到其论据和论辩可以指向的明确的争议点,因为所涉问题包含许多复杂的互相影响的因素,其中每一个因素的变化都会在不同程度上影响其他因素。④ 属于后一种情形的有:(1)双方关系的有效和健全信赖于自发的非正式的合作,如夫妻关系;(2)裁决后双方仍然需要继续共事或合作,如学校与教师间有关任期的争议。⑤

再次,选举、裁判和契约这三种秩序原理既可以表现为通过作出决定、解决纠纷来调整社会关系的一般社会过程,也可以表现为通过创建规则来调整社会关系的法律过程。选举、裁判和契约这三种法律过程所形成的法律形式分别是民主立法(国家制定法)⑥、裁判法、契约法⑦。这三类法律形式构成了正式宣布的法律,与之相对的是非正式的习惯法。习惯法是"从互动中发展起来的法律","是一种互动的语言",是人们相互期待的形式表现;⑧它适合调整人类关系的所有领域,⑨但它的存在往往只有在它被破坏时才被意识到,它通常只作为一种隐含法存在于正式宣布法律的背后。⑩ 正式宣布的法律,作为调整人们相互关系、促进人们互动的、用文字明确表达的规则,

---

① 裁判只有在具有明确制度目标的前提下才能为制度的有效运作确定其所需的制度原理,如美国最高法院为联邦制的有效运行确立相应的宪法原理(See Fuller, "The Forms and Limits of Adjudication", pp. 377－378)。

② 上述这两种情形应采用民主立法的秩序形式来解决。

③ Summers, *Lon L. Fuller*, p. 97.

④ 富勒将这种情形称为多中心情形(polycentric situation),就像一个蜘蛛网,每拉一下其中一根蜘蛛丝都会在整个蜘蛛网中以一种复杂的模式传播张力,而同根丝拉两下很有可能不只是简单地使每一根丝的张力加倍,而是有可能创造出一个不同的复杂张力模式,而每一个蜘蛛丝的交叉点又都是传播张力的一个不同的中心。多中心问题在实践中通常涉及很多相关方(尽管这不是必然的,多中心问题也可能只涉及双方),而且往往表现出某种流动的状态(因为在这种情形中存在着许多相互影响的中心,当其中一个中心受环境中某一变化的影响,这种影响会以一种复杂的方式传递给其他中心)。但是,多中心问题与非多中心问题之间的区别只是一种程度问题,几乎所有递交给裁判的问题都存在或多或少的多中心因素(即使最简单的案件也隐藏有多中心因素),所以问题的关键在于什么时候多中心因素已经变得如何重要和突出以至于超出了裁判的合适范围(See Fuller, "The Forms and Limits of Adjudication", pp. 394－398)。

⑤ Summers, *Lon L. Fuller*, p. 97.

⑥ 即由被选举的立法机构所创造的法律。

⑦ 这里的契约法不是指国家制定的关于契约的法律,而是指通过契约形式所形成的法律。

⑧ Fuller, "Human Interaction and the Law", pp. 2,31.

⑨ Fuller, "Human Interaction and the Law", p. 31.

⑩ Fuller, "Human Interaction and the Law", pp. 9,24. and Fuller, *Anatomy of the law*, p. 44. and *The Morality of Law*, p. 217.

复杂多变的社会关系领域通常不是它们合适的调整范围,因为它们不具有足够的灵活性来适应这复杂变化的社会情形;①另外,正式宣布的法律也不适合对既有的未对任何人造成直接伤害的互动模式作进一步调整,这种调整往往因调整对象缺乏实际操作所需的可界定性而陷于失败,如国家法律对赌博、同性恋、卖淫、吸毒等无直接受害人的自愿行为的禁止。②

秩序安排形式的有效范围限定对于建构良好秩序的意义在于它为制度安排提供了一种自然法依据。由于"制度形式的误用将只会带来坏的秩序和不能运行的安排"③,因此人类社会在为理想的社会目标选择合适的制度模式时必须受秩序形式的类型极其适合调整的范围的限制——不仅可供选择利用的秩序形式数量有限,④而且每种特定秩序形式只适合有限的调整范围。而作为实现社会目标的手段的制度设置本身的有限性又为人类确定理想的社会目标限定了一个框架——只有在这个框架内确定社会目标才可能是有意义的,从而在一定程度上为权力意志在社会目标设定上所可能出现的恣意提供了程序自然法上的限制。人类在创建良好的法律秩序的过程中,也只有在法律秩序形式的限定范围内才能达到预期的目的。在人类社会可以选择的三种正式宣布的法律形式中,每一种都有自己的限定范围,即都存在着不适合调整的领域;无论是单独采用其中一种形式,还是结合所有这三种形式都不足以建立一个完整有效的法律体系。

6.2.4.3 合法性原则——法律事业专有的程序自然法

6.2.4.3.1 法律的内在目的

立法、司法裁判和契约这三种秩序安排原理最终都以形成规则的方式来组织和调整社会关系,从而形成了另一种社会秩序安排形式——正式宣布的法律。通过正式宣布法律来组织和协调社会生活是一种独特的秩序安排形式;相比于由共同需求原理所产生的社会秩序的自发、默认和非正式的特性,由立法、司法裁判与契约这三种秩序原理所产生秩序是人为的、明示的、正式的。

---

① 对于这些领域通常适合以习惯法或管理指令的形式进行调整,如国家管理中的外交事务以及家庭生活中的家务安排等。

② 富勒认为,这部分法律在实际运行中是最不成功的法律,它在执行过程中充满了腐败、选择性和个别性执法、敲诈、公开容忍违法,从而不可避免地破坏了法律在社会生活中的权威(See Fuller, "Human Interaction and the Law", p. 22)。

③ Summers, *Lon L. Fuller*, p. 77.

④ 富勒仅列举了九种形式,也许不只这些,但可以肯定的是秩序形式作为实现社会目的的手段,它不是无限可得的。

在特定法律体系的形式过程中,上述三种规则产生的方式具有不同的作用和地位。大陆法系的国家主要采用立法的方式形式规则,普通法系的国家主要通过司法裁判的方式形成规则,而以契约方式形成规则通常在市场经济获得高度发展以后。法律秩序的形成是人类社会文明发展的必然结果,所有的文明社会或多或少都存在某种法律现象,但成为由法律治理的国家,即法治国家的形成,则需要人类社会掌握了法律特有的方法或技艺后才有可能。这种法律方法或技艺的形成需要对法律特有的善或法律的内在目的,有一个自觉的洞察。

富勒在批判实证主义管理指令模式的法律观——忽视了法律特有的本性,只从管理控制的意义上理解法律——时提出了法律的内在目的,即"使人类的行为服从于规则之治"①、从而"将人们从盲目的随机行为中拯救出来,使他们安全地踏上从事有目的的创造活动的道路"②。富勒认为,实现"规则之治"对于人类社会而言其本身就是一个被感觉到的共同需求,因为人类要"过美好生活需要比良好的愿望更多的东西,……它需要某种只有健全的法律制度才能提供的东西——至少在现代社会——为人类的互动提供一个牢固的底线支持"。③

法律的内在目的是法律特有的善,是法律区别于其他社会秩序形式的本质所在。虽然我们无法在一般意义上确定一种为人类所追求的良好社会秩序应该体现何种共同的善,④或许我们最多只能笼统地将理想的社会秩序描述为公平、正义的社会,但我们却能够确定法律作为规则之治在人类创造良好社会秩序过程中所具有的地位和作用,这就是法律作为实现人类共同善的实践理性在组织社会生活以实现人类共同善或社会目标过程中所具有的功能。我们无法先验地确定人类社会应该将"何种善"作为自己追求的目标,但我们却能确定:法律作为一种实现社会目标必要手段的秩序形式,所

---

① 富勒:《法律的道德性》,第113页。

② 富勒:《法律的道德性》,第11页。

③ Fuller, *The Morality of Law*, p. 205.

④ 菲尼斯相信存在着不同于"作为具体特定目的的善"可理解为"价值"的"善的一般形式",并认为"生命、知识、游戏、审美体验、友谊、实践理性、宗教七种形式就是人类善的一般形式或基本的价值(菲尼斯在使用"善"与"价值"这两个概念时,对其细微的差别作了辨析。他认为,"善"可以在两种意义上使用:一种善是指正被一个人视为可欲的某些特定的目标或目的;另一种是指能够在无限多的场合以无限多的方式加以分享或实现的一般形式的善。他所使用的"价值"概念特指后一种善),它们是人们解释自己行为(实践推理)的首要实践原则,这使他的自然法立场不同于富勒(See John Finnis, *Natural Law and Natural Rights*, Oxford University Press, 1980, pp. 61, 86—89. 参见《自然法与自然权利》,第53, 72—75页)。

能追求的善,即为理性的人类生存状态创造出必需的条件[①]——"使人类行为服从于一般性规则的指导和控制"或"为公民彼此之间的交往行动提供一个健全而稳定的框架"[②]。这既是法律在人类追求善的社会过程中所具有的独特功能,也是法律作为一种秩序形式所具有的内在目的。这是"一个适度和符合实际的目的(modest and sober one)"[③],因而是一个无须借助于上帝这一终极理由而只需诉诸人类自身的实践理性便可理解的法律目的,也因此是可以为每一个具有正常理性的人所接受的法律目的。正是这个法律的内在目的为人类从事的法律事业提供了努力的目标和方向。

6.2.4.3.2 法律的内在目的作为法律特有的自然法

明确了法律的内在目的,就为法律自身的发展确立了方向,进而为法律方法或技艺的生长提供了动力。要建立"规则之治"的社会秩序,从而实现"使人类行为服从于一般性规则的指导和控制"或"为公民彼此之间的交往行动提供一个健全而稳定的框架"这样的法律内在目的,法律制定者对于守法者必须有基本的尊重:至少使遵守规则具有可能且有意义。"如果立法者想成功地创造一套运转正常的规则体系,那么他必须为此付出代价:他不仅必须投入精力和智慧来完成这项工作,而且这项工作的成功本身还会限制他自己的行动自由。"[④]

首先,立法者制定的法律必须是在可遵守的范围内:如果规则的遵守对于有遵守的意愿的人们来说都是件困难的事,那么立法者将无法达到他立法的目的。其次,立法者制定的法律必须"适合于司法解释和强制执行";"只有当它们具有这样的性质时才能是有效的"[⑤]。再次,正式宣布的法律意味着"规则制定者自己将遵守这些规则"(这使规则的公布显然承载着的一种"社会意义"),这等于立法者对守法者作出了如下承诺:"这些是我们要求你们遵守的规则。如果你们遵守它们,我们保证它们是将来会适用于你们的行为的规则"[⑥]。

也就是说,只有在参与法律过程的三方人员(包括立法者、守法者和司

---

① 富勒认为,我们不能通过法律去强迫一个人去过理性的生活,但通过法律我们可以将严重和明显的投机行为和非理性表现排除出社会生活领域;法律尽管不能为理性的人类生存状态创造出充分的条件,但可以创造出它必需的条件(See Fuller, *The Morality of Law*, p.9. 参见《法律的道德性》,第12页)。

② 富勒著:《法律的道德性》,第171,243页。

③ Fuller, *The Morality of Law*, p.146.

④ 富勒著:《法律的道德性》,第57页。

⑤ Fuller, "The Forms and Limits of Adjudication", p.354.

⑥ Fuller, *The Morality of Law*, p.217. 参见《法律的道德性》,第250页。

法者)能够形成"共同致力于实现法律内在目的的合作关系"时,法律秩序的建立才是可能的。这就是隐含于正式宣布法律这一秩序形式背后的互惠期待,也是正式宣布法律作为一种社会秩序形式得以有效运行的必要条件。法律创制者如果想制定可实际运行的有效的法律体系,那么他们制定和管理法律的行为就必须符合上述这些互惠期待(即使是独裁的立法者也不能例外);否则,法律的内在目的将不可能实现。立法者与守法者之间的这些互惠期待是正式宣布法律作为一种秩序安排形式所具有的内在要求或道德。

富勒从一个怀着改革家的热情去创造法律的——国王雷克斯的失败经历中概括出这些互惠期待的——基本要求:必须存在某种类型的规则,不管它们是公平的还是不公平的(即法律的一般性要求);必须将规则公布,至少令受影响的当事人知道他们所应当遵循的规则(即法律的公布);不能滥用溯及既往性立法,至少不能将溯及既往的立法作为正常的、普遍使用的方法去创建法律,特别是不能用溯及既往的法律去创设新的罪行(即法律应适用于将来的而非溯及既往的);法律应清晰地加以表述以便让人能理解其要求,至少不应是模糊的、混乱的、因而是完全无法理解的(法律的清晰性);不能制定自相矛盾的行为规则以免让人们在不相容的规则之间无所适从(避免法律中的矛盾);不能制定要求不可能之事的规则(法律不应要求不可能之事);法律不能频繁变动,至少应留有足够的时间让人们去适应新的法律(法律的连续性或稳定性);官方实际执行法律的行为应与已颁布的法律相一致从而使得公民的守法行为具有意义(官方行动与公布的规则之间的一致性)。上述八个方面的基本要求便构成了"法律内在道德"的八个基本要素(eight desiderata)。

富勒虽然是从君主立法的过程中概括出"法律内在道德"的八要素,但它们对于通过司法裁判或契约方式创制的法律规则也是同样适用的。法律的内在要求或道德是使"一个使人类行为服从于规则之治的系统"有效运行的条件,或者说是实现规则之治的有效条件。能在实践中有效运行或者说具有实效的法律必定是能让法官在纠纷解决中一致适用的、百姓在社会生活中能够服从的具备实施可能性的法律。从普通百姓的角度来看,要使遵循法律成为一种普遍的现实行为,法律不仅要有被遵循的可能,而且还要有被遵循的必要。他有义务去遵守的法律首先必须是一项存在着的法律,这项法律还应是公开的、在他行动之前就颁布的、能理解的、不是朝令夕改的因而有机会事先了解"法律要求他做的是什么",并且法律所要求的是在其能力范围内的、不与同一体系的其他行为规则相冲突的,从而使得法律的被遵循成为可能;而要让遵循法律成为必要,或者说要让遵循法律成为一件对百姓来说是有意义的事,负责法律执行的官员必须依据已颁布的法律规定对百姓的行为进行裁判,如果已宣布的法律与实际被执行的法律之间不相一致,或者说负责法律执行的人根本无视已有的法律,那么"百姓的遵循法律"因遵循行为的徒劳无益而变得没有必要。对于适用法律的官员来说,法律必须是一整套可理解的、具有融贯性的或者至少是有可能通过解释而成为具有融贯性的规则体系,否则他们便无法使自己"管理法律的行为"与已发布的法律相一致。正式宣布的法律要具有实效,而不只是停留在纸上的法律,它必须至少符合法律内在道德的最低要求。在这个意义上它也是"使法律成为可能的道德"①,或者说是使法律之所以成为法律的品质。一个法律体系具备了最低限度的法律内在道德,也就具有法律性或合法性(Legality)②。这样,内在道德的八要素实际上也就是一个法律体系合法性的构成要素。一个法律体系符合内在道德要求的程度越高,它所具有的合法性水平也越高。合法性是法律发展内在具有的目标,合法性水平的提高意味着决定了法律性质的法律目的或形式(亚里斯多德本质或本性意义的形式)得到了更为全面的体现。因此,合法性就是法律在其成长和发展过程中得以实现的法律本性或本质,而法律的本性又可进一步表现为法律的内在变化原则,即合法性(或法律性)原则(principles of legality)③。合法性原则是人类创造和维系"一个使人类行为服从于规则之治的系统"所必须遵循的自然法则。如果统治者希望在社会生活中确立起法律治理的社会模式,那么所有参与法律创建的人员(包括立法者、法官以及其他执法人员)都必须尊重合法性原则,否则将无法确立一套具有实际可操作性的法律体系。合法性原则得到遵循的程度越高,意味着一个法律体系越是完善。

至此,富勒已提出了自己独特的基于法律本性的因而专属于法律领域

---

① 富勒正是在"使法律成为可能的道德"的标题下对"法律的内在道德"作了全面、具体的阐述(参阅《法律的道德性》第二章)。

② Legality 一词既有"合法性(strict adherence to law)"的意思,也有"法律性(quality of being legal)"的意思。富勒此处的意思应该是后一层,即"法律性"。但若我们将中文的"合法性"理解为"符合法律的性质",那么,将 legality 译为"合法性"也是符合原意的;如若将"合法性"理解为"符合法律的规定",则可能与原意相差较远。本书为了避免术语使用上的混乱,仍沿用国内已有的译法,但将其涵义限定于"符合法律的性质",即与"法律性"同义。

③ 因此,法律的内在道德、合法性和合法性原则是从不同角度对同一内容——由法律目的或形式(亚里斯多德本质或本性意义的形式)所决定的法律性质——的不同表达。它们既是法律之所以是法律的构成要素(即法律的本质),也是法律本性的体现,同时还是法律生成和发展所必然遵循的自然法则(法律依其本性或内在原则变化、发展是自然的)。

的自然法,以区别于传统自然法学家所提出的为所有人类社会活动领域——即为政治、伦理、道德、法律领域——所共有的自然法。[①] 法律自然法包括法律的内在目的以及由之推演出八个合法性原则,[②]其中,法律的内在目的是根本,合法性原则是法律内在目的的进一步展开,因而前者是后者得以存在的理由,也是确定合法性的基础标准;在适用合法性原则时,特别是当各原则间的要求发生冲突时,需要诉诸法律的内在目的去权衡相互冲突的合法性要求之间应如何妥协才能实现最大限度地实现合法性目标。法律自然法是法律这一秩序形式的内在要求,是规则之治的有效性条件,因而它属于程序自然法。与基于源自人类共同之善或共享目的的传统实体自然法不同,法律自然法基于源自法律内在目的;前者"关注的是法律规则的实质目标",而后者关注的是"一个调整人类行为的规则体系得以被建构和管理的方式,如果它要具有实效并符合其原初意图的话"[③];前者涉及法律的外在道德,后者涉及法律的内在道德。传统的自然法论者将法律的外在道德作为法律的应然,由于作为法律外在道德基础的人类共同之善或共享目的本身仍处于成长和发展的过程中,因此,当这种法律应然约束法律的实际运行时,必将损害法律的确定性,并最终破坏法律的权威。而富勒将作为法律内在道德的合法性原则作为法律的应然,作为合法性原则基础的法律内在目的是确定的,因此以合法性原则规范和约束法律的运行过程不会损害法律的确定性,更不会破坏法律的权威;相反,符合合法性原则(即具有法律的内在道德)是法律要在社会生活中享有的权威、具有力量的根本条件。[④] 在这里,富勒的自然法思想区别于所有将法律的实然与应然相分离的自然法学说,而在一定程度上回归到古希腊将法律的实然与应然相统一的自然法思想;法律之所以是法律是因为它具备了法律性,而法律性又是法律应该如何的规定性。

由于法律自然法是法律得以有效运行的条件,因此,它在实践中必然转化为所有献身于法律事业的人们所自觉遵循的角色道德。法律自然法尽管在很大范围内中立于法律的各种实质目标,可以有效地服务于各种社会目标,但它并非与任何实质目标都能相容。[⑤] 法律道德性对法律一般性、公开性、清晰性、融贯性和一致性等方面的要求将法律的公正性置于公众的审视

---

① Fuller, *The Morality of Law*, p.96.
② 尽管富勒在《法律的道德性》一书中对法律八要素的阐述是从国王雷克斯造法失败的经历中概括出的,但这八要素的真正基础是法律的内在目的(参阅《法律的道德性》,第169—175页)。
③ Fuller, *The Morality of Law*, p.97.
④ Fuller, *The Morality of Law*, p.155.
⑤ Fuller, *The Morality of Law*, p.153.

之下,这将使明显不公正的实体目标被排除在法律之外;而法律道德性对"负责的理性行动主体"的确认使得对人的尊重成为法律当然之内容。因此,对法律自然法的遵从可以在很大程度上确保法律在实质内容上的正确性。而且,法律自然法还为通过正当程序而形成的法律作适合社会需要的适用和解释提供了一个合法性框架;当存在几种可选的解释时,合法性原则是获得最恰当解释的法律依据。虽然我们不能预先设计出具有绝对正确内容的法律,但我们可以依靠程序自然法去获得适合特定社会情形的相对正确的法律。① 虽然富勒并不反对实证主义"恶法亦法"的主张②,但他不赞成实证主义对待恶法的消极态度,他相信可以采取积极的方法避免恶法的产生。合法性原则对立法权、司法权的有效约束可以在很大程度上避免恶法的产生。富勒将这种基于法律本性的自然法作为法律的实质要求,以替代传统自然法将基于人的本性的自然法作为法律的实质要求,就是试图解决在传统自然法终结后如何使既有的法律在社会发展、道德观念变化的情形下确保法律的道德方向,而不至于使其脱离社会、偏离人类的道德目标。

6.2.5 程序自然法——一种在法律过程中实现正义的法律方法

6.2.5.1 法律在共同目的共同表达中形成和发展

在富勒看来,任何一个社会的法律不是某种已经完成了的静态的事实,而是始终处于动态的发展过程中。

在人类有目的活动领域,目的决定了行动过程的结构和意义,它是理解和指导行动的最终依据,但这个目的本身并非一开始就是清楚的。由于社会环境(作为实现目的的手段)的复杂和变动,使得人类追求的目标往往因用以实现目标的手段的不明朗而显得模糊和不确定。而且,包含支配着人类特定活动的目的并不是孤立的,而是始终与人类所追求的其他目的处于

---

① 康德和施塔姆勒在一定程度上已认识到这一点。对康德而言,唯有形式而不是内容是先天预设的;由于知性无力把握"质料本身",法律的全部内容也必定不能为我们所认识;正确的法只能作为我们知性的索引存在,作为我们运用于经验给予的法之质料上的空洞的思维形式存在。借助这一思维方式,我们把实证规范当成法,正确的法来思考。施塔姆勒曾明确指出,"没有一种法的命题,在其内容特征上可能绝对正确",因为,"正确的法"不外乎一个"纯思维形式",一个"形式的方法",只存在一个"具有可变内容"的自然法(详见[德]阿图尔·考夫曼,温弗里德·哈斯默尔主编:《当代法哲学和法律理论导论》,第112页)。

② 认为富勒主张"恶法非法"的观点是对富勒思想的误解。在富勒看来,当合法性原则遭到完全的忽视,主权者意志所产生并不是法律,而只是某种管理命令。

不断的互动之中。"无论以行动还是文字表达出来的任何单个的人类目的，当它被从它是其中一部分的整个目的的系统中分离出来时，就是一个不完全的东西。任何给定目的意义总由与它相互作用的潜在目的所控制。"①对于这个互相重叠交叉的目的领域，任何个人或群体都不可能在一开始就有清晰的认识，只有随着对周围世界和人类自身的认识的深化，才逐渐变得清晰。人类的目的领域不是"存在着的某物，而是变成的某物"，"试图从中找寻出一个明确的目标几乎不可避免地创造出一个新目标"。②

同样，人类在创造法律秩序的活动中，在习惯法和成文法中所表达的目的也可能是模糊和不确定的。习惯法的背后到底隐含了人类哪些特定的需求，往往只有通过对这一相关领域中所发生的纠纷的裁决才能逐渐变得清晰。成文法背后的目标"可能已经恰当地用立法者或法官选择的文字予以表达，也可能还没有予以表达"。最初的立法者可能只是模糊地意识到创设法律的目标，而解读法律的人们通过结合一个个具体的个案可能比起草它的立法者对法律所追求实现的目标有了更清楚的理解。法律中的目的与一个故事的意义一样在不断的重述中获得更加完整的意义。③ 法律背后的目的在法律的解释和适用过程中成长；与此同时，法律的内容也随目的的成长而发展。"法律与人类目的群一起发展。"④

因此，任何一个社会的法律不是某种已经完成了的静态的事实，而是始终处于动态的发展过程中。处于动态中的法律，只有参照推动它发展并赋予它意义的目的才能获得正确的理解，"只有看到它所致力于的最终结果是什么才能理解它所给出的方向是什么"。⑤"成文法或裁决不是一个存在的片断，而是像故事一样是一个成长的过程。它通过被解释以难以觉察的程度成长为与原初不一样的东西。……通过使既有的法律变得更为清晰，法律规则变成了它先前只是试图成为的法律。"⑥法官在适用法律裁决个案时，参与了对法律背后人类共享目的的表达，并通过对共享目的的表达推动了法律的发展。法律适用的过程同时是一个法律发展或发现的过程，法官在这

---

① Fuller，"Human Purpose and Natural Law"，p. 71.

② Lon L. Fuller，*The Law In Quest of Itself*，pp. 9，10.

③ 富勒最早将法律解释的过程比喻成故事的重述，通过不断的重述，故事的内容日趋完整，其包含的意义也更加清晰。这个思想后来被德沃金的解释法学所吸收（参阅 Lon L. Fuller，*The Law In Quest of Itself*，pp. 8—9）。

④ Fuller，"The Forms and Limits of Adjudication"，p. 378.

⑤ Lon L. Fuller，"American Legal Philosophy at Mid-Century"，p. 470.

⑥ Lon L. Fuller，*The Law In Quest of Itself*，p. 10.

个过程中发挥着创造性作用。① 法律正是在不断的解释和适用过程中更加接近"符合事物本性的正确的法"。这就是法律自身不断纯化（完善）自己（work itself pure）的过程。② 法律不可能制定得完美，它只有在不断的适用过程中才能变得完美。

6.2.5.2　一种对接形式正义和实质正义的法律方法

由于法律不是静态的、固定不变的，它是人类在不断发现和表达共享目的的过程中丰富和发展自己，因此，"它所涉的'事实'不是一个静止的事实材料而是某种朝向一个目的的东西，因而这个事实只有在不断追求实现的目标中才能被理解"，"一条法律规则的根本含义在于它的一个目的，或者更为普遍的是在于一群目的"。③ 然而，作为理解法律意义的根本依据的目的本身又是复杂的、不确定的，这种不确定性无疑会瓦解整个法治的基础。分析实证主义正是为了排除这种不确定性而放弃了对法律目的的考虑，他们满足于对法律概念的精确分析以及对法律规则的严密推理；他们不再关心个案裁决的妥当性，只追求一致适用法律所产生的形式正义。分析法学将注意力从法律实质转向法律形式，从而使法律成为某种与社会需求相脱离的无内容的抽象之物，以此确保法律运行的确定性。然而，这种通过由抽象的概念、规则所构成的完全形式的逻辑体系而获得的抽象的确定性一旦面对社会生活的实际需要，它就变成某种掩盖现实的不确切的假象——"判决实际上受其影响，而法官又不愿意向公众披露的社会公共政策考量"被隐藏在那些符合逻辑的、形式合理性的语句公式背后。④ 法律现实主义毫不留情地揭开了这种假象，并试图从社会的实际生活中为法律找到确定性之源。

---

① 在传统自然法与实证主义的法律概念中，"那种具体的、实证的法律是一些固定不变的先验确定的东西"（［德］阿图尔·考夫曼，温弗里德·哈斯默尔主编：《当代法哲学和法律理论导论》，第121页），因此，法律适用的过程是一个消极的接受过程——法官机械地被动地按照法律条文对案件事实进行演绎推理。

② 这个"法律纯化自己"的过程在普通法的发展历程中表现得尤为明显（Lon L. Fuller, *The Law In Quest of Itself*, p. 114）。

③ Fuller, "American Legal Philosophy at Mid-Century", p. 470.

④ *Max Rheinstein Introduction to Max Weber on Law in Economy and Society*, New York: Simon and Schuster, 1967, at xlvii. 转引自陈林林：《裁判的进路与方法——司法论证论导论》，第142页。对此富勒指出，形式主义的法律方法只承认法律的概念、规则和演绎逻辑这样一些因素和论证作为形成法律判决的技术性因素，而将其他任何可能实际上影响了法律判决的因素及相关的论证作为"非法律"、"非技术"的考量和"策略性"论证排除在外，这实际上在以下两个方面导致了不确定性的产生：（1）我们无法预测法官何时将打破这些形式禁锢；（2）使这些"非技术"因素成为不可谈论和表述的东西，这阻止了它们被理性化和系统化的可能（See Fuller, "American Legal Realism", in University of Pennsylvania Law Review 82, 1934, 5, pp. 433—437）。

然而,社会生活总是处于不断变化之中,如果法律要等到人类完全掌握了规范社会生活的行为模式后才能获得明确的内容,那么法律规则实际上也就不可能存在。①

在人类法律思想史上,传统自然法学派一直致力于确定人类的共享目的,他们相信人类理性可以发现人类全部的共享目的,并由此形成作为人类正确法基础的秩序原理。然而他们的信念并没有获得一套用以发现和确定人类共享目的技艺和方法的支持。人类心智若没有某种普遍的思维工具的支持,其发现正确法的过程难免陷于盲目和专制。富勒所提出的程序自然法或技术自然法,所要提供的正是一套帮助人类发现和确定共享目的的实用工具,借此弥补传统自然法的不足。这套工具的核心就是与人类社会秩序建构活动密切相关的各种秩序形式的内在要求,包括规则之治的合法性要求、产生法律结果的程序要求以及各种秩序形式的有效适用范围等。各种秩序形式,作为人类实现实质目标的规则、程序和制度,它是手段。但由于秩序本身就是人类的需要,因而它们又是目的。作为目的的秩序形式,其内在要求或内在道德也因此可以作为衡量和确定人类借以实现的实质目标的标准。

程序自然法通过将人类目的纳入法律秩序形式的内在要求所构成的框架里加以考虑,以这些内在要求为确定法律所要实现的种种目的的标准,从而使得隐含于法律背后的默示目的得到确定,使得虽在法律中明示但含糊或不明智的目的得到明确或调整。在动态中形成和发展自己的法律,尽管其规范内容随法律目的的成长而成长,但程序自然法通过"影响和限制通过法律来实现的实质性目标"而使法律的内容具有动态的确定性和可预期性。②

实证主义者极力否认自然法在人类法律秩序建立中的地位和作用,其主要考虑是自然法在内容上的不确定性将威胁法律的安定性。当法律的实质正义与法律的安定性发生矛盾时,他们选择了后者,放弃了前者。程序自然法通过将内容可变的自然法(以人类共享目的为内容)纳入法律秩序形式的框架内,而赋予内容可变的自然法以某种形式的确定性,从而弥补了自然法因自身要求的不确定而在法律的实际运行过程中所产生的操作难题。在这个意义上,程序自然法是一种理解和确认通常处于成长和变化之中的实体自然法内容的法律方法,更具体地说,是一种将或明或暗在制定法中被规

---

① 对规则的怀疑主义态度从一开始便是现实主义运动的特点,法律现实主义实际上从分析实证主义只关注法律的技术之维、形式之维这一极端走向只关注法律的社会之维、实质之维的另一极端(See Fuller, "American Legal Realism", pp.443—451)。

② Fuller, *Morality of law*, p.184.

定或在判例中已得到确认的人类共享目的以一种符合法律秩序形式要求的方式予以发展,以使法律的内容适合发展了的社会需求的法律方法。在这里,以人类共享目的为内容的法律社会之维、实质之维与以概念、规则、逻辑体系为内容的法律之维、形式之维交互作用,共同推动法律的发展。程序自然法通过将内容可变的实体自然法结合进法律的形式框架,使得法律的形式与内容在其形成和发展的过程中得到有机的结合。①

富勒提出的程序自然法既非单纯寻求法律实质目的的实质理性,也非只注重法律概念、规则和体系的形式理性,②而是将法律的概念、规则和体系这样的形式要素与法律的实质目的相结合的技艺理性。③ 这是一种可以使法律兼具稳定性和灵活性的自然法——适用于特定个案的法律规范的具体内涵是不确定的,它会因社会情形的变化而有所不同,但用于解释法律目的并依此目的进一步确定法律规范具体要求的方法却是确定的。这不仅使法律的解释和适用具有某种连续性和稳定性,也使法律的解释和适用因具有某种坚实的客观基础而更具说服力。

这也是一种可以较好地将法律的形式正义与实质正义、法律的法律性与道德性结合起来的自然法。

在法律的解释和适用过程中,对法律实质正义的追求始终贯穿于对特定法律的目的解释的过程中,而这种目的解释又是在由法律秩序形式的内在要求或内在道德所构成的法律框架内进行的,因而由法律适用的普遍性和一致性所保障的形式正义仍被坚守。在这个过程中,法律的发展始终没有偏离人类所要追求的道德方向,但这种追求又是通过法律的方式予以实现的。法律的内容是不确定的,但是法律的方法是确定的,这使法律的形成和改革既能适应社会的现实情形而始终不偏离其应有的正义理想,也不至于使法律因此失去使法律的实质正义得以实现的基本前提——法律性或合

---

① 现实主义流派的主要作用是扩大了法律的相关领域,并赋予"法律外"因素以一种法律地位(See Fuller, *The Law In Quest of Itself*, p. 434),而富勒则将为"法律外"因素转变为法律内的因素提供了一种技术。

② 现代法律的主要特征是形式理性的高度发展,这种形式理性的"技术装置"之所以能够发挥作用,前提是法律能够与伦理等实质理性分离,构成"自我指涉"的法律秩序(详见李猛,《除魔的世界与禁欲者的守护神:韦伯社会理论中的"英国法"问题》,第151—153页)。

③ 技艺理性既非实质理性,也非形式理性。它的核心是如何发展一套复杂的技术来将多元实质理性中的各种相互冲突的主张与稳定性、可预见性和持续性的形式理性要求协调起来。贯穿于普通法的理性正是这种技艺理性,它使普通法律活动既没有演变成自然法学说意义上的实质理性法,也并非实证主义者心目中的那种形式理性法,而是能够以特定理性的方式回应实质理性的技艺理性法(详见李猛,《除魔的世界与禁欲者的守护神:韦伯社会理论中的"英国法"问题》,第191页)。

法性,从而在确保法律性的前提下的满足法律的道德要求。因此,程序自然法在很大程度上克服了传统自然法为使法律适应社会新的正义要求而牺牲法律的稳定性、为追求实质正义而牺牲形式正义、为追求法律的道德性而牺牲了法律性的缺陷。

分析法学为追求法律的确定性,将法律的应然排除在法学研究的合法范围之外,然而富勒却为法律发现了一个具有确定性的法律应然。这套法律应然成为法律过程中避免恶法出现的有效武器。现代社会以民主方式产生的立法机构享有了以法律方式确定集体目标的权力,但这种目标必须与法律体系的其他目标相互融洽,而且它还必须适合以形成规则的方式予以实现。法官作为法律秩序的忠诚卫士,有责任、有权力对或明或暗规定在法律中的实质目的予以调整和限制,使之适合法律的运作。因此,法官在法律的适用过程中被赋予了创造性的角色。但法官的创造性活动并非一种不受约束的自由创造。无论是制定法形式的立法,还是司法性质的造法都受到合法性要求、法律过程的程序要求以及特定法律秩序形式所适合的调整范围的约束。虽然我们无法通过形成一套实质自然法意义上的正义标准作为排除恶法的依据,但我们却可以将法律的实质目标纳入程序自然法的框架内,在法律的形成和发展过程中运用法律的方法来有效排除恶法的出现。富勒虽然也承认"恶法亦法",但他并不赞成在恶法面前的无所作为;他希望形成一套在法律过程中避免恶法的技术和方法。程序自然法正是这样一种寻求。它并不致力于发现一套绝对正确的实体法,但致力于在法律制度内部寻找一套通向正确法的方法。[①] "人类制度的理性内核能够单独确保那些制度可行和健全,避免制度的衰败,也能使制度从暂时的偏离航向中重新回到正确的航道。"[②]实证主义与实体自然法理论都希望通过以界定的方法来一劳永逸地解决法治的难题——前者致力于对法律形式的界定,后者则致力于对法律内容的界定,但这种静止的、割离的方法注定不会成功。程序自然法结合了两种理论方法的各自优势,使法律的形式与内容在动态的发展过程中互相限定,在结合了形式理性与实质理性的同时也使权力与理性的矛盾得到调和:一方面,法律在权力的有效运作中得到确立,另一方面法律又在权力的约束中避免了因权力的专断和恣意而可能陷入的"法律的不法"。从根本上说,富勒的程序自然法超越了传统的自然法与实证主义的对立。

---

① 他的程序自然法也就是存在于法律制度中的自然法,即"制度自然法"(Fuller, *Morality of law*, p.184)。

② Fuller, "The Forms and Limits of Adjudication", p.360.

6.3 富勒在何种意义上把自己的理论称作自然法

6.3.1 富勒对自己理论立场的定位

富勒的法律思想是在批判主张法律与道德相分离的实证主义思想的过程中发展起来的,因此,他在阐明自己的理论立场时始终将它摆放在实证主义立场的对立面——自然法,虽然他并没有在一开始就找到一个比较恰当的名称来描述自己独特的自然法理论——既能表明自己理论的自然法性质又能同时区别于传统的自然法理论。尽管他早在 1940 年出版的《法律寻求自己》中已开始呼吁复兴自然法,并在附于《法理学问题》(二卷本,1949 年以临时版本出版)书后《秩序原理》一文中对自己的自然法思想作了初步的阐述。在 1954 年发表于《美国法律教育杂志》第六期上的《二十世纪中期美国法律哲学》一文中,他进一步明确阐明自己的自然法立场。他从目的的角度理解自然法,并提出了研究自然法的一个新视角——作为目的的社会秩序。他认为,"存在着社会秩序的自然法",并把这种不同于传统自然法的新自然法称为"优序学(Eunomics)"。[①] 这一思想在 1958 年发表的《人类目的和自然法》一文作了更进一步的发挥,他强调在目的的框架中理解事实(包括法律事实)的重要性。后来他在计划写作、但始终未能完成的《法理学问题》新卷本[②]的一个导言《手段与目的》一文中,[③]将他准备作更具体阐述的自然法命名为"技术的自然法"。[④] 最后,富勒在代表作《法律的道德性》中将自己的自然法思想命名为"程序自然法"(在《法律的道德性》中所阐述的"合法性原理"是程序自然法最为重要的内容),这里的"程序"应该兼有"过程"和"方法"的意思,是社会秩序安排过程中所有的形式要素,这些形式要素是实现

---

① Fuller,"American Legal Philosophy at Mid-Century",pp. 473,477.

② 富勒的这个写作计划源自他早年写成的《秩序原理》一文。起初,他只是打算将这个短文改成一章《社会秩序原理:试论优序学》作为《法理学问题》的最后一章,最后他希望将它写成单独的一卷(See Kenneth I. Winston,"Editor's Note",in Kenneth I. Winston(ed.) *The Principles of Social Order*,p. 63)。

③ 在这个《导言》中,他对"社会程序原理"这一研究的旨趣以及它所呈现的分析的背后的假设作了一些澄清。

④ Fuller,"Means and ends",p. 63.

社会秩序目标所必需的，在这个意义上它是自然的。

　　尽管依照程序自然法的立场，"法律权威是满足了与这些法律安排形式相联系的内在要求的结果"（他"将法律设想为一系列社会过程或各种制度化的社会安排形式"），①但富勒的自然法立场并不否认实在法的权威，因为，既存的法律完全背离这些内在要求的情形是十分少见的。他的程序自然法与其说是检验实在法效力的终极标准，还不如说是进一步发展和完善实在法的最终依据。对富勒而言，实在法是法官在作裁决时必须尊重的既有制度事实。"如果说成功群体生活的种种条件决定了我们应适用于群体的规则，那么，已使自己适用的规则部分地决定了那些条件。人类的本性是部分地由造就人类本身的东西构成的，因此自然法要求我们必须在某些限制内尊重已建立的实证法。"②这样，富勒在《法律道德性》中所表现的观点立场与拉兹所提出的"渊源命题"——即法律规范其存在和内容是不需要诉诸道德论证就能确立的命题——实际上是相容的。为此，人们质疑富勒作为一个自然法理论家的依凭，并称富勒为实证主义时代的继子。③

　　然而，富勒对实在法的尊重并不表示他就是实证主义者。如果实证主义者的基本立场是实在法之外没有法律，或者说唯有实在法才是法律，那么他显然不是实证主义者。因为，他确信自然法是每一位断案法官不可回避的现实，只是他所指的"自然法"并不是"笼罩在上空的无所不在"，而是一个确实的、俗世的实在，并且对它的掌握需要他付出最大的智识努力。④ 也正因为如此，他明确表明并不支持任何一种传统的自然法体系，⑤也无意提出传统意义上的自然法理论。⑥ 不过，这也同样不表明他的思想实际上偏离了自然法的传统。⑦ 他对自然法传统的价值无疑是肯定的，而且认为"只有我

　　①　Daniel E. Wueste，"Fuller's Processual Philosophy of Law"，in Cornell Law Review71（1985—1986），p. 1212.

　　②　Fuller，"Reason and fiat in case law"，in Harvard Law Review59（1945—1946），pp. 379—380.

　　③　Daniel E. Wueste，"Fuller's Processual Philosophy of Law"，pp. 1205—1206.

　　④　Fuller，"Reason and fiat in case law"，p. 379.

　　⑤　Lon L. Fuller，*The Law In Quest of Itself*，p. 101.

　　⑥　Lon L. Fuller，"Human Purpose and Natural Law"，p. 68.

　　⑦　国内富勒研究者邹立君似乎认为富勒自己否认对自然法传统的继承，"不心甘情愿地承认自己继承了自然法传统"（邹立君著：《良好秩序观的建构：朗·富勒法律理论的研究》，法律出版社2007年版，第13页），可能基于这样的考虑使她在阐述富勒的秩序原理时，只是笼统地将它称为"秩序观"。然而，当富勒的秩序理论被从他极力主张的自然法立场中抽取出来，便将无法理解这一理论的出发点及主旨，因为富勒正是从"秩序形式本身也是目的，也存在着自然法"这一立场出发来展开自己的论述的。

们对自然法学派的根本目标已经获得某种程度的同情"才能将继续已被中断的"前辈在分析和讨论可以称之为社会秩序形式中的事业"。① "使富勒属于自然法传统的是两个相关论题,一个是他有兴趣于发现社会秩序的原则,如果立法者要想成功地完成其任务就必须考虑这些原则;另一个是他强调理性在立法过程中的作用。"②

因此,对富勒自然法理论的认识关键是要了解他在多大程度上承继了自然法的传统,又在多大程度上超越了传统自然法。

6.3.2　富勒对传统自然法思想的继承

6.3.2.1　对作为本性之法的自然法的认同

自然法传统一直致力于确立一种有客观意义的本性之法,因为,作为本性之法的自然法具有自然的正当性,"人类具有自然倾向的所有事物,一个人的理性自然地将之理解为善(因此是'应予追求的')且它们的相对者为恶(因此是'应予避免的')"③。富勒也继承了自然法作为本性之法的观念(只是他所理解的事物本性,除了宇宙的本性、人的本性,还有法律的本性),并认同亚里斯多德从事物的形式和目的的角度对事物本性或自然所作的理解。富勒从种种复杂的、相互作用的人类目的中去理解人的本性和实体自然法;而从各种秩序形式在组织社会生活以实现社会目标的过程中所承担的特定社会功能以及实现这些社会功能在规则、程序和制度方面的要求去理解秩序的本性和程序自然法。富勒认识到源于人的本性的实体自然法本身处于成长和发展的过程之中,因此,他不再试图为内容可变的实体自然法赢得一种明确的、固定的表达,也不直接将基于人的本性的实体自然法作为法律的实质要求,而是试图将内容可变的实体自然法与确定的实证法一起放进由程序自然法原理构成的框架中将两者结合,从而在法律演变过程中实现自然法与实在法的融合。基于富勒"本性"理解上的多元性,他的自然法思想也被认为是多元的。尽管富勒自己并没有明确阐述过实体自然法的

---

① Lon L. Fuller, "Human Purpose and Natural Law", pp.75—76.
② [美]戈尔丁:《法律哲学》,齐海滨译,王炜校,三联书店1987年版,第91页。
③ S. T. I—II, q.94, a.2c. 转引自菲尼斯:《自然法与自然权利》,第317页。

要求,但他的程序自然法是以承认某种实体自然法的存在为前提的。①

6.3.2.2 对法律作为人类善的肯定

"法律有助于促进人类的道德行为"是自然法思想家对法律抱有的朴素信念。亚里斯多德将法律看作"是促成全邦人民都能进于正义和善德的(永久)制度"②,而在阿奎那看来,法律是对人的道德完备的一种引导,是"为人们享受和平的、有德行的生活所必须的"③。富勒在这一点上也继承了自然法传统,认为法律是人们追求善的一种方式。富勒将法律看作人们在追求各自实质目标过程中的路标,因此,法律的存在是基于一种共同的需求。主权者之所以有权发布法律命令,是因为人们需要法律。法律是人类实现善、追求善的制度保障,是人类实现道德生活的基本条件,因为"道德原则不可能在一个社会真空或一切人对一切人的战争中发挥作用"。法律对道德的影响并非只限于"通过某种文化调节,确立已久的法律规则倾向于被认为具有道德上的正确性",而是具有积极的促进作用。法律对善的促进使它本身成为一种善,成为一项人类有目的的事业。④ 富勒与实证主义的一个重大分歧在于:对实证主义者而言,"站在道德的角度,法律的存在与否是一个不值得关心的问题"⑤。

6.3.2.3 对法律理性的肯定

"法律是理性的"是自然法传统的一个基本立场,自然法思想家对自然法的寻求就是希望为法律的创建提供一种理想法律的模型,以此确保法律的理性特质。而富勒自愿加入早已名声不再的自然法行列也是为了重新确立理性在法律中的地位,从而规范和约束立法和司法中的权力恣意。"对他而言,所有形式的法律都是把理性带进人类事务的自觉努力"⑥,"法律主要

---

① Douglas Sturm 认为富勒的自然法概念包含"很多相对不同但不是没有联系的规范现实的各个维度":实体自然法、程序自然法,而实体自然法又具有"与人的本性相关的实体自然法"、"与人类的个体性相关的实体自然法多个层次"及"与人类的团体性相关的实体自然法"[See Douglas Sturm, "Lon Fuller's Multidimensional Natural Law Theory", in *Stanford Law Review* 18(1965—1966)]。

② 亚里斯多德:《政治学》,第 138 页。

③ 《阿奎那政治著作选》,第 116 页。

④ 富勒:《法律与道德》,第 237 页。

⑤ 哈特反对将合法性原则称为法律的道德性也是基于这样一个不同的前提。

⑥ Kenneth I. Winston, "Editor's Note", in Kenneth I. Winston(ed.) *The Principles of Social Order*, p. 101.

地就是将理性适用于人类关系"①。他对习惯法的法律地位的肯定以及对裁判法作为一种法律形成和发展方法的重视，都是为了强调法律在内容上的理性一面。而他对实证主义的批判也正是因为他们的分离主张否定了将法律与道德联结起来的、作为法律理性基础的自然法。而缺乏理性基础的法律将只能是权力意志的结果，由此建立的社会秩序既不可能为公民提供一个可以合理安排个人生活的自由空间，也不能对权力的恣意构成任何有效的约束。毫无疑问，这样的社会已远离了作为人类奋斗目标的法治社会：它既没有规则，也没有理性；它只能是一个受恣意权力的统治、"强权即公理"的社会。

6.3.2.4 对自明性的法律的肯定

在自然法传统里，自然法一直被视为自明的不成文法。自然法是存于人的心中、合于人的天性的是非原则，每一个天性未曾泯灭的人必然知晓它；既然人人知晓，就无须以成文法的形式明示，②自然法的自明性有两方面的含义：(1)它是一些"简单而明显的事实"③；(2)它是无法证实也无须证明的自明之理。④ 富勒对隐含法的强调表明他在一定程度上也确信存在某种自明的法律。习惯法（包括基于法律秩序形式内在要求的程序自然法）是一种默认的、隐含的法律，对它们的发现或确认虽然也需要投入智识的努力，但一旦被确认，人们往往能够理解和接受它。它们的效力无须借助任何权威的支持，相反，它们却构成了法律权威的基础。在这个意义上，它们是自

---

① Summers, *Lon L. Fuller*, p.66.

② "不成文法"的概念早在苏格拉底时就已提出，他把法律区分为"成文法"和"不成文法"："成文法"为国家的法律；"不成文法"为人心的法律（详见刘素民：《阿奎那的自然法作为本性之律的人学内蕴》，载《哲学研究》2006年第6期，第80页）。

③ 根据菲尼斯的研究，阿奎那讨论了三类不同层次的自然法原则。第一类是表明人类善的基本形式的原则，这是可以为每一个达到理性年龄且有充分经验去领会它们意指什么的人所确认的并且在这个意义上它们是不能从人类心中抹去的一般原则；第二类是其基本的道德意义可以很容易地被确认的首要原则，其道德意义对于特定的人们以及整个文化可能由于偏见、疏忽、惯例、对所欲求的满足的摇摆不定而被遮蔽或歪曲；第三类是其涉及的道德问题只有那些睿智的、深入思考这些问题的人才能正确回答的原则。显然，对于每一个具有理性的人第一类自然法原则是一些自然而明显的事实（See John Finnis, *Natural Law and Natural Rights*, Oxford University Press, 1980, p.30）。近代自然法思想家对自然法的自明性特征的认识要比阿奎那要彻底得多，对他们而言，自然法是简单而无可争议的原理，"只要你留心加以辨识，无不是本身就已昭然若揭的"（转引自登特列夫：《自然法——法律哲学导论》，第51页）。

④ 登特列夫认为，人们为什么采用可以同时指人们的行为准则和外在世界规律的"自然法"概念，就是为了将某些行为准则和生活模式置于无须证明或不待讨论的地位（参阅登特列夫：《自然法——法律哲学导论》，第5页）；菲尼斯所提出的"自存起因(an uncaused causing)"正是这一意义上的自然法，它无法证实也无须证明，但它能为人类的实践理性所把握和理解（See John Finnis, *Natural Law and Natural Rights*, pp.385—387）。

明的。富勒认为,他归之于法律的内在目的以及由此推衍出的合法性原理都是自明且重要的平常之理(self—evident and important truism)。①

6.3.3　富勒对传统自然法的超越

6.3.3.1　从目的和手段的互动中确定社会目的

传统自然法专注于从社会目的中寻求自然法,为了赋予自然法某种客观的、绝对的意义,他们将为某一特定时期的人们所追求的社会目标绝对化为具有终极意义的社会目的,从而使自然法原理脱离始终处于发展变化之中社会生活而陷于僵化。在富勒看来,任何社会目的的确定只有在同时考虑了赖以实现目的的手段之后才是可能的。"一个目标的可欲性不仅取决于它可能具有的任何内在价值,而且还可能取决于用以达到目标的工具所需的代价。"②在没有首先考虑"挑选合适的人去接受安乐死这项任务的社会可管理性"之前我们无法决定安乐死是否应该被合法化;在没有设问"当工资差异的激励被消除后劳动力将如何分配"之前我们也无法决定是否应该将收入平等作为社会目标。③ 他致力于从事的优序学并不献身于"终极目的"④,而是旨在将社会目的的确定纳入目的与手段之间的互动关系之中进行考虑。

因此,富勒理解的社会目的并不是"一个人类在将某个时刻一劳永逸达到的人类发展的一个阶段;不是一个能被实现的一个状态,它一旦被实现,将导致愿望和运动的停止;不是一个静止的完美状态"。相反,它是"一个活着的性质,一个发展中的样式,一种行动的特征,因而必须在生活的每一个新时刻,在发展的每一个新阶段,行动的每一次新情况中被一再重新选择和重新实现"⑤。在这里,富勒与"任何试图预先确立一部永恒的、不变的'自然法典'的理论"⑥传统自然法立场相对立;他所倡导的自然法"不仅允许并要求为真正理解人类而自由探索"⑦。对他而言,并不存在可以作为人类终极

---

① Fuller, *The Morality of Law*, pp.146—147.
② Robert S. Summers, "Professor Fuller's jurisprudence and America's dominant philosophy of law", in *Harvard Law Review*92(1978—79), p.438.
③ Fuller, "American Legal Philosophy at Mid-Century", p.480.
④ Fuller, "American Legal Philosophy at Mid-Century", p.478.
⑤ Douglas Sturm, "Lon Fuller's Multidimensional Natural Law Theory", p.619.
⑥ 他还曾特别指出,他"所给予自然法方向的任何赞誉并不是指向自然的、不可分离的权利学说"。自然权利理论将个人权利和个人价值绝对化在一定程度上阻碍了理性对人类全部价值(包括个人的和社会的)的自由探索(See Fuller, *The Law In Quest of Itself*, p.100)。
⑦ Fuller, "American Legal Philosophy at Mid-Century", p.472.

目标以及衡量人类一切事务的终极标准的、普遍和绝对的实体自然法。①

如果要去确认可以被称为实体自然法的那种无可争议的核心原则,那么,它们只能是"保持人性中有创造力的、能选择的和有目的一面"②和"开辟、维持和保护沟流渠道的完整性"③。因为,它们为人类自由探索和实践各种实质目标提供了必要前提。依据富勒的理解,"目的性(purposiveness)"或"自由为(free to do)"不只是关于人的本性的一个事实,它还是一个一般的社会目标,"没有它所有其他的目标都失去了意义";④而"沟通是一个相互丰富的过程;通过它人类目的的实现和完成在人们之间传递,并代代相传"⑤。由此可见,富勒的实体自然法是开放的、动态的,⑥而他的程序自然法在某种程度上正是在这样一种在动态中确认自然法的方法和原理。在这里,他超越了传统自然法追求"绝对"和"永恒"的局限。

6.3.3.2 重新定位理性在法律中的角色

自然法传统致力于将法律纳入理性的轨道,并相信理性可以完全认识正确的法。自然法传统对理性在法律中作用的不恰当夸大,在法律实践中产生了两方面的消极影响。一方面,正确法的观念很容易在实践中瓦解实在法的权威;另一方面,实在法在穿上理性的外衣后很容易逃避道德的评判。⑦ 而且,"理性法"的思想还容易使自然法立场本身容易遭受反对者的攻击。因为,在现实社会中,没有任何特定的法律规则是完全基于理性,⑧"共

---

① 他明确表示自己并不知道任何"绝对","如果一个'绝对'意味着一个道德必然,由它能在所有情形下产生出一个都明确的决定原则"(Fuller,"American Legal Philosophy at Mid-Century",p. 467)。

② Fuller,"Freedom – A suggested Analysis", in *Harvard Law Review*. 68(1955), p. 1314.

③ Fuller, *The Morality of Law*, p. 186.

④ Fuller,"Freedom – A suggested Analysis", in *Harvard Law Review*. 68(1955), p. 1314.

⑤ Douglas Sturm,"Lon Fuller's Multidimensional Natural Law Theory", p. 615. and see Fuller, *The Morality of Law*, p. 186.

⑥ Douglas Sturm 认为,"保存人类的生命、继续保持人类本性的目的方面、维护良好的沟通"构成富勒实体自然法的最基本方面,这些实体自然法的基本方面其内容是不变的,而与人类个体性与团体性相关的实体自然法内容是处于变动之中[See Douglas Sturm, Lon Fuller's Multidimensional Natural Law Theory, in Stanford Law Review18(1965−66), pp. 616,632]。不过,富勒似乎没有明确表明"保持人类的生命"是实体自然法的核心原则。但可以肯定的是,"保持人类的生命"之所以重要不是因为是人类所追求的道德绝对,而是因为它是人类实现其他目的的必要条件(See *The Morality of Law*, p. 185. and "American Legal Philosophy at Mid-Century", p. 467)。

⑦ 哈特认为实证主义立场坚持法律与道德的分离是为了避免法律实践中所存在的两种危险:一是法律及其权威可能在人们关于"法律应该是什么"的观念中被瓦解;二是实在法可能取代道德成为行为的终极标准而逃避批评(See H. L. A. Hart, *Positivism and the Separation of Law and Morals*, p. 598)。

⑧ 让自然法学者举出一个只基于理性的规则是用于驳斥自然法的惯用方法。

同需要可能简单地要求我们加强阻止谋杀的相关措施,但它不能精确地告诉我们加强措施的确切形式和程度。在一般要求与具体的贯彻之间总是存在着某些自由裁断的因素"①。

因此,富勒在强调理性对法律的重要性的同时,"并不认为理性统治一切或应该统治一切"②。在他看来,"如果自然法理论的优点在于使人类对理性能力的信念得以保持,那么它的缺点在于夸大了理性在人类事务中的作用。理性可以构成决定一个法律体系的基本结构,但它不能为处理人类事务中的每一个细节都提供法律"③。他认为,自然法与实证主义都只看到法律的一个方面,因而都试图从其中的一面来界定法律;前者将整个法律看作"是或至少能够是理性的表达",后者则"将整个法律都看作是法令"。

"当从问题和功能的方面,而不是从定义和权威渊源看待法律,我们就必然发现法律是由理性和法令,发现的秩序和强加的秩序混合而成的,试图消除其中任何一方面都将使法律变质和扭曲。"④任何一个法律概念、一条法律规则都包含有理性和法令这对立的两个方面。⑤ 一方面,某些规则,如"没有人可以从他人的错误中获益"似乎是作为自明的道德命题而在被需要的,但这些被推定为自明的规则在实际适用中"只有在被固定在一个既有的包含着许多明显任意因素的财产和义务关系的体系中才获得具体的意义"。另一方面,即使是最为任意的法律规则,如果它是从合适的权威(如正当构成的立法机构)发布的,在其背后具有最低限度的理性(如,规则的要求应在可遵循的范围内),它使得对已确立的和权威的法渊源的尊重具有合理性。⑥"政府的权力补充了理性的缺陷,但反过来除非它为某些理性原则所支持否则是没有力量的"⑦正是在有限理性的概念中,富勒调和了尊重理性和尊重实在法权威之间的矛盾,从而也使自然法与实在法在同一法律体系中和谐共处,也使得对良法的追求与对法律确定性的需求得以同时实现。

---

①　Fuller, *The Problems of Jurisprudence*, pp. 695—696.

②　Robert S. Summers, "Professor Fuller's jurisprudence and America's dominant philosophy of law" 437.

③　Fuller, *Anatomy of the law*, pp. 163—164.

④　Fuller, "Reason and fiat in case law", p. 382.

⑤　譬如"所有权"这个概念,从表面上看,它是引起救济的东西,即物主及其他处于相似位置的人,在其权利受侵害时将被给予法律救济;然而,何时其他人处于"相似的位置"? 假如一位契约持有者有权对侵人者提起诉讼,那么处于不利境况的那个人是否处于同样的位置? ……对这些问题的回答不可避免地涉及潜在于私人财产制度背后的种种理由(See Fuller, "Reason and fiat in case law", p. 384)。

⑥　Fuller, "Reason and fiat in case law", p. 387.

⑦　Fuller, "Reason and fiat in case law", p. 388.

07 程序自然法的实践形态和司法运用

7.1 程序自然法的实践形态

7.1.1 义务德和愿望德：两个重要的分析概念

富勒在《法律的道德性》一书中提出两个用以分析其构成程序自然法核心内容的合法性原则或法律道德性的两个重要概念：义务德(the morality of duty)和愿望德(the morality of aspiration)。这两个概念实际上反映了程序自然法在法治实践过程中的两种现实形态。

愿望德是"善的生活的道德、卓越的道德以及充分实现人之力量的道德"①。它为社会生活及个人行为"提出了一些具有挑战性的理想(如慷慨)，它是通过荣誉和自我满足的报偿得到加强，而且不期望得到全面的或为每一个人所实现"。事实上，愿望德所提出的理想往往只能得到某种程度的实现。而且，由于这些理想可能互相冲突，这使得某一个理想的实现只能以牺牲其他理想为代价，因而我们在追求实现这些理想时"不得不诉诸某种由边际效用原则(通过它我们可以最大限度地利用有限经济资源)控制的近似于计算的东西"②。愿望德所指向的善的社会生活和卓越的个体行为为人类社会的发展提供一个努力的方向，它推动人类社会不断走向完善，激励

---

① 富勒：《法律的道德性》，第7页。

② Peter P. Nicholson, "The Internal Morality of Law: Fuller and His Critics", *Ethics*, Vol. 84, No. 4. (Jul., 1974), p.309.

个体不断趋于卓越。古希腊哲学所描绘的理想城邦就是这样一种愿望德的例证：不同类型的人都具备他所属的那种类型所能达到的最好品质（非常有智慧，或非常勇敢，或非常节制），而各具优良品质的人又各司其职、社会和谐统一。

义务德是"使有序社会成为可能或者使有序社会得以达致其特定目标的那些基本规则"[①]。"义务德强加了有关社会生活所必需的种种义务（如不要偷盗），这种道德要求是由法律和社会制裁支持的，它能够并且必须在很大范围内得到完全的履行。"[②]义务德所指向的那些为实现特定秩序目标所必需的基本条件为人类社会提供了其成员必须遵循的基本社会规范。"摩西十戒"就是这样一种义务德。

如果说愿望德是从人类所能达到的最高境界出发，那么义务德则从人类社会赖以存续的基本条件出发。在关于人类道德的想象的标杆上，处于最高点是人类对卓越的崇高追求中所可能取得的最高成就；在这一点上，人类的能力得到了最大限度的实现，人类善的本性也得到最大限度地体现。处于最低点是使社会生活成为可能的基本条件以及由此所决定的有关社会生活的最基本和最明显的道德义务；在这一点上，社会生活最基本的要求得到了满足，人类个体达到了使自己具有人性（与动物相区别）的行为底线，人类社会得以形成和持续。当愿望德从最高点向下延伸，而义务德从最低点向上延伸，在某个特定的点上义务德与愿望德互相交接，并形成一条将义务德与愿望相区分的浮动的分界线——处于道德标杆低阶位是义务德，处于高阶位的是愿望德。能否合理地确定这条分界线将影响到一个社会能否正常健康地发展。若义务德越出自己的恰当领域，需要发挥个人主动性和创造性的领域将受到抑制，社会制度将趋于僵化，社会发展将面临停滞；若愿望德侵入义务德的领域，社会生活基本的秩序和安全保障将得不到保证，社会将陷于混乱和无序，那些通过一定的秩序形式得以实现的社会基本目标也将无法实现。[③]

随着这根道德标杆从义务德不断向愿望德攀升，履行义务的压力逐渐减退，而追求卓越的挑战将不断增强。[④] 一个社会或一个个体若不能实现义务德的要求，则会遭受其他社会或个体的指控（accusation）或惩罚；但一个社

---

① 富勒：《法律的道德性》，第 8 页。

② Peter P. Nicholson, "The Internal Morality of Law: Fuller and His Critics", p. 309.

③ 参阅富勒：《法律的道德性》，第 8，12—13，34—36 页。

④ 富勒：《法律的道德性》，第 12 页。

会或个体不会因为其不能实现愿望德的要求而遭受指控或惩罚,它最多只会因此遭到其他社会或个体的谴责或蔑视(甚至只是同情)。[1] 由于愿望德所致力于追求的卓越和完善涉及各种相关因素间的平衡,因而无法用一个固定的程式来加以表达,这就决定了愿望德的要求往往是笼统而模糊的;而义务德所涉及的是维护某种特定社会生活模式所必需的特定的行为要求,这种要求往往需要某种具体而明确的用以裁断义务是否得到履行的标准。愿望德的要求所具有的"灵活、模糊和不确定"特性使它不适合转化为法律所需的明确的裁断标准,只有义务德的要求才有可能转化法律所需的可行的裁断标准。[2] 尽管愿望德与法律没有直接的联系,但它对法律却有广泛的影响,因为,人类通过法律所致力于实现的理性的社会生活正是人类所追求的理想生活目标。[3]

7.1.2 程序自然法的两种表现形态:义务德和愿望德

程序自然法作为一种为不同秩序形式所要求的内在道德,与整个人类道德一样,也具有义务德和愿望德两种形态。义务德是每一种秩序形式得以正常及有效运行的基本条件;而愿望德是每一种秩序形式得以最优运行的最佳条件。

7.1.2.1 合法性原则的义务德和愿望德

作为程序自然法核心的合法性原则是"正式宣布法律"这一秩序形式的有效条件。正式宣布法律这一秩序形式是通过正式制定一套规则体系来实现对人类行为的控制和引导。任何正式宣布的法律如果要在现实中得到切实的实施,实现其建立法律秩序的目的,那么它的制定者和管理者必须遵循合法性原则的最低要求,否则法律将不可能在社会生活中发挥其调整社会关系的作用。与合法性原则八个方面的要求相对应,有八种情形将使创造和维持一套法律规则体系的努力流于失败:(1)完全未能确立任何规则;(2)未能将规则公之于众;(3)滥用溯及既往性立法;(4)不能用便于理解的方式来表述规则;(5)规则的要求之间相互矛盾;(6)规则要求之事超出了人们能力范围;(7)频繁地修改规则;(8)不能使公布的规则与实际的执行相一致。[4]

---

[1]　See Fuller, *The Morality of Law*, pp. 5—6,8.

[2]　参阅富勒:《法律的道德性》,第 8—11,37—38 页。

[3]　参阅富勒:《法律的道德性》,第 11—12 页。

[4]　参阅富勒:《法律的道德性》,第 46—47 页。

　　合法性原则的最低要求是一个法律体系得以存在和正常运行的最低条件。因此,合法性原则最低限度的要求便是:(1)至少存在类似于规则的东西;(2)至少令受影响的当事人知道他们所应当遵循的规则;(3)至少不能将溯及既往的立法作为正常和普遍的立法方式;(4)至少不能制定让人完全无法理解的、模糊且混乱的规则;(5)至少不能制定提出两种完全相反要求的因而让人无所适从的规则;(6)至少不能制定要求明显不可能之事的规则;(7)法律的变动至少留有时间让人们去适应新的法律;(8)至少正式公布的法律与实际被适用的法律之间存在着某种可以辨识的关联。① 如果法律的创制者和管理者未能满足上述最低要求的一个或多个方面,其结果将不只是"一套坏的法律体系",而是根本没有法律。②

　　就合法性原则是创造和管理一套有效的法律规则体系所必须遵循的,它属于义务德的范畴。正如要使社会生活成为可能人们必须具备最低限度的道德一样,法律要成为法律也必须最低限度地符合合法性原则,从而使自己具备最低限度的内在道德。然而,法律的内在道德与规定了社会生活必需条件的基本道德又有所不同:后者对人们行为的要求通常只是否定性的规定,如不得杀人、不得伤人等;而前者的要求则不仅有否定性的规定,如不能溯及既往、不能要求不可能之事、不能频繁变动等,还有肯定性的规定,而且更多的是肯定性的,如法律要清晰明了、法律要为众人所知、法律要具有稳定性等。法律道德性的这一"肯定性和创造性的品质"使得其要求很难简单地通过设定义务来实现。因为,我们往往无法将肯定性的要求转化为可以用来判定"义务是否得到履行"的明确的行为标准。譬如,我们无法为法律的内在道德所要求的"清晰明了"找到一个确切的、可量化的标准去判定立法者是否尽到了"使法律清晰明了"的义务。在合法性原则的八项要求中,唯一可以不受上述特性限制的是法律公开的要求,要求法律为人们所知是一项比较容易转化为施加法律义务的规则。因此,作为法律的内在道德具体要求的合法性原则的同时又属于愿望德范畴,而且主要表现为一种愿望德。③ 因为,除法律必须公开这一要求可以转化为要求"任何制定法必须由某种特定形式的公布之后才能成为法律"的明确的法律规定外,其他七项合法性原则都无法在最低限度要求之上确立某种必须满足的合法性标准。这样,合法性原则在现实中既具有义务德的形态,又具有愿望德的形态。 义

---

① 　参阅富勒:《法律的道德性》,第41—47,55—83页。
② 　Fuller, *The Morality of Law*, p. 39.
③ 　Fuller, *The Morality of Law*, p. 43.

务德构成了法律存在不可缺少的条件,而愿望德则是法律在不断完善过程中趋于实现的法律理想。义务德的要求被违背将导致整个法律制度的崩溃,而愿望德的要求没有得到满足只是导致了一个坏的法律,但在总体上仍是一个法律制度。[①]

随着一套法律体系不断得到完善,它符合合法性原则的程度也随之提高。合法性原则在一个法律体系得到尊重的程度反映了人类在法律制度建设上所取得的成就,它体现了一个法律体系所具有的合法性水平和内在道德。"随着我们在成就的阶梯上向上攀登,处于最低层次的法律在任何情况下赖以存在的不可或缺之条件日益变成挑战人类能力的高要求。"[②]对应于造法失败的八种情形,人类创造的一套法律规则体系也可以从八个方面去追求法律的卓越。就合法性原则的每一条个别的要求而言,它具有被完全实现的可能。譬如,所有的法律规则都是没有任何例外限制的一般性规则,或所有的规则都绝对清晰明了,或规则之间绝对的相互协调,或规则为每一位公民所知晓,或绝对没有溯及既往的规则,或法律规则保持绝对的稳定等。但合法性原则作为一个整体的要求在任何法律体系中都不可能以绝对的形式得到完美实现。也就是说,合法性原则的所有八个方面的要求都得到完美实现的法律体系是不可能在现实中存在的。因为,作为愿望德的合法性原则是一些具有挑战性的理想,不仅它八个方面的理想之间在法治实践中会发生相互冲突,而且合法性原则作为法律的形式目标、内在道德在实际运行中还会与法律的实体目标(即外在道德)发生冲突。这就是说,当合法性原则在离开义务德层次而向较高的愿望德迈进时,它的各项要求需要在相互间出现冲突时做些平衡和折中。首先,当法律的内在道德与外在道德发生冲突时,法律的内在道德的某些方面往往需要作出某种妥协,如法律稳定性的要求在变化了的社会环境对法律提出了新的实体目标时作出妥协。其次,法律的内在道德之间发生冲突时,为了不损害其他方面的内在道德,某一方面的内在道德在追求自己的卓越时需要有所克制,以确保总体的合法性目标不受损害,如,为了使法律规则具有系统性和融贯性从而使得法律的一致适用成为可能,对法律清晰易懂的追求就不能走得太远。[③]

正因为合法性原则的各项要求不可能在现实中都得到完美的实现,人类法律所能达到的最高成就只能是在整体上最大限度地满足了合法性原则

---

① 参阅富勒:《法律的道德性》,第50—53页。
② Fuller, *The Morality of Law*, p. 41.
③ 参阅富勒:《法律的道德性》,第53—55页。

的要求。如果说最低限度地满足合法性原则是义务德的最基本要求,那么,最大限度地满足合法性原则的要求是愿望德的最高要求。满足前者的要求是一个法律体系得以存在的前提条件。如果法律创制者完全忽视了合法性原则的其中一个或几个方面的要求,那么他将不可能创建一套可运行的法律制度。满足后者的要求是一个不断追求完善的法律体系所努力实现的最高目标。一个法律体系所能达到的愿望德层次越高,意味着它所具备的合法性和内在道德水平越高,意味着人类在法律实践中所取得的成就也越高,最终意味着人类所创建的法律体系越是完善、越是能够卓有成效地运行。

7.1.2.2 程序自然法其他要求的义务德和愿望德

富勒在讨论其他秩序形式的内在要求时并没有专门从义务德和愿望德的角度加以分析。但我们仍然可以从他分析讨论各种秩序形式的内在要求时对它的基本条件和最优条件所作的分析中分辨出一些义务德和愿望德的要求。每一种秩序形式都具有与其特有的参与方式相关的、确保其实现特定的秩序形成功能的内在要求或内在道德,而每一种秩序形式的内在道德又包括了基本条件和最优条件;满足了基本条件的秩序形式可以使其处于可运行的状态(不具备基本条件将使一个秩序形式不能以任何有意义的方式运行),而达到了最优条件的秩序形式则能使其处于最佳的运行状态。①从这个意义上讲,每一种秩序形式赖以发挥特定功能的基本条件构成了有关这一秩序形式自然法要求的义务德的最低要求,而使一种秩序形式发挥其最佳功能的最优条件则构成了有关这一秩序形式自然法要求的愿望德的最高要求。

就裁判这一秩序形式而言,对其最佳条件富勒列出了六个方面的要求:(1)裁判员不是自己主动行动而是基于争议者一方或双方的申请;(2)裁判员在判决结果中没有直接或间接的利益(甚至是情感上的);(3)裁判员作出的裁决只限于递交给他的纠纷而并不试图对纠纷之外的当事人关系作出调整;(4)递交给裁判员的案子涉及已有的纠纷,而非只是某个将来纠纷的情景;(5)裁判员只根据当事人双方提供的证据和论辩来裁决案件;(6)每个争议方都有充分的机会来呈现他的主张、证据和论辩。②

这六个方面的要求实际上构成了与裁判这一秩序形式相关的程序自然法要求中的愿望德的最高要求。富勒没有具体讨论裁判这一秩序形式得以

---

① 有关这方面的详细讨论请参阅本文第五章第三节第二部分的第五要点"程序自然法——共同需求原理的形式表达"。

② See Fuller, *The Problems of Jurisprudence*, p.706.

运行的基本条件,但我们从普通法的历史中至少可以确认出它最基本的条件:任何人都不能在与己相关案件中充当裁判,因为这是普通法实践中最基本和最明显的要求。这应该是与裁判这一秩序形式相关的程序自然法要求中的义务德的最低要求。

对于契约这一秩序形式来说,富勒确认出其最基本的条件是:契约双方在不受强制的前提下参与契约。契约当事人在枪口下所签下的契约根本不是契约。① 富勒自己没有具体归纳契约这一秩序形式的最佳条件,但萨默斯对此作了较为全面的归纳:

(1)双方都有其他的选择并不受所有强制;(2)双方都同等地掌握充分的信息;(3)没有一方以任何方式诈骗对方;(4)每一方都直接参与协议的达成;(5)每一方都完全理解并同意所有条款;(6)协议不是单边的;(7)协议的内容没有任何的瑕疵。②

上述有关裁判和契约这两种秩序形式的基本条件和最优条件主要涉及这两种秩序形式在程序方面的要求。除此之外,与每一种秩序形式特定的参与方式相关的还有特定秩序形式适合调整的范围。同样,程序自然法对每一种秩序形式有效调整范围的限制也同时具有义务德和愿望德的性质。确定最适合一种秩序形式调整的范围的要求属于愿望德的最高要求。譬如,国家制定法最适合调整的两个领域是:(一)为裁判和契约这两种法律过程的正常运行提供某种必要的支持;(二)为裁判和契约这两种法律过程所无法调整的领域提供补充调整。③ 而规定一种秩序形式完全不适合调整的范围的要求属于义务德的最低要求。譬如,国家制定法不适合调整复杂多变的社会关系;裁判法不适合为私人或公共管理的基本结构作制度设计或重新确立新的社会基本目标或方向;裁判法也不适合调整明显存在多中心因素的情形等。

然而,当我们确认出与这些秩序形式相关联的程序自然法的义务德的最低要求和愿望德的最高要求后,我们将面临与我们思考一般意义的道德问题时所遭遇到的同样的问题:如何合理地确定区分义务德与愿望德的分界线? 在分界线之下,"人们将因失败而受谴责,却不会因成功而受褒扬;在其上,人们会因为成功而受嘉许,而失败却顶多会导致怜悯"④。相对而言,

---

① Fuller, "The Forms and Limits of Adjudication", pp. 363—364.

② Summers, *Lon L. Fuller*, p. 83.

③ 相关论述请参阅本书第五章第三节第二部分的第五要点"程序自然法——共同需求原理的形式表达"。

④ 富勒:《法律的道德性》,第 50 页。

与正式宣布法律这一秩序形式相关的合法性原则由于它主要表现为愿望德,这使它的义务德的范围几乎与义务德的最低要求相重合,从而也使义务德与愿望德的区分并没有成为一个重大的难题。但是,与裁判与契约这两种秩序形式相关的程序自然法(主要表现为特定秩序形式的程序要求和有效范围限定)其义务德的范围更广,它的具体要求既要受借由它而实现的实体目标的影响,也要受特定秩序形式赖以在其中运行的社会环境的影响。譬如,当自由与平等被确认为所有秩序形式所致力于实现的实体目标时,那么,裁判这一秩序形式所必需的程序要求就可以扩展到“及时审判”、“为贫穷的被告提供免费律师帮助及审判记录”、“法院不能采纳非法获得的证据”等。① 再如,当市场经济的发展进入了垄断时期,有效契约的基本条件将需要考虑垄断对谈判双方地位及由此决定谈判能力的影响。 总之,就这两种秩序形式而言,程序自然法作为良好法律秩序的形式要求,其义务德的具体要求会随着秩序形式致力于实现的实体目标以及相关社会条件的变化而有所改变。因此,划分程序自然法义务德与愿望德的分界线并非固定不变,而是受多种因素的影响总是上下波动的。而且,在确定义务德与愿望德的界线时,个人主观判断因素也会渗入其中,因而出现意见分歧也在所难免。② 当出现这种情形时,解决问题的办法也许只能是在民主讨论的基础上最终由权威决定机构作出裁断。

7.2　程序自然法的实践运用

7.2.1　程序自然法的两种约束力形式——外在强制力和内在自制力

富勒对程序自然法的关注,就是为了给人类法律事业中的权力运行提供一种切实可行的约束力,以避免使法律事业蜕变为权力恣意的产物。这种约束力面对的是所有参与法律这一“使人类行为服从于规则之治的事业”的人员,包括法律的制定者③和管理者。那么,包括合法性原则在内的程序

① 美国最高法院对程序性正当过程的发展在很大程度上可以被看作是拓展程序自然法义务德范围的过程。
② 这里实际上涉及自然法与人定法的相互作用。
③ 这里的法律制定者应该是广义的,既包括国家权威的立法机构,也包括参与司法立法的法官以及通过订立契约参与立法的契约当事人。

自然法在人类实践中又如何具有约束力?

对人类行为具有规范作用的规则和原则通常以两种不同的方式发挥自身的约束力:一是使规范要求具有某种强制力量而使行为者不得不遵守;二是通过将规范要求为行为者内化而使行为者自觉遵循。程序自然法也以这两种方式发挥它的实践作用。

首先,那些属于义务德范围的最明显和最基本的程序自然法要求具有某种要求人们必须服从的强制力。这种强制力来自于这样一个事实:如果这些要求被违背,那么与此相关的社会秩序形式将不具有任何正当性和有效性。譬如,如果一个法律体系没有满足最低限度的合法性原则,那么,它根本就不可能作为一个有效的法律体系而存在。又如,假如审理案件的法官他本人实际上就是案件的一方当事人,那么,他所作出的判决不可能具有任何可以作为裁判以后类似案件的先例的正当性。再如,假如一个契约是在完全强制的前提下订立的,那么它将不具有任何约束相关当事人行为的法律效力。这些最明显和最基本的要求尽管可能没有被明确地规定在宪法或其他法律中,但它在法律实践中仍然具有法律的效力。譬如,尽管宪法没有明确规定禁止模糊的立法,但司法仍然可以将一部未能对它所禁止的行为作出适度描述的刑法宣布为无效。① 美国最高法院在 1928 年宣布美国各州的最基层法院将所裁判案件中的罚款所得作为付给司法行政官或法官的薪酬的做法违宪,依据的正是"法官不能在自己的案件中担当裁判"这一程序自然法的基本要求,尽管宪法对此并没有作明确规定。②

其次,那些与实现特定的实体目标以及与特定的社会环境条件相关的义务德要求可以通过民主立法的方式使其具有法律的约束力。在这里,程序自然法的要求通过制定法的形式表现出来。现代法律制度中有关程序方面的许多规定都是对程序自然法要求的确认。当然,在具体确定哪些有关法律过程的要求属于义务德的要求,因而需要赋予法律的形式保障其在法律实践中得到切实的履行中往往很难形成完全一致的认识。在确认这些与程序自然法的愿望德要求相交接的义务德要求时,"相当大的判断的成分必然会进入,而个别的意见分歧也在所难免"③。在这种情况下,程序自然法的要求与立法者的意志结合在一起共同构成了实在法的内容。在法律实践

---

① 参阅富勒:《法律的道德性》(第 121 页)以及美国最高法院在罗斯诉洛克案上的判决理由(Rose v. Locke,423 U. S. 48,1975)。

② See Tumey v. Ohio, 273 U. S. (1928). Also see John V. Orth, *Due Process of Law: A Brief History*, pp. 31—32.

③ Fuller, *The Morality of Law*, p. 12.

中,这类实在法内容的丰富和发展往往体现了人们对这一层次的程序自然法要求的不断接近,这实际上是人类在不断试错中接近真理的过程在法律领域的表现,通过这个过程人类对法律的认识得以不断深化。

最后,那些属于愿望德范围的程序自然法通过法律教育和法律实践可以成为那些致力于共同的法律事业的人们自觉追求的职业理想。因为,法律事业本身的成功是所有参与这一事业的人员在社会生活中确立自身地位以及实现自身利益的重要保障。在一个特定社会中,法律事业越是成功,意味着法律越是有能力满足社会成员对法律秩序的需求,法律人群体由于他们对于确立良好法律秩序的贡献而获得较高的社会地位,并因此使自己在社会整体的利益分配中处于较为有利的位置。而对程序自然法愿望德要求的实现程度决定了法律事业取得成功的程度。正是所属职业群体的利益与法律事业的直接相关性使得法律人士自觉地将实现法律愿望德作为自己努力的目标;他们会在具备实现条件的前提下尽力使程序自然法的愿望德要求在法律实践中予以实现。他们在满足愿望德要求方面所取得的成就往往成为评价其职业成就并因此为他们赢得职业声望的重要依据。由于愿望德所追求的法律完善的理想涉及复杂的相关因素,包括实现愿望德要求的现实条件、愿望德要求与法律所追求的实体目标的关系以及各愿望德要求之间的相互影响等,因此,愿望德要求的实现需要法律工作者运用个人的智慧和洞见去平衡这些相关因素,从而对如何最大限度地满足程序自然法要求的可行方式作出正确的判断。在程序方面以及有效调整范围方面的程序自然法的愿望德要求之间往往没有相互间的冲突,因此,职业人士在致力实现它们的要求时需要考虑的问题主要是:在现实条件中是否具备实现的可能性?是否与法律致力于实现的实体目标相冲突以及如何最好地协调两者之间的矛盾?相对而言,合法性原则由于愿望德要求间存在着相互冲突而使得在实践中实现它们的要求显得更为复杂和灵活(因此下文将对它作单独讨论)。这种复杂性和灵活性使得将愿望德要求作明确的界定变得十分困难。然而,"不论它们是何等难以捉摸",它们都实实在在地约束和限制着法律人的行动,使他们的行动指向完善法律这一共同的目标。程序自然法的愿望德要求是一些"难以界定而只能为各个法官和律师感觉到的限制",它"是由多少世纪的传统建立起来的,是其他法官——他的前辈和同事——的范例建立起来的,是这一行当的集体判断建立起来的,以及是由遵从通行的法律精神的义务建立起来的"。① 正是这些无形限制的存在使得法官们在行

---

① [美]卡多佐:《司法过程的性质》,第70—71页。

使其没有明确界限的司法立法权时仍能沿着法律自身的轨迹去发展和完善法律。在这里,程序自然法对法律人的约束作用主要表现为一种与他们所从事的法律职业相一致的角色道德,这些角色道德通过法律人接受法律教育、参与法律实践的经验而将这些规范要求内化为他们自觉的行为要求来实现的。无论是罗马时代的裁判官,还是英国普通法的大法官都经历了某种类似的职业训练,他们的职业行动都"被其早期训练浸润的先入之见以及职业论点的有力抑制束缚在极其狭小的活动范围之内,这些抑制的严格程度非身受者是不能体会的"①。

综上所述,程序自然法的义务德形态主要以两种法律的形式在实践中发挥约束作用——那些基本而明显的程序自然法要求通常以不成文法(或习惯法)的形式发挥作用,而其他的义务德要求则以实在法的形式发挥作用;而它的愿望德形态则主要以角色道德的形式在法律实践发挥规范指导作用。

7.2.2　合法性原则的实践运用

合法性原则作为程序自然法的核心要求在实践运用也以义务德和愿望这两种形式发挥作用。义务德在实践中的运行方式与普通的法律规则类似,即法院可以依据合法性原则裁定明显违背合法性原则的情形为非法;而愿望德的实践运用则相当复杂,它需要考虑特定情形中的各种具体因素,因而它往往不是作为独立的绝对的法律原则起作用。

尽管合法性原则在实践中具有义务德和愿望德两种形态,但它主要是以愿望德的形态在法律实践中发挥自身的约束作用。这是由合法性原则自身的性质所决定的。合法性原则的肯定性和创造性的品质使得它的要求(除法律的颁布外),在其最低限度的要求以外无法被界定为具有明确标准的法律义务,②这就使得义务德所能约束的法律行动只限于那些没有达到合法性原则最低要求的,即那些完全违背了合法性原则的某一方面或几方面要求的行动。尽管在法律实践中也可以辨别出一些明显违背合法性原则的行为并按义务德的要求更正它,③但这样完全违背合法性原则的情形在法律制度的实际运行中并不常见;而且,义务德对法律制度所起的作用只限于

---

① 　[英]梅因:《古代法》,第37—38页。
② 　参阅本书7.1.2.1"合法性原则的义务德和愿望德"。
③ 　参阅富勒:《法律的道德性》,第110页。

"使我们（的法律）免于坠入深渊"，而不能为我们完成法律制度的建设明确列出很多强制性步骤。① 所以，合法性原则在实践中更多的是以愿望德的形式发挥其作用。

作为愿望德的合法性原则在实践运用中具有权衡性和整体性的特点。愿望德的合法性原则在实践中并不是刚性的、绝对的原则，这表现在它的各项要求需要在相互间出现冲突或是与法律的实体目标发生冲突时做些平衡和折中。也就是说，每个合法性原则在实践运用中，需要在原则的要求与法律所追求的实体目标以及各原则的不同要求之间进行权衡。而这种权衡所依据的标准主要是如何使合法性目标得到最大限度的实现。这就决定了合法性原则在实践运用中不是作为相互分离、各自独立的原则，而是作为一个整体发挥规范作用。一方面，合法性原则其中一项要求的完美实现往往以牺牲另一项要求的实现程度为代价；另一方面，对合法性原则的违背会产生累加效应，即对某一方面的无意的疏忽会导致对其他方面要求的被迫的背离。

合法性原则权衡性和整体性的特点使得它的实践运用具有相当的复杂性和灵活性。这首先表现在：合法性原则的实践要求并非总是可以明确为具有普遍意义的一般性规则。每一项法律道德性的要求要么其要求在适用过程中存在着一些例外情况，而且这种例外情况又是很难通过概括性语言来加以排除的；要么其要求本身是特定的，因而很难以一般性要求的形式加以规定，而是需要根据特定的情形确定其要求的具体内容。

譬如，溯及既往的法律在原则上是要禁止的，但当法律自身的运行发生错误时却又往往需要运用溯及既往性立法去加以矫正以提高法律的整体合法性程度，但到底什么时候有必要使用溯及既往性立法则需要视具体情况而定。又如，法律规定应清晰、明确，但有时却往往因为规范对象的特殊性而不得不使用像"诚信"、"公平"、"合理"这样一些具有明显不确定性的标准；法律不应要求不可能之事，但有时又必须让某些行为者为其某些特殊行为所引起的但却是其个人能力所无法控制的后果承担责任；法律应具有稳定性，但随着社会情形的变化或人们观念的变化法律不得不作出相应的调整去适应变化了的社会需求。再如，法律规定不应互相矛盾，但两个法律规定的行为要求之间到底是冲突还是相容最终还得考虑各种社会因素来判定；官方适用法律的行为应与已公布的规则保持一致，但对于何种法律解释才能确保这种一致性又没有一个统一的标准。

---

　① Fuller, *The Morality of Law*, p. 44.

　　其次还表现在：尽管合法性原则在实践运用所追求的目标是通过"折中"和"权衡"使合法性得到最大限度的实现，但如何"折中"和"权衡"才能实现这一目标又无法形成一个统一的、不变的可循标准。"无论是这八项基本要求作为整体必须被适用的严格程度以及在它们之间排序的优先性都将受有关法律所属的部门以及法律规则的类型的影响。"①在各种变化了的环境下，我们"必须依据类似经济计算的东西（对合法性诸要素）进行组合和重新组合，以使它们适合当下的情形"。在有些场合，"对一项（合法性）要求的疏忽大意的偏离可能要求以对另一要求的有意偏离作弥补；对一项新的规则未能给予充分的公布可能要求一项溯及既往的立法去纠正就是这样一种情形"。在另一些场合，"对一项（合法性）要求的忽视可能使得必须对另一要求更为严格"；如，当法律的变化过于频繁时对公开性的要求就会更加严格。②

　　合法性原则在实践运用上的复杂性和灵活性决定了它的实践要求通常是具体的、特定的，因而对它的适用并不是一个被动的、机械的过程，而是需要依靠法律人的"能力、洞见、智慧和良知"根据具体的情形去对合法性原则的各项要求作最佳的配置，以使合法性目标得到最大限度的实现。尽管在不同的情形下，为最大限度地实现合法性，对其各项要求的"最佳配置方式会有所不同"，但由于合法性诸要求都是"指向一个单一目的的手段"，③因而它们之间的最优配置仍然可以基于某种客观的基础。也就是说，法律制度的内在目的——"使人类行为服从于一般性的规则的指导和控制"——可以作为判断合法性水平的最终标准，④它使得对合法性诸要求所作的权衡具有某种客观的依据，并使得适用合法性原则所产生的裁决结果具有可审查的性质。在这里，合法性原则的实践作用主要不是通过法律规制的形式，而是更多地通过一种法律人所具有的"托管人的责任心和法律技艺人的自豪感"来实现。或者说，合法性原则的实践要求主要不是表现为一种义务，而是体现为一种责任。法律人所经历的长期的职业教育和实践，不仅使他们理解了自己所需承担的职责的性质并愿意面对其中的困难，以长期的职业熏陶而养成的责任意识又通过成功地履行"这一艰巨而复杂的责任"而获得的自豪感得到进一步加强。⑤

---

①　Fuller, *The Morality of Law*, p. 93.

②　Fuller, *The Morality of Law*, p. 104. 另参阅富勒：《法律的道德性》，第123页。

③　Fuller, *The Morality of Law*, p. 104.

④　Fuller, *The Morality of Law*, p. 147.

⑤　See Fuller, *The Morality of Law*, pp. 43, 93. and also see Wueste, "Fuller's Processual Philosophy of Law", pp. 1213—1216.

7.2.3 合法性原则在司法实践中的运用

7.2.3.1 司法实践中的法律解释及其难题

7.2.3.1.1 几个概念

所谓司法就是将法律规则适用于特定的案件。但无论是制定法,还是判例法,都需要经过法律解释才可以被适用。法律解释对于法律适用的必要性不仅仅因为法律规则的一般性与它所规范的事实的特定性之间的距离需要借助法律解释加以弥合,而且还因为法律的稳定性要求与对社会生活的适应性要求之间的矛盾也只有通过法律解释才能得以调和。"法律解释是解决原则与灵活、一般与具体之间矛盾的方法,也是处理法律自身稳定统一与社会生活变化发展之间关系的调整器。"

狭义的法律解释是指对既有法律规定(包括成文法、判例法和契约法的各种规定)的规范性意义的理解和确定;广义的法律解释是指在既有法律规定的基础上对于司法裁判法律依据的确定,包括狭义的法律解释、价值补充和漏洞补充。如果从动态的、整体的角度理解法律,那么狭义与广义之分并不成立。所谓狭义的法律解释是以静止地、断裂地理解法律为前提的,或者说它根本就是19世纪法律实证主义将法律理解为既已完成的立法产品的结果。本书讨论的程序自然法的基本前提是将法律理解为一个过程,而不是一个片断,因此这里讨论的法律解释并非单纯对既有法律规则的含义的确定,而且还包括作为法律发展和完善手段的法律解释,也就是所谓广义的法律解释。

7.2.3.1.2 司法解释中的目的解释、文义解释及其面临的困难

尽管对于法律解释的目标存在着"主观说"与"客观说"的观点分歧,但探求法律目的对于法律解释的重要性这一点却是没有争议的:法律文字的含义只有在明确了的法律目的的基础上才变得明确,而且,法律词语的含义往往还需要依照法律目的加以限制或扩充。而特定法律的规范目的又总是或明或暗体现于法律文本之中,因此,对它的探求总是从文本入手。一方面,当我们试图去理解、确定法律陈述的规范性意义时,势必要设问:"这个规则是为何而设? 它要避免的恶是什么? 什么样的善又是它旨在推进的?"[1]否则,法律的适用就会变得盲目而没有方向;另一方面,法律目的的确

---

① Fuller,"Positivism and Fidelity To Law—A Reply To Professor Hart",p. 665.

定"不能离开法文字句,一旦离开法文字句,即无以维持法律之尊严及其适用之安定性"。①

在法律的解释和适用过程中,对法律文本的文义的确定与对贯穿于其中的法律目的的确定往往需要互相参照、互相澄清、互相确定。第一,特定法律的规范目的可以通过该法律语词的平义和特殊文义理解得到初步的确定。第二,初步确定的法律目的通过对法律文本上下文逻辑结构的理解得到进一步的明确;如果社会环境发生了变化,对法律具体目标的掌握需要结合法律颁布时的社会环境及观念与适用法律时既已变化了的社会环境及观念来确认。第三,如果法律旨在确立的社会制度在人类社会具有相当的普遍性,那么,参照法制成熟国家对于同类法律规定所蕴涵的法律目的的理解可以有助于我们把握特定法律的法律目的。第四,特定法律的目的的理解还需结合整个法律体系的目的结构,以法律体系中更为基础的目的来限定较为表层的法律目的的内涵。第五,通过逻辑、历史、比较、体系等方法得到进一步明确的法律目的又成为进一步明确法律语词(特别是意义模糊的语词)含义的依据。由此可见,法律解释诸种常被论及的几种方法——文义方法、历史方法、体系方法、比较方法——都只是解释者从法律的外在形式表现探求法律的内在规范意旨的具体手段或步骤,而并非独立的法律解释方法。在法律解释过程中,对法律目的的探求贯穿于始终,而其他的解释方法均围绕法律目的而展开;②其中,文义的方法又较其他方法具有更为重要的地位——对法律目的的探求从文义开始,最后又回到文义,这也就决定了法律解释过程的起点乃文义,其终点亦落在文义。③

如果说目的解释是法律解释的根本,那么,文义解释是法律解释的基础;目的解释确保法律的运行不偏离法律应有的方向,而文义解释则使法律的尊严及其适用的安定性得以维持。在司法解释中将目的解释与文义解释有机结合不仅在一定程度上为法律解释提供了确定性保障,同时也能有效地避免法律解释和适用出现不合理的荒谬结果(包括明显不公正的结果)。

---

① 杨仁寿:《法学方法论》,第 120 页。

② 对此,王泽鉴先生早有类似论述,"法律解释是一个以法律意旨为主导的思维过程;每一种解释方法各具功能,但亦受有限制,并非绝对;每一种解释方法的分量,虽有不同,但须相互补足共同协力,始能获致合理结果……"(王泽鉴:《法律思维与民法实例请求权基础理论体系》,第 240—241 页)。

③ 王泽鉴先生在阐述法律解释方法时非常明确地将文义视为法律解释的开始与界限,"文义是法律解释的开始,也是法律解释的终点。……尊重文义,为法律解释正当性的基础……"(见王泽鉴著:《法律思维与民法实例请求权基础理论体系》,第 220 页)。杨仁寿先生对文义解释在法律解释中的独特地位也有类似表述,"法律解释之第一步固系'文义解释',而其终也,亦不能超过其可能之文义"(见杨仁寿《法学方法论》,第 120—121 页)。

然而,法律解释的困难在于:法律目的是多重的,而且经常处于相互冲突之中,即使在某一特定的法律里都包含有相互冲突的法律目的。程序自然法为这一困难的解决提供了一种可行的思路。

7.2.3.2　作为解释依据的法律程序自然法

7.2.3.2.1　法律目的的多重性与程序自然法

法律目的结构的复杂性是司法解释必须面对的困难。法律目的具有多种层面:每一个较低层面的目的都可以从一个较高层面的目的推导出来,从而构成一种从属关系——处于从属地位的目的是其所瞩目的手段;而且,每一层面的目的又有不同的方向,从而使每一层次的不同目的之间处于一种互相排斥、互相限制的关系。

复杂的法律目的结构反映了立法者既已作出的种种价值判断,而这些价值判断又总是基于立法者在其所处的社会条件下对人类共同需求的理解。人性的复杂多面决定了人类需求的复杂多样,而每一种需求又成为人类追求特定利益或价值的直接驱动力;对各种需求或利益的合理满足或实现方式的权威规定,就形成了众多的法律原则。[①] 法律规范,正是因为其中贯穿着法律目的、具有主导性的法律原则,才使法律具有内在一致性。然而,即使是规范特定人类事务的特定法律,贯穿于其中的法律目的和法律原则往往不是单一的。那么,在复数法律目的中应选择何者为解释依据呢?

如果某一特定法律所包含的多个规范目的都从属于同一较高层的法律目的,那么通常可以将最有利于较高目的的实现的那个从属目的作为解释依据,只要依此作出的解释结果不会违背合法性原则的基本要求——即依此目的解释法律所获得的规范性意义不仅适用于眼下的案件,而且能适用今后发生的同类案件,也就是说,依此解释所作出的裁判能够形成为公民提供行为指导的规则(不仅有规则,规则还能被理解和遵循),也能为今后法院处理此类案件提供规则依据(规则能一致适用)。

然而,更多的情形是特定法律所包含的多个规范目的从属于相互冲突的法律目的。因为,在人类最基本的需求中,个体需求与社会需求,以及作为个体基本需求的自由与安全,作为社会需求的秩序与发展,总是处于相互冲突之中;这就决定了绝大多数法律包含了互相冲突的法律目的和法律原则。立法者对冲突目的的协调往往通过将每一种目的限定于一定的范围,

---

　　① 法律原则实际就是法律目的的间接表达,它与法律目的一样,相互间不仅有隶属关系,还有相互排斥和限定关系。

并大致设想出一种目的需要向另一种目的妥协的各种情形的方式来加以解决。由于人类的认识总是受当时所处环境的限制,因此,对这些冲突目的协调不可能通过立法得到彻底的解决。法官在适用法律解决纠纷时,不仅对于一些在当时环境条件下无法想象得到的情形,而且对一些当时虽能想象得到但一时仍无法确定何种目的是其中支配性的情形,都可能缺乏明确的协调方式。即使是立法既已给出明确协调方式的情形,也可能因立法者当时的认识偏差而需要作重新的协调。对于上述这些情形,法官必须通过解释来获得协调冲突目的的具体方式。①

法官在试图协调冲突目的或原则时,必须从立法既已确立的协调思路去继续立法者未能完成的任务;他在致力于确定立法者的思想结构(fabric of thought)时也参与了这个结构的构建。当法官面对多重目的、多个原则,是选择这个目的、这个原则,还是选择那个目的、那个原则,作为确定法律对于眼下案件的规范性意义(即确定适用于眼下案件的规则要求)的依据时,需要从人类普遍理性(逻辑解释或比较解释)、或特定的历史条件(历史解释)、或现有社会生活实践所形成的习惯(习惯解释)等角度去确定这个目的和原则的限度及影响范围。但所有这些考虑因素都必须服从更为基本的考虑,即法律的社会功能。

当我们被要求就现存的规则应如何延伸或如何限制而发言时,一定要让社会福利来确定路径,确定其方向和其距离。而法律为人类社会带来的福利都是通过它所履行的社会功能来体现的。一方面,法律通过确立和维持自身的系统结构来满足社会对秩序、稳定性、确定性和连贯性的需求;另一方面,法律通过确立规则并发展规则来满足特定社会情形的需求,从而将社会对效用、便利及公正的特定需求纳入规则予以实现。因此,当法官在确定法律对于眼下案件的规范性意义,有两个或多个方向不同甚至相反的法律目的或原则指向案件事实所涉及的社会情形时,可以基于以下两方面的考虑来进一步限定法律目的及可适用的原则:(1)选择何种目的或原则作为确定法律对于眼下案件的规范性意义的依据,可以使法律内在目的结构最具融贯性;(2)选择何种目的或原则所确定的法律对于眼下案件的规范性意义,可以形成一条在社会实践中最容易得到遵循(最符合社会生活需求)、在司法实践中最容易得到一致适用的规则,也就是何种规则可以最为有效地对人们的自我指导的行为提供指南。

———————————

① 法律解释的一个重要任务就是协调法律内部互相冲突的目的和原则,从而使法律成为一个融贯的、或运行的整体。

　　法官基于上述考虑而对法律的规范意义作出解释时，与其说是对法律意义所作的结论性解释，还不如说是由法官们集体参与的整个法律探索过程中的一个阶段性认识结果。在这个表现为法律解释的法律认识过程中，法官的个体性因素，如个人的知识、经验、洞察力和价值倾向等，无疑会影响认识的结果，但此种主观性因素对结果的影响是任何科学探索都无法避免的，因而也并不会改变法律探索过程本身的客观性——一方面，结论的获得是基于对一些客观因素的认识，而不是个人的主观臆想；另一方面，在整个集体参与的法律探索过程中，每个个体的因素经中和、互补而变得微不足道。另外，解释者所处的特定的社会历史背景无疑也会使法律认识结果带有某些局限性，但在当时的背景下该结果却是最接近正确的。尽管认识的结果只是对"正确法律"的近似认识，但它并不是任何解释者的主观结论；虽然我们无法预先得知解释的具体结果会是什么，但我们可以预先知晓结果赖以形成的依据并大致预测解释的方向。法律的确定性和可预期因此以一种动态的形式得到一定程度的满足。在这个集体的法律探索过程中，法官通过将自己认识过程中的推理和论证形成文字公布于众而使得跨时空的沟通和讨论得以进行；法律在这种沟通和讨论中变得明确一致、可理解、可遵循。

7.2.3.2.2　程序自然法对于法律解释的意义

　　法律的适用总是要先经过解释，法律解释的根本则在于目的解释，而法律目的的确定又不能脱离案件事实在其中发生、裁判结果在其中具有效力的特定的社会背景（只有结合社会背景，才能确定法律目的在个案所反映的特定情形中的具体内容，也才能确定依此目的而获得的裁判是否能在今后的社会生活中形成一条可遵循、可一致适用的规则）。因此，法律的解释过程实际上是一个文本与事实积极互动的过程。① 在这个过程中，不仅法律规范与案件事实存在互动，而且作为裁判依据的法律规范与裁判结果之间也存在互动。

　　确实，在司法实践中，概念分析和演绎推理扮演着无可替代的作用。法官只有通过严密的概念分析才能获得意义明确的裁判规则；他也不能不采用演绎推理来获得裁判结果，否则，法律运行的普遍性和一致性就得不到保障。然而，在法律推理中，前提与结果的关系并不是单向的决定与被决定的关系，而是一种双向的互动关系。首先，将构成法律推理大前提的法律规范

---

　　① 陈金钊认为，法律解释学应从以文本为对象、以注解为方法的传统研究路径转向对文与事实互动关系的研究（参阅陈金钊：《法律解释学的转向与实用法学的第三条道路》，载《法哲学与法社会学论丛》第4卷，中国政法大学出版社2001年版）。

（包括各种法律概念、规则和原则）与将构成小前提的案件事实之间存在互动。这个互动过程有如拉伦茨先生所描述的，一方面，"必须在考虑可能适用的法条之下，由'未经加工的案件事实'形成作为陈述之终局的案件事实"，另一方面"也必须在考虑终局的案件事实之下，将应予适用的规范内容尽可能精确化"。① 个案裁判者通过在案件事实与相关法律规范之间的"眼光之往返流转"②，将法律规范通过概念、规则和原则形式确立起的一般意义上的利益协调方式与特定情形的需求结合起来，③从而初步形成适合待决个案的裁判规范。其次，法律规范与将规范适用于案件事实后所可能得出的结果之间也存在着互动。一方面，构成法律大前提的法律概念、规则和原则决定了可能产生的判决结果；另一方面，这些可能的判决结果又反过来决定着适合待决个案的法律规范的内容。正是因为法律规范与个案事实之间存在着复杂的互动，逻辑和概念分析的方法对于理解和确定法律的意义是不充分的。

对于这一点，W. W. Cook 认为，即使是概念分析集大成者霍非尔德也清楚地意识到并多次予以强调。"没有人比他更清楚地理解，尽管分析性技术是一个不可缺少的工具，但对律师来说，它并不是一个完全足够的工具"，"他一次次强调，分析工作仅仅为法理学的其他分支铺下道路，没有后者的辅助，对法律问题就不可能获得令人满意的解决办法"。④ 法官要获得满意的解释结果"必须兼顾法律规则与个案情势之间的互动以及解释者之间的交流与共识，法律解释就是要在形式合法性和实质合理性之间争取一个最大的交换值。此时，法律文本……仅仅……为法官……提供了一种不充足的、但却是必须使用的资源……"⑤也正是在这个意义上，"司法中的所说的法律解释并不限于对法律文本的解释，甚至主要不是对法律文本的解释"⑥。

然而，当法律的解释和适用越出了概念分析和演绎推理的传统方法，法律自身的确定性和客观性就成为令人担忧的问题。合法性原则（即法律程序自然法），作为法律有效运行的必要条件，为法律解释提供了最终的依据，

---

① ［德］卡尔·拉伦茨：《法学方法论》，第 193 页。

② 米勒用来阐明规范与规范所指涉的事实之间的关系时所采用的表述（见［德］卡尔·拉伦茨：《法学方法论》，第 13 页）。

③ 考夫曼将这个过程描述为"一种类似的认识"，即将规范所意指的意义内容与案件事实所表现的意义内涵作类推比较（参阅［德］卡尔·拉伦茨：《法学方法论》，第 16 页）。

④ W. W. Cook 为霍非尔德论著写的引论。转引自［美］本杰明·卡多佐：《司法过程的性质》，第 20—21 页。

⑤ 陈金钊、焦宝乾、桑本谦等：《法律解释学》，第 322 页。

⑥ 苏力：《解释的难题：对几种法律文本解释方法的追问》，梁治平编：《法律解释问题》，第 32 页。

并因此为法律解释提供了某种确定性和客观性保障。首先,体现程序自然法要求的两条基本解释原则为解释者"自由探索"针对特定个案的裁判规范限制了范围和方向;其次,程序自然法为整合各种解释方法和准则提供了合理化基础,① 从而为解释者之间就"何为正确的解释"展开有意义的讨论提供了一个可靠的平台。在上述以互动形式展开的司法裁判活动中,似乎法律的权威受到事实的侵蚀,法律规范对裁判结果的支配性受到法官个人评价活动的软化。然而,在法官看似"自由"的法律解释活动——任意选择某种解释标准来获得自己所需的解释结果——以及看似"任意"的裁判结果②——根据自己的价值判断确定一个合适个案的结果然后再以各种法律理由使其合理化——的背后,始终有一种通常不被意识到的规范力量限制着法官的法律解释和适用活动。当解释者在案件事实与相关法律规范之间的"眼光之往返流转"以确定适合眼前案件的裁判规范时,法律的系统结构以及规则的一般性和可操作性这样一些程序自然法的考虑始终限制着解释的方向和结果。程序自然法的考虑决定了法官所能做的利益衡量只能是案件中何种利益得到保护更有利于实现和维护合法性目标。同样,法官在依据可能的判决结果来确定法律规范的具体要求时,也受上述程序自然法考虑的限制,他所能作的结果评判只能是:对某种法律规定的优势利益的保护是否

① 不仅各种用以确认法律目的的解释方法的运用可以在程序自然法中找到合理解释,而且各种解释准则也大都可以在程序自然法中找到合理化依据。譬如,"明示排除默示",意味着明确规定的法律规则可以排除与之矛盾的习惯法规则,这可以从以下几方面的程序自然法考虑给予解释:(1)相互抵触的法律规则将不能给公民自我指导的行为提供有效的指南;(2)明确规定的法律规则相对默认的习惯法规则对于公民的自我指导的行为有更直接有效的指导作用;(3)习惯法规则因情景变化而不能很好地满足社会需求时只有借助明确立法才能使改变趋于僵化的习惯做法。再如,"刑法解释有利于被告",意味着如果刑法规定的意义模棱两可,那么被告依照自己的理解做了他认为是不违法的事,他就不应因此而被判有罪;这在程序自然法上的依据是:如果法律"为公民指出的行动方向是难以辨识的",那么,公民就"应当被允许自己选择一个方面来消除这种困惑,他不应当为此受到伤害"(见富勒:《法律的道德性》,第80页)。另外,诸如"普通法不容模糊变更"、"个人权利不因解释而受限制"、"既得权利不因解释而受限制"、"财产权不因解释而受限制",这样的解释准则都是基于对法律系统结构的尊重。

② 譬如,实用主义法学家费希(Stanley Fish)认为:法官愿意得出什么结果,便利用一些法律推理来证成这个结果使其看起来令人信服;法律规则和其他法律标准在司法判决的过程中并不能产生规范性作用;法律命题并不产生它们被用来证成的结果;它们作为司法判决过程的组成部分只是一种为法官动用的资源而不是判决结果的渊源;法律命题对法官和律师来说与其说是规范性的,不如说它们是修辞性的(参阅陈弘毅:《当代西方法律解释方法初探》,载梁治平编:《法律解释问题》,第24—25页)。费希无疑看到了法律结果对法律命题的修正,但他因看到了一种决定关系而忽视或否认另一种决定关系,从而把法律的理性之维消解为一种表面的、虚假的理性——为了使法律能有效地履行其应有的社会功能,法官和律师通过创造出一套标准和话语使司法过程具有法律推理的表象而营造出一种法律具有确定性、可预期性,并且体现公平正义的假象,这显然扭曲了司法裁判的实际运行过程。

会影响此种利益在其中实现的制度设置的社会功能的正常发挥,以确保一种利益为另一种利益所作的退让至少不能破坏前者所涉及的制度功能。

程序自然法与法律内在的目的系统实际上是一个法律体系的精神所在。只有在程序自然法框架内自觉运用目的解释的方法,法律解释才不至于背离法律精神。基于此,任何试图脱离程序自然法框架来讨论诸如"利益分析"、"结果评判"这样一些广义的目的解释方法只能是"方法论上的盲目飞行"。[①] 人类目的体系的复杂性使得对司法解释结果的正确性始终只能是一个程度问题。从理论上说,任何法律解释存在着某个正确的答案(有正解),但基于以下两方面的原因,那个绝对正确的答案实际上往往无法得到:(1)解释者的认识能力受个人所处的特定社会背景的制约;(2)人类的目的本身一直处于变化和发展之中。因此,对法律的任何解释结果都只能是不断接近那个正确答案的一种努力而已。但是就某一具体案件而言,裁判者仍然有很大的可能从许多可供选择的解释中判别出那个最具正确性的答案。从这个角度讲,法律的解释在缺乏唯一正解的前提下仍然可以是一个具有客观性的过程。

法官的司法解释实际上就是法律过程的构成部分,因此司法解释的客观性结果还必须以一种可言说、可遵循的规则的形式获得,否则,法律为"营造一种公民之间的有序互动、为公民自我指导的行为提供可靠的路标"的功能目标就无法实现。如果司法过程的法律解释所依据的是某些不可言说的神秘方法,那么它对合法性目标的破坏有如要求公民遵守未公布的法律。

7.3 程序自然法的性质及适用范围

7.3.1 一个特殊的宪法领域

在社会生活的每一个领域,任何权力在其中运行的有目的的活动都具有相应的内在结构,这种内在结构反映了权力支配者与服从者之间的互惠关系,而这种互惠关系最终成为活动内部限制权力运行的结构性因素。

当论及作为社会关系一个方面的权力时,我们指的是权力拥有者 A,在

---

① 借陈林林评析利益法学方法的表述(见《方法论上之盲目飞行——利益法学方法通盘置评》,载《浙江社会科学》2004 年第 4 期)。

他允许 B 继续作为人类发挥某种意义的作用的同时,具有在某些方面控制 B 的权能。也就是说,A 处于一个为他自己的目的利用 B 的自我指导能力并影响 B 的这一能力的发挥的地位,他的目的当然也可能包括使 B 受益。A 必须至少让他的权力接受者留存某些自我指导的能力这一事实给每一种权力关系引入了一个互动或互惠的因素。尽管这种互惠性可能对 A 来说是最令其讨厌的,且这种互惠性可能过于微小而只能为 B 的屈从地位带来很少的慰藉。然而,这种互惠的因素总是存在并可以在变化着的条件下形成力量。①

任何权力都存在某种基于互惠性的内在限制,它构成了权力的结构性因素,包括"最直接和最野蛮"的非正式的或实际的权力,如拦路强盗与敲诈勒索者对受害者所行使的强暴权力。② 在一个功能分化的社会里,每一种职业都在作为整体的社会结构里承担特定的功能,并因此享有某种相应的实际权力,但这种权力同样受由功能目标所决定的内在必要性的限制。职业领域的"权力拥有者会发现自己被一个划定他支配范围的互惠网络所包围。在十分真实的意义上,他的权力是受制于宪法约束的,尽管这些约束符合公共利益可能只是附带性的结果,并可能很少被结合进明示的宪法中"③。在这个意义上,"每一种社会权力,不论它被称为正式的(formal),还是实际的(real),都受制于一种限制其权力行使的隐含宪法(implicit constitution)"④。

在人类通过法律实现社会治理这一活动或事业中,同样存在着这样一些结构性规范,它们构成了法律这一人类事业特有的宪法规范,约束所有参与这一事业的人们的活动。作为这一事业构成部分的各种法律过程都具有与其过程目标相适应的内在要求,这些要求我们可以笼统地称为法律正当过程的要求。就这些要求不涉及对法律具体内容的规定,而只是从程序、制度及法律规则的形式要求方面作为内在必要性规范法律过程而言,富勒将它们称为程序自然法。程序自然法就是人类法律事业的结构性规范,即它特有的宪法性规范。只要一个国家或社会已经明确将建立法治社会(或国家)作为自己的目标,那么,这些程序自然法的要求就具有宪法性规范的地位,规范着法律过程以正当、合理的方式进行。这些对法律过程中的权力运作构成结构性限制的内在要求,虽然只有很少一部分被明确写进了国家宪法及其他宪法性法律,但这些非正式的限制却往往产生比纸上的文字所未

---

① Fuller,"Irrigation and Tyranny",*Stanford Law Review*17(1964—1965),p. 1027.

② See Fuller,"Irrigation and Tyranny",p. 1028.

③ Fuller,"Irrigation and Tyranny",p. 1028.

④ Fuller,"Irrigation and Tyranny",p. 1027.

曾有的更稳定的约束力。

就立法过程而言,议会至上的原则在理论上赋予了议会制定任何法律的权力,但实际上议会立法权的行使必须受内含于任何试图让人类行为服从于一般规则的控制的努力中的非正式限制(即内在必要性)的约束。假如没有这样的非正式限制,那么国家权威的立法机构就可以在没有明确的宪法限制的情形下,颁布它认为适合进入法律的任何东西,而不管所颁发的法律"是明智还是愚蠢,可理解还是晦涩,公正还是不公正,适用于将来还是实际上溯及既往,一般的还是特殊,公布的还是不公布的"①。事实上,立法权并不具有如此绝对的意义,它不仅受正式的宪法限制,还受非正式的宪法,即程序自然法的限制。如果立法机构无视程序自然法的限制,它将不可能完成国家宪法赋予它的立法任务。

因此,程序自然法作为法律过程的内在道德是以确保法律正当合理性为目标的司法审查制度的重要领域。从某种程度上讲,司法审查的正当范围就是法律过程,包括各种立法过程(民主立法、裁判立法和契约立法)、执法过程(行政执法和司法执法)是否违背了程序自然法的最基本和最明显的要求(以隐含法或不成文法的形式)以及在宪法性法律中加以明确规定的程序自然法要求。富勒认为,在被他指称为法律内在道德的宪法领域,"司法审查制度既最为必需也最为有效"②。因为,如果立法违背了法律内在道德那些明显和基本的要求,那么,一个有效运行的法律体系将不可能建立;为了确保法律体系的有效运行,司法必须对立法是否有明显违背法律内在道德的行为进行审查。同时,由于这个领域的审查不涉及容易产生争议的法律实质目标,而是基于法律内在的"适度和符合实际"的功能性目标,因此,这个领域的司法审查往往具有更加可靠的客观依据。当法院执行司法审查这一任务时,往往需要对宪法的一般性条款作创造性解释,而这种解释只有基于程序自然法或法律的内在道德才能具有可让人信服的客观基础。在程序自然法这一领域内,"解释往往可以远远偏离宪法的明确条文,而仍然有把握地确信:解释是忠实于整个政体结构所隐含的意图的"③。因此,富勒主张,当法院面对必需的选择时,应该让自己停留在法律的内在道德这一相对客观无争议的宪法领域。④

---

① Fuller,"Irrigation and Tyranny",p. 1029.
② Lon. L. Fuller,*The Morality of Law*,p. 104.
③ Lon. L. Fuller,*The Morality of Law*,p. 102.
④ See Lon. L. Fuller,*The Morality of Law*,p. 105.

在鲁滨逊诉加利福尼亚州（Robinson v. California）一案中，[①]该案的主要争点是：一部法律是否可以合乎宪法地将吸毒成瘾者的状态或情况定为一种可处以六个月监禁的犯罪。最后法院判定这项法律因施加了"残酷和不寻常的惩罚"而违反了第八修正案。然而，这个裁判却留下了一些疑点。首先，依常识的标准判断，"处以六个月监禁"并不属于某种"残酷和不寻常的惩罚"；其次，如果说将"处以六个月监禁"认定为是一种"残酷和不寻常的惩罚"是考虑了法律针对的犯罪的性质，那么，法院又是如何掌握令刑罚与犯罪相适应的标准的呢？显然，这里并没有某种客观的评判标准。事实上，这是一个需要由人类意志来作选择和判断的问题，而这种选择和判断由作为集体意志代表的民选机构来作出更合适。因此，司法机构对于民选机构作出的选择和判断应该表示尊重和信任，而不能自己设立新的标准并对民选机构的选择和判断进行评判。如果司法机构依据程序自然法对这项规定对吸毒成瘾者处以六个月监禁的法律进行司法审查，"这项法律违宪"这一判决结果仍然成立，但这项结果却可以基于更为客观的依据。因为，法律作为一项"使人类行为服从于规则之治"的事业，一项法律规定（至少是刑法规定）应该是人们可以据以指导和调整自己行为的一般性规则。这是由法律自身的功能性目标决定的，而且在很大程度上已为美国宪法所确认（禁止溯及既往型刑法的宪法条文以及要求设定犯罪的法律必须符合最低限度的明晰标准的宪法规则实际上都预设了上述这一基本的程序自然法要求）。这一基本要求将那些个人无法有意识控制的行为排除在刑法的有效调整范围之外。在吸毒成瘾的情形中，一个作为科学事实的推定是：吸毒成瘾完全可能是在无辜的情形下发生的。从这个角度讲，吸毒成瘾的状态或情形并不是一种个人可以有意识加以控制的行为，因而也不属于刑法应加以调控的范围。依照美国的司法传统，这一违宪的立法就是对正当法律过程的违背。[②] 因此，富勒认为，法院对这个案件的处理"明显地转错了方向"，并认为"这一深入实质正义的远征是毫无必要的"[③]。

---

① 370U.S.660(1962).

② 程序自然法的要求实质上就是法律正当过程的要求。

③ 因为，当法院将"残酷和不寻常的惩罚"这样的评判作为判决的理由时，显然是将自己对于"何为适合于特定犯罪（如吸毒成瘾）的惩罚"的实质正义标准作为法律推理的依据。这样的做法尽管被描述为是崇高的行动，但却是把自己的标准强加给了法律，从而使得司法解释活动因受法官个人价值倾向的支配而失去了客观的基础，并最终将使法律的融贯性（coherence）和整体性（integrity）遭到破坏（参阅富勒：《法律的道德性》，第124页）。

7.3.2　程序自然法的性质：法律，抑或道德？

7.3.2.1　程序自然法的效力基础

程序自然法作为一种特殊类型的基本法（事实上，它们就是一些在普通法历史上被自觉或不自觉地运用的法律原则[①]），它的效力基础不同于普通的法律规则（它们的效力通常来自于授权立法的权威）；与所有法律制度的基本规范一样，程序自然法的效力（确切地说是实效）来自于人们对它的普遍接受或相信。[②] 具体地说，它的效力是基于人们对于法律制度及实践所具有的共识，这种共识包括：法律对于人类实现其道德目标的重要性以及法律实践活动所涉及的各种法律过程的内在要求。这种体现了隐含于人类法律事业之中的互惠性的内在要求，在约束了法律活动中的权力行使的同时又赋予法律过程以及所产生的法律以正当性。法律事业对于人类社会生活的重要性以及程序自然法要求对于法律过程正常运行的内在必要性是程序自然法的约束力之源。尽管程序自然法的最基本和最明显的要求在法治实践中通常以法律的形式对法律事业参与者发挥强制性的制约作用，但它们的强制力并不是因它们作为来自某个权威的命令以及某种由此派生的不得不服从的义务而被赋予的。程序自然法的义务德要求与愿望德要求一样都是基于法律事业所内含的互惠性以及由此所产生的法律人应负的责任；两者的不同之处在于前者可具体化为明确的法律要求，而后者则只能表现为内涵并不确定的法律理想。

就程序自然法的效力是基于一种对法律事业内含的互惠性的共识以及由此所产生的责任而言，它是一种道德规范。但这种道德规范与普通意义上的道德规范又有所不同。程序自然法作为各种法律过程的内在道德，它是专属于特定法律过程参与者的角色道德，[③]因而对其他的社会过程（如政治、经济）并不产生约束作用。就它并不是为人类所有活动所共有的严格意义上的道德而言，它属于法律的领域，准确地说，它是法律领域的基本规范。基本规范的

[①]　富勒认为，英国基本法的传统"所涉及的主要是可以称为合法性法则（the laws of lawfulness）的东西"（Fuller, *The Morality of Law*, p. 155）。富勒的贡献不仅在于完成了对它们的提炼和概括，而且还在于详尽地阐述了其要求的复杂和微妙，并使之处于突出的位置。

[②]　有关这两类规则的不同效力基础的讨论可参阅 Fuller, "Positivism and Fidelity To Law——A Reply To Professor Hart", pp. 639,641.

[③]　See Lon. L. Fuller, *The Morality of Law*, p. 193.

效力并非源自权威机构的颁布,相反,它却界定了权威机构的权威来源。就程序自然法构成了法律权威的正当性基础而言,它是法律制度的道德基础。但这个道德并不是法律外的道德,而是法律内的道德;它不是用以规范人们日常行为的道德,而是通过规范法律人的行为去规范法律运行的道德。

7.3.2.2 作为隐含法的程序自然法

程序自然法的大多数要求通常并没有被明确规定在任何国家的宪法中,因为,这些要求要么太明显而被认为不需要由成文宪法来予以保障,要么太复杂而无法以一般规则的形式被明确规定在宪法中——即使有所规定也往往流于简单和粗糙,需要在具体适用时通过创造性解释来加以补充。[①] 程序自然法的宪法地位是由这样一个事实决定:它们本身是隐含于人类法律活动中的结构性规范。在法律实践中,程序自然法更多地以具有宪法地位的隐含法或不成文法(implicit law)的方式起作用,也即作为某种默认的前提约束和规范着人类法律创制和管理活动中的权力运行。

作为隐含法或不成文法,它们是完整法律(the integrity of law)所不可缺少的部分,任何对它们的忽视或背离都会严重破坏法律的完整性。然而,程序自然法在法律实践中以隐含法或不成文法的形式发挥作用,又使它在现实形态上往往呈现为一种道德,即一种为法律共同体所特有的"法律精神"(富勒曾以科学精神作类比[②])。这种精神往往是法律活动区别于人类其他活动的本质所在。它规范和激励着法律事业参与者不断去探求各种能使法律制度更加完善的法律技术和策略,从而使法律的内在道德和外在道德都得到最好的实现。当程序自然法成为所有法律事业参与者所自觉遵循的行为规范时,法律共同体内部便悄然形成一种强大的法律精神——它足以抵御外界邪恶的侵入,也足以修补法律自身的不足,并通过不断的自我更新而不断地走向完善。总之,作为隐含法的程序自然法,是与严格意义上的法律规则体系融为一体的"法律理性"或"法律逻辑",并作为一种是内在(而不是外在)于法律的合理性标准规范着法律制度的运行。

7.3.2.3 作为法律与道德交叉的程序自然法

从程序自然法在法律制度中的地位以及它在法律制度的建立和运行中所具有的功能或作用来看,它属于法律体系的基本规范。就基本规范的效力源

---

① 譬如,美国宪法第九节第 3 条的规定:"不得通过有溯及既往效力的法律",在实践没有也不可能得到严格的执行。

② 参阅富勒:《法律的道德性》,第 139—142 页。

于人们对它的普遍认可,它属于道德的范畴。但程序自然法与凯尔森所描述的本身并不属于法律体系的基本规范不同,它并不是外在于法律并高于法律的"高级法",而是处于法律体系底部、作为法律正常运行必需条件的因而本身就是法律体系不可分割的组成部分的基本法则。它作为隐含法律与明示法律一起构成完整的法律体系。从程序自然法在法律制度运行中发挥作用的方式来看,它具有"义务德"和"愿望德"两种形式。前者通常以法律规则的形式规范着法律的创造和管理过程,而后者则通常以法律创制者和管理者的角色道德的形式发挥作用。

对于富勒而言,程序自然法,既是法律,又是道德。道德意义上的程序自然法使它可以为法律体系提供正当化基础;而法律意义上的程序自然法又使法律的权威仍然基于法律自身而非法律之外的道德诉求。正是在法律与道德交叉点,程序自然法发挥着基本规范的作用,它在赋予法律体系以正当性基础的同时又容许法律保持维护其完整性所必需的自治性。这既是富勒思想不同于实证主义的地方,也是其思想不同于传统自然法思想的地方。以法律内在道德为内涵的程序自然法不仅为一个法律秩序的道德基础作出了新的解释,而且还实际上"在法律与道德问题上提出了一种替代法律实证主义的可行视角",这一视角对社会生活的复杂性作出了更好的反应,也因此使人们对法律的社会内涵有了更深的认识。① 程序自然法所蕴涵的法律与道德的结合并不是历史或社会意义上的法律与道德的交叉或融合——即法律与道德在规范内容上的交叉或法律的发展在很大程度上受道德的影响(这是哈特和其他实证主义思想家所承认的),更不是我国传统法文化意义上的用道德规范代替法律规范。富勒所揭示的"结合"是:法律的权威应建立在法律理性的基础上,而不是简单地源自社会权威的投射;法律是依其内在逻辑而产生的理性创造物,而不只是国家权力的恣意运作的结果——如实证主义者所主张的"立法者制定的是法律"或"法官作出的决定是法律"。既是法律又是道德的程序自然法不仅为法律的权威提供了理性的基础,还为法律现实问题的解决提供了切实可行的原则依据,从而为法律的健全和完善提供了可靠的保障。

7.3.3　合法性原则的法律性和道德性问题

在富勒所讨论的程序自然法中,合法性原则是最受关注的方面。合法性原则作为法治的基本要求可以说得到了法律界人士广泛的赞同,即使是富勒

① See Peter P. Nicholson,"The Internal Morality of Law: Fuller and His Critics", p. 326.

的批评者也大都认同："对这些原则的遵循对于通过普遍规则实现对人类行为的有效治理是必不可少，这些规则勾勒出了什么是创制法律所必须应该做的"①。但对于富勒将合法性原则称为道德性原则，却遭到极大的异议。归结起来，这些异议主要基于以下两种论据：(1)合法性原则只是策略原则(strategic principles)，而不是道德原则；(2)合法性原则不能因为它最终促成了善的目标的实现就被认为是道德原则。哈特和德沃金是以第一种论据提出异议的主要代表，而早期的萨默斯是以第二种论据提出异议的主要代表。

7.3.3.1　哈特的异议

哈特认为，富勒将合法性原则描述为一种"法律的专门道德"是混淆了两个应加以区分的概念："目的性活动"和"道德"。任何目的性的活动都具有其内在确保实现这一目的性活动有效的内在原则，如投毒这一目的性活动若要获得成功就必须遵循一些内在原则，如"不要用可能会使受害者呕吐的药"、"不要用那些其形状、颜色或大小容易引起注意的药"等，这些原则对于要实现的目的而言是有功效的。它们是确保有效实现目的技艺原则(principles of craftsmanship)。合法性原则就是实现法律这一有目的活动的技艺原则，尽管与投毒的内在原则一样，可以区分为"强制性规则(peremptory rules)"与"指示性原则(indicative principles)"，②但它们与义务德与愿望德之间的区分没有关系。哈特以合法性原则中的禁止溯及既往的原则作为例证来阐明自己的观点。按照富勒的说法，禁止溯及既往的原则是愿望德，但当立法者任意使用溯及既往的法律来恐吓臣民时，立法者的行为不应只是在违背愿望德的层次上受到鄙视，而是应该受到指控。哈特认为，用义务德与愿望德概念对合法性原则进行分析之所以会得出诸如"对立法者任意使用溯及既往的立法而不能加以指控"这样奇怪的结论是因为富勒混淆了"指导任何形式的目的性活动的原则与道德"。他认为，我们不能将那些指向既定目的的非强制的指示性原则称为愿望德，愿望德作为一种道德，它应该是"某些被视为生命行为最终价值的人类能力的理想发展"。而合法性原则显然不符合这样的条件，因为，它"不幸与巨大的不公正相容。"③

---

①　Wueste，"Fuller's Processual Philosophy of Law"，p. 1214. Also see Peter P. Nicholson，"The Internal Morality of Law: Fuller and His Critics"，p. 312. and Fuller，*The Morality of Law*，pp. 197—198.

②　对于投毒这一活动而言，"确保毒药不要太大以至于不能吞咽"属于强制性规则，而"确保毒药不要太贵"则属于指示性原则〔H. L. A. Hart，"Book Review"(on *The Morality of Law*)，in Harvard Law Review，1965，p. 1286〕。

③　H. L. A. Hart，"Book Review"(on *The Morality of Law*)，p. 1287.

　　哈特对富勒有关合法性原则这一思想的分析,存在着一些明显的误读。譬如,富勒强调合法性原则主要是愿望德,但他并没有因此否认八条合法性原则都具有的义务德内涵,如果立法者任意使用溯及既往的立法无疑是违背了合法性原则的最基本和最明显的义务德要求;而哈特以非此即彼的思想方式将富勒的"合法性原则主要是愿望德"这一思想理解为除"法律必须颁布"这一原则以外的其他合法性原则都是愿望德,显然与富勒所分析和理解的合法性原则的复杂精妙不相符合。然而,哈特只承认合法性原则是技艺原则,而否认它同时也是道德原则,其根本原因是在于他对法律所持的实证的态度。这也正是他与富勒的分歧所在。在他看来,法律可以服务于任何实体目标,只要统治者具有足够的力量或是能获得足够的社会支持,那么他就可以通过法律实施任何目的。因此,他不认为,合法性原则必然与邪恶的目标相冲突。[①] 换句话说,对哈特而言,法律与人类所追求的道德目标是无关的。而对富勒而言,法律是人类建立理性的社会生活所必需的,它是人类道德生活的基本保障;从这一点而言,法律本身就是人类所追求的道德目标。因此,富勒将法律界定为"人类有目的活动"并不是如哈特所理解的可以是包括邪恶目的在内的任何目的的活动,而是指体现了人类"共享目的"的活动,这个共享的目的是作为人类所追求的善的目标而被普遍接受。富勒对法律独特的社会功能(也即法律的内在目的)以及由此所决定的并成为法律基础的互惠性的讨论就是对这种法律内在善的揭示。合法性原则就是法律所内含的用以约束其内在权力运行的互惠性的体现。从某种角度讲,哈特对法律的看法是悲观的——他确信法律可以成为统治者实现其邪恶目的的工具,因此,他坚持认为,法律与人类所追求的道德目标是无关的(即法律与道德是分离的),一个邪恶的法律仍然是可以符合合法性原理的要求;而富勒的对法律的看法是乐观的——他坚信法律可以约束权力的恣意、法律可以使社会文明,因此,在他看来,法律本身就是人类所追求的一种善,[②]坚持合法性原则可以确保人类的法律事业不偏离人类所追求的道德目标。哈特所列举的投毒活动其本身的恶决定了那些所谓的内在原则不可能具有互惠的性质,而富勒提出的合法性原则由于法律本身的善使它们具有互惠

---

　　① H. L. A. Hart, "Book Review"(on *The Morality of Law*), p. 1288.

　　② 富勒研究者 Peter P. Nicholson 认为,富勒的基本假设是法律自身在道德上是善的",在富勒看来,"没有法律,道德将是不可能的"。但这一假设可能由于太基本而没有得到充分的强调(Peter P. Nicholson, "The Internal Morality of Law: Fuller and His Critics", p. 318)。不过,富勒在"对批评者的回应"里,明确强调了法律对于实现人类道德目标的重要性,并认为这是他与批评者们的主要分歧(参阅富勒:《法律的道德性》,第237—239页)。

的性质；因此，如果就它们都是完成有效活动所必须遵循的原则而言，它们都是策略性原则，那么，合法性原则就其体现了法律内含的互惠性而言，并非只是策略性的，同时还是道德性的。

哈特与富勒在法律认识上所表现出的实证主义与自然法主张的分歧在很大程度上是源于他们思考法律的不同方式。哈特是从纯理论的、抽象的角度思考法律的基本问题，而富勒是在实践的基础上考虑法律的理论问题。从理论上讲，一个具有合法权威的统治者可制定所有他认为合适的法律，也就是没有任何外在约束可以阻止他制定邪恶的法律，但实际上一个处于特定社会环境中统治者他必然受到各种实际上影响其权威地位的因素的约束。"纳粹政府为了追求邪恶的恐怖目标常常背离合法性原则"并非只是特例。富勒尽管无法从逻辑上证明合法性原则对于善与恶的实体原则并非"在伦理上中立的"，但实践理性可以为富勒的主张提供有力的支持。从实践理性的角度讲，一个特定的社会之所以有可能选择立法这一社会治理模式，是因为立法者与公民都认识到法律对于双方的有益性。正因为如此，统治者如果要借法律实施某个邪恶的目的，他必然以模糊或是秘密的法律去达到自己的目的，而不可能明目张胆地、明确地向公众表明自己要实施的道德上恶的目的。但当统治者这样做的时候，他又违背了法律所内含的互惠要求，而这种违背必将极大地妨碍法律实现其社会功能以及统治者所希望的法律秩序的建立。只有当立法者认识到法律所具有的社会功能以及由此所决定的内含于法律活动的互惠性，并因此将自己遵循合法性原则作为公民遵守法律的必要前提时，通过法律的治理模式才得以建立。从这个角度讲，合法性原则与明显邪恶的目的是不相容的。当然，合法性原则也并不必然与所有的善的目标相一致，因为，并不是所有善的目标都适合通过法律的形式来予以实现。但这不应成为哈特所主张的"合法性原则完全中立于实体目标"的理由。①

7.3.3.2　德沃金的异议

德沃金提出异议的方式尽管与哈特有所不同，但他们的立论前提是完全一致的。他认为，富勒将合法性原则称为道德原则犯了两个错误：第一，富勒是从纳粹德国和南非这样一些臭名昭著的国家的政治上的不道德的例子推断出合法性原理是道德原则这一结论，因为这些国家的立法严重地违背了合法性原则并产生了极大的不正义。德沃金认为，这样的推断是不成

① H. L. A. Hart, "Book Review"(on *The Morality of Law*), pp. 1287—1288.

立的。因为,仅违背合法性原则只产生策略上的错误,产生政治上的不道德
还需要其他一些原因,如官方单选出某个人作为敌人并给予惩罚。第二,即
使合法性原则是道德原则,即遵循它们将产生道德的结果,如果遵循它们只
是出于策略考虑,而不是将它们作为某种道德理由来自觉遵循,如统治者只
是在对于他制定坏的法律是必需的程度上遵循它们,那么,它们仍然只是策
略性原则,而不是道德原则。①

德沃金就其认识到富勒提出合法性原则不只是为了揭示法律这一有目
的活动所需的类似于造桥技术的策略原则,更是为了避免像纳粹德国和南
非这样的以法律形式出现的人类不正义而言,他比其他批评者更理解富勒
提出程序自然法的问题意识。但他将富勒旨在解决的问题作为其思想的立
论基础,是颠倒了富勒的思维逻辑。富勒的合法性原则的基础是法律作为
人类所追求的一种善所具有的独特的社会功能以及履行这种功能所需的互
惠性要求;合法性原则作为互惠性要求不仅对致力于建立有效法律体系的
立法者和管理者有约束力,还能在很大程度上避免法律在实体上的不正义。
因此,对于德沃金所称的富勒犯的第一个错误,只是因德沃金对富勒思想的
误读所致,而这种误读与他的实证立场是相关的。至于他所称的第二个错
误,则完全是他从其实证的立场理解合法性原则的结果。按照他的理解,一
个暴君也可能实现法律之治,而法律之治又必须遵循合法性原则,因此,合
法性原则不能为遵循它们的行为提供任何道德理由。然而,对富勒而言,法
治是对统治者恣意权力的有力约束,它通向的是理性的社会生活秩序,因
此,合法性原则作为任何致力于确立法治秩序的立法者和管理者所必须遵
循的行为准则,它们当然构成了所有从事法律工作的人们遵循它们的道德
理由。如果说对合法性原则的尊重对于让人们的行为服从于规则之治这一
事业来说是根本的,那么,"认为这些原则构成属于法律制定者和管理者职
位的特殊的角色道德并非不合理"②。因为,合法性原则描述了正确做法律
工作"这一艰巨且往往十分复杂的责任",因而"它们在描述了立法者在行使
权威时应负责任的意义上构成了一种道德"。③ 当然,角色道德并非一般意义
的社会道德,但它无疑构成了从事法律事业的人们遵循它们的道德理由。④

---

① See Dworkin, "The Elusive Morality of Law", *Villanova Law Review*(10), 1965, pp. 632—634.

② Fuller, *The Morality of Law*, pp. 206,223.

③ Kenneth I. Winston(ed.) *The Principles of Social Order*, Hart Publishing, 2001. pp. 175—176.

④ 对德沃金异议的批判分析可参阅 Wueste, "Fuller's Processual Philosophy of Law", pp. 1215—1217.

7.3.3.3　早期的萨默斯的异议

早期的萨默斯虽然也与哈特、德沃金一样以"合法性原则只是策略原则，而不是道德原则"为论据，对富勒将合法性原则称为道德提出异议，但他还提出了另一更为主要的论据来支持自己的异议。在他看来，富勒将合法性原则称为道德，是因为建立法律秩序所必须遵循的合法性原则是获得实体上道德的法律的前提条件，并且合法性原则中的"一般性、公开性和一致性"要求能确保道德上善的法律。因此，他认为，富勒用以支持"合法性原则是道德"这一主张的论据包含这样一种假设，即"任何导向良好的东西都该当法律内在道德的一部分"。然而，他认为，"可以确保道德上善的东西它自身并非肯定是道德的。很多东西，包括财富和有文化，往往能确保道德上的善，但它们自身并非道德的"①。违背合法性原则也确实会产生道德上恶的结果，但这并非因为合法性原则本身是道德的，而是因为对某些合法性原则的违背产生了破坏既存道德原则的结果，而"我们的道德原则与实际的人类之善存在着紧密的关联"。因此，违背合法性原则只是某种破坏道德原则的方式，从它自身不能直接导出道德原则，正如"朝窗外看"有时构成了对某个道德原则的破坏，但不能因此将"不能朝窗外看"视为一个道德原则。道德原则被破坏必然导致对人类善的破坏，但对合法性原则的偏离有时却能产生善的结果，如溯及既往的法律有时可以矫治法律的某些不规则性，模糊的一般性法律可以使其更好地符合不断变化着的社会生活的实体目的。总之，萨默斯认为，将合法性原则称为"法律功效的原理（maxims of legal efficacy）"更合适。②

同样，萨默斯对富勒的合法性原则的解读也存在着一定的偏差。③ 首先，富勒提出"法律是良法的前提条件"④，这一主张确实是为了强调合法性原则对于任何有效法律体系（包括道德上善的良法）的重要性，但他并非想以"只有通过合法性原则才能获得实体上道德的法律"这一论点来支持合法性原则是道德这一主张。富勒将合法性原则视为道德是因为它是程序自然法的核心要求，而程序自然法作为人类共同需求在法律过程中的形式表现，

① Robert S. Summers，"Professor Fuller on morality of law"，*Journal of Legal Education*(18)，1965—1966，p. 25.

② Robert S. Summers，"Professor Fuller on morality of law"，pp. 26—27.

③ 在某种程度上萨默斯承认了自己早期对富勒思想的误解［See Summers，*Lon L. Fuller*，p. 7.（preface）］。

④ ［美］富勒：《法律的道德性》，第 180 页。

是可以获得人类普遍认同的基本社会规范,因此它属于道德的范畴。而富勒之所以强调"法律是良法的前提条件",是为了批判以哈特为代表的实证主义者只从实体的意义上理解自然法,[①]而完全忽视了程序意义上的自然法。[②] 其次,作为程序自然法的合法性原则不只是因为它作为实现人类实体目标的"手段"而具有价值,而是因为它本身就具有"目的"的意义。法律作为在人类社会生活安排中所承担的积极的功能而成为符合人类共同需求的一种善,而合法性原则作为法律的本质要素正是这种善的体现,它们作为默认前提而进入人类希望以法律方式加以实现的实体目标。在这个意义上,合法性原则不是作为"确保道德上善的东西"而成为道德,而是因为它本身就是"道德上善的东西"。

萨默斯在后来撰写《富勒传》时,对富勒思想的态度从批判转为同情,包括对富勒合法性原则的道德性思想。在书中,他支持富勒将合法性原则称为道德的做法,并以自己的方式进一步阐明了这一主张得以成立的理论依据,以补充富勒在这方面不甚明确的论述。他认为,合法性原则之所以构成一种道德,是因为"充分遵循合法性原则,在这种遵循的范围内,必然确保一种道德价值的实现,甚至在所涉及的法律的内容正好是坏的时候。那种道德价值是:一般性、清晰、适用于未来等这样一些原则确保了公民拥有公平的守法机会。当然,这种选择可能是遵循恶法的选择,但公民至少拥有决定是否遵循法律并作出相应的行动的公平机会。这从它本身而言就是道德的,即使国家在总体上通过法律对公民所做的恰好是不道德的。因为,如果合法性原则被破坏,那么就可能有双重的道德缺陷:公民将受制于邪恶的法以及没有任何公平的机会去预先知道并作出相应的行为"[③]。

在这里,萨默斯改变了结论,但没有改变形成结论的方法以及方法背后他对法律所持的基本立场。在上述论述中,他仍然与哈特、德沃金一样,认为统治者的某些邪恶目的可以与法治并存的,也就是说,法律只是权威者的意志体现,而不是体现立法者与公民间互惠性的理性产物。而且,对他来说,合法性原则构成道德原则是因为它确实产生了某种道德的结果(早期他对富勒思想所作的批评是因为没有认识到这一点)。在这种以结果正当化

[①] 参阅富勒:《法律的道德性》,第 179 页。

[②] 事实上,这种倾向在哈特、德沃金及萨默斯对富勒有关合法性原则的道德性主张提出异议的方式中有着明显的体现[See H. L. A. Hart, "Book Review"(on *The Morality of Law*), p. 1285—1288.; Dworkin, The Elusive Morality of Law, pp. 632—635. Summers, "Professor Fuller on morality of law", pp. 24—27]。

[③] Robert S. Summers, *Lon L. Fuller*, p. 37.

手段的思维方式里,一旦结果不成立或是结果的道德性遭质疑,他的整个推理便不成立。Wueste 在他对萨默斯所著的《富勒传》一书的书评中,正是以"遵循合法性原则并不必然保障公民拥有公平的守法机会"以及"公平的守法机会不一定是道德的"来驳斥萨默斯的推理的。① 正是萨默斯所持的实证立场使他不能完全正确地传达富勒的思想。由于萨默斯没有从富勒持有的"法律是符合人类共同需要的一种善"这一前提出发理解合法性原则,因此,当他试图为富勒将合法性原则指称为道德的这一做法做论证时,他只能从某种实体意义上的道德价值——包括"公平的守法机会"和"正当合法性"(legitimacy)——来证明导向这种价值的合法性原则是道德的。尽管他极力表明合法性原则本身是道德的(因而不需要通过其他道德价值来证明),但他对法律的实证立场使他不得不以手段通过目的正当化的方式来为合法性原则的道德性作证明。② 而当他这样做的时候,他仍然回到了他早期反对合法性原则道德称号的理由,即"'倾向于使某一道德价值得到实现'这一事实本身并不必然证明'本身是道德的'这样的结论"③。萨默斯在重构富勒思想时仍然将合法性原则视为确保某种道德价值的效率原则。另一位《富勒传》的书评作者 Lebel 认为,萨默斯架通合法性原则与道德原则的做法是任意的,他通过将"公平的守法机会"与"政府的正当合法性"等同于道德无法证明合法性原则就是法律的道德,除非他将无效率等同于不道德。④ 只有当萨默斯在同情地阐述富勒思想的同时也接受了他的自然法立场时,才能使公民在立法行动中所得到的"公平的守法机会"不同于人们在敲诈活动中所给予的"预先决定并作出相应行动的机会";前者因法律作为"让人们的行为服从于规则之治的事业"本身的善而获得正当性,而后者敲诈活动让受害人遭受损失而不具有正当性;前者因法律内在的互惠性而具有道德性,而后者因剥夺一方利益而使另一方受益而不具有道德性。⑤

　　萨默斯对富勒合法性原则的道德性的重述至少在以下两点偏离了富勒的原意:首先,富勒的合法性原则并不是因为作为实现某种具有道德意义的

---

　　① Wueste, "Fuller's Processual Philosophy of Law", pp. 1209－1210.

　　② See Summers, *Lon L. Fuller*, pp. 37－38.

　　③ Wueste, "Fuller's Processual Philosophy of Law", p. 1210.

　　④ Paul A. Lebel, "Blame This Messenger: Summers On Fuller", *Michigan Law Review* (83),1984－1985, pp. 723－724. 另参阅邹立君:《良好秩序观的建构:郎·富勒法律理论的研究》,第 79－80 页。

　　⑤ 对于人们在立法活动与敲诈活动中所获得的"预先知道对他的要求并作出相应行为的机会"的不同性质,可参阅 Wueste, "Fuller's Processual Philosophy of Law", pp. 1210－1211.

社会目标的手段而具有道德性。对富勒而言,法律以及内含的合法性原则本身既是手段又是目的。也就是说,合法性原则作为法律必然包含的互惠性其本身具有道德性。借助某个抽象的社会目标来证明手段的正当性恰恰是富勒极力反对的理论立场。① 而且,合法性原则并不直接产生某种实体意义的道德价值,它是通过转变成法官职业的角色道德而与外在道德发生联系。其次,合法性原则的意义也并不只限于给公民以"公平的守法机会",它可以通过法官的积极行为使原本坏的、恶的法律转变成好的法律。通过适用合法性原则,法官可以废除那些用以实现统治者邪恶目的要么并不适合制定成规则要么与法律体系中其他法律明显冲突的"所谓的法律"。对于富勒而言,法律的形式与内容并非如萨默斯理解的那样是分离的②(对他来说,符合合法性原则与法律内容的好或坏没有关联),符合合法性原则总是能够在很大程度上保证法律在实体上的正确性。③ 如果符合合法性原则只是为了确保公民有一个公平的守法机会,那么,很明显这个道德价值极是有限的。因为,正如 Wueste 所指出的,不遵守坏的或恶的法律与不付敲诈的赎金一样都会使当事者失去一些东西,甚至有可能没有提供这样机会在道德上会更好。④

7.3.3.4 这场讨论的寓意

上述富勒批评者对富勒合法性原则的道德指称所提出的种种异议,用富勒的话说,是基于两个隐含的前提:(1)"站在道德的角度来看,法律的存在与否是一个不值得关心的问题。"(2)"法律不应当被看成是公民与政府之间的目的的取向互动的产物,而是一种发自于政府而强加于公民的单向权威投射。"⑤ 而这两个前提与批评者对法律所持的实证主义态度是密切相关的。⑥

除上述这个根本的原因外,还有一个不能忽视的原因是:批评者们是从一般意义的道德概念去理解富勒所称的内在道德。这一点,萨默斯在他的

① 参阅邹立君:《良好秩序观的建构:郎·富勒法律理论的研究》,第81页。
② Peter P. Nicholson, "The Internal Morality of Law: Fuller and His Critics", p. 311.
③ 参阅富勒:《法律的道德性》,第179,182—184,258页。
④ See Wueste, "Fuller's Processual Philosophy of Law", p. 1210. and "Morality and Legal Enterprise —A Reply to Professor Summers", *Cornell Law Review*(September,1986), p. 1257.
⑤ 富勒:《法律的道德性》,第237页。
⑥ 萨默斯在未改变自己实证主义立场的前提下从富勒的批评者转变为支持者,必然使他的支持缺乏力度。因为,撇开批评者的实证主义立场就无法恰当地指出早期批评者的错误在哪里,如果他们确实是误解了富勒的话(如萨默斯所言)。对于萨默斯这一点上的不足,Wueste 在他对《富勒传》的书评文章 "Fuller's Processual Philosophy of Law"里就已明确指出(第1208页)。

书评中曾有明确表示,"我们通常将一种道德或道德法典理解为是由实体性的而不是程序性的理想或原理构成的"①。而富勒所谓的法律道德性(the morality of law)②显然不是在通常的意义上运用"道德"一词。

首先,法律道德性具有法律的本性或品质的意义,即合法性原则作为法律的本质要求而构成法律的品质。作为法律品质的合法性原则是法律制度有效运行的基础和条件,是让法律成为值得人们尊重的法律所必需的品质,是法律"区别于其他事实的可界定的品质(definable qualities)"③。正如道德使人脱离动物性而成为真正意义上的人一样,法律道德性使法律从有权者的命令(即单纯的强制力量的表现)转变成可以让人们遵从、可以让管理者在纠纷处理中进行一致适用的真正意义上的法律。如果法律不具备这种特性,那么已制定的法律就不能发挥它调节人们行为的作用,它只能是仅停留在纸上的、无法在现实生活中真正得到实施的、因而只能是没有任何实效的法律,当然最终也无法建立起社会生活所需的法律秩序。从这个意义讲,合法性原则是让法律成其为法律的某种独特品性,即法律道德性,或称"法性"(the character of law)。其次,这种品质在以下两种意义上具有道德的意义:(1)合法性原则是法律履行其在人类道德追求中所具有的特定功能的必需条件;④(2)合法性原则是法律的道德基础,它们可以在一定程度上确保法律在实体目标上的正义性。

由于富勒是在本性或品质的意义上使用道德性这一概念的,因此,对富勒来说,"道德性"实际上意味着"法律性"。对富勒而言,合法性原则既是法律,又是道德。从合法性原则是一种自然法而言,它是人类所遵循的基本道德规范;但它又不同于传统意义上的自然法,它是人类法律活动领域特有的自然法,是法律整体的一部分,从这个角度讲,它又属于法律的范围。另外,合法性原则作为法律的品质并不是由法律自身自动实现,而是需要通过转变为法律创造者和管理者的角色道德来予以实现,从这个角度讲,它又属于

---

① Summers,"Professor Fuller on morality of law",p.26.

② The morality of law 这个术语最早由沈宗灵先生在他著述的《现代西方法理学》一书中介绍富勒思想时将它译成"法律的道德性",后来郑戈教授在翻译富勒的代表作 The Morality of Law 时继续沿用沈先生的译法,但在个别地方郑教授将其译为"法律道德"。Morality 这个词在英文语境里有"道德"、"道德性"、"道德品质"等多重含义,因此,*the morality of law* 这个词也可译成"法律的道德"、"法律的品质"。而且,我个人认为,如果译成"法律的品质"更能以直观的形式传递富勒提出这个词的本意。但为了学术用语上的统一,本书仍将沿用"法律的道德性"这一通行的译法.

③ 富勒:《法律的道德性》,第175页。

④ 这里,富勒对法律的认识是基于一项与实证主义不同的预设。对富勒而言,法律是人类道德追求的一部分,它为人类道德目标的实现提供了一个稳固的框架。

道德的范畴;但这种角色道德不是一般意义上的道德,它"既不是个人道德,也不是一般性地约束人类行为的道德原则",而是一种构成法律基础的互动道德。① 总之,富勒并不是在纯粹道德的角度来理解合法性原则的道德性,而是在道德与法律的交叉点上来赋予其意义。

事实上,对富勒而言,作为法律规则内在要求的合法性原则,既是目的,又是手段。作为手段,它是法律体系有效运行的保障;作为目的,它是法律的构成性因素。作为手段的合法性原则常常被作为法律原则而被适用;作为目的的合法性原则体现了作为法律事业基础的互惠性——即作为法律这一有目的活动一方的公民对于作为另一方的立法者的期待,而对立法权威的承认是以尊重这种期待为前提的。对富勒来说,合法性原则究竟是法律、还是道德,并不重要,重要的是:它是建立"一个公正、平等、可运行的、有效的以及尊重人类尊严"的"良好秩序和可运行的社会安排"所必需的——合法性原则,无论是被视为法律,还是道德,都是任何建立健全法制和良好社会秩序的努力所必须予以尊重的内容。② 富勒所关注的更多的是法律实践中所面临的现实问题。由于实证主义对法律的理解和分析从"创制和维持一套法律规则体系的有目的活动中"抽取出来,从而将法律体系建构为由不同等级的权威所发出的命令的等级系统,这使法律实践中不可避免的矛盾、冲突以及由此产生的争议无法在"可理解的原则"的基础上予以解决,因而他们往往以理论的方式在抽象的层次去讨论解决问题的方式,而这实际上只是回避或掩盖了真正的现实问题。③ 富勒提出法律道德性的概念正是试图重新回到实践中去解决法律现实问题的努力——通过将合法性原则作为解决法律内部争议可资参照的基本依据以及法律发展的基本出发点,使法律疑难的解决和法律的发展能在理性的基础上进行。

7.3.4 程序自然法的适用范围

程序自然法作为人类法律事业的宪法性规范,对法律活动的所有领域,包括立法、司法和执法都起着规范和制约作用,因为,无论是立法,还是司法

---

① See Wueste, "Fuller's Processual Philosophy of Law", p. 1227. and Fuller, *The Morality of Law*, pp. 193, 239.

② 也正因为如此,富勒把自己的研究定位为"优序学"(eunomics)[See Kenneth I. Winston (ed.) *The Principles of Social Order*, pp. 61—62]。

③ 这应该也是富勒为什么如此激烈地反对实证主义的主要原因之一(See Fuller, *The Morality of Law*, pp. 110—111)。

和执法都涉及正式宣布的法律以及特定法律过程的程序要求和有效调整范围的限定。但是,程序自然法最能发挥作用或者最具实践意义的领域应属司法领域。首先,程序自然法的最基本和明显的要求对于法律制定者和管理者的强制约束力只有通过司法审查制度才能得到真正体现,即成为他们必须履行的法律义务;否则,它的约束力也只能停留在责任层次诉诸个人的良知。其次,程序自然法作为一种特定的角色道德,只有在具有法律职业意识的法律共同体内部才能成为一种为集体所履行的责任而得到很好的遵循;司法人员在成熟的法治国家必然属于法律共同体的成员而受到遵循程序自然法的集体意识的普遍约束(尽管程序自然法的要求可能未能在理论的层次上被系统地加以阐明),而立法和执法人员却未必属于法律共同体因而使程序自然法只能借助个人的智慧和良知被理解和实践。

合法性原则,作为程序自然法的核心要求,是"正式宣布法律(officially declared law)"这一秩序形式的内在要求或内在道德,因此,它们是所有立法活动——包括国家权威立法机构的立法、司法机构的裁判立法及个人和组织间的契约立法——的宪法性规范;① 同时,它们又是所有司法和执法活动理解和解释法律的隐含前提,因而是规范和指导法律适用和解释活动的隐含法。也就是说,合法性原则是规范和指导所有创建和管理法律体系的活动的基本规范——它们不仅是所有立法活动应该遵循的规范,也是所有司法和执法活动应该考虑的基本规范(这些规范在很大程度上决定了司法和执法人员对所适用法律的具体内涵的理解)。在这个意义上,合法性原则作为人类法律活动领域特有的自然法,其作用范围是所有从事"让人类行为服从于规则之治"这一特定的人类事业的人们。但是,合法性原则最能发挥作

---

① 合法性原则通常被理解为指向立法的(参阅邹立君:《良好秩序观的建构》,第 66 页,以及浙江大学研究生林海的硕士论文《论富勒的"合法性原则"》第四部分"'合法性原则'的价值"中的第二分论"'合法性原则'的理论还原")。但应该指明的是,这里的"立法"是广义的,而不只是通常所理解的国家有权机构的立法。尽管富勒具体阐述合法性原则时采用了专制君主立法的例子,但这只是为了通过最为典型的情形对合法性原则的意义作最明了的阐述。邹立君博士在《良好秩序观的建构》一书中曾提及,"萨默斯在富勒的传记中强调富勒所谓的内在道德只是针对立法中的一个特殊种类即民主立法而言"(邹立君:《良好秩序观的建构》,第 68 页)。这里的内在道德应该就指合法性原则,尽管两者并不相同(富勒论及的内在道德包括各种秩序形式的内在要求,而非专指合法性原则)。就本人的理解,萨默斯在试图重述富勒思想时,只是强调了民主立法只是一种特殊的立法形式,而并没有强调法律的内在道德是针对民主立法的;萨默斯之所以在讨论民主立法这一法律过程时提到合法性原则,主要是为了说明富勒所理解的民主立法与通常所理解的有所不同——民主立法通常被理解为是权威立法者对公民的单方面强加(在这个意义上,不同于契约法和习惯法);而依富勒的理解,即使是权威立法也包含有立法者与公民之间的互惠关系,而合法性原则就是这种互惠关系的体现(See Summers, *Lon L. Fuller*, pp. 84—85)。

用或者最具实践意义的领域是司法领域。除前述两点理由外,还有一个更为关键的原因,这就是合法性原则在实践运行中的复杂性和灵活性。尽管国家立法机构有责任使所制定的法律最大限度地符合合法性原则,但立法机构预先立法这一特点使得即使具备相当高的法律专业水准的立法人员也不可能对如何使将要颁布的法律具有最大的合法性作出准确的判断。这就是说,即使立法人员完全自觉地遵循合法性原则且完全领会合法性原则的内在精妙之处(简单地说,他掌握了高超的法律技艺),由于他受对法律将规制领域的实际情形的有限了解的制约,使得他只能在有限的程度上使所制定的法律符合合法性原则。在这个意义上,所有的制定法在被司法适用之前都是不完善的;只有通过司法适用,制定法才不断趋于完善。正因为法律不可能制定得完善,法律的适用和解释不能仅限于分析性理解法律的内涵;对法律命题从语义上进行概念及逻辑结构的分析只能是理解法律内涵的第一步。对法律内涵的真正理解需要在此基础上,将它与产生它的社会历史背景、待决个案事实结合起来,并纳入合法性原则的框架内去考虑"如何使所适用法律实现最大的合法性目标"来确定裁判规范的意义。① 在促使法律变得完善的过程中,合法性原则不仅为司法人员指明了努力的方向,还为他提供了理解法律概念、确定规则内涵的具体方法。

① 由于合法性本身的复杂性,这个理解过程往往最终表现为由法律人集体参与的不断试错的过程;在这个过程中,先例在不断被推翻的同时又确立起新的先例。

08 结　语

　　程序自然法与所有追求"良法之治"的传统自然法理论一样，致力于确立一个理性、正义的社会秩序。正如富勒所指出的，人类所需要的秩序不是"一种集中营的秩序"，而是"一种公正、平等、可运行的、有效的、尊重人类尊严的秩序"。① 但程序自然法并不直接讨论任何类型的实质目标。因为，人类通过法律想要追求的实质目标并不是可以先验地予以确立的。在没有确定实质目标赖以实现的社会条件（社会秩序形式，即形成社会秩序所需的规则、程序和制度设置，是构成社会条件的重要方面）之前，抽象地讨论实质目标并不能真正帮助人们确定什么是——在可能实现的范围内——我们真正想要达到的目标。② 因此，程序自然法并不试图提出一套实质意义上的自然法。

　　但它同时也不否认实质自然法的存在。人类社会存在着由某些共同需求所决定的共享目的，这些共享目的是人类社会调整相互关系、推进相互合作的自然基础，也是一种满意的共同生活的基本保证。然而，人类的需求在与环境的互动中始终处于变化和成长之中——一方面，人类赖以生存的自然环境与社会环境决定了人类的需求，另一方面人类在努力实现自己需求的过程中不断改变着自己的生存环境。这就使得人类所能共享的目的也随人类需求的变化而变化。人类社会的发展历史在某种程度上就是一个集体发现共享目的的过

---

　　① Fuller, "Means and ends", in Kenneth I. Winston(ed.) *The Principles of Social Order*, p. 61.

　　② 不考虑具体的社会条件笼统地谈论人类社会的实质目标只会导致某些社会强权将自己所理解的正义标准强加给所有的人、所有的社会。以正义代言人名义所实施的强制是现代复杂社会最需警惕的。

程,人类法治实践的历史则是这样一个过程的集中表现。① 人类集体寻求共享目的的过程也是一个人类不断加深对自己认识的过程。因此,从程序自然法的立场所理解的实质自然法并不是"一整套单一的信念",而是变化和成长着的人类共享目的。② 程序自然法正是人类社会致力于确认和实现共享目的过程中,在确立规则、设立程序、建立制度方面的内在必然要求。遵循这些程序自然法要求,一方面确保了共享目的实现,另一方面又限定了人类所能实现的共享目的的范围。在这个意义上,程序自然法是一套帮助人们在动态中确认实质自然法的方法和原理。

人类的法治实践过程就是一个在程序自然法给出的框架范围内在不断寻求人类共享目的的自我纯化、自我完善的过程。以程序自然法的视角透视人类法治实践,在任何历史时期、任何特定区域所出现的法治现象都包含有法治的形式内涵和实质内涵,或法治的形式之维和实质之维。其中,法治形式之维的基本要求,即法律秩序形式的义务德要求,这些要求在任何国家出现的法治现象中都必然得到满足,因为它们是法治赖以存在和有效运行的前提;而法治实质之维的基本要求因社会条件(包括政治、经济、历史、文化等因素)的不同而有所不同,但至少它在某些方面能够满足社会生活的共同需求。从这个意义讲,法治在本质上是形式的,任何对法治的实质要求都必须纳入法治的形式框架内才具有合法性。

英国法学家拉兹对于法治的形式本质曾作过十分明确的阐述:"'法治'就是其字面所表达的意思:法律的统治","它具有两个方面(的内容):(1)人们应该受法律的统治和遵守法律;(2)法律应该具有指导人们行为的能力","法治的概念是一个形式的概念。它并不包括法律是如何被制订的:由专制的统治者,民主的多数,或任何其他方式。它也不包括基本的权利,平等,或

---

① 富勒认为,他与所有自然法理论家拥有的一个共同点就是:确信"存在着类似于共同目的的协同发现的过程,通过它人们逐渐更好地理解他们自己的目标并更清晰地确定实现目标的手段"(Fuller, "A Rejoinder To Professor Nagel", p. 84)。

② 这是富勒与传统自然法思想家的区别所在,也是他与其他与他同时代或在他之后的、或多或少具有某种自然法倾向的法学家们(包括被称为新自然法代表的菲尼斯、德沃金,以及持柔性实证主义立场的法学理论家们)的分歧所在。无论是菲尼斯的具有"自存起因"的人类基本价值,还是德沃金的政治道德原则,或是柔性实证主义者所承认的可以作为法效力标准的、基于习惯而形成的价值判断都倾向将人类社会所追求的实质目的固定化,从而抽象化、概念化地谈论或承认法律体系必须或可能存在的自然法基础。这种思维方式一方面因将某些法律价值绝对化而使个人失去在法律的框架内自由探索实质目标的机会(这既是韦伯所意识到的法律的实质化对个人价值自由的威胁,也是哈耶克所担忧的现代法治的衰落),另一方面因法律原理在内容上的僵化而致使法律脱离社会生活的实际需求。与他们不同的是,富勒所提出的程序自然法是在过程中考虑法律的实质目标,理解和确定实质自然法的内容。

正义"。① 在这一点上,拉兹的法治观与程序自然法的立场是一致的。但他的法治立场与程序自然法立场存在一个根本性的不同:程序自然法并不否认实质自然法的存在,因而肯定任何类型的法治必然包含与特定社会条件相一致的某些实质内涵;而拉兹否认法治必然包含有某些实质内涵,如对个人权利的保护以及避免专断的权力。从这个立场出发,拉兹并不认为法治是人类所追求的一种理想的社会安排,而只是法律制度所可能具有的一种美德而已,因此我们不应该基于信任或盲断去赞扬法治。②

如果拉兹的法治观是对现代法治理论的不断实质化趋势的一种自觉纠正,③那么,他的思想是很有现实意义的。④ 过高地评价法治有可能忽视为人类建立符合其自身需要的社会所必需的其他可供利用的途径和方式;而且,若对法治理想倾注过多的热情还可能破坏法治的最大优点——理性。然而,拉兹若因此否认了法治对人类实现一种美好社会生活的价值,那他显然走得太远了。诚如澳大利亚学者沃克所言,"法治不是良好社会的完全表述(complete formula),但没有它就不可能有好的社会"⑤。法治是人类所追求的一种善,这一点正是程序自然法思考的基本出发点。

由于任何法治模式都是形式要素与实质要素的内在结合,因此,在现实形态中,并不存在纯粹的形式法治也并不存在纯粹的实质法治。西方近现代的法治实践比较注重形式正义,但这并不意味着这一时期的法治没有实质内涵;而当代西方的法治实践开始越来越关注实质正义,也同样并不意味着这一时期的法治可以没有形式内涵,或是法治的类型已发生了从形式向

---

① Joseph Raz, *The Authority of Law*, pp. 213—214.

② Joseph Raz, *The Authority of Law*, pp. 211, 219—222.

③ 现代法治理论的实质化趋势在 20 世纪的 50 年代后日益明显,1959 国际法学家大会发表的《德里宣言》对法治的实质内涵作了如下表述:"在一个法治下的自由社会,立法机关的功能是创造和保持能维护人作为个体的尊严的各种条件。这种尊严不仅要求确认个体的各种公民权利和政治权利,还要求创造对于个性的全面发展所必需的各种社会、经济、教育和文化条件"(Clause I of the report of Committee I of the International Congress of Jurists at New Delhi, 1959)。

④ 拉兹认为,在现代法治理论研究中存在两个主要谬误:(1)认为法治具有压倒一切的重要性;(2)法治理想的内涵已远离了法治概念的原初意义。因此,他对戴雪强调法治实质内涵的法治概念、哈耶克对法治传统意义的强调以及法学家大会在《德里宣言》中阐明的法治概念都表现出了明显的不满意(See Raz, *The Authority of Law*, p. 210)。

⑤ Geoffrey de Q. Walker, *The Rule of Law: Foundation of Constitutional Democracy*, Melbourne University Press, 1988. p. 42.

实质的转变。① 确实,随着司法实践更多地关注法律的实质正义,法律推理也因此更多地采用目的导向和结果考虑的方法,但即使是对这些实质性依据的考虑,最后仍然需要转变为形式性的依据,才能为法律结论提供正当化论证。② 如果撇开法律的形式要求,直接采用法外依据(如社会目的或社会效果)得出司法结论,必然会破坏法治赖以存在的根本条件。事实上,西方法治在自由资本主义时期与垄断资本主义时期所表现出的不同形态,只是反映了法治实质内涵随社会情形的变化而发生的变化——从强调"维护个人自由"向强调"创造维护个人尊严所需的条件"的转变,而法治的形式内涵并没有因此发生根本的变化。

法治现象的出现是人类有目的地努力和追求的结果,是人类对理想社会安排进行自觉探索的结果。因此,人类的法治实践总是在某种关于法治理想的观念指导下进行的。这样,法治现象的形式之维和实质之维又具有理想之维和现实之维之分。在人类的法治实践历史中,法治的理想之维和现实之维在交互作用中得到展开——历史中的法治理想往往是基于历史中的法治现实,而历史中的法治现实又必然受历史中的法治理想的引导。人们基于对法治理想和法治现实的不同理解和认识又形成一个个不同的关于法治的概念。作为人类认识法治现象结果的法治概念,是人们对在特定的历史时期和社会文化背景下对法治现象进行认识的结果。在法律思想史上所出现的关于法治概念的各不相同的界定是不同的思想家和理论家从由他所处的特定历史时期和特定社会文化背景所决定的特定的视角对法治现象的某一维或几维进行强调的结果。

人类的法治实践在一直进行着,人们对法治的认识和思考也未曾停止。"法治没有单一的模式。"③ 每一个国家都是在特定的历史文化背景下、特定的社会结构里以及特定政治制度中寻求适合自己的法治模式,并在法治实践中形成了不尽相同的理想之维和现实之维。法治实践和思想的多元使得法治概念成为一个充满不确定、歧义因而被认为是无法界定的概念。"即便

---

① 我国学者高鸿钧教授甚至还提出了形式法治与实质法治的分类,并认为实质法治是西方法治在资本主义垄断时期所出现的法治在实践和理论上的一种转向(详见高鸿钧《法治的类型》,载刘海年等主编:《依法治国建设社会主义法治国家》,中国法制出版社 1996 年版;《现代西方法治的冲突与整合》,载《清华法治论衡》第一辑,清华大学出版社 2000 年版)。

② 关于形式性依据与实质性依据的关系请参阅 P. P. 阿蒂亚、R. S. 萨默斯:《英美法中的形式与实质——法律推理、法律理论和法律制度的比较研究》,金敏、陈林林等译,中国政法大学出版社 2005 年,第 5—6 页。

③ 塞尔兹尼克:《美国社会与法治》,载《北大法律评论》(2003)第 5 卷,第 2 辑,第 570 页。

在标榜法治传统的西方亦不曾有过一个公认的定义"①,甚至有学者认为,"我们从来也不十分确定:法治的含义到底是什么?"②"法治"概念的含义是如此的不确定,以至于《牛津法律大辞典》也只能把它看作是"一个无比重要的、但未被定义,也不能随便就定义的概念"。

然而,程序自然法的义务德要求给出了关于人类法治最为核心因而也最为确定的内容。从程序自然法角度理解法治,也能对有关法治这一概念的种种不同表述作一个统一的理解。法治的本质是形式的,因此,法治就是"法律主治"(或"法的支配"),即 rule of law 或 Gesetzestaat(德文的法治形式表述)。由于法治也必然包含有某些实质内涵,这种实质内涵约束着权力的运行,因此,法治又可表述为"依法行政"(或"法治行政"、"法治政府"),即 government by law 或 government of law,也即德文的 Rechtsstaat。

存在于任何一个国家的法治现象都是其社会成员努力实现法治的形式理想和实质理想的结果。法治的形式理想,即程序自然法所描述的愿望德要求,是为整个人类社会所共有的;它们是通过不同历史时期、社会背景的法学理论家们和实践家们集体探索而形成的认识结果。富勒所提出的程序自然法正是对这些经过几代人共同努力所获得的理论和实践成果的一个全面总结。而法治的实质理想,尽管不同时期的理论家(特别是自然法思想家)对它有所论述,但更多的是由特定社会的实际需求所决定的。每一个国家的法治现实都是或多或少地满足了法治的形式理想和实质理想。法治现实接近法治理想的程度能够反映出了一个国家所达到的法治水平。从这个角度讲,法治并非只有一种圆满的形态,即法治并非只有要么存在、要么不存在这两种形态。相反,法治的存在可以表现为——从没有法治到完善的法治之间的——程度不同的各种现实形态③。由于法治的形式理想体现了法治的共性,而法治的实质理想则更多地体现了法治的个性,各国实现法治的程度更多地从法治的形式标准来予以衡量。同样的原因,后进的法治国家可以向先进的法治国家学习和借鉴的也主要在于体现法治形式内涵的法律技术和方法。

因此,领会程序自然法的内涵,并将它融会贯通于我国的法治实践,特别是司法实践中,是我们学习西方先进法治经验的最好方式。

---

① 夏勇:《法治是什么——渊源、规诫与价值》,载《中国社会科学》,1999 年第 4 期。
② George P. Fletcher, *Basic Concepts of Legal Thought* (1996), p. 12.
③ 富勒认为,"一个法律体系的存在是一个程度问题"(Fuller, *The Morality of Law*, p. 122)。

附

法治视野中的司法与民意

摘　要:法治的社会基础决定了司法与民意关系的总体趋势应是一致的,但法治自身的内在紧张又决定了司法与民意的关系总是伴随着某种程度的紧张和冲突。在正常的法治秩序下,这种紧张和冲突是局部和暂时的,司法与民意的关系也因此呈现出"基本一致——出现明显偏离——再回到基本一致"的曲线过程。如果司法与民意的紧张和冲突是全面和持续的,那两者关系已处于非正常状态,导致这种非常态关系的根本原因是司法裁判的制度设置或法律方法存在严重缺陷,以至于在既有的法律秩序内部缺乏有效的调节机制去协调两者的紧张和冲突。我国目前司法与民意的关系已表现为一种非常态关系,深化司法改革从而确保司法吸收民意的制度通道和妥当方法是使两者关系正常化的根本途径。

关键词:司法;民意;法治;裁判过程;法律目的

在现代法治社会,法律是调节社会关系的主要规范,而司法是确保法律有效发挥其社会调节作用的重要环节。通过司法的正常运作,法律调节的强制性得到了实现,法律与社会生活需求之间的空隙得到了弥合;法律的有效性和正当性在司法过程中获得了结合,从而使法律在社会生活中的权威得以确立。司法在履行其法治秩序中的独特功能时,总是以其独特的方式关注和回应着民众对社会生活秩序安排的意见,以此确保法律在按自己的内在逻辑运行时不至于远离它为之而生的社会生活基础。司法的正常运行是法治秩序得以建立和维持的基本前提,而协调好司法与民意①的关系又是确保司法正常运行的关键所在。但是,对于司法与民意关系的认识,我国理论界与实务界都存在一定程度的混乱和模糊。一方面,民意在司法活动中被赋予了不容置疑的重要地位;另一方面,民意又被视为司法独立的干扰因素而被有意疏离。这不仅会影响司法与民意关系的正确处理,还会妨碍司法改革的进一步深入和法治建设的进程。本文拟从法治的视角分析司法与民意之间的一般关系以及现实表现形态,尝试通过揭示其内在逻辑为司法与民意关系的协调,特别是司法吸收民意的途径和方法提供一个符合法治要求的规范模式。

一、司法与民意的一致与冲突

由于司法是法治秩序得以建立和维持的重要环节,因此,只有将司法与民意的关系放在法治的社会背景下加以理解才能对两者的关系获得较为全面和准确的认识。

(一)司法与民意的一致性及具体表现

法治作为一种社会治理模式,其在特定的社会历史背景下出现也许受某些偶然因素的驱动,但它作为一种具有普遍意义的实现社会正义的方式,无疑是人类社会自觉选择的结果。它体现了人类社会积极探索满足自身需求的合理方式的努力。任何社会的存续都需要面对一个如何消除社会成员对有限利益的无节制争夺的问题。法律为人们获取利益的方式设定了明确的规则,从而为人类趋于无度的野心设置了明确的界限;②它使人们之间的无序争夺变成了有序竞争,从而为人类社会带来了和平和安全的保障。法律作为人类社会自己制定的规则之所以能够获得其成员的普遍遵从,是因为人们相信法律能将在社会生活中形成的正义观念转化成为明确的规则,并以国家的强制力保证规则的实施。法律承载着人类社会的正义理想,因此,只有当大多数社会成员认为法律是公正的而愿意接受法律的制约时,通

---

① 这里的"民意"概念是在较为宽泛的意义上使用的,即指民众对社会生活的法律秩序方面所持有的(明确或未明确表达的)意见;它既不限于民众对某些特殊个案的看法,也不限于民众借特定媒体表达出来的意见。

② 法国社会学家涂尔干认为,人类与其他生物不同,他的欲望不会因为得到满足而停止,相反满足只会激起更大的欲望,因此人类个体无止境的欲求只能通过外在的社会控制力量加以限制(参见 Emile Durkheim, suicide: a study in sociology, trans by John A. Spaulding & George Simpson, New York: The Free Press of Glenco, 1951, pp. 246—251)。

过法律的治理才能得到真正地实现。①

"法治意味着治理心甘情愿的臣民,⋯⋯换句话说,法治得以落实的文化——心理保障在于被治者对于法律的基本信念。"②这种信念除了需要由关于法治优越性的理性认识支持外,还需要由关于法律制度实际运行的感性认识来支持。"一个法律系统的最终支持来自于认为它'正确'的判断和认识"③,而司法则是人们获得相关认识的主要窗口。事实上,法律在社会生活中的权威在很大程度上是通过司法过程得以确立的。这不仅因为法律的强制性是通过司法得以实现的,而且还因为公众对法律公正性的认识主要是通过司法这一窗口获得的。因此,司法作为法治秩序得以建立和维持的重要环节,必须关注和重视民众对法律的意见。只有当司法的运行符合人们对法律的期待,法律在社会生活中的权威才能得到人们的承认;而只有当大多数社会成员认可法律的权威而自愿接受法律的统治时,司法才有能力对少数不服从行为者实施法律的强制,从而使法律的有效性得到保障。民众对法律的期待和认可是促使一个法律体系产生并有效运行的基础。

因此,在一个法制健全的社会,司法与民意总是具有一致性。民意是社会正义观的直接表达,而司法则是将凝结为法律的社会正义观在现实中得到贯彻。这种一致性的直观表现是:法院裁判结果的合理性能够获得民众普遍的认同。而在深层次则表现为:司法在引导着民众的正义观——司法的正常运行将促使民众放弃表现在私力救济中的朴素正义观而接受法律的正义标准——的同时,又总是沿着民意所指示的方向理解和适用法律——民众普遍持有的正义观在法律中得到体现从而使民众的正义需求通过法律的途径得到实现。司法与民意之间深层次的积极互动是法院裁判结果能被民众广泛接受的根本保障。

(二)司法与民意的距离及产生原因

司法与民意的一致并不意味着两者的完全重合。事实上,司法与民意之间总是存在着或多或少的距离。法院的裁判在总体上可能被认为是合理的、可接受的,但这并不排除在具体个案上民众仍可能持有与法院判决不同的意见;即使民众在大多数案件上相当认可法院作出的判决,但在少数案件上法院的判决仍有可能会(甚至是不可避免)遭遇民众强烈的反对。造成这

---

① 美国当代著名的哲学家、伦理学家约翰·罗尔斯不仅将正义视为社会制度的首要价值,而且还将人们的正义感看作是人类社会交往的条件(参见约翰·罗尔斯:《正义论》,何怀宏、何包钢译,中国社会科学出版社 1988 年版,第 1,481 页)。

② [美]乔治·霍兰·萨拜因:《政治学说》(上册),刘山等译,商务印书馆 1986 年版,第 127 页。

③ Lon. L. Fuller, The Morality of Law, New Haven:Yale University Press, 1969, p.138.

种距离的原因之一是：法律的正义是通过适用具有普遍性的规则来实现的，①而民众所期待的正义往往是具体的、特定的。对于普通民众而言，免除一位杀死自己作恶多端、危害乡邻的儿子的父亲的刑罚是正义的；而对法律而言，杀人者受到与法律规定的罪行相应的惩罚是"不能杀人"的这一基本正义得以实现的重要保障。法律不能因为杀人行为的情有可原而无视它的有罪性，因为，法律是通过规则适用的一致性来确立起让人自愿服从的权威，并且也是因为规则适用的一致性才使法律的治理具有优越于其他社会治理方式的优越性。② 法律的普遍性特征决定了法律的正义只有在规则允许的范围内，也就是只有借助于一定的形式，才能得到实现。

另一个导致司法与民意之间存在距离的原因也与法律的形式性有关。法律是以预先颁布规则的方式来协调社会关系，因此，法律作为管理人们各种交往行为的社会规范的根本特征是确定性和可预测性。而民意的现实形态更多地表现为弥散的情绪和态度，它并不具有稳定和明确的载体可供法院去作准确无误的确定。现代社会大众传媒的发达以及行政诉愿制度的设立使得民意有了相对固定的表达途径，但借由这些途径表达心声的民众仍然只是少数，而且，这些声音还有可能被具有特定利益诉求的个人或群体操纵，因而它们是否具有代表广泛民意的意义仍是一个需要通过实证研究来加以进一步分析和判断的问题。对于这种具有相当流动性和不确定性的民意，只有通过专门的以科学方法实施的民意调研才能获得较为准确的把握，而这样的民意调查显然无法成为法院日常断案的工作内容。③ 对于司法机构而言，其获取民意的惯常途径无非两种：一是通过法官一个个案件的具体审理来捕捉民众的心声（直接途径），二是参考社会各界对已决案件所作出的反应，包括法律专业人士的相关评论（间接途径）。对民意的此种方式的把握不可能在单一案件由一个或几个法官完成。它是一个由全体法官集体参与的认知过程；在这个过程中，法官的"能力、洞见、智慧和良知"起着相当

---

① 美国法学家富勒将"法律的一般性"视为构成"法律内在道德"的首要因素（参见富勒：《法律的道德性》，第 55—59 页）。

② 富勒认为，"官方行动与公布规则之间的一致性"是构成法律内在道德至关重要的因素，它与"法律的一般性"一起构成了使法律区别于行政指令的本质所在（参见富勒：《法律的道德性》，第 241—243 页）。

③ 即使法院可以设立专门的民意调研部门，调研所获得的结果也总是滞后于特定个案的裁决，因为，对于司法裁判而言，在合理的时间内作出判断是衡量裁判正当性的一个重要维度，司法迟延不仅可能使证据的获得和认定变得困难，而且还会因正义的迟到而使司法救济对当事人失去实际的意义。

重要的作用。① 与人类的其他认知一样,司法对民意的认知,也存在着出现错误的风险。由于司法判断的普遍约束力——即使在大陆法国家,对一个案件的司法判决也必然会影响到处于相似情形中人们的行为选择和结果预期——以及法律对稳定性的需求——司法不能因为要纠正自己对民意的错误认知而对法律的解释和适用作出频繁的变更,决定了司法对民意的吸收总是谨慎的,也因而总是滞后的。

（三）司法与民意的冲突及表现形式

法律正义的形式性特点以及司法在民意认知上的局限性决定了司法与民意之间的某种程度的紧张总是伴随着整个司法过程。这种紧张是内在于法治本身的——因而是任何社会的法治形态所无法避免的——法律自治性和社会性矛盾的具体体现。法律的自治性是由法律运行的普遍性和一致性要求所决定的,而法律的社会性则是促使法律产生并使其得以维持的根源所在。前者是法律体系得以有效运行的基本条件,后者则是法律体系得以建立的社会基础。这一矛盾在司法过程中则表现为司法的形式合理性与实质合理性、法律职业逻辑与社会生活逻辑之间的矛盾。② 现代司法制度的种种设置及改革归根结底都是为了更好地协调两者之间的矛盾,而现代法律方法正是在致力于弥合这矛盾的两方面的努力中发展起来的。这种内在于法治的矛盾,一方面不断推动着法律的改革和发展,另一方面也常常使法律体系的正常运行面临着某种潜在的威胁。假如司法裁判的制度和方法不能有效地协调这两者之间的矛盾,司法与民意的内在紧张关系不仅会演变成直接的外在的冲突,而且还会影响法治秩序的建立或维持。

根据它对整个法治秩序的影响,司法与民意的冲突可以分为两类:（1）暂时、局部的冲突。这种冲突虽然是由法治自身的局限造成的,但它在整个法治进程中不会是一个常态,因而也不会对法治秩序本身造成根本性的威胁。（2）持续、整体的冲突。这种冲突往往是由司法制度或法律方法上的根本缺陷所导致的,且在整个法治进程中表现为一种常态,从而对法治秩序存续造成根本性的威胁。

由上述分析可见,司法与民意的一致是指:就整体而言,司法的公正性和合理性能够获得民众的广泛认可,但这种一致性不可能落实到每一个具体的案件;相对于具体的个案而言,司法裁判与民意所期待的结果常常会出现某种偏离。这种结果与期待的落差不可避免地使司法与民意的关系存在

---

① 参见富勒:《法律的道德性》,第 145 页。

② 参见陈林林:《陪审在现代法治社会中的功能》,载《中外法学》2001 年第 4 期。

或多或少的紧张,有时甚至会出现严重的冲突。这就是说,司法与民意的一致是在一个司法积极回应民意、努力消除两者的紧张和冲突关系的过程中所达到的一致,因而是存在着差距的一致。

二、司法与民意的冲突表现之一:非常态冲突

在一个正常运行的法治秩序内,它的司法制度和法律方法通常能够有效地协调内在于法治的法律自治性和社会性之间的矛盾,从而使司法与民意处于和谐一致的状态。但在某个特定的时期,或对某个特定案件的处理中,制度设置或法律方法会表现出自身的某些局限,从而使司法与民意的内在紧张外化为直接的外在的冲突。法律规则的滞后性和程序事实的不充分性是这些局限的突出表现。

(一)法律规则的滞后性

法律规则的滞后性是指法律的发展总是落后于社会的发展。法治的内在要求规定了法律的运行必须具有使人们对法律后果的预测成为可能所必需的一致性和连贯性,否则法治将失去相对于其他社会治理方式的优越性。因此,司法在适用法律裁断案件时必须使法律显现为一个具有内在统一性的体系,这就决定了在司法过程中逻辑的方法(演绎或类比[①])成为首选的裁判方法。演绎的方法将制定法的规定作为司法推理的大前提,结合描述个案事实的小前提得出一个法律结论;而类比将体现在先例中的原则或规则以类比的方式延伸到具有相同或相似情形的待裁决个案中,从而得出一个与先例相一致的法律结论。司法通过逻辑的方法使法律的普遍性和一致性得到了实现,从而使法治的理念得到了贯彻。

然而,任何一个具有生命力的社会,都不可能是静止的。在它的发展和演变过程中未得到社会承认的新的利益要求(或者由新的社会生活所引发,或是因各种原因被长期忽视了的某些利益要求在社会文明的推动下被相关人士或先进人士所意识到)会不断被人们提出来,对这种要求的认可将打破社会原有的利益平衡并因此产生重新调整利益关系的社会需要。在法治社会里,这些新涌现的利益又必然会寻求法律的认可和保护。社会生活不断变化和发展的事实决定了用以调整社会生活的法律也不可能是一个固定的

---

① 这里的"类比"是指普通法国家为保持法律适用的逻辑一致性而惯常采用的法律方法(对这种逻辑方法的描述详见卡多佐:《司法过程的性质》,苏力译,商务印书馆1998年版,第7—8,14—19页),而非指用以解释及补充国家制定法的类比推理方法。

事实。无论是大陆法体系还是普通法体系,法律都是一个发展着的过程。但法律的发展与社会的发展并不是同步的。且不论通过立法过程完成的法律发展会落后于发展了的社会需求,就是通过司法过程完成的法律发展(只能在法律体系既有的价值框架内)也总是落后于社会发展。

司法对法律适用的统一性、一贯性和确定性的追求决定了它对社会生活中新出现的利益要求的反应是迟缓的——它一般不会在这些新的利益主张一被带到法院就马上考虑给予法律上的认可。因为,这种新的社会需求在一开始往往只被小部分社会成员意识到,不仅它的合理性需要时间的进一步检验,而且对这些还未被大多数社会成员认识到的新利益的法律认可还会破坏大多数社会成员的法律预期,从而对法治的制度本身造成不小的伤害。只有当这种新的社会需求在接连涌进法院的案件中呈现为一种明显的社会态势时,法院才会考虑将新的社会需求纳入既有的法律体系;并且,这种适应社会新需求的法律发展也不会以突然的方式在某一个案中完成,而总是在一系列具有相似情形的案件中作了充分铺垫和明显暗示后才在某个关键性案件中最终实现的。① 司法以这种方式发展法律使得它在放弃单一的逻辑方法,转而借用社会学方法时仍具有一定的逻辑性,② 以此确保了最低限度的法律连续性。在采用制定法的国家,这种形式的法律发展还必须受制定法的限制,也就是必须在制定法解释可容纳的范围内进行;如果超出了这个范围,司法只能等待立法机关的修法行动。

法治的理念预设了:法律只能在逻辑中缓慢地发展。这样,司法所适用的法律总是会在某些时候落后于按社会需求应该如此的法律。在社会发展相对缓慢的时期,司法对新的社会需求的反应一般不会明显落后于民意对新的社会需求的反映,因而两者的距离一般也不至于演变为明显的冲突。但在社会快速发展或急剧转型的时期,民意的反应速度明显快于司法的反应,这时,司法与民意间的距离会拉大;此时,司法如果不能及时调整自己对社会需求的反应模式,这种拉大的距离就会演变为明显的冲突。美国在20

---

① 司法对社会需求过于迅速因而显得积极的反应,与法治所要求的司法消极和被动是不一致的;它会使人们产生一种"没有法治"的感觉。美国宪政史上的沃伦法院以法律史上前所未有的司法能动主义影响了美国的法律(详见伯纳德·施瓦茨:《美国最高法院史》,中国政法大学出版社2005年版,第288,312页),但当时的民众却感觉到法治正在消失,因而郑重地向媒体呼吁收缩最高法院以恢复法治[参见 Lon L Fuller, Positivism and Fidelity To Law, Harvard Law Review 71(1958), p.634]。就此而论,对于积极司法的倡导只有在司法放弃了自己应该承担的发展和完善既有法律以适应变化了的社会需求的责任而采用完全形式主义的裁判方法时才是有意义的。

② 这里的社会学方法是指将发展了的社会需求纳入法律体系的既有价值结构中从而促使法律发展的法社会学方法。

世纪 30 年代所出现的司法危机可以说是这一现象的生动例证。①

（二）程序事实的不充分性

即使在作为裁判依据的法律上，司法与民意没有出现明显的认识差异，另一个司法赖以作出裁判的依据——案件事实——也会导致司法与民意在裁判结果认识上的迥异，并因此引发两者的冲突。由于案件事实无法再现，法院裁判所依据的案件事实只能是由经特定司法审判程序所提供的证据所支持的事实，即"程序事实"②。这种受程序设计和证据规则限制的事实往往具有不充分性。

首先，程序的设计限制了发现证据的时间。司法救济的及时性要求决定了司法审判程序必须在合理的时间内完成，这就意味着证据的发现和提供必须在规定的时间内完成。如果相关证据的发现超出了程序规定的时间，它就不再是能够有效证明案件事实的证据。其次，程序的设计还往往限制了发现证据的主体。为了确保裁判的中立性，法官往往不能主动介入对案件事实的调查，这就使得在一些民事案件的审理中，取证能力有限的个体因缺乏公权力的支持而无法获得某些重要的证据。

对案件事实的发现限制最多可能还是用以规范证据采用的证据规则。证据的可靠性是法院由此作出裁判的案件事实的客观性来源，而证据规则又是确保证据采用不受各种主观因素干扰的法律保障。证据规则规定了各类证据的证明能力，同时也限制和排除了某些证明材料的证据资格，从而使得对案件事实的证明具有某种客观性和可预测性，并使最终得出的裁判结果具有更大的说服力。然而，证据规则在确保法院事实认定的客观性的同时，也限制了法院对案件真相的自由探索。有些凭感觉、经验和常理可以推定的事实在法庭上会由于缺乏有证明力的证据而无法被认定，有些对于确认法律事实具有重要价值的证明材料会因为受证据排除规则的约束而无法作为证据被采信。证据规则在有助于案件事实的客观认定的同时，也可能成为被告逃避法律惩罚的"护身符"。为弥补证据规则在其运行过程中所存

---

① 当时的美国法院在一般民众都已感觉到国家干预市场的迫切需要时，仍以"自由放任主义"的立场去解释宪法，从而使许多体现了当时民意的、旨在抑制自由市场经济所衍生出的诸多弊病的国会立法被裁决为违宪而无法得到实施，由此暴发的司法危机实际上反映了司法与民意之间的直接冲突。而这场危机最终也是在最高法院最终明智地认识到国会干预经济的诸项立法实际上体现了新的社会条件下的民意，从而放弃了对受宪法保障的自由权、财产权所作的绝对主义的狭义解释后才得以成功化解的（相关讨论可参见伯纳德·施瓦茨：《美国法律史》，第 164—167 页）。

② "程序事实"这一概念源于孙笑侠教授，他在《转型期的司法与民意》（载《浙江社会科学》2010 年第 3 期）一文中将"经法庭审理过程中用证据证明而获得的事实"称为"程序事实"。

在的某些缺陷,一些具有严密证据法传统的普通法国家在其诉讼实践中,出现了削弱证据规则的约束力以扩大法官在证据可采性问题上的自由裁量权的趋势,①但这并不意味着证据规则在司法实践中会失去其应有的地位。无论如何,证据规则是任何一个法治国家不可能放弃的制度要求。倘若没有证据规则规范依证据确定案件事实的过程,那么,法治作为规则之治将失去其本来的意义:权力将依旧凌驾于法律之上成为社会生活的主宰。

总之,在任何一个正常运行的法治秩序中,因程序设计和证据规则的限制致使司法与民意在某些个案事实上得出不同甚至相反的判断、并由此引发两者冲突的情形很难通过法律制度自身的完善加以完全避免。美国辛普森案可以说是因程序事实不充分而导致司法与民意不一致的典型事例。②不仅当时的判决结果在当时民众中所引发的较为普遍的不认同,而且当辛普森以"假设"为幌子详细描述了杀人经过后司法机构更是无能为力。

上述因法律规则滞后以及程序事实不充分所导致的司法与民意间的冲突虽然无法避免,但这一由法治自身局限所造成的冲突也不会危及已经建立起来的整个法治秩序。

首先,这种冲突在整个法治进程中不会是一个常态。尽管司法与民众对案件事实的认识总会存在着或多或少的距离,但因对案件事实的不同认识而引发两者冲突的情形往往只限于个别的案件。在大多数的案件中,法院经司法审判程序而对案件事实所作出的判断能为大多数民众所认同。由于只是个别的现象,由此所引发的民众对司法的不满情绪一般不会长久持续。同样,因司法对民意的吸收表现得过于保守,以至于司法结果与民意之间出现巨大的落差的情形可能会在某一时期表现出一定的普遍性,但这种情形也不会持续很久。当民意在日益明显的冲突中有了较为充分的表达

① 参见宋英辉、吴宏耀:《外国证据规则的立法及发展——外国证据规则系列之一》,载《人民检察》2001年第3期。

② 在辛普森案的审判过程中,可以说无论是检察官、法官,还是陪审团都认真履行了自己的职责,但最后的判决结果却大大偏离了民众的一般期待。一项由美国CNN于1995年的10月3日做出的民意调查显示:有56%的美国民众不认同判决结果;在另一项1999年的民意调查中有74%的民众认为辛普森杀了人或很有可能杀了人(Gallup-CNN/USA, The O. J. Simpson Trial: Opinion Polls, 1995, October 3, http://www.law.umkc.edu/faculty/projects/ftrials/Simpson/polls.html, 2010年9月28)。导致民众对案件事实的判断与司法相左的主要原因是:民众主要是根据常识和常理来判断警方所提供的证据的可靠性以及与被指控事实的关联性,而陪审团则是需要按照证据规则来作出相关的判断。从1995年的民意调查看,辛普森的个人特征——黑人、有钱,似乎对陪审团的裁决结果有着很大的影响,但这些因素并不是作为直接影响陪审团成员主观判断的外在因素起作用,而是通过证据规则这一法律因素间接起作用。

时,司法必然及时改变过于保守的作法以使自己跟上民意的节拍。司法实践从消极主义向积极主义的转变通常是在社会快速发展时期为避免司法明显落后于民意而在法律适用方法上进行调整的结果。

其次,在一个法治正常运行的社会,司法审判程序的设置总是反映了裁判过程的内在要求,[①]这些合理的司法程序可以确保那些在实体上显得不合理的裁判结果仍具有让人们最终接受的程序上的公正和合理。在辛普森案中,尽管判决结果让许多美国人"久久无法从巨大的震动中恢复常态",但大多数美国人仍能理智地接受法院的裁判结果,正如时任总统的克林顿在听到宣判后在声明所写下的:"陪审团已听过证据并作出它的决定。我们的司法制度要求尊重他们的决定。"美国人并没有因辛普森案而失去对整个司法制度的信任,而只是更清楚地认识到"维持这个制度的理由以及为此支付的代价"。[②] 总之,由法治自身局限所产生的民众对司法的不满意总是局部的、暂时的,只要程序上的公正和合理仍然存在,这种不满意一般不会影响民众对司法的整体态度。

三、司法与民意的冲突表现之二:常态的冲突

在法治秩序的形成和维持过程中,假如司法裁判的制度设置或法律方法存在根本性的缺陷以至于根本不能有效地协调内在于法治的法律自治性和社会性之间的矛盾,那么由此引发的司法与民意的冲突将是全面的、持久的。

(一)因制度设置的缺陷所引发的冲突:原因及补救

司法作为法治秩序得以建立和维持的重要环节,它的正常运行必须以尊重裁判这一特定的秩序形式的内在要求为前提。裁判这一秩序形式不同于与其他社会秩序安排形式的地方是相关当事人参与秩序形成过程的方式是提供证据和理性论辩,而这一特定的参与方式也就规定了体现裁判过程本质特征的内在要求。"任何提高了这种参与的意义的东西都将使裁判的本质特征获得更为完整的表达,而任何破坏了那种参与的意义的东西都将破坏裁判自身的完整性。"[③]

---

① 对于裁判过程的内在要求后面将有较为详细的分析,此处暂不作具体阐述。

② 林达:《近距离看美国——历史深处的忧虑》,三联书店 1997 年版,第 266,268,279 页。

③ Lon. L. Fuller, "The Forms and Limits of Adjudication", Harvard Law Review 92(1978—1979), p. 364.

首先，为了使纠纷当事人以提供证据和理性论辩的方式参与裁判过程具有意义，裁判者必须保持一种中立的态度，任何可能影响裁判者中立态度的东西都应尽量排除在裁判过程之外。"任何人不得在自己的案件中担任裁判"是确保裁判者保持中立态度的基本要求。这方面更进一步的要求还包括"裁判行动必须依纠纷当事人一方或双方的申请才能进行"，因为裁判者主动发起裁判行动很容易使裁判者对纠纷事实带有一种先入之见，从而影响其中立态度。① 为了使裁判者的中立态度得到更好地维护，"裁判者在判决结果中应没有直接或间接的利益（甚至是情感上的）"。其次，裁判者作出的决定必须基于纠纷当事人提供的证据和论辩，至少在作出的决定与双方所作的论辩之间具有某种一致性（congruence）。"如果这种一致性完全缺失——如果裁决的依据完全在论辩的范围之外，从而使所有在听证中被讨论或证明的东西毫不相关——那么裁判过程就变成了一种虚设（sham），因为纠纷双方的参与已失去了全部意义。"②

任何一个较为完善的司法裁判制度总是在既有的社会条件下最大限度地满足体现了裁判自身本质特征的内在要求，③与此相应的结果是司法裁判的正当性和可接受性也获得了最大限度的保障。假如司法裁判制度的设置直接或间接地违背了使当事人以提供证据和论辩方式参与裁判过程具有意义的最基本要求，那么裁判结果就会因此丧失让当事人接受的正当性。与此同时，裁判作为一种秩序形式的正常运行也因此遭到严重破坏。

譬如，在司法权的独立没有得到充分保障的条件下，审理案件的法官必须按照其他权力部门的领导或本部门领导所下达的案件处理意见作出判决，从而使案件当事人在庭审过程中所提供的证据和论辩对案件结果失去了实质性的意义；又如，法官在裁判过程中需要同时履行政策宣传、思想教育、修补当事人之间的和谐关系等种种行政和社会管理功能，而这些功能的履行往往要求法官与纠纷当事人之间有更多的接触和沟通，包括与当事人的单方面接触与沟通，从而使法官在听取当事人论辩时极有可能受先入之

---

① 有关这一要求的具体讨论可参见富勒：《法律的道德性》，第 385—86 页。

② 富勒：《法律的道德性》，第 388 页。

③ 富勒将这些要求归结为六个方面：(1)裁判员不是自己主动行动而是基于争议者一方或双方的申请；(2)裁判员在判决结果中没有直接或间接的利益（甚至是情感上的）；(3)裁判员作出的裁决只限于递交给他的纠纷而并不试图对纠纷之外的当事人关系作出调整；(4)递交给裁判员的案子涉及已有的纠纷，而非只是某个将来纠纷的情形；(5)裁判员只根据当事人双方提供的证据和论辩来裁决案件；(6)每个争议方都有充分的机会来呈现他的主张、证据和论辩［详见 Fuller, The Problems of Jurisprudence (temporary edition), Brooklyn: The Foundation Press, 1949. p.706］。

见的影响而无法保持其应有的中立态度。

这种种不合理的制度设置使裁判自身的正当性模式不能发挥作用。当判断结果的正当性不能从体现了裁判过程内在要求的程序正当性中获得，它只能从裁判结果的完全正确性或者裁判者自身权威的合法性中获得。而裁判结果的完全正确性在案件事实与适用法律都变得日益复杂的现代社会往往是难以保证的，这样，诉诸裁判者权威的合法性成为唯一的选择。在这种情况下，司法机构也就失去了其自身的特征而具有民选机构的特征，民众对司法机构的满意成为司法机构合法性的重要来源，进而使民意成为衡量裁判结果正当性的唯一标准。

然而，当司法过程的运行失去了正当程序的规制，法官能否能够抵御人情关系的渗透秉公断案、有关领导在代表民意下达案件处理意见时是否会以权谋私等，都将成为民众合理怀疑的对象。民众对司法的这种不信任是司法与民意间潜在着长久和全面的冲突的表现，其实质是民众对制度安排的不满意。我国司法实践在改革开放后所陷入的困境——一方面"审判人员总是能以每个案件的处理根据具体情况都可有独特的过程和结果为由来对抗一切怀疑和批评"，另一方面"他对任何一个案件的处理也是有可能不断地受到怀疑和批评"①——可以说非常典型地反映这一情形。在权力腐败和人情取向都具有相当普遍性的社会大环境下，民众有理由推测司法裁判总是或多或少会偏向有权、有钱因而也更有关系的当事人一方。当司法审理的案件涉及某些社会权势者，司法与民意的潜在冲突就会通过各种媒介彰显出来，并因此危及司法机构的合法性，乃至整个社会秩序的稳定。

这种因制度设置上的严重缺陷所导致的司法与民意间全面、持续的冲突本身就是法治很不健全的表现。在这种制度下，内在于法治秩序的互惠性基础在很大程度上被忽视。② 这个互惠性基础表现在：无论是国家的治理者还是普通民众都能够从法治的秩序安排中获益，同时也必须为此种获益付出受其约束的代价。对国家治理者而言，除了要受自己颁布的法律条文的约束，还须尊重法治的内在要求，按照法治的内在要求去设立相关制度，否则民众对法律的尊重和信任是很难确立的。因此，这种因制度设置不合理而导致的冲突最终只有通过让制度回归其自身应有的状态——法治的

① 王亚新：《论民事、经济审判方式的改革》，载《中国社会科学》1994年第1期，第19页。
② 富勒将这种互惠性视为法律权威的理性基础[参见富勒：《法律的道德性》，第47—48,57,73—74,242—258页，对权力与互惠性之间关系的更为基础性的论述可参见 Lon. L. Fuller, "Irrigation and Tyranny", Stanford Law Review 17(1964—1965), pp.1027—1028]。

内在要求在既定的社会条件下得到充分的体现——才能得到根本的消除。就司法裁判制度而言,即按照裁判这一秩序形式的内在要求去安排有关司法制度,从而使裁判过程回归到符合其自身正当性要求的状态。只有这样,司法与民意间的持续和整体的冲突才有可能得到真正的消除。

就确保裁判过程的内在要求在司法实践中得到应有的尊重而言,裁判的公开(包括庭审的公开和判决书的公开)和判决书说明理由是两项最为基础也最为有效的措施。公开的制度既可以使司法的公正接受民众的监督,还可以保护司法权的运行免受外界各种因素的干扰(包括各级权力和各种人情关系),从而使法官的中立态度("司法独立"实际上是法官中立的必然要求)有更充分的制度保障。但假如判决书不说明理由,或只是简单地宣明按法律第几条规定作出判决,那么,公开制度的监督和保障作用还是不能得到很好的发挥。因为,人们无法从公开的判决书内容中获取用以评判裁判结果是否正当合理所需的必要信息:当事人在庭审中所提供的证据和理性论辩是否得到了法官的充分考虑? 法官又是如何理解当事人所提供的证据和论辩并在此基础上作出判决的? 信息的缺失使得民众无法对如下的事实问题作客观评判:法官的裁判是否受其他外在因素的干扰以至失去了应有司法公正? 当事人的参与对法官形成裁判依据——适用于案件的裁判规则及程序事实——是否具有实质性的意义? 因而也无法在此基础上对判决结果的合理性作出客观的评价。当然,判决说明理由还可以为法律人对既有法律的研究和探讨提供经验材料,因而有利于法律自身的进一步发展和完善,并因此推动法治的不断进步。

(二)因法律方法的缺陷所引发的冲突:原因及补救

在一个制度较为完善的法治国家,尽管合理的程序设计可以为裁判结果提供正当性支持,但若法官在理解和适用法律时因固守形式主义的法律方法而拒绝对任何新出现的社会需求作出反应,司法与民意间仍然有可能出现持续、整体的冲突。而法律方法的形成和发展总是受关于法律和法治的观念认识的影响。

法治作为一种理性的社会治理方式,它包含有两个方面的理性内涵:一方面它总是"指向公共或普遍的利益";另一方面它总是"依据普遍规则而不是依靠专断命令进行统治的"。[①] 前者体现了法律在内容上的可理解性,后者则体现了法律在运行上的可预测性。对法治理性内涵的揭示可以说是法学理论的一贯追求,法学理论的不断进步推动着法治的不断发展。但当这

---

① 乔治·霍兰·萨拜因:《政治学说》(上册),第127页。

种追求走向极端,它不但不再有益于人类法治事业的发展,反而会给法治带来阻碍乃至破坏作用。传统的自然法理论致力于寻求反映人类普遍利益的自然法,并将它视为认定规范法效力、理解法规范意义的终极依据;它通过为现实法律体系的建构提供一套明确的价值体系而推动了法治的理性化进程。然而,当自然法理论家试图寻求某些普遍且永恒的自然法,并赋予那些源于社会生活的自然法原理以超越现实环境条件的绝对性时,通过将自然法贯穿于整个法律体系所获得的法治理性只能是缺乏现实基础的虚假理性。分析法学则试图从既有的法律素材中提炼出意义明确的法律概念和法律规则,并通过分析出它们之间的逻辑关系而使现实法律成为具有内在统一性的法律体系;分析法学通过为实在法提供一套使其具有内在逻辑一致性的法律技术而推动了法治的理性化进程。然而,如果这种具有内在一致性的法律体系完全脱离了现实社会的实际需求,那么,由此种逻辑一致性所产生的法治理性同样也是非现实的虚假理性。①

这两种理论在很大程度上形塑了20世纪以前的传统法学方法。这种方法将法律理解为是普遍理性的体现,无论是法律原则、还是法律规则都被视为是穷尽了规范对象的本质关系因而其意义完全确定的一般规范。通过这种方法的运用,法治对普遍性和一致性的需求得到了最大限度的满足。然而,当法学方法将法律的普遍性和一致性作为自己唯一追求的目标时,法治的形式要求最终淹没了法治的实质要求,法律的实质内容被设想为与形式完全对称而与社会生活的实际规范需求毫无关联。在司法实践中,这种方法则表现为:把哲学或逻辑的方法——"这种方法从强到弱分等级,一头指的是三段论,另一头仅仅是指类比"②——推崇为唯一正当的法律推理方法。法官通过运用这种方法从一个规则、一个原则或一个先例推导出一个司法结论。这种哲学或逻辑的方法是实现法律统一性和一贯性的必要手段。但当这种推理方法在司法实践中获得了排他性的地位,它就会转变成为一种威胁法治健康发展的"邪恶"③。

随着欧洲大陆法典化进程的深入,这种方法在大陆法国家的司法实践中占据了支配地位。法官的工作被理解为像"自动售货机"那样被动地适用

---

① 富勒将在美国法律现实主义运动之前支配着法学领域的理性主义称为"无限制的伪理性主义"(unbridled pseudo-rationalism),并认为现实主义对此种理性主义的反动正是它的价值所在(参见 Lon. L. Fuller,"American Legal Realism",University of Pennsylvania Law Review82,1934,5,p.447)。

② 卡多佐:《司法过程的性质》,第28页。

③ "邪恶"一词借用于卡多佐的表述,参见《司法过程的性质》,第26页。

法律,它的职能仅限于针对具体案件选择可适用的法典规定,而适应社会发展了的需求去发展和完善法律的工作则完全由立法机构承担。这种形式主义法律方法在社会和经济制度相对稳定的 19 世纪早中期并没有出现法律与社会发展明显不相适应的情形,以立法的方式回应社会需求基本上解决了法律自身的发展问题。但自 19 世纪中后期起,特别是在 19 世纪末 20 世纪初,当社会和经济的快速发展要求社会和经济制度进行较大调整时,以立法方式回应不断变化着的社会需求已不再能满足社会对法律发展的需求,传统法学方法的弊端也因此日益显现——它在很大程度上已成为法律发展和实现法律正义的障碍。

虽然 19 世纪的大陆法国家为这种形式主义方法提供了最适宜的生长条件,但它的影响力并没有局限于欧洲大陆,而是一直远至英美普通法国家。19 世纪后期的英国,遵循先例的原则被极度严格化——"不管它是相似判决系列的组成部分,还是完全孤零零地存在,也不论它是一年以前还是一个世纪以前传递下来,都必须遵循,即使先例所确立的规则由于社会情势的变化或其他原因已变得不适宜也不例外"①。美国虽没有出现如英国那样的遵循先例严格化的倾向,但在最高法院在解释宪法时却不时表现出形式主义的倾向,这一点在富勒法院期间尤为明显——大法官们将宪法理解成为是构建于斯宾塞的社会哲学之上的,因而完全忽视了自己时代的特殊需求。②

总之,无论是大陆法系,还是普通法系,在其法治历程中都曾遭受过这种被卡多佐称为"形式主义的恶魔"③的法律方法的危害,尽管后者所遭受的危害相对较轻。④ 正是在这样的背景下,自由法学运动开始兴起,个案正义越来越成为人们关注的焦点。经过自由法学运动,形式主义法律方法的统治地位已被彻底动摇,法律原则、法律规则不再仅依逻辑的方向加以运用,历史的因素、当下的习惯、甚至为人们普遍接受的正义观念,都成为理解和适用法律原则和规则的重要视角。20 世纪中叶以后,法律的社会性以及司法裁判在法律形成和发展中所具有的独特作用已获得广泛的认同。自由法学赶走了"形式主义的恶魔",但也给现代司法实践提出了新的难题:当法官

① K. 茨威格特、H. 克茨:《比较法总论》,潘汉典等译,法律出版社 2003 年版,第 377-378 页。
② 伯纳德·施瓦茨曾这样评价富勒法院:"在富勒法院,消极的法律概念达到了其顶点。最高法院现在视法律的稳定和形式化而不是进一步的革新为己任。法律本身成为不利经济和社会变革的巨大壁垒。"(参见伯纳德·施瓦茨:《美国最高法院史》,第 198 页)。
③ 卡多佐:《司法过程的性质》,第 40 页。
④ 因为案例法赖以发展的归纳过程使它"避免了与以成文法为基础、通过演绎过程发展法律不可分离的某些邪恶和威胁"(卡多佐:《司法过程的性质》,第 26 页)。

必须在法律的发展中担当创造性角色时,法官如何受法律的约束? 尽管现代法学理论努力为司法实践的这一难题提供方法上的指导,但理论远不能替代实践。抛弃了形式主义的法治实践必须接受法律技术上的挑战:法官不仅要熟悉各种法学理论和法律规定,还要善于在裁判过程中洞察社会需求;他需要平衡法律在稳定、一致与发展、灵活两个不同方面的要求;他需要将逻辑的方法与社会学的方法结合起来。只有通过法官高超的法律技术,司法才能在回应社会需求的同时满足法治对一贯性、统一性和确定性的要求。

由于经验和传统的缺乏,法治后发国家在司法实践上往往很难驾驭这种包含有评价因素的、技术要求很高的法律方法,司法对法治的维护也因此往往局限于对既有法律法规的严格适用上——字义解释和逻辑三段论成为法律解释和适用最主要的方法。法官只受法律条文的约束,法律目的被视为不确定的因素排除在司法过程之外(至多在法律适用时考虑立法原意)。曾在 19 世纪危害了大多数法治国家、后已被自由法学运动赶跑的"形式主义恶魔"在法治后发国家再次现身,且被尊为现代法治的化身。在它的引导下,法官不再需要在司法过程中对现实社会的实际需求作出回应,由此所产生的不合理的、甚至违背社会正义目标的裁判结果都被视为完成法治的现代课题所必需经受的阵痛。当形式主义法律方法的谬误以及它给法治实践所带来的恶果以此种方式得到辩护时,司法与民意的疏离,甚至背离,也就无法避免。司法与民意的冲突变成了常态,民众对法治普遍丧失了信心。

这种因对法官角色以及法律方法的错误认识而导致的司法与民意间的持续、整体的冲突归根结底是由于缺乏对法律和法治的全面认识。法律,不论其采用制定法形式,还是判例形式,都"不是一个坚硬的事实,而是一个流变的过程"①。一部制定法或一个判例可能非常成功地解决了其所调整事项的既有问题,但随着时间的推移,新的问题又将出现并要求法律对它作出解答。既有的法律不可能为社会生活关系中的所有可能出现的问题都预先规定解决方法,法律只能随着社会生活及其问题的不断展开而不断成长。为此,法官的职责并非只是适用既有法律,他还同时肩负着完善和发展法律的重任。司法发展法律本身就是为了更好地维护法律。欧洲法学家早在 20 世

---

① 富勒认为,法律与故事一样,不是存在着的某物,而是变成的某物(详见 Lon L. Fuller, The Law In Quest of Itself,The Foundation Press,INC. 1940,p. 9)。

纪初就已认识到了法律续造的普遍性,①而到 20 世纪中期以后创造性司法——"大部分的法律都是经过不断的司法裁判过程才具体化,才获得最后清晰的形象……无论如何,法规范的发现并不等于法律适用"②——更是已经成为法学家探求新法律方法的一个前提性认识。

法官在履行自己的创造性角色时,他不只是受法律的文字约束,更重要的是它必须受法律目的的约束。法律目的是一个多层次的复杂概念。它不只表现为抽象的法律正义,还表现为长期为法律实践所遵循的法律原理、体现一国基本制度理想的宪法价值以及特定立法所致力于实现的特定规范目标。每一项立法都有其所寻求解决的法律问题,通过有关立法使社会生活中需要得到保护的某项或某些利益得到保护、并使这些利益与其他相关利益之间的关系得到平衡;而立法对这些利益在社会生活中的重要性的认识以及对用以平衡这些利益与其他相关利益的恰当方法的选择,都是以人类在长期的法律实践中对社会生活的重要价值及实现这些价值的方法所已形成的共识(在法律体系中凝结为法律原理)为前提的,且不能超越一国政治制度所已设定的价值框架,而这些法律原理和宪法价值又是以民众在社会生活中所形成的朴素的正义观念为基础的。

当法官需要回应发展了社会需求去完善和发展既有法律时,他并不是单纯去做所谓的社会学思考——将几种可选的案件解决方式的社会后果与社会目的相比照,然后选择其中最符合社会目的那种为正确的裁决。他必须首先考虑,为妥当地解决眼前的案件而需要对之加以补充和发展的法律,其真正目的是什么? 只有在确定了特定法律的规范目的后才有可能进行漏洞的填补或法律的续造。在确定法律目的的过程中,他不仅要用历史的方法去确定立法者的意图,还要参照法律的内在体系和宪法价值去把握内含于既有法律秩序的评价标准;而且上述法律思考都应在既有法律文本的意义脉络(即外在体系)中进行。③ 同时,上述有法律目的的考虑还需要结合在案件事实的审理中所展现出的社会习惯和民众正义观,作进一步的价值变迁方面的考虑,才能最后确定法律的规范目的和规范意义。

---

① 相关内容可参见欧根·埃利希:《法社会学原理》,舒国滢译,中国大百科全书出版社 2009 年版,第 476—478 页。

② 卡尔·拉伦茨:《法学方法论》,"引论",第 21 页。

③ 是否脱离法律文本作有关价值评判方面的思考是司法活动区别于立法活动的关键所在。司法与立法都需要就法律规范事项所涉及的利益进行衡量,但司法所做的利益衡量并非如立法一样可以脱离法律文本对相关利益做出独立的评判,司法过程中的利益衡量实际上只是法官用以确定既有法律秩序所已作出或应该作出的相关评价的一种法律方法。

　　法官通过法律目的考虑所最终获得的适用于待决案件的裁判规则,不仅要符合社会发展了的需求,更要与支撑既有法律秩序的价值体系和既有法律规定相一致。而且,更为重要的是,法官在解释和适用法律时所作的目的考虑必须始终在由法治的内在要求所设定的框架内进行,用富勒的术语,就是在程序自然法的范围内进行。因此,法官在做上述有关价值评价的法律认识时,并非只涉及实体性价值,还涉及程序性价值。这些限定了实现实体价值的妥当方法的程序性价值也限定了思考实体性价值的合理范围,从而增加了价值评价的理性内涵。由此可见,法律目的的确认过程是一个可以理性讨论的过程:法官在处理特定案件时所作的目的考虑可以通过裁判理由的这一载体为其他法律同行所共享——他们既可以对法官意见的合理性作出自己的评判,也可以以此为基础作更进一步的相关思考。通过这样一个不断向未来开放的讨论和交流过程,法律与社会一起不断成长和发展。

　　由于社会不是以静止的方式存在,用以调节社会的法律也不可能是静止的;法治对确定性、一贯性和统一性的追求是在动态中实现的。法律目的是将法律与社会联系在一起,并在动态中保持法治的确定性、一贯性和统一性的关键所在。① 因此,以维护法律为己任的法官只有自觉运用目的解释方法去理解和适用法律,才能很好地履行自己的职责。司法为追求法的安全性而固守形式主义方法——放弃对社会需求的积极回应、放弃目的解释——是舍本求末的做法。"法律的终极原因是社会的福利。未达到其目标的规则不可能永久地证明其存在是合理的。"② 尽管因形式主义方法而产生的不合理的裁判结果可以诉诸形式正义来得到辩护,但若这种不合理长久地持续,必将导致民众对司法的普遍不满意和不信任。法治作为一种规则之治,它总是体现或反映了社会生活的共同需求。在司法过程中,法官既要维护规则的稳定性、统一性,又要保证规则适用结果符合公众对法律公正的期待。正因为如此,法律方法不可能只是单纯逻辑的,而是必然包含有逻辑、历史、习惯、效用、衡平等多种因素的综合方法——法学方法论所列举出的各种法律解释方法也并不是可依据一定位阶关系排列的相互独立的方法,而是"自始就交结在一起的"、"相互补充、支撑"、共同发挥作用的构成综合法律方法的不同要素。③

---

　　① 从这个角度讲,目的方法就是广义的法律解释的社会学方法。
　　② 卡多佐:《司法过程的性质》,第39页。
　　③ 对于这一点法学家们在阐述法律解释方法时已多有强调(参见卡尔·拉伦茨:《法学方法论》,第200、207页;王泽鉴:《法律思维与民法实例——请求权基础理论体系》,中国政法大学出版社2001年版,第240—241页)。

四、司法与民意关系的两种状态及我国的现状

通过上述对司法与民意关系的两面性——一致性与冲突性——以及冲突的两种表现形式的分析,我们可以得出如下结论:司法与民意关系的总体趋势应该是一致的,这是由法律的社会基础以及法治所追求的正义目标所决定的;但在总体一致的趋势下,司法与民意又总是伴随着某种程度的紧张和冲突,这是由法治自身的内在紧张所决定的。在正常的法治秩序下,司法与民意的这种紧张和冲突是暂时的、局部的,秩序内部健全的制度和合理的方法使其拥有缓和这种紧张和冲突的有效调节机制,从而使两者关系在紧张和冲突中趋于一致;司法与民意的这种既统一又对立的关系使两者的现实形态往往呈现出"基本一致——出现明显偏离——再回到基本一致"这样的螺旋过程。倘若司法与民意间的紧张和冲突是由不健全的司法制度或落后的法律方法造成的,也就是在既有的法律秩序内部缺乏有效的调节机制去协调两者的紧张和冲突,使其回归基本一致,那么这种紧张和冲突就不再是暂时的、局部的,而是全面的、持久的,此时的司法与民意关系已偏离了正常状态。

由此,我们可以进一步将司法与民意的冲突关系归结两种性质不同的状态:常态关系与非常态关系。在常态关系中,司法与民意表现为"若即若离"的关系:从远距离看,两者呈现为一致关系,从近距离看,两者又常常表现出某种紧张和冲突的关系;正是这种既冲突又一致的关系推动着法治不断趋于完善。在非常态关系中,司法与民意的关系一直处于明显的对立状态;在现实生活中,这种非常态关系往往表现为:民意对司法表现出整体的不信任,①司法与民意处于长期的分离和对立状态,司法权威出现了危机;而持续的司法危机又将最终危及法治的基础,并使法治事业遭受挫折。

当我们面对司法和民意冲突的现实问题时,首先需要区分两种不同类型的冲突关系:常态的与非常态的。前者是由法治自身的局限所造成的,因而也是任何现实的法治形态所无法避免的;后者是由法治的不健全所导致,只有通过健全法制才能根本性地解决问题。

就我国目前司法与民意的冲突关系而言,尽管明显和激烈的冲突只表现在那些具有"公案"性质的特殊案件,而导致民意在这些公案中表现出与

---

① 譬如,民众对司法的普遍看法是"权大于法"、"打官司就是打关系"等。

司法的冲突具有深层的社会结构原因,①但社会公众如此频繁地对未决和已决的司法个案进行热烈讨论和评议,本身就已表明了司法与民意关系的不正常。首先,在广泛的讨论和评议背后隐含的一个基本事实是:民众对司法的普遍不满和不信任。尽管导致民众产生这种消极情绪的原因有很多,②但其中最根本的原因应该是民众直观感受到的司法不公现象。由于民众心理长久积聚着这种消极情绪,司法才会成为因社会结构不合理而产生的民众怨恨情绪的渲泄口。在社会的根本制度没有受到民众质疑的前提下,司法本应成为缓和社会矛盾的有效装置(这也应该是法治之所以被广泛推崇的原因所在);但我们的司法机构却因公信力不足而无力担当这个重要角色。其次,在这全民热议个案的现象的背后存在着一个明显错误的认知导向:司法与民意必须保持完全一致;司法在任何时候偏离民意都是不正常的。③ 这种观念是违背司法自身的运行规律的。前文已具体分析了司法在正常运行的前提下也会出现偏离民意的情况,因此司法只能将与民意保持一致作为自身努力的目标,但要完全保持一致不仅是不现实的,而且还会损害司法自身的正常运行。

客观存在的司法不公现象与司法和民意关系上的错误观念导向④互相作用使司法与民意的关系日渐偏离正常的轨道,而社会转型所引发的结构性问题无疑又加剧了这原本就已存在的不正常状态。一方面,制度上的某些缺陷导致司法裁量权运用的任意性,并因此滋生出具有一定普遍性的司法不公现象——法官受社会权力的胁迫或金钱的腐蚀而枉法裁断;⑤同时,方法上的简单和机械也催生了一批违背社会生活常情常理的不公案件,这

---

① 对此更具体的讨论可参见孙笑侠:《转型期的司法与民意》,载《浙江社会科学》2010 年第 3 期。

② 王亚新教授认为民众对司法普遍怀疑和批评是旧的审判方式不适合因改革开放而改变的社会条件的结果:一方面,"程序的展开和处理结果在审判人员的裁量下高度个别化",另一方面,"缺少某种外在客观标志来判断其是否具有妥当性、正确性",从而产生一种"黑箱效应"——"当事者以及社会上的一般人总可能怀疑纠纷的处理因审判人员的能力、素质或人格方面的问题而遭到扭曲,并因此感到不安"(王亚新:《论民事、经济审判方式的改革》,第 19 页)。

③ 有学者主张"司法应与民意保持距离"应该也是针对这一错误导向而提出的。

④ 当然,在司法与民意的关系上还有另一种错误的观念导向,即认为民意在法律上的体现是通过立法实现的,而司法只要严格依法办事就能实现司法与民意的一致,因此司法没有必要对民意作出直接的回应。这是一种由静止法律观衍生出的对"司法消极"或"三权分立"的机械理解,这种观念很容易导向法律方法上的机械主义和形式主义,这种法律方法对法治实践的危害在社会转型期尤为明显。

⑤ 有很多学者将司法不公和司法腐败的原因归结于司法不独立,这种认识只看到了我国司法制度缺陷的一个方面——对法官独立裁判的制度保障不足,而忽视了它另一方面的缺陷——对当事人参与裁判过程的保障不足。

更加深了民众对司法不公的直观感受。另一方面,被结构性矛盾放大了的民众对司法的不满情绪使得民意监督司法具有现实的合理性,强大的舆论监督加上紧迫的政治需要迫使原本就薄弱的司法制度不得不放弃自身应有的运行轨道,这不仅使司法部门完善自身的努力受挫,还因此产生了另一种司法不公现象——司法屈从于民意而枉法裁断。

无论如何,我国目前司法与民意的紧张和冲突关系不是一种常态的关系。导致司法与民意陷入这种非常态关系的根本原因是司法裁判的制度设置和法律方法偏离了法治的内在要求:制度设置的不合理使裁判过程自身的正当性机制被扭曲,从而导致司法公正无法得到保证;而司法实践中过于简单的法律方法生产出粗暴生硬的裁判结果,这种貌似合法的结果因脱离现实而缺乏合理性,并最终伤害民众对法律的情感。要扭转司法与民意的这种非常态关系,唯有借助更为坚决、更为彻底的司法改革,即回到导致司法与民意陷入非常态关系的根源上——司法实践在制度和方法上所存在的根本问题——寻找解决问题的办法。只有当司法的制度和方法能够确保司法与民意在总体上的一致,民众才能对因法治自身的缺陷而不可避免要出现的司法对民意的偏离持包容和理解的态度,司法也才能摆脱目前成为各种社会矛盾"替罪羊"的处境。

五、与司法改革相关的一些思考

在当今司法民主受到高度重视的大环境下,司法改革不能不考虑司法民主这一重要社会价值。如何在司法制度和方法的完善中实现司法民主恐怕是司法改革所面临的重要议题,它关系到改革能否顺利进行——能否赢得全社会的理解和支持。在这里,什么才是真正的司法民主是一个十分重要的问题。

司法民主是一种实现方式和途径都与政治民主有明显不同的独特民主。政治民主主要通过民众参与选举的途径实现,其实现民主方式是少数服从多数。这种民主的合理性在于:大多数人的意见一般而言总是更接近真理;大多数人的利益也总是更能代表社会公共利益。但这种民主也有其自身的缺陷,这就是多数人的意见有可能不是出自理性的判断,而是为某种非理性的情绪所控制,甚至可能被某些利益集团所操控,这就使得政治民主有产生多数人暴政的可能。而司法民主是一种基于理性讨论的民主,且这种理性讨论有特别严格的程序保障——必须确保利益相关人获得充分的理性论辩的机会,而对相关利益的最终决定必须基于由利益相关人共同参与、由无利益关系的中立裁判者主持的理性讨论。司法裁判的制度设置就是这种程序要求的具体体现，"它对理性论辩在人类事务的作用作出了形式的、制度的表达"，并因此"具有了其他社会秩序安排所没有的理性成分"。① 正是这种对决定的理性基础的特别保障使司法民主能够弥补政治民主的缺陷，也使司法具有稳定社会秩序、实现社会正义的特殊功能。

司法民主的特殊性决定了司法机构吸收民意的途径和方式与政治机构有所不同：②它只能在个案的裁判过程中通过案件当事人③的法庭理性论辩以及法官在裁判文书中对裁判结果的说理论证来获取和吸收民意。具体地说，司法吸收民意的途径是案件当事人参与裁判过程并就作为个案裁决依据的事实和法律展开理性论辩，而司法吸收民意的方法是法官将当事人的合理论辩结合到他对案件事实的认定以及对法律的解释与适用上。因此，司法吸收民意必须通过严格的制度通道，由符合裁判过程内在要求的程序设置来保障民意的表达。如果抛开特定的制度通道，由大众传媒或行政管理途径来向司法传递各种民意，司法民主不仅失去了其本来的意义，而且其自身也会陷入与政治民主同样的问题——多数人对少数人的不公平，同时还为各种社会权力打着民意的幌子干扰司法打开了便利通道。而司法最终实现对民意的吸收还需借助于法官高超的法律技艺——用妥当的法律方法将民意吸收进法律体系。

在这里，也许有必要提一下由新实证主义代表哈特所提出的一种司法理论，其中蕴含了司法吸收民意的方法。哈特首先把法律分为两部分：意义明确的法律规则核心区和意义模糊的法律规则边缘区。然后，在此基础上提出了自己的司法理论：如果法官处理的案件是法律规定的标准情形，即属于核心区范围，那他必须严格依照法律作出裁判；而如果法官所处理的案件不符合标准情形，那他就被赋予了依据社会目的、效果和政策造法的自由裁量权，在这里他不再受法律的约束。④ 哈特的理论目的是希望通过调和传统

---

① Lon. L. Fuller，"The Forms and Limits of Adjudication"，Harvard Law Review 92(1978—1979)，pp. 366—367.

② 对于法律机关与政治机关回应民意的不同方式，褚国建博士已有论及（详见《法院如何回应民意：一种方法论上的解决方案》，载《浙江社会科学》2010 年第 3 期）。

③ 在这里，案件当事人就是其利益将受案件结果影响的某一类社会公众的代表。在西方法治实践中，为了使这一代表更具实质性，创设了"法庭之友"的制度，帮助法院在更全面地掌握案件相关问题的各种资讯的基础上作出正确的裁判。但是，任何以法庭之友的身份向法院提交的书面陈述都必须送达案件当事人，以便他们对此作出回应。

④ 参见 H. L. A. Hart，"Positivism and the Separation of Law and Morals"，Harvard Law Review 71(1958)，pp. 607—614. 哈特：《法律的概念》，第 124—146 页。

法学的形式主义和现实法学的规则怀疑主义这两种极端主张,在承认法律开放性的同时仍能将意义明确的法律规则置于支配司法活动的主导地位、以满足法治对法律稳定性和确定性的需要,从而挽救现代法治因现实主义法学对形式主义过于猛烈的批判而陷入的危机。但是,哈特的理论努力却是徒劳的。确实,任何一个法律体系都应该存在一个意义明确的核心区,否则法律也就无法为人们的自我引导的行为提供一个基准;但就法官处理的案件而言,完全属于核心区的却是少数。但凡进入法院的案件,当事人、律师或法官对可适用的裁判规则总是存在或多或少的争议,即使不完全属于边缘区的案件,也往往是无法在审理之前就确定是否属于核心区的案件。这样,法官就极有可能将那些是否属于边缘区尚不确定的案件都作为边缘区案件来处理;而根据哈特的理论,法官在处理边缘区案件时不再受法律的控制,这就使得法治虚无的危机仍然无法得到有效解除。

哈特对于"法官从事创造性司法活动如何受法律约束"这一问题的解决方式仍然是形式主义的。他试图通过区分法律规则的核心区和边缘区,并赋予前者在司法活动中的主导地位,将目的解释方法排除在常规的司法活动之外,从而继续将逻辑演绎的方法保留为最正统的法律方法。同时,他又将法官在适用边缘区法律时所考虑的目的、后果、政策视为法外因素而排除在法学理论应该探究的范围之外,从而使创造性司法活动成为法律方法的失控区。由于目的解释方法被排除在正统的法律方法之外,司法实践中唯一可利用的法律方法只能是概念分析和逻辑演绎;当这种方法不能适应社会发展的需要时,法官就只能采用纯粹的社会学意义上的利益衡量和后果考虑。[①] 其结果是:要么因形式主义而使法律陷于脱离社会实际的僵化,要么因背离合法性原则而迷失法律性。显然,哈特的司法理论既无益于法治的维护,更阻碍了法律方法的进步。

只要我们承认法律具有社会性——法律应社会的需要而产生并随社会的发展而发展,那么,在理解和适用法律时,目的解释方法就是不可缺少的。[②] 即使在意义明确的法律规则核心区,目的解释也潜在地发挥作用。我们之所以可以从法律规则直接导出裁判结论而无须诉诸法律目的的解释,要么是因为显而易见的法律目的使有关法律规定的规范意旨十分明确,要么

---

① 这些方法只能称为裁判方法,而非法律方法。

② 耶林将"目的"视为法律解释的最高准则(参阅杨仁寿:《法学方法论》,中国政法大学出版社1999年版,第83页),而富勒在批判哈特有关法律规则核心区和边缘区理论时更是明确强调法律目的解释的重要性[详见 Lon L Fuller, Positivism and Fidelity To Law, Harvard Law Review 71 (1958),第662—668页]。

即使法律目的是双重或多重,但对于某些案件而言,无论其寻求的目的是哪一个都属于有关法律的规范对象。而对于意义模糊的法律规则边缘区,对法律背后的目的结构的深入广泛的探讨,不仅有利于相关疑难案件的合理裁判,还可以借此(在对有关法律目的认识上达成某种一致后)扩大法律规则核心区的范围。假如以理性论辩为特征的裁判过程撇开对法律目的的讨论,无论是后果论辩,还是原则推理都将失去法律的特征而变成纯粹功利或道德上的论辩,由此得出的裁判结果当然也无法满足基本的合法性的要求。如果我们想保持法治应有的品格以及它相比其他秩序模式的优越性,司法过程中的目的考虑就不能直接引用社会目的来替代法律目的。

同样,在司法与民意的关系上,我们既不能借口法律过程的独特性而拒绝民意的进入,也不能为体现司法民主而将民意直接作为裁判依据——而是要通过法律目的解释将民意吸收进对法律目的结构的新认识,并依据新确认的法律目的形成新的可一致适用的法律规则,来实现对民意的吸收。总之,目的解释方法是司法发展法律的重要工具,也是司法吸收民意的基本方法。法官对裁判结果的说理和论证过程其实就是一个运用目的解释方法将合理的民意结合进既有法律体系的过程,这同时也是法官运用法律方法填补法律漏洞、从而完善和发展法律的过程。通过审判过程的公开和判决书的公开,法官是否正确理解了民意、是否正确把握了法律都可以按照法律共同体所共同接受的法律方法和合法性原则进行事后检验。①

目的解释不仅是现代法律方法的重要组成部分,而且对于判决书公开充分发挥其制度监督作用也是十分必要的。假如判决书说明理由不涉及对法律目的的讨论,那么法官除了生搬法律条文来论证自己的是裁判结论外就无法真正地说理论证;而缺乏说理的判决书即使公开了也无法使裁判结果接受社会的公开监督,因为人们无法从中了解:法官是如何理解法律的,又是如何将法律适用于事实的,更无法判断法官是否真正听取了当事人的理性论辩并以此为依据作出裁判。这就使得司法公开失去了其本来的意义,也使裁判过程的正当性无法得到保障。

确实,法律目的是多元的、复杂的,因而不可避免地带有一定的不确定性;但这并不意味着目的解释可以任由法官主观随意作出——目的解释借助于体系方法、宪法方法、历史方法也可以具有相当的客观性和确定性。而且,目的解释并非一定要诉求法律的终极目的——目的解释本身就是一个

---

① 美国法学家富勒在其《法律的道德性》一书中列举出了八个合法性原则,但合法性原则也许不止这八个,这有赖于法律实践家和理论家的集体探索。

使法律目的不断得到明确的过程。也就是说,目的解释并非只有在获得十分明确的终极目的后才能进行——抽象的因而内涵模糊的法律目的也可以为法律思考提供方向性的认识。当然,目的解释并非单靠裁判法官就能完成的。它需要法学理论界的积极参与——通过对产生疑难案件(包括假想案件)的有关法律规定背后复杂的目的结构的研究为法官进行目的阐释提供理论参考;同时还需要案件当事人及律师在案件审理过程中结合案件事实对相关法律旨在实现的目的展开充分的讨论;甚至还需要其他学科共同参与对法律制度背后推动特定法律制度产生和发展的人类共同目标的探讨。

将上述对司法民主及法律方法的讨论再结合到我国具体的司法实践中进行分析,应该可以基本明确司法改革的方向和目标。对于我国目前司法与民意的冲突现象,需要首先反思的是:现有的司法制度是否为民意进入司法提供了合法的途径——案件当事人参与审判过程以及裁判员的中立立场是否在程序上得到了充分的保障?裁判法官是否装备有将民意结合进法律的先进方法?

既有的司法改革确实已经在司法体制和审判程序方面取得了很大的成绩,但改革远没彻底。案件当事人在庭审中的论辩权利没有得到保障、当事人在庭审中的论辩不被法官重视从而使论辩流于形式、裁判与调解混合的程序安排致使裁判员的中立得不到保证等问题仍然存在,有的地方可能还相当严重;对审判过程起很大监督作用的司法公开因判决书表述的程式化和说理的欠缺以及判决书公开的制度化还没形成而没有真正发挥保障程序正当的作用。制度改革上的不彻底使得司法不公问题没有从根本上得到解决。同时,由于制度改革没有与法律方法上的改进相配套,导致一些个案虽经过公正的审判程序却得出了不合常理、常情的结果。司法腐败与司法幼稚在一定程度上的交织和并存使得司法的权威面临很大的危机,这不仅影响司法的效率,而且还危及司法自身的正当性。

提高效率无疑是司法改革的目标之一,但只有将效率问题放到建立裁判正当性机制(依裁判过程的内在要求)的过程中去解决,才不会在解放效率的同时又产生因制度缺陷而滋生腐败的问题。在建立裁判自身的正当性机制上,充分保障当事人在诉讼过程中的辩护权以及确保法官在裁判过程中的中立态度、判决书的说理和公开从而使已决案件接受社会公众的评议是其中最为重要的制度要求。陪审员制度、"法院之友"制度通常被认为是司法吸收的民意或者体现司法民主的重要制度,而实际上它们只是为了使"当事人参与"、"裁判中立"这两个裁判过程最根本的要求得到更好的体现——法院之友可以弥补当事人对案件相关的法律和事实了解不充分的缺陷，而陪审员制度则是为了更好地确保裁判的中立和客观。因此，这些附属性的制度只有在符合裁判过程内在要求的前提下运行才是有意义的。一旦它们的运行破坏了裁判过程的内在要求，它们就失去了本来的意义。"法院之友"在西方法治国家运行得非常成功，没有出现影响司法独立这样的现象，那是因为在这些法治发达国家"裁判的中立"有着很好的制度保障；在我国这样一个司法制度不甚健全的法制后发国家贸然引进"法院之友"制度，结果可能会弊大于利。

总之，司法改革既要关注效率问题，更要注重裁判过程的内在要求——像司法独立、司法公开这样一些重要的程序价值只有放到裁判过程的内在要求的层面上去理解和实施才能避免因制度改革不彻底而可能产生的副作用。司法改革既要在制度层面上，同时还要在方法层面上展开——只有采用目的解释方法去理解和适用法律才能从根本上避免因机械适用法律而产生不合理判决的情形。否则，因方法不当而产生的消极效果将抵消制度改革所带来的积极成果，同时裁判自身的正当性机制还会因不合理裁判结果的不断产生而遭到破坏。

"民意吞没司法"、"司法拒绝民意"是司法与民意冲突的非常态关系的两种极端表现形式。司法制度上的缺陷为"民意吞没司法"留下了可能的空间，而法律方法上的形式主义倾向则往往会产生"司法拒绝民意"的后果。司法与民意关系的正常化，一方面有赖于制度的完善——为民意进入司法提供符合裁判过程内在要求的制度通道，另一方面有赖于方法的改进——通过法律方法的改进使法律跟上时代的步伐。如果在司法实践中能够确立起合理的制度并拥有妥当的方法，那么，司法与民意的紧张和冲突问题虽然不能完全消除，但它肯定不会成为一个具有持久性和整体性的问题。而司法与民意间暂时的、局部的紧张和冲突不仅是一种正常的法治形态，而且对法治的进一步完善还具有积极的推动作用。

裁判与调解的功能差异及其在制度设置上的启示[*]
——以程序自然法为视角

摘　要：裁判与调解是具有不同运行环境和方式、实现不同秩序功能的纠纷解决方式。它们的有效运行取决于纠纷当事人参与纠纷解决过程的特定方式能否得到保障以及作为第三方的裁判者或调解者的角色要求能否得到满足。裁判与调解不同的秩序功能以及确保各自秩序功能得以实现的必要条件，为明确两者在纠纷解决体系中的相对地位以及相关制度的设置提供了程序自然法上的依据。

关键词：裁判；调解；纠纷解决

一、前言

　　新中国成立以来，调解与裁判一直是我国法院处理民事案件的两种方式。20 世纪 80 年代以前，"调解为主"是法院审理民事案件的基本原则。80 年代后，由于改革开放对法制建设的迫切需要，"调解为主"的原则开始遭学界的质疑。1982颁布的《民事诉讼法（试行）》将这一原则改为"着重调解"的原则，其目的在于提高裁判在整个司法制度中的地位，并借此加快法制建设的步伐。但"着重调解"原则的施行并未改变司法实践中存在的"重调轻判"的倾向，学界的质疑声依旧。1991年正式施行的《民事诉讼法》以"自愿合法"、"及时判决"这两条原则替代"着重调解"。此后，法院对民事案件的处理更多地倾向于以判决的方式结案；裁判作为确立和维护法治秩序的重要环节，其重要性似乎在司法实践中获得了普遍的认同。与此同时，全国各级人民法院程度不同地进行了民事审判方

---

　　* 本文是浙江省社会科学界联合会研究课题"诉讼调解与司法裁判的相容性研究"（2009Z01）的研究成果。

式的改革试点;强化庭审功能、强化当事人的举证责任、推行公开审判等这些改革举措使确保裁判正当性的程序要求开始受到重视。进入 21 世纪,由于法院判决的社会效果受到质疑,特别是在高上诉率、申诉率和执行难问题的困扰下,调解这一纷争的传统方式再次受到司法部门的重视,成为法院实现"案结事了"这一司法目标的重要手段。自 2002 年,最高法院出台多个司法解释强调法院调解的重要性,并在司法实践中逐渐形成了"调解优先、调判结合"的工作原则。然而,这一工作原则的确立并没有最终解决调解和判决在司法实践中的关系。"调解优先"是否意味着在两者的关系中调解处于更重要的位置? 还是仅仅意味着要"充分发挥诉讼调解的优势"?"调判结合"是对司法实践中普遍存在的调解过程与裁判过程合一做法的认可,还是仅仅意味着两者在司法实践中具有同等重要的地位? 或是仅仅意味着在司法实践中要"灵活运用调解和裁判的方式和手段"以实现"案结事了"的目标? 对于这些问题,司法解释并没有给出明确的答案。在一定程度上,司法实践部门仍然在摸索着处理调解与裁判的关系。① 而学界对于调解与裁判关系的认识一直存在着"重裁判"与"重调解"两种截然不同的立场,而对于诉讼调解制度的设置是否应该调审分离的问题虽争论已久,但仍未形成一致认识。调解与裁判在司法实践中到底孰轻孰重? 抑或同样重要? 如果它们是司法实践中两种不可或缺的纠纷解决方式,那么两者在制度设置上应如何协调? 对这些问题的模糊认识已在一定程度上成为司法改革全面深入开展的障碍因素,并因此妨碍我国法治建设的顺利进行。本书尝试从秩序原理的角度,也即程序自然法的视角,②分析裁判与调解在社会秩序形成中

---

①　有学者认为,在调判结合的审判结构中,调解与判决的相对地位完全由外部力量决定的(参见徐昀:"调解优先"的反思——以民事审判结构理论为分析框架,《学术研究》2010 年第 4 期)。

②　美国法学家富勒(Lon L. Fuller,1902—1978)为纠正分析实证主义与传统自然法在方法论上的缺陷,提出一种旨在超越两者的新理论视角——程序自然法或社会秩序自然法(也即秩序原理),即从人类赖以实现社会秩序的各种方法和技术的角度来讨论人类社会可能企及的理想秩序。富勒对程序自然法的讨论散见于他不同时期的著述[The Problems of Jurisprudence(temporary edition), The Foundation Press,1949. pp. 693—743;"American Legal Philosophy at Mid-Century—A Review of Edwin W. Patterson′s Jurisprudence, Men and Ideas of the Law," Journal Legal Education. Vol. 6 (1953—1954);"Positivism and Fidelity To Law", Harvard Law 17. Review 71,1958; "Human Purpose and Natural Law", 3Natural Law Forum 76, 1958; "Means and ends", in Kenneth I. Winston(ed.) The Principles of Social Order, Hart Publishing, 2001. pp. 61—78;The Morality of Law, Yale University, 1969. pp. 96—106],而且他对秩序自然法这一概念也没有作明确的界定。为了便于把握程序自然法的核心思想,本人在阅读和理解富勒相关文献的基础上将"程序自然法"简要地概括为"人类社会在选择特定秩序形式以实现其秩序目标时所必须满足的基本要求"。程序自然法作为一种有关秩序安排的制度性前提[富勒因此又将"程序自然法"称为"制度自然法"(Morality of law, Yale University, 1969. p.184)],为社会科学研究以及社会实践中的各种制度创设提供了一个可获得广泛认可的基本出发点。

所具有的特定功能以及实现此特定功能所必需的条件,从而为明确裁判与调解在现代纠纷解决体系中的相对地位以及相关的制度设置提供程序自然法上的依据,并因此在制度设置的合理性层面为司法改革的深入乃至法治建设的路径选择提供必要的理论支撑。

二、裁判与调解不同的运行环境及方式

裁判与调解是人类社会用以解决纠纷并形成一定秩序规范的主要方式。虽然两者都是由中立第三方与纠纷双方当事人共同参与的纠纷解决过程,但两者运行的环境和方式却是各不相同。

（一）调解赖以产生的社会环境及其运行方式

在一个主要依靠共识来调整社会关系、维护社会秩序的环境里,社会成员之间往往具有持续而频繁的互动;社会成员在需求满足高度相互依赖的前提下,通过不断的社会互动形成了使其成员的不同需求得到协调、从而使相互的共处和合作成为可能的默认的行为模式。这种默认的行为模式作为一种自发形成的社会规范在社会生活中发挥着协调关系、维护秩序的作用。当这种默认的行为模式被某些社会成员破坏,纠纷就会因相关成员的需求得不到预期的满足而产生。而纠纷的产生意味着原先被默认的行为模式需要给予重新地审视或确认。由于纠纷发生在具有持续而频繁互动的社会成员之间,纠纷所涉及的利益关系往往不是单一的,而是具有复杂性和多层性的特点——其中既有工具性关系的因素,又有情感性关系的因素,而工具性关系和情感性关系又有不同的层次且相互交叉。在这种情形下所发生的纠纷往往因有许多复杂因素纠结在一起而无法简化为一个或几个争点,而是常常表现为多重利益关系交互混合的多中心问题。[①] 在这样复杂的情形下,合理的纠纷解决结果只能由当事人双方通过充分的沟通和全面的利益权衡才能获得。一个对双方而言都乐意接受的合理结果应是通过双方都主动放弃于自己而言不太重要而对对方而言却是十分重要的某些利益,从而使双方利益都得到最大实现的结果。[②]

---

① 多中心问题最早由美国法学家富勒提出［Lon Fuller，"The Forms and Limits of Adjudication"，Harvard Law Review 92(1978—1979)，pp. 394—396］。

② 美国公共管理人和社会理论家 Chester Barnard 认为,作为"任何友好和建设性关系的良久基础"的人类交往规则是:"你尽可能给予对方于你而言具有较少价值但对接受者而言具有较高价值的东西,而接受于你而言具有较高价值但对给予者而言具有较少价值的东西"(Chester Barnard，*The Function of Executive*，Harvard University Press，1968，p. 254)。

这一在互惠互利的基础上达成的、能使纠纷双方都实现最大利益的纠纷解决结果的获得,需要双方都能明智地认识到各自不同的需求以及各种相关利益对于双方的不同价值,并找到可以通过互惠方式加以实现的、能使双方利益在这一关系中得到最大实现的最佳协调方式。但由于纠纷双方当事人不可避免存在的种种局限——如受个人情感因素的干扰使当事人对各种相关利益对于自己的实际价值缺乏足够理智的评价,或受个人知识的局限而使当事人对纠纷相关的各种利益欠缺全面的考虑,或因双方缺乏信任而不愿率先作出让与某些利益(以使对方的重要需求得到满足)的承诺等——使得双方的直接协商往往很难顺利进行并取得预期结果。这样,中立第三方的介入就变得必要。第三方的介入可以是主动的(当纠纷直接影响到群体的整体利益而使纠纷解决变得迫切时),也可以是被动的(当纠纷直接影响当事人的日常生活需求的满足时)。中立第三方的作用就是帮助纠纷双方克服各种妨碍纠纷解决的不利因素,包括消除双方的对立情绪以使双方能够以理性的态度面对共同的问题、帮助当事人更全面、客观地分析他在其中的种种利益、为双方当事人传递对方的真实意向以及对另一方的善意等等。这就是调解人的角色。总之,调解是纠纷双方在中立第三方的帮助下通过互惠协商就某种于双方都是最好结果的利益协调方式达成合意的过程。调解结果的正当性在于当事人在经过充分的协商和对话之后就相互关系的最佳协调方式所达成的合意。基于合意而形成的纠纷解决结果对双方所具有的规范作用更多地表现为某种内在约束力,它只有在被当事人从内心视为合理而自愿接受、从而转化为某种重塑双方相互关系的行为准则时,才能发挥它应有的调节作用。如果双方最终达成的调解协议中包含有某些未能真正体现合意的东西,那么它往往不能真正有效地调整双方未来的关系。

(二)裁判赖以产生的社会环境及其运行方式

当社会成员的互动不足以形成用以协调相互关系的共识时,某种调节社会关系的明确的规则就会以某种方式被创造出来并要求社会成员遵从。规则产生的方式通常有两种:一是由公认的社会权威设定;二是通过裁判纠纷的过程将社会生活的某些具有普遍性的行为模式规则化并赋予权威的形式。这种用以调整社会关系的被明确宣布了的规则,其最基本的特征是一般性,即对所有类似的情形作同样的处理。这也是规则具有要求人们遵从的正当性来源之一。规则的一般性特征决定了它适合调整的社会关系只能是某种相对单一的利益关系,即对这一利益关系的调整对当事人的其他利益没有直接或太明显的关联。在单一的利益关系中,纠纷双方的利益是对立的,一方的利益获得就意味着另一方的利益损失。规则对各种社会关系的协调方式就是为各种冲突利益划定明确的界线——规定在何种情形下一方需要为另一方的利益实现放弃自己的利益要求（即规定某种利益要求需要在何种情形下止步）。规则将某些具有典型性的社会关系简化为权利义务关系：处于特定社会关系中的人们，当一方被认定为拥有权利时，另一方就需要为对方的权利实现相应的义务。如果规则对处于某种特定社会关系中的社会成员在什么情形下何者享有利益或权利、何者需放弃利益或相关义务，规定得不够明确或是根本没有规定，纠纷就会因关系双方的利益争夺或权利义务不明而产生。

对于此类双方利益完全对立、一方得到就意味着另一方失去的纠纷，往往因当事人之间缺乏以对话协商的方式解决纠纷的社会基础而需要由享有社会权威的中立第三方对它进行裁判。① 裁判的过程既是一个适用规则的过程，也是一个创造规则的过程。通过对纠纷的裁判，社会生活中既有的规则体系得到了进一步的明确、补充和完善。裁判者之所以拥有对纠纷进行裁断的权力或是当事人愿意将纠纷交给第三方来裁判，主要是因为纠纷当事人相信：裁判者可以凭借他个人的品质、知识和经验将他们双方存有争议的权利义务关系，放到由社会生活中既已接受的规则体系以及体现规则体系核心价值的原则所构成的一般框架中以规则的方式加以明确，从而使自己的利益得到公正的对待。通过裁判过程被明确了的有关纠纷双方的权利义务关系应该具有某种公正和客观的性质。裁判者为了使自己对纠纷的裁断具有客观性，必须对纠纷本身有充分了解：他必须向纠纷当事人了解纠纷所涉的事实，以及双方在纠纷中各自主张权利的理由。为了更好地鉴别当事人陈述的真实性和合理性，裁判者还必须直接听取当事人的陈述，并允许双方当事人就各自提供的证据和理由展开对质和辩论。同时，为了使自己的裁断具有公正性，裁判者必须避免使自己的判断受可能产生的偏见的影响：不与任何一方作单独的私下接触以免产生情感偏向；不主动介入对纠纷事实的调查以免产生先入之见；不与任何一方有情感或利益上的牵连。因此，裁判的过程既是一个由裁判者与纠纷当事人共同参与的辩明相关权利义务关系的过程，也是一个由中立第三方依据具有普遍性的规则对纠纷双方的冲突利益或权利义务关系作出具有强制力的决定的过程。裁判结果的正当性在于它是裁判者在听取双方当事人用以支持各自主张的理由和证据后，参照已有规则体系协调各种冲突利益的方式，从而对纠纷所涉的利益关

---

① 现代司法裁判是较为完善的裁判形式，这里所讨论的裁判也包括那些不尽完善但具有裁判过程基本特征的纠纷解决过程。

系以及可能的利益协调方式有较为全面的了解的基础上，对当事人双方存有争议的权利义务关系在认识可能达到的限度内以符合规则体系内在结构和相关原则的方式给予确定，并依此对何方拥有权利所作出的具有一定普遍性和客观性的决定。这个裁判结果不仅对于纠纷当事人具有一种外在的强制力，而且对纠纷以外的其他社会成员当他们处于与纠纷类似的情形时也具有实际的规范作用。

在不同社会环境下产生的纠纷具有自身不同的特点，这些特点决定了适用于它们的纠纷解决方式也有所不同。在调解与裁判这两种不同的纠纷解决过程中，无论是当事人及第三者参与纠纷解决的方式，还是各自所内含的正当性原理都各不相同。在调解过程中，纠纷解决的最终决定者是当事人，他们在对自身各种利益作全盘衡量的基础上达成一个于己于人都是最好的解决方案；而调解人只是在双方的互惠协商过程中起着沟通信息和情感、提出可选的解决方案等这样一些辅助的作用。在裁判过程中，纠纷解决的最终决定者是作为中立第三方的裁判，而当事人的作用是通过从各自有利于自己的角度以提供证据和理性论辩的方式向裁判提供合理解决纠纷所需的各种有关信息，从而帮助裁判在充分了解纠纷赖以产生的社会关系中具有哪些相互制约的利益以及这些利益能为社会所允许的实现方式的基础上作出明达而公正的裁决。

三、裁判与调解不同的功能定位及内在要求

裁判与调解各自不同的运行环境和方式决定了它们在社会作为整体的秩序形成中具有不同的功能。裁判所要实现的功能是依照既有的规则或原则明确纠纷双方的利益关系或权利义务关系，并通过纠纷的解决进一步确认和改进规则、具体化原则的适用，从而为今后同类纠纷的解决以及社会成员的未来规划提供明确的规则依据；而调解所要实现的功能是在社会成员所拥有的基本共识的基础上通过互惠方式获得一种对纠纷双方都最有利的关系协调方式，从而使当事人对今后双方应如何相处和合作达成一种新的共识，并依此重新调整相互的态度与倾向，同时也使社会的基本共识得到进

一步强化。①

　　裁判与调解其特定的秩序功能能否得到实现,有赖于确保它们作为特定纠纷解决过程得以有效展开、并获得具有规范约束力的纠纷解决结果所需的必要条件能否得到应有的满足,即当事人参与纠纷解决过程的特定方式能否得到保障以及第三方的角色要求是否得到满足。在裁判过程中,纠纷当事人参与过程的方式是:向裁判提出自己的利益或权利主张并提供支持自己主张的相关理由及证据,即以提供证据和理性论辩(或说理)的方式参与纠纷解决过程。② 作为中立第三方的裁判者的作用在于:在听取了双方从各自角度提出的论辩和证据后,依照具有普遍性的裁判标准对纠纷中的是非、曲直作出客观和公正的裁决。裁判结果的正当性既来自裁判者所享有的社会权威,也来自裁判过程中双方当事人所拥有的充分表达自己主张并提供理由和证据的平等机会以及裁判者对双方所提供的理由和证据的充分考虑。裁判者所享有的社会权威主要源自与他社会地位相一致的个人品质、阅历和教养,③如公正、睿智以及丰富的知识和经验,这是确保裁判结果具有实质正当性的重要条件。随着社会关系以及由此产生的纠纷的复杂多样,裁判者自身的权威越来越不能满足对裁判结果正当性的要求,这时,对当事人参与裁判过程的特定方式的程序保障成为裁判结果正当性的主要来源,因为它不仅是实质正当性的重要保障,而且其自身就能赋予裁判结果以正当性,即程序正当。

　　因此,要使裁判过程有效展开并获得具有规范约束力的纠纷解决结果,首先应保证纠纷当事人具有充分的机会来呈现他的主张、证据和理性论辩。这是裁判者全面把握争议所涉及的相关利益以及协调它们的合理方式,从而确定用以裁判当事人利益纷争的规则并依此作出公正判决的基本条件。其次,为使当事人的参与具有意义,并真正有助于裁判者作出正确判决,一方面裁判者要保持中立的立场,另一方面他必须根据当事人提出的理由和证据就双方当事人既已明确的争点作出判断。这就要求裁判者必须符合如下的角色要求:(1)必须具有理解当事人理性论辩的正常心智;(2)与纠纷当

---

① 　富勒从调解的功能去理解调解的本质特性,即"通过帮助当事人对他们的关系达成一种新的共识,一种将使双方重新调整相互态度与倾向的认识,来重新调整相互的关系"[Lon Fuller, "Mediation—Its Forms and Functions", in Kenneth I. Winston(ed.), The Principles of Social Order, Hart Publishing, 2001. p.160]。

② 　Lon Fuller, "The Forms and Limits of Adjudication", Harvard Law Review 92(1978—1979), pp.364—369.

③ 　这与为国家权力所支撑的权威有所不同。

事人双方都没有情感上或物质利益上的关联（不接受当事人的贿赂、不对当事人抱有偏见是其中最基本的要求）；（3）在判决结果中没有直接或间接的利益（甚至包括情感上的）；（4）不主动介入纠纷的解决（否则，裁判过程会演变成行政过程，从而使裁判过程自身的正当性原理遭到破坏）[①]；（5）作出的裁决应只限于递交给他的纠纷，而不试图对纠纷之外的当事人关系作出调整（否则，他就会陷入裁判过程并不适合解决的多中心问题，[②]其结果要么是裁判结果很不合理，要么为追求结果的合理而无限期延长纠纷处理过程）；（6）只能对纠纷当事人已有的纠纷作出裁判，而不能对将来可能出现的某种分歧或不和进行裁判（对于当事人还没有提出自己利益或权利主张的未来纠纷，无论是当事人，还是裁判都不可能有把握去理解它们可能涉及哪些利益以及这些利益应该以何种方式进行协调）；（7）只在当事人双方所提供的证据和论辩的框架内进行裁判（裁判只有在充分听取当事人所提出的利益主张以及为此而提出的论辩和证据的基础上才能对纠纷所涉利益有较全面的了解，也才能使作出的裁决具有说服力；超出这个范围的裁决将可能涉及某些裁判者并不了解的利益）。[③] 对裁判者上述七个方面的角色要求，加上当事人有充分的机会来呈现他的主张、证据和论辩，构成了裁判过程得以有效展开的内在要求。裁判过程只有最低限度地满足了这些内在要求才能使最后得出的裁决具有某种明达和公正的性质而拥有要求当事人服从的正当性，也才能使裁判结果成为今后类似纠纷处理的依据。在正式的裁判制度中，这些内在要求往往表现为纠纷解决过程特定的程序要求，裁判过程参与者是否以符合程序要求的方式参与裁判过程直接决定了过程及其结果的正当性。在司法裁判领域，这些使裁判过程具有正当性的程序要求往往以程序法的形式成为司法裁判正当性的合法性基础。

在调解过程中，纠纷解决最终方案的决定或选择权在当事人自己，而调解人的作用主要在于帮助当事人认识和理解双方在需求满足和利益实现上所具有的合作和共存的关系，并通过帮助他们真正领会互惠的含义来促使

---

① 从这个角度讲，英美法体系的诉讼程序比大陆法体系更符合裁判过程的正当性原理。

② 对于这些没有明确争点的多中心问题纠纷，比较合适的解决方式是当事人之间进行平等的协商谈判，或是采用行政手段予以解决——即依据社会治理目标在综合衡量各种相关利益的基础上提出可行的解决方案。

③ 参见 Lon Fuller, *The Problems of Jurisprudence*, (temporary edition), The Foundation Press, 1949. pp. 706－707；Lon Fuller, "The Forms and Limits of Adjudication", Harvard Law Review 92(1978－1979), pp. 364, 381－393. 尽管英国的大法官和法学家柯克早在 17 世纪就对于裁判过程的内在要求有所论述，但对它作自觉而全面的阐述是美国法学家富勒。

双方接受一种相互尊重、信任、理解的关系,从而促进双方的互惠协商的进程。对于纠纷的最终解决方案,调解人最多拥有建议权,他无权向当事人强加自己对纠纷的判断。由于纠纷当事人在最终的解决结果上拥有决定或选择权,这使纠纷解决结果具有某种自然的正当性。因此,在调解过程中,确保双方当事人真正拥有自主决定权是调解结果正当性的根本保障。这种保障主要体现在双方调解过程中真正具备进行自主平等协商的条件。一方面,在调解赖以进行的制度环境中应确保双方当事人都拥有可替代的纠纷解决途径和需求满足方式,从而确保任何一方当事人不至于因无其他选择余地而被迫接受对方或调解人强加给他的解决方案;另一方面,调解人作为中立第三方能够有效填补双方当事人在谈判协商能力上所存在的差距,从而使双方都能真正了解和表达自己的实际需要和根本利益。

因此,要使调解过程有效展开并获得具有规范约束力的纠纷解决结果,首先应保证纠纷当事人拥有某种纠纷解决方式的选择权,以确保双方当事人在调解过程中以合理的方式展开自主协商。① 否则,在调解过程中处于弱势的一方难免会受到另一方的强制。在现代法制社会,当事人的选择权主要通过诉讼权的充分保障来实现;而在传统非法制社会,当事人的选择权主要依靠权威的决断来实现。其次,为了确保调解人能有效地发挥其沟通协调的作用,当事人双方与调解人之间必须具有一种信任关系,只有在这个基础上调解人才有可能帮助纠纷双方确立一种自主协商得以有效展开所必需的合作态度。这就要求:(1)调解过程的开始必须以当事人双方的自愿接受为前提。即使是调解人主动介入纠纷解决的情形,当事人接受调解也必须基于当事人之间的相互依赖以及双方在相互关系协调上对调解人的需要。只有这样,双方当事人才能在调解过程中以自愿合作的态度配合调解人有效开展调解工作。如果缺少这个基础,调解过程的展开及结果的获得只能借助于调解人所拥有的权威资源,从而导致以自主解决纠纷为特征的调解过程向以权威判断或决断为特征的纠纷解决方式演变。(2)调解人对纠纷双方应没有情感上的偏向。为了赢得纠纷当事人对调解人的信赖,他必须

---

① 有时,当事人在面对调解人提议的解决方案时会感到一种无形的压力,这主要来自既有社会规范以及社会为维持正常秩序而解决纠纷的需要。这种压力对于某些不能明智地看待自己利益的当事人还是必需的,它为当事人的自主协商提供了一个大致的方向。另外,调解人个人拥有的权威以及资源也会成为当事人不得不接受调解人建议方案的压力来源;但此种压力从另一个角度讲也体现当事人与调解人之间的某种互惠关系,而它又成为形成当事人之间互惠关系的前提条件。但只要当事人拥有其他纠纷解决方式的选择权,他对调解方案的接受仍可视为是在权衡个人利弊得失的基础上所作出的自主决定。

能够同时站在双方当事人的角度考虑他们不同的需求和利益,并以自己充分尊重当事人感受需求和评价利益的特定方式来引导纠纷双方尊重和理解对方的需求和利益,从而以明智和合作的态度展开互惠协商。(3)调解人应具备相当的沟通协调能力。为了使双方的互惠协商有效展开,他必须帮助当事人消除相互间通常存在的情感对立以及在共同需求上的认识分歧。(4)调解人还应具备相当的观察分析判断能力。调解人以自己的敏锐、细致去捕捉和洞察当事人在需求和利益上的不同态度和倾向、并帮助当事人分析判断实现其个人利益的最佳方式,从而为发现协调双方未来关系的最佳互惠模式——一个充分体现双方不同需求和利益、从而能为双方从内心接受的调解方案——提供切实的帮助。(5)以私人、安全的方式与当事人作深入全面的沟通。调解的最终目的是帮助当事人形成一个"协调他们将来关系的可行框架"①,因此调解不能只限于关注某个直接引起纠纷的争点,而是要关注影响双方正常关系的方方面面,从而为双方在将来建立友好合作的关系找到可靠的基础。要了解和掌握当事人在个人需求和利益上的真实想法,调解人除了要赢得当事人的信任外,还必须让当事人处于一个没有压力和顾虑、不受外界干扰的环境,而且在未形成实现互惠的可行方案之前不能过早披露任何一方的具体态度和需求。调解人在上述五个方面的角色要求,加上当事人拥有纠纷解决方式的选择权,构成了调解过程得以有效展开并产生有意义的结果的内在要求。调解过程只有最低限度地满足了这些内在要求才能使最终达成的调解方案真正体现当事人的真实意思,也才能使调解结果真正成为协调当事人将来的关系的可靠基础。

裁判与调解不同的秩序功能以及确保各自功能得以实现的内在要求,构成了它们作为一种社会制度而存在的目标或理想,因而也是相关的制度设置必须予以考虑的基本依据。如果对这些内在于制度的目标或理想缺乏认真的思考和清晰的认识,那么,即使怀有良好的愿望也不能使这些制度发挥其应有的作用。②

四、裁判与调解的功能互补以及它们在法制社会的地位

裁判与调解各自不同的内在要求作为确保它们正常发挥秩序功能的必

---

① Lon Fuller, "Mediation—Its Forms and Functions", in Kenneth I. Winston(ed.), The Principles of Social Order, Hart Publishing, 2001. p.160.

② 参见 Lon Fuller, "The Forms and Limits of Adjudication", Harvard Law Review 92(1978—1979),p.356.

要条件,实际上限定了它们各自适合解决的纠纷类型。由于以裁判方式解决纠纷,必须具有用以判定当事人利益或权利要求是否合理的普遍标准,也就是必须依据普遍性的标准对当事人的是非对错作明确的判断(如果缺乏这样的标准,不仅当事人以提供证据和理性论辩的方式参与纠纷解决会变得没有意义,而且要求裁判者作出公正的裁判也将失去意义),因此,以下两类纠纷不适合采用裁判方式:(1)当事人之间的关系协调因存在着许多无法预先确知的可能情形而主要依靠相互间"自发的和非正式的合作"(如果将当事人之间的利益关系简化为明确的权利义务关系,并依此对当事人的主张作"是"与"非"的判断,必然会损害维持这种合作关系所需的信任态度和责任意识);①(2)对于没有明确争点的"多中心问题,裁判至多只能作出不太满意的解决"②(因为,无论是当事人还是裁判者都无法从这类纠纷所包含的复杂利益关联中找到可以依此展开有意义论辩、提供相关证据的明确争点,因而也不存在可以据此对纠纷作出判断的普遍标准)。③

调解是当事人双方在第三方的帮助下以自主协商的方式解决矛盾,因此,以下几种会使当事人之间的自主协商失去意义或是无法正常进行的纠纷不适合采用调解方式:(1)纠纷发生在适合以非个人的规则进行调整的人类交往领域(在这些领域如果存在着使预测行为后果成为可能的规则可以给社会成员之间的互动带来更多的便利;如果对发生在这些领域的纠纷采用调解方式解决纠纷不仅会使既有的规则失去对人们行为的引导作用,而且还可能使调解蜕变成"无原则的和稀泥",并因此很容易为某些意欲获取不正当利益的人恶意利用);(2)在三方或以上当事人之间所发生的纠纷(在这些纠纷中,由于当事人之间的相互关系过于复杂,调解人很难以中间人的身份帮助各方在正确沟通的基础上建立起使自主协商成为可能的信任合作关系);④(3)当事人之间不具有可以确保他们在调解过程中持合作态度的紧密依赖的利益关系(如果当事人之间缺乏这种紧密依赖的关系,纠纷双方的

---

① 参见 Lon Fuller,"The Forms and Limits of Adjudication",Harvard Law Review 92(1978—1979),pp. 370—371.

② Lon Fuller,"Adjudication and the rule of law",American Society of International Law Proceedings 54(1960),p. 4.

③ 参见 Lon Fuller,"The Forms and Limits of Adjudication",Harvard Law Review 92(1978—1979),pp. 394—396.

④ 参见 Lon Fuller,"Mediation—Its Forms and Functions",in Kenneth I. Winston(ed.),The Principles of Social Order,Hart Publishing,2001. pp. 149—150.

自主协商就可能演变为没有诚意的肆意要价）。①

　　裁判与调解在纠纷解决类型上的局限表明两者在纠纷解决和秩序形成上都存在一定程度的功能局限。这意味着假如它们在制度设置上被赋予了某种排他性的地位，它们就很容易陷入功能障碍：裁判过程会因为不得不处理那些不适合以裁判方式解决的纠纷而作出不合理的裁判结果，从而陷入形式正义与实质正义相分离的困境之中；调解过程则为了确保那些缺乏协商解决基础和条件的纠纷的有效解决不得不借助某种强制的力量，从而使调解变异为由权威主持的纠纷解决方式。② 裁判与调解存在功能局限的另一方面即是两者在功能上的互相补充以及在功能的实现上的相互依赖：任何一方秩序功能的充分实现有赖于另一方秩序功能的正常发挥。

　　两者在功能上的互补还体现在它们各自所产生的纠纷解决的结果所具有的规范意义和社会效果上。调解所产生的结果往往是可以在整体上协调当事人未来关系的行为规范，它为当事人共同处理将来可能面对的各种未曾预料的情形提供一般性的规范指导。裁判的结果是调整当事人之间某一特定利益关系或权利义务关系的某种可普遍化、可强制执行的社会规则，它为整个社会确立了在某种特定情形下应保护何种利益或权利的具体规则，从而为人们的利益或权利追求行为提供了某种规则指导，也为类似纠纷的解决提供了规则依据。在社会效果上，裁判由于只对直接引发纠纷的当事人之间某一方面的利益冲突作出裁判，而并不关注当事人之间可能存在的其他方面的矛盾，因此，它对纠纷的解决并不必然意味着当事人之间矛盾的消除和正常关系的恢复；而调解关注当事人之间的所有矛盾的解决和整体关系的协调，所以它往往更有利于当事人之间正常关系的恢复。但是，在另一方面，调解也可能由于过于关注当事人之间的和谐关系而牺牲某一方的某些重要利益，并可能因此使社会的基本正义受到破坏。

　　裁判与调解的功能互补是由调整不同类型社会关系的需要所决定的。无论从整个社会的关系网络而言，还是从个体成员的社会联系而言，人们通

　　① Lon Fuller，"Mediation—Its Forms and Functions"，in Kenneth I. Winston（ed.），The Principles of Social Order，Hart Publishing，2001，p.164.
　　② 西方社会对裁判制度的过分倚重所导致的司法危机（详见［英］朱克曼主编：《危机中的民事司法》，傅郁林等译，中国政法大学出版社2005年版）以及我国传统调解制度的调处性质都说明了这一点。西方国家在20世纪70年代后对调解的重视从表面上看仅仅是为了缓解诉讼压力、提高诉讼效率，但实际上司法界对调解的认同更多的是基于对调解不同于裁判的规范功能的认识以及试图借助调解克服裁判在纠纷解决与良好秩序形成上的某些功能不足（see Marc Galanter，"A Settlement Judge，not a Trail Judge：Judicial Mediation in the United States"，Journal of Law& Society，1985，12，pp.1—18）。

过交往活动而形成的社会关系既有可由普遍性的规则来进行调整的典型性关系，也有需要由关系双方对互惠性的默认以及对合作行为的相互期待来作即时调整的个别性关系。裁判是消除在前一种社会关系中引发的矛盾冲突并使之恢复正常的制度装置；调解是消除在后一种社会关系中引发的矛盾冲突并使之恢复正常的制度装置。因此，任何一个社会的正常运转和健康发展都可以从裁判与调解的功能互补中获益。但是，裁判与调解在任何一个社会都有其发挥纠纷解决和秩序形成功能的空间，并不意味着它们在任何社会都具有同等的地位、发挥同等重要的作用。虽然任何一个社会既有适合裁判的典型性纠纷，也有适合调解的个别性纠纷，但是不同的社会形态其纠纷构成是有差别的。一般而言，在较少流动、相对封闭的社会里，纠纷当事人之间往往具有弥散的情感及复杂的利益关系；而在较多流动、相对开放的社会，纠纷当事人之间的关系更多地由理性的规则支配因而双方的利益关系相对单一。对于前者，通过调解恢复纠纷当事人之间的正常关系是占主导地位的纠纷解决方式；而对于后者，通过裁判明确纠纷当事人之间的权利义务关系是纠纷解决的主要方式。

在现代更多流动、更为开放的社会里，法制秩序的建立具有特别重要的意义。无论是民主政治，还是市场经济，都需要由法制秩序来保障。现代社会在本质上是法制社会。在一个法制化社会，纠纷更多地具有非个人的典型性特征，因而更适合以裁判的方式解决。事实上，司法裁判制度的建立和完善对于法制秩序的建成和维持是至关重要的。因此，在现代法制社会，裁判无疑是最为重要的纠纷解决方式。虽然调解作为具有特定秩序功能的纠纷解决方式在法制社会仍然有其不可替代的作用，但它的地位是从属性的，而且只能被限定在适合它解决的纠纷范围内。否则，"调解的广泛使用会使人们在调整相互行为时所需的重要路标和界标消失，最后人们无法确切地知道自己的位置以及如何到达他想去的地方"①。也就是说，如果不将调解限定在合适的范围，它的去规则倾向会使法律规则丧失其对人们行为的明确指导作用，从而对以规则为核心要素的法治带来威胁，进而影响政治经济的健康发展和整个社会的稳定。即使是已经建立了完备法治的西方发达国家，为弥补裁判的不足而采用调解制度也需将其限定在一定的范围，否则，由此所导致的司法审判的萎缩将使得"在法律的阴影下谈判"这一替代裁判的纠纷解决方式失去了由具有正当性保障的裁判过程所创造的正式的法律

① Lon Fuller，"Mediation—Its Forms and Functions"，in Kenneth I. Winston(ed.)，The Principles of Social Order，Hart Publishing，2001. 第 163 页。

依据。①

当我们考虑不同纠纷解决方式在整个纠纷解决体系中的合适位置时，不能简单地以它们在某一方面的社会价值（如当事人的满意、经济效益等社会效果）作为评定其优劣及重要性的标准。事实上，每一种纠纷解决方式对于它所适合的纠纷类型都具有相对于其他纠纷解决方式的优势。一种纠纷解决方式在特定社会纠纷解决体系中的地位主要由它对于人们正致力建成的社会秩序中具有何种作用——主导抑或辅助——所决定的。裁判在现代法制社会的核心地位正是由它对于法治秩序的形成所具有的主导作用决定的。

五、纠纷解决制度的合理设置

由于裁判与调解具有不同的秩序功能以及确保其功能实现的不同的内在要求，因此，在设立纠纷解决制度时，必须从特定社会形态的秩序目标以及特定社会需求来考虑它们在整个纠纷解决体系中相对地位以及如何以符合各自内在要求的方式实现它们之间的功能互补。

首先，我们必须依据裁判与调解不同的秩序功能以及我们所处社会对纠纷解决的总体需求来确定它们在整个纠纷解决体系中的相对地位。

我国目前正处于社会转型的关键时期：从人情化的熟人社会向理性化的陌生人社会转变；从计划经济向市场经济转变。而完成这个转变的重要条件是法治的确立和完善：法律规则的制定及有效实施为在流动的市场中从事交易活动的人们提供了秩序保障，为人们理性的行为选择提供可靠的依据。在我们正努力建成的现代法治社会中，纠纷解决的主要手段无疑是裁判，而不是调解。虽然在我们这样一个具有重人情、重集体的文化传统的社会里，以调解方式解决纠纷具有很大的合理性，但这不能改变裁判作为纠纷解决方式在一个法制社会中的主导地位。我们对调解作为一种不同于裁判的解纷机制在法制社会所应具有的特定功能的重新认识，并不影响司法裁判对于法治秩序的建立和维护，乃至整个社会的和谐稳定所具有的重要作用。我国特有的社会制度、文化传统以及目前所处的特殊的社会发展时期都不能改变司法裁判在建构现代法治秩序中所具有的核心地位。健全的裁判制度是法治秩序得以建立的重要保障——如果没有健全的裁判制度，即使有完备的立法也不能保证法治的实现；而假如有健全的裁判制度，即使

---

① 参见朱克曼主编：《危机中的民事司法》，傅郁林等译，中国政法大学出版社 2005 年版，第 527—529 页。

没有完备的立法也能使法治得到实现。和谐社会的建立既需要人们之间的互让互谅,更需要明确人们之间权利义务关系的法律规则的保障。假如没有公正的裁判制度为法律的有效实施提供保障,社会的基本正义以及确保人们有序交往的基本框架都将无从建立。

"裁判为主、调解为辅"是对这两种主要纠纷解决方式在现代纠纷解决体系中的总体定位。这一定位对于处在社会转型时期的我国同样适合。问题的关键是:我们应如何理解和把握"裁判为主、调解为辅"。对于"裁判为主",我们不应简单地理解为它在实际解决的纠纷数量上所具有的优势①,而应理解为它在重要利益关系的调整以及社会基本秩序的形成中所具有的主导地位。由于裁判结果的正当性主要由正当程序来保障,而这一程序保障又是需要由较高的资源投入来予以支持;这样,如果社会生活中大多数的纠纷都要依靠裁判来解决,那么,在纠纷解决制度上的总体投入无疑会很高,而且还会影响通过裁判解决纠纷的效率。对"裁判为主"(也即以诉讼为纠纷解决制度的中心)的简单化理解已使得许多国家的裁判制度出现运转失灵的问题,最突出的表现是民事司法在世界范围内所陷入的危机。② 同样,对于"调解为辅",也不应简单地理解为它在实际解决的纠纷数量上所处的劣势,而是应理解为它在补充裁判功能不足以及保障裁判功能充分发挥上所处的辅助地位。由于调解结果的正当性可以由当事人之间的合意来保障,因而它对程序的要求相对较低,这使得以调解方式解决纠纷的成本投入相对较低;这样,大量无须严格程序来保障解决结果正当性的纠纷可以适用成本低廉的调解来解决,这不仅可以让大量纠纷以更快捷便利的方式得到解决,还可以集中有限的司法资源去解决那些因重要利益关系变迁而产生的纠纷,从而确保法治在社会转型时期发挥其促进社会稳定和经济发展的作用。

其次,我们必须针对裁判自身的功能局限考虑如何通过设立调解制度来弥补裁判的功能不足以及在制度设置上如何确保裁判制度与调解制度的功能正常。

虽然司法裁判在建构现代法治秩序中具有无可替代的核心地位,但由于司法裁判在成本投入以及适合解决的纠纷上所存在的局限,使得设立裁

---

① 用统计数据来说明裁判与调解在现代纠纷解决体系中的地位和作用是一种较为普遍的倾向。

② 参见朱克曼主编:《危机中的民事司法》,傅郁林等译,中国政法大学出版社 2005 年版,第1—18页。

判以外的纠纷解决制度去弥补裁判的功能不足成为必要。调解既可以在经济效益上，也可以在适合解决的纠纷类型上，补充裁判的功能不足。为了使调解能有效发挥它对于裁判的补充功能，在调解制度的设立上，除了必须满足调解过程的内在要求以确保它发挥不同于裁判的秩序功能外，而且更为重要的是不能影响裁判过程的正常运行。调解与裁判，是两种性质截然不同的纠纷解决方式——调解的本质特征是合意，[①]而裁判的本质特征是程序正当；两者不仅具有不同的秩序功能，而且确保它们功能得以实现的必需条件（即内在要求）及正当性基础也各不相同。这就决定了在制度安排上不能将两者交叉混合在一起，否则，不仅它们纠纷解决的效率会大大下降，而且还会使各自不同的正当性基础受到损害——调解过程为实现充分沟通而摆脱程序束缚的需要会使确保司法裁判过程正常进行的程序规则遭受破坏，并使得当事人的论辩不能以有利于作出正确裁判的方向发展，由此产生诉讼迟延、缠讼等现象；而裁判对规则和程序的依赖又会使得纠纷双方因受规则和程序的束缚而不能有效展开互惠协商，从而使双方的合意形成变得困难，并使纠纷的最终解决不得不依赖强力的介入。

基于上述两方面的考虑，我国目前在纠纷解决制度的设置上应至少满足以下两方面的要求：

（1）司法介入调解的范围应限于适合调解且有必要调解的领域。首先，对于社会发展急需通过形成规则来明确权利义务关系的领域不应适用调解方式解决纠纷，否则，法律的发展就不能很好地满足社会经济快速发展的需要，并因此成为社会经济进一步发展的障碍。其次，优先调解的范围应限制在不适合裁判的领域。这些领域包括：关系的协调主要依靠关系双方的信任合作态度，如家庭关系、邻里关系、合伙关系、长期租赁关系等；涉及复杂利益关系的多中心问题；那些有赖于从业者的无私奉献精神来确保其健康发展的领域，即主要依靠道德来调整的领域，如教育工作、医务工作等。在这些领域所发生的纠纷应尽可能以调解的方式解决；如果调解对此类纠纷的解决不成功，这说明这些纠纷所涉的社会关系已失去了其原有的特殊性，此时转入诉讼程序对它们作出具有普遍性的裁判已变得合适。再次，对于存在着可适用于纠纷解决的明确的法律规则的领域，应以当事人的申请为启动调解的前提，法院不应主动建议采用调解方式。在这些权利义务关系明确的领域，纠纷的调解解决往往以权利方放弃某些应得利益（即为息讼单

---

① 参见棚濑孝雄：《纠纷的解决与审判制度》，王亚新译，中国政法大学出版社 2003 年，第 46，70 页。

方面作出让步)为前提。在这种情形下,若当权利方申请调解或对方申请后同意的,意味着权利方自愿放弃权利或考虑到诉讼外利益而自愿放弃诉讼内利益,此时司法介入调解是合适的。但若法院主动建议调解,则意味着法院希望权利方为纠纷的平息而放弃权利,法院对权利方的这种道德期望不仅对权利方有失公平,而且与法院旨在保护公民权利的制度目标不相一致。更为重要的是,如果允许法院主动建议调解,一方面会因更多的案件以调解方式解决而使既有法律的作用被淡化,另一方面还会因法庭审判的机会的减少而失去通过裁判进一步发展既有法律的机会;这不仅不利于法治的完善,而且还会因法律作用的日益减弱而使得"在法律的阴影下谈判"变得困难,并将因此导致更多的纠纷涌入法院。最后,那些从当事人的方便经济和国家节约司法资源的角度考虑更适合以调解方式解决的小额纠纷,应对标的额作出具体规定,以明确优先调解的范围。

(2)在司法实践中,调解过程的设立应以不影响裁判过程的正常运行为前提。

法院调解作为法院裁判的替代纠纷解决方式,它的功能正常化(真正通过在当事人之间形成合意来解决纠纷)是以裁判制度的正常化为前提的。如果裁判不能确保当事人获得一个具有正当性的判决结果,那么,当事人在接受法院调解过程中就很容易被强制。因为,如果没有公正裁判这一可以作为当事人拒绝自认为不合理调解结果的后盾,当事人就不可能在调解过程中与对方进行自由平等的协商谈判。在法制社会,司法裁判制度的功能正常是确保调解过程合意机制正常发挥作用的必要条件。司法裁判对程序的依赖以及调解为实现充分沟通而摆脱程序束缚的需要决定了在制度设置时不能将两者混合在同一纠纷解决过程中,至少主持裁判的法官不应同时参与该案件的调解过程,否则当事人以提供证据和理性论辩的方式参与裁判过程就会因裁判法官在参与调解的过程中不可避免形成的先入之见而失去了意义,裁判自身的正当性基础也因此遭到破坏。

在我国现有的制度设置中,上述两方面的要求显然没有得到应有的满足。

首先,我国现行的《民事诉讼法》和司法解释都没有严格限定司法调解的适用范围。《民事诉讼法》只规定了在诉讼过程中当事人享有"请求调解"的权利(第五十条),对于哪些案件需要优先调解、哪些案件不适合调解并没有作明确规定,也没有对诉讼过程中启动调解的方式作出具体规定。相关的司法解释在试图协调调解与裁判这两种纠纷解决机制时,显然更注重调解功能的发挥。司法解释在规定了先行调解的范围①以及不适合调解的案件类型②的同时，赋予了法院可以对所有归其管辖的诉讼案件依职权启动调解程序的权力，③这使得所有只要法院认为有可能调解且当事人不反对的案件都可以纳入先行调解的范围。在目前司法裁判机制的运行不是十分理想——法院对裁判结果的可接受性以及当事人对判决的公正性都缺乏足够信心——的前提下，法院所拥有的主动启动调解的权力会使得许多在社会转型过程中因新的利益关系的出现需要通过裁判明确权利义务关系的案件都被归入优先调解的范围。尽管司法实践部门将"调解优先"作为一项工作原则并不必然意味着要弱化判决，但若"调解优先"原则的提出是基于这样一种认识：调解作为纠纷解决方式优越于裁判（至少在社会效果上如此），因而应尽可能采用调解方式处理诉讼案件（而不是仅提倡对那些适合调解且有必要调解的案件优先采用调解方式），那么"调解优先"的工作原则与法制社会对调解与裁判这两种纠纷解决方式的总体定位以及基本制度要求是不一致的。对法制社会这一制度要求的背离必将导致裁判功能的萎缩和法制的落后，从而使得我国社会转型所需的秩序保障无法得到满足。这意味着社会转型将不得不在混乱和不安定的环境中进行，并因此增加社会转型的风险。

其次，我国目前的《民事诉讼法》和相关的司法解释都没有明确排除裁判法官参与案件调解这一将使裁判自身的正当性遭受致命破坏的做法。虽然《最高人民法院关于建立健全诉讼与非诉讼相衔接的矛盾纠纷解决机制的若干意见》（2009 年 6 月 7 日颁布）规定"开庭前从事调解的法官原则上不参与同一案件的开庭审理，当事人同意的除外"，但它并没有规定审判法官

---

① 2003 年 9 月 10 日颁布的《最高人民法院关于适用简易程序审理民事案件的若干规定》（第 14 条）规定了六类案件（婚姻家庭纠纷和继承纠纷；劳务合同纠纷；交通事故和工伤事故引起的权利义务关系较为明确的损害赔偿纠纷；宅基地和相邻关系纠纷；合伙协议纠纷；诉讼标的额较小的纠纷）应先行调解。

② 2004 年 9 月 16 日颁布的《最高人民法院关于人民法院民事调解工作若干问题的规定》（第 2 条）规定："适用特别程序、督促程序、公示催告程序、破产还债程序的案件，婚姻关系、身份关系确认案件以及其他依案件性质不能进行调解的民事案件，人民法院不予调解。"2010 年 6 月 7 日颁布的《关于进一步贯彻"调解优先、调判结合"工作原则的若干意见》（第 17 条）还规定了应及时判决的案件。

③ 2009 年 7 月 24 日分布的《最高人民法院关于建立健全诉讼与非诉讼相衔接的矛盾纠纷解决机制的若干意见》（第 14 条）规定："对属于人民法院受理民事诉讼的范围和受诉人民法院管辖的案件，人民法院在收到起诉状或者口头起诉之后、正式立案之前，可以依职权或者经当事人申请后，委派行政机关、人民调解组织、商事调解组织、行业调解组织或者其他具有调解职能的组织进行调解。"

不得在审判过程中参与对他所审理案件的调解,况且这一规定也只是有弹性的"原则上"要求。而我国司法实践所奉行的"全程调解"使审判法官有很多机会介入同一案件的调解。①事实上,在司法实践中审判法官参与自己审理案件的调解的做法相当普遍。而且,我国《民事诉讼法》第八十六条的规定"人民法院进行调解,可以由审判员一人主持,也可以由合议庭主持",似乎在法律上也支持这一做法。审判法官与调解法官的合一使得在诉讼过程中本应分离的调解过程和审判过程交叉混合在一起,而这种混合不仅导致审判失去其原有的正当性基础而陷入运行失灵的状态,而且还导致调解因不可避免掺入的某些裁判因素而扭曲。一方面,现有诉讼制度中调解过程与审判过程的混合使得作为裁判正当性基础的程序要求得不到保障(特别是法庭辩论流于形式),因此导致裁判结果的可接受性下降,从而产生高上诉和申诉率及执行难等不利后果;另一方面,法院为了避免因判决带来的诸多不利后果,必然更倾向于选择以调解方式处理诉讼案件,这使得许多没有调解基础和必要的案件都被纳入"可调解"的范围,而为了促成这些案件的调解结案,自觉不自觉地运用自身的强制力就在所难免。我国目前调审合一的诉讼制度所带来的诸多弊端,已严重影响了司法裁判功能的正常发挥,而这又使调解机制的正常运行缺失良好的制度环境,从而使得整个纠纷解决机制不能有效运行。

我国目前司法实践所陷入的种种困境以及由此造成的法治进程的缓慢在很大程度上与纠纷解决制度设置的不合理有关。唯有正确定位裁判与调解这两种纠纷解决方式,并以符合各自的内在要求的方式合理设置有关制度,才能形成有效的纠纷解决机制,从而为社会转型提供良好的秩序保障。

---

① 我国的《民事诉讼法》第八十五条规定:"在事实清楚的基础上,分清是非,进行调解",这意味着调解更多地需要在审理过程中进行;而第一百二十八条则明确规定:"判决前能够调解的,还可以进行调解,调解不成的,应当及时判决"。第一百五十五条还规定:第二审人民法院审理上诉案件,可以进行调解。最高人民法院于 2010 年 6 月 7 日颁布的《关于进一步贯彻"调解优先、调判结合"工作原则的若干意见》更是明确规定:"把调解贯穿于立案、审判和执行的各个环节,贯穿于一审、二审、执行、再审、申诉、信访的全过程。"

索 引 ···

参考文献

R eference

※中文著述

[1]程大汉.英国法制史.济南:齐鲁书社,2001.

[2]陈弘毅.当代西方法律解释方法初探.梁治平.北京:法律解释问题.法律出版社,1998.

[3]陈金钊.法律解释学的转向与实用法学的第三条道路.法哲学与法社会学论丛:第4卷.北京:中国政法大学出版社,2001.

[4]陈金钊,焦宝乾,桑本谦,等.法律解释学.北京:中国政法大学出版社,2006.

[5]陈景辉.作为社会事实的法——实证观念与哈特的社会规则理论.法哲学与法社会学论丛:第九期.北京:北京大学出版社,2006.

[6]陈林林.裁判的进路与方法——司法理论证论导论.北京:中国政法大学出版社,2007.

[7]陈林林."正义科学"之道德祭品——极权统治阴影下的法实证主义.中外法学,2003(4).

[8]陈林林.陪审在现代法治社会中的功能.中外法学,2001(4).

[9]褚国建.法院如何回应民意:一种方法论上的解决方案.浙江社会科学,2010(3).

[10]程大汉.英国法制史.济南:齐鲁书社,2001.

[11]丁玮.美国宪法上的正当法律程序——一个历史视角.哈尔滨:黑龙江人民出版社,2007.

[12]高鸿钧.法治的类型.刘海年,等.依法治国建设社会主义法治国家.北京:中国法制出版社,1996.

[13]高鸿钧.现代西方法治的冲突与整合.清华法治论衡:第一辑.北京:清华大学出版社,2000.

[14]李桂林,徐爱国.分析实证主义法学.武汉:武汉大学出版社,2000.

[15]李红海.普通法的历史解读——从梅特兰开始.北京:清华大学出版社,2003.

[16]李猛.除魔的世界与禁欲者的守护神:韦伯社会理论中的"英国法"问题.李猛编.韦伯:法律与价值.上海:上海人民出版社,2001.

[17]林达.近距离看美国——历史深处的忧虑.上海:生活·读书·新知三联书店,1997.

[18]林海.论富勒的"合法性原则".浙江大学硕士论文,2007.

[19]刘素民.阿奎那的自然法作为本性之律的人学内蕴.哲学研究,2006(6).

[20]刘星.法律是什么.北京:中国政法大学出版社,1998.

[21]刘作翔.奥斯丁、凯尔森、拉兹的法律体系理论.金陵法律评论,2004(春季卷).

[22]吕世伦,文正邦主编.法哲学论.北京:中国人民大学出版社,1999.

[23]吕世伦,谷春德.西方政治法律思想史:增订本(上).沈阳:辽宁人民出版社,1986.

[24]申建林.自然法理论的演进.北京:社会科学文献出版社,2005.

[25]舒国滢,王夏昊,梁迎修,等.法学方法论问题研究.北京:中国政法大学出版社,2007.

[26]孙笑侠.法的现象与观念.济南:山东人民出版社,2001.

[27]孙笑侠.程序的法理.杭州:浙江大学出版社,2006.

[28]孙笑侠.转型期的司法与民意.浙江社会科学,2010(3).

[29]孙笑侠,麻鸣.法律与道德:分离后的结合.浙江大学学报:社会科学版,2007(1).

[30]宋英辉,吴宏耀.外国证据规则的立法及发展——外国证据规则系列之一.人民检察,2001(3).

[31]苏力.解释的难题:对几种法律文本解释方法的追问.梁治平编.法律解释问题.北京:法律出版社,1998.

[32]王亚新.论民事、经济审判方式的改革.中国社会科学,1994(1).

[33]王泽鉴.法律思维与民法实例——请求权基础理论体系.北京:中国政法大学出版社,2001.

[34]汪太贤.西方法治主义的源和流.北京:法律出版社,2001.

[35]吴予.法与正义之关联:一个西方文化基因演进的考察.比较法研究.1999(2).

[36]徐显明.论"法治"构成要件——兼及法治的某些原则及观念.法学研究,1996(3).

[37]徐昀."调解优先"的反思——以民事审判结构理论为分析框架.学术研究,2010(4).

[38]夏勇.法治是什么——渊源、规诫与价值.中国社会科学.1999(4).

[39]颜厥安.再访法实证主义.法与实践理性.北京:中国政法大学出版社,2003.

[40]於兴中.强势文化、二元认识与法治.清华法治论衡:第三辑.北京:清华大学出版社,2002.

[41]杨仁寿.法学方法论.北京:中国政法大学出版社,2004.

[42]郑永流.自然法,一个绝代佳人.法哲学与法社会学论丛:第二辑.北京:中国政法大学出版社,2000.

[43]邹立君.良好秩序观的建构:朗·富勒法律理论的研究.北京:法律出版社,2007.

※ 翻译著作

[1][美]阿·麦金太尔.谁之正义? 何种合理性?.万俊人,等译.北京:当代中国出版社,1996.

[2][德]阿图尔·考夫曼,温弗里德·哈斯默尔.当代法哲学和法律理论导论.北京:法律出版社,2002.

[3][美]爱德华·S.考文.美国宪法的"高级法"背景.强世功,译.上海:生活·读书·新知三联书店,1997.

[4]北京大学哲学系外国哲学史教研室,编译.西方哲学原著选读.北京:商务印书馆,1981.

[5][美]彼得·G.伦斯特洛姆.美国法律辞典.贺卫方,等译.北京:中国政法大学出版社,1998.

[6][德]伯恩·魏德士.法理学.丁小春,吴越,译.北京:法律出版社,2003.

[7][英]边沁.道德与立法原理导论.时殷弘,译.北京:商务印书馆,2000.

[8][美]博登海默.法理学:法律哲学与法律方法.邓正来,译.北京:中国政法大学出版社,1999.

[9][美]伯尔曼.法律与革命——西方法律传统的形成.贺卫方,等译.北京:中国大百科全书出版社,1996.

[10][英]柏克.法国革命论.何兆武,等译.北京:商务印书馆,1998.

[11][古希腊]柏拉图.理想国.郭斌和,张竹明,译.北京:商务印书馆,1986.

[12][美]伯纳德·施瓦茨.美国法律史.王军,等译.北京:法律出版社,2007.

[13][美]伯纳德·施瓦茨.美国最高法院史.北京:中国政法大学出版社,2005.

[14][意] 登特列夫.自然法——法律哲学导论.李日章,译.台北:台北联经事业出版公司,1984.

[15][美]德沃金.法律的帝国.北京:中国社会科学出版社,1996.

[16][瑞士]菲利普・马斯托拉蒂.法律思维.高家伟译.郑永流.法哲学与法社会学论丛(六).北京:中国政法大学出版社,2003.

[17][英]菲尼斯.自然法与自然权利.董娇娇,杨奕,梁晓晖,译.北京:中国政法大学出版社,2005.

[18][美]戈尔丁.法律哲学.齐海滨译,王炜校.上海:生活・读书・新知三联书店 1987.

[19][美]汉密尔顿,杰伊,麦迪逊.联邦党人文集.北京:商务印书馆,2004.

[20][美] 富勒.法律的道德性.郑戈,译.北京:商务印书馆,2005.

[21][英]哈特.法律的概念.张文显,等译.北京:中国大百科全书出版社,1996.

[22][英]哈耶克.自由秩序原理》:上册.邓正来译.上海:生活・读书・新知三联书店,1997.

[23][德]海因里希・罗门.自然法的观念史和哲学.上海:生活・读书・新知三联书店,2007.

[24][古希腊]赫拉克里特.赫拉克里特著作残篇,西方哲学原著选读:上卷.北京大学哲学系外国哲学史教研室编译.北京:商务印书馆,1981.

[25][爱尔兰]J. M. 凯利.西方法律思想简史.王笑红,译.北京:法律出版社,2002.

[26][德]K. 茨威格特,H. 克茨.比较法总论.潘汉典,等译.北京:法律出版社,2003.

[27][美]卡多佐.司法过程的性质.苏力,译.北京:商务印书馆,1998.

[28][奥]凯尔森.法与国家的一般理论.沈宗灵,译.北京:中国大百科全书出版社,1995.

[29][奥]凯尔森.什么是正义.现代外国哲学社会科学文摘,1961(8).

[30][奥]凯尔森.何谓纯粹法理论.法哲学与法社会学论丛:第九期.北京:北京大学出版社,2006.

[31][奥]凯尔森.论基础规范.法哲学与法社会学论丛:第九期.北京:北京大学出版社,2006.

[32][德]考夫曼.法律哲学.刘幸义,等译.北京:法律出版社,2004.

[33][德]卡尔・拉伦茨.法学方法论.陈爱娥,译.北京:商务印书馆,2003.

[34][德]康德.历史理性批判文集.何兆武,译.北京:商务印书馆,1997.

[35][美]克里斯托弗・沃尔夫.司法能动主义.北京:中国政法大学出版社,2004.

[36] [德]拉德布鲁赫. 法哲学. 王朴,译. 北京:法律出版社,2005.

[37] [美]罗伯特·麦克洛斯基. 美国最高法院. 任东来,孙雯,胡晓进,译. 北京:中国政法大学出版社,2005.

[38] [英]罗素. 西方哲学史:上卷. 马元德译. 北京:商务印书馆,1982.

[39] [美]迈尔文·艾隆·艾森伯格. 普通法的本质. 张曙光,等译. 北京:法律出版社,2004.

[40] [英]梅因. 古代法. 沈景一,译. 北京:商务印书馆,1959.

[41] [法]孟德斯鸠. 论法的精神:上册. 张雁深,译. 北京:商务印书馆,1961.

[42] [德]米夏埃尔·马迁内克. 弗里德里希·卡尔·冯·萨维尼. 田士永译. 法哲学与法社会学论丛:第九期. 北京:北京大学出版社,2006.

[43] [苏]涅尔谢相茨. 古希腊政治学说. 蔡拓,译. 北京:商务印书馆,1991.

[44] [奥]欧根·埃利希. 法社会学原理. 舒国滢,译. 北京:中国大百科全书出版社,2009.

[45] [美]庞德. 法律史解释. 邓正来,译. 北京:中国法制出版社,2002.

[46] [日]棚濑孝雄. 纠纷的解决与审判制度. 王亚新,译. 北京:中国政法大学出版社,2003 年。

[47] [美]乔治·霍兰·萨拜因. 政治学说:上册. 刘山,等译. 北京:商务印书馆,1986.

[48] [英]R. C. 范·卡内冈. 英国普通法的诞生. 李红海,译. 北京:中国政法大学出版社,2003.

[49] [英] S. F. C. 密尔松. 普通法的历史基础. 李显冬,等译. 北京:中国大百科全书出版社,1999.

[50] [法]托克维尔. 论美国的民主. 北京:商务印书馆,1988.

[51] [意]托马斯·阿奎那. 阿奎那政治著作选. 马清槐,译. 北京:商务印书馆,1997.

[52] [英]韦恩·莫里森. 法理学:从古希腊到后现代. 李桂林,李清伟,等译. 武汉:武汉大学出版社,2003.

[53] [古罗马]西塞罗. 国家篇　法律篇. 沈叔平,苏力,译. 北京:商务印书馆,2002.

[54] [古罗马]西塞罗. 论共和国. 北京:中国政法大学出版社,1997.

[55] [美]小詹姆斯·R. 斯托纳. 普通法与自由主义理论. 姚中秋,译. 北京:北京大学出版社,2005.

[56] [英]休谟. 人性论. 北京:商务印书馆,1983.

[57] [古希腊]亚里斯多德. 政治学. 吴寿彭,译. 北京:商务印书馆,1997.

[58][古希腊]亚里斯多德.尼各马可伦理学:第五卷.北京:中国社会科学出版社,2007.

[59][英]约翰·哈德森.英国普通法的形成.刘四新,译.北京:商务印书馆,2006.

[60][美]约翰·罗尔斯.正义论.何怀宏,何包钢,译.北京:中国社会科学出版社,1988.

[61][美]约翰·麦·赞恩.法律的故事.刘昕,胡凝,译.南京:江苏人民出版社,1998.

[62][英]约瑟夫·拉兹.法律体系的概念.吴玉章,译.北京:中国法制出版社,2003.

[63][法]雅克·盖斯旦,吉勒·古博,等.法律民法总论.陈鹏,张丽娟,等译.北京:法律出版社,2004.

[64][英]朱克曼主编:危机中的民事司法.傅郁林,等译.北京:中国政法大学出版社,2005.

[65][古罗马]查士丁尼.法学阶梯.张企泰,译.北京:商务印书馆,1989.

※外文文献

[1]Austin, John. *The Province of Jurisprudence Determined*, Cambridge University Press, 1995.

[2]Bayles, D. M. Hart's Legal Philosophy: An Examination, Law and Philosophy Library17, Dordrecht: Kluwer, 1992, p. 79. 转引自 James C. Ketchen, "Revisiting Fuller's Critique of Hart: Managerial Control and the Pathology of Legal Systems: The Hart-Weber Nexus", The University of Toronto Law Journal(Winter2003), Vol. 53, p. 30.

[3]Boos, Eric J. *Perspectives in Jurisprudence: An Analysis of H. L. Hart's Legal Theory*, New York: Peter Lang Publishing, Inc. , 1998.

[4]Brest, Paul and Levinson, Sanford and Balkin, J. M. and Amar, Akhil Reed. *Processes of Constitutional Decisionmaking : Cases and Materials*(Third Edition), Little,Brown Company. 1992.

[5]Chester Barnard, The Function of Executive, Harvard University Press, 1968.

[6]Dworkin, Ronald. The Elusive Morality of Law, Villanova Law Review10 (1965).

[7]Dworkin, Ronald. *Law's Empire*, Harvard University Press,1986.

[8]Emile Durkheim, suicide: a study in sociology, trans by John A. Spaulding & George Simpson, New York: The Free Press of Glenco,1951.

[9]Finnis, John*Natural Law and Natural Rights*, Oxford University Press, 1980.

[10]Freeman, M. D. A. *Lloyd's Introduction to Jurisprudence*, 7th edition, London: Sweet and Maxwell Ltd. , 2001.

[11]Fuller, Lon. L. *The Morality of Law*, Yale University, 1969.

[12]Fuller, Lon L. *The Law In Quest of Itself*, The Foundation Press, INC. 1940.

[13]Fuller, Lon L. *Anatomy of the Law*, New York: Praeger, 1968.

[14]Fuller, Lon L. *The Problems of Jurisprudence* (temporary edition), The Foundation Press, 1949.

[15]Fuller, Lon L. "American Legal Philosophy at Mid - Century—A Review of Edwin W. Patterson's Jurisprudence, Men and Ideas of the Law," Journal Legal Education. Vol. 6 (1953—1954).

[16]Fuller, Lon L. "Freedom-A suggested Analysis", in Harvard Law Review. 68(1955).

[17]Fuller, Lon L. "Human Purpose and Natural Law", 3Natural Law Forum, 1958.

[18]Fuller, Lon. L. " *Positivism and Fidelity To Law*", in Harvard Law

[19]Marc Galanter, "A Settlement Judge, not a Trail Judge: Judicial Mediation in the United States", Journal of Law & Society, 1985(12).

[20]Review 71,1958.

[21]Fuller, Lon. L. The Forms and Limits of Adjudication, in Harvard Law Review 92(1978—1979) .

[22]Fuller, Lon L. "A Rejoinder To Professor Nagel", 3Natural Law Forum,1958.

[23]Fuller, Lon L. "American Legal Realism ", in University of Pennsylvania Law Review82,1934(5).

[24] Fuller, Lon L. "Reason and fiat in case law", in Harvard Law Review59(1945—1946),

[25]Fuller, Lon L. "Irrigation and Tyranny", Stanford Law Review17 (1964—1965).

[26]Fuller, Lon L. "Human Interaction and the Law", in The American Journal Jurisprudence14(1969).

[27]Fuller, Lon. L. "Means and ends", in Kenneth I. Winston(ed.) *The Principles of Social Order*, Hart Publishing, 2001.

[28]Fuller, Lon. L. "The Role of Contract", in Kenneth I. Winston(ed.) *The Principles of Social Order*, Hart Publishing, 2001.

[29]George, Robert P. Natural Law—Contemporary Essays, Oxford, Clarendon Press,1992, p. 31.

[30]Hart, H. L. A. *The Concept of Law*, Oxford University Press,1961.

[31]Hart, H. L. A. *The Concept of Law*, Oxford University Press, second edition, 1994, "Postscript".

[32]Hart, H. L. A. "Positivism and the Separation of Law and Morals", in Harvard Law Review 71(1958).

[33]Hart, H. L. A. "Book Review"[on *The Morality of Law*], in Harvard Law Review,1965.

[34]Ketchen,James C. "Revisiting Fuller's Critique of Hart: Managerial Control and the Pathology of Legal Systems: The Hart - Weber Nexus", The University of Toronto Law Journal(Winter 2003), Vol. 53.

[35]Kramer, Matthew H. "Review"(on *Rediscovering Fuller: Essays on Implicit Law and Institutional Design*), *The Modern Law Review*, Vol. 64, No. 4. (Jul., 2001).

[36]Lewis, John Undenwood "Sir Edward Coke(1552—1633): His Theory of 'Artificial Reason' as a Context for Modern Basic Legal Theory", Law Quarterly Review, Vol.84(1968).

[37]Lebel, Paul A. "Blame This Messenger: Summers On Fuller", Michigan Law Review 83 (1984—1985).

[38]MacCormick, Neil. "Natural Law Reconsidered", in Oxford Journal Law Studies 1(1981).

[39]Maine, Henry. Ancient Law, Cambridge University Press 1901.

[40]Nicholson, Peter P. "The Internal Morality of Law: Fuller and His Critics", *Ethics*, Vol. 84, No. 4. (Jul., 1974).

[41]Orth,John V. Due Process of Law: A Brief History, University Press of Kansas, 2003.

[42]Powers, Jr. William. "Book Review" (on *Lon L. Fuller* by Summers), Duke Law Journal (1985).

[43]Raz,Joseph, *The Authority of Law: Essays on Law and Morality*, Oxford University Press, 1979.

[44]Sacks, Albert M. "In Memoriam: Lon L. Fuller", 92 Harvard Law Review (1978—1979).

[45]Sturm, Douglas. Lon Fuller's Multidimensional Natural Law Theory, in Stanford Law Review18(1965—66).

[46]Summers, "Professor Fuller on morality of law", Journal of Legal Education18 (1965—1966).

[47]Summers, Robert S. *Lon L. Fuller*, Stanford University Press,1984.

[48]Summers, Robert S. "Professor Fuller's jurisprudence and America's dominant philosophy of law", In Harvard Law Review 92(1978—79).

[49]Walker, Geoffrey de Q. *The Rule of Law: Foundation of Constitutional Democracy*, Melbourne University Press, 1988.

[50]Walker, David, *The Oxford Companion to Law*, Oxford :Clarendon Press, 1980.

[51]Witteveen, Willem J. and van Burg, Wibren. *Rediscovering Fuller: Essays on Implicit Law and Institutional Design*, Amsterdam University Press, 1999.

[52] Wueste, Daniel E. "Fuller's Processual Philosophy of Law", in Cornell Law Review 71 (1985—86).

[53] Wueste, Daniel E. "Morality and Legal Enterprise—A Reply to Professor Summers", Cornell Law Review (September,1986).

[54] Winston, Kenneth I. *The Principles of Social Order* (ed.), Hart Publishing, 2001.

[55] Hohfeld, W. N., "Fundamental Legal Conceptions as Applied in judicial Reasoning". Edited by David Campbell and Philip Thomas, Cardiff Law School, 2001.

图书在版编目(CIP)数据

论程序自然法 / 麻美英著. —杭州：浙江大学出
版社,2015.9
ISBN 978-7-308-15136-8

Ⅰ.①论…　Ⅱ.①麻…　Ⅲ.①法的理论－研究
Ⅳ.①D90

中国版本图书馆 CIP 数据核字(2015)第 222083 号

论程序自然法

麻美英　著

责任编辑	叶　抒	
责任校对	傅百荣	
封面设计	刘依群	
出版发行	浙江大学出版社	
	（杭州市天目山路 148 号　邮政编码 310007）	
	（网址:http://www.zjupress.com）	
排　　版	杭州星云光电图文制作有限公司	
印　　刷	杭州杭新印务有限公司	
开　　本	710mm×1000mm　1/16	
印　　张	19.25	
字　　数	335 千	
版 印 次	2015 年 9 月第 1 版　2015 年 9 月第 1 次印刷	
书　　号	ISBN 978-7-308-15136-8	
定　　价	52.00 元	